옛날 지도로 보는 부산

동길산 쓰다

알면 알수록 동글동글하고 몽실몽실한 부산

― 책을 내며

"9시 뉴스를 보다가 부산 뉴스 시간이 되면 채널을 돌립니다."

언젠가 북토크 행사에서 들은 말이다. 타지 출신 부산 소설가의 신간 북토크였다. 웃자고 툭 던진 말이었겠지만 듣기가 불편했다. 나는 부산 뉴스를 찾아서 보는 편이었다.

그럴 순 있겠다 싶었다. 그 소설가는 타지에서 나서 타지에서 줄곧 지냈다. 몸은 여기 있어도 마음은 저기 둘 수도 있는 일이었다. 배경의 문제였고 관점의 문제였다. 결국은 애정의 문제였다. 부산에 대한 애정!

부산에 더 다가갔다. 의무감 같은 것은 아니었다. 사명감 같은 것은 더더구나 아니었다. 알면 알수록 부산이 재미가 있었다. 알면 알수록 동글동글하고 몽실몽실했다. 그 재미에 푹 빠져서 여기까지 왔다.

부산은 그랬다. 해안선이 둥글고 길이 둥글며 심지어 집까지 둥글었다. 거기 살던 사람인들 안 그랬을까. 심성이 둥글어서 모질지 못했다. 잘 퍼줬고 잘 받아들였다. 한국동란 피란민을 대했던 부산의 마음이 그랬다. 내 선친이 이북 피란민이었다.

빚 갚는다는 마음도 있었다. 어쩌면, 재미보단 그 마음이 컸다. 내가 나고 자란 부산이었다. 빚 갚는다는 마음이 의무감이고 사명감이라면 굳이 변명은 하지 않겠다. 아무튼 이런저런 그런 마음이 나를 여기까지 오게 했다. 나를 여기까지 이끌었다.

고마울 따름이다. 이 책이 나오도록 마음을 보탠 분들. 비만 보면 좋다는 〈비온후〉출판사 김철진 대표를 비롯해 부산의 고개, 부산의 비석, 그리고 이 책까지 출판을 지원한 부산정보산업진흥원. 사진이며 자료며 교정까지 보탬과 수고를 아끼지 않은 분들.

그분들이 아니었으면 이 책이 어찌 나오랴 싶다. 큰 덕을 입었다. 재삼재사 큰절을 드린다. 부산시와 부산대가 옛날 부산 지도를 집대성해 공동 발간한 〈부산고지도〉(2008년)는 특히 고맙다. 〈부산고지도〉 덕분에 이 책이 발아할 수 있었다.

부산의 등대·부산의 포구·부산의 신발·부산의 비석·부산의 고개

그리고 이 책 〈옛날 지도로 보는 부산〉. 이로써 '부산 6부작' 연작을 끝낸다. 첫 책 〈부산의 등대〉가 2013년 나왔으니 햇수로 13년 걸린 일이다. 되살피면 책마다 군데군데 흠집이 보인다. 오로지 나의 허물이다. 이 책인들 안 그럴까. 믿는 구석은 있다. 내가 나고 자란 부산! 부산만큼은 동글동글하고 몽실몽실한 덕담을 건네리라. "그래그래, 애썼다. 네 마음, 내 다 안다."

2025년 8월

동길산

고지도의 분류		8
동래구	이섭교	12
	칠총묘	16
	축성비	20
	농주산	24
	학소대	28
	여단	32
	생사단	38
	온정	42
	삼성대	46
	만년대	50
수영구	정과정	54
	구락리	58
	판곶리	62
	백산	66
	장대	70
사하구	승악산	74
	서평	78
	독지	82
	평림	88
	다대포	92
부산진구	범천	96
	마비현	100
	정묘	104
	부산진우시장	108
	환대고무	112
해운대구	삼어	116
	인지	120
	우현	124
	재송	128
	간비오봉대	132
강서구	자염최성	136
	가덕도	140
	칠점산	144
	덕도	148
	어구정	152

동구	영가대	156
	좌천	162
	초량	166
	부산진	170
	조선방직	174
금정구	번우암	178
	지소	182
	소산역	186
	기찰	192
	사배현	196
	사천	200
남구	우룡산	204
	분포	208
	황령봉	212
	오륙도	216
	제뢰등대	220
기장군	어사암	224
	시랑대	228
	황학대	232
	기장 9포	236
	청강천	240
중구	초량객사	244
	왜관	250
	남일	254
북구	기비현	258
	구포	262
	구포 3.1운동	266
연제구	토현	270
사상구	덕포	274
서구	대치	278
영도구	주갑	282
부산의 고개		286
부산의 목장		290
부산의 성		294
부산의 절		298
부산의 비석		304

고지도의 분류

"지도야? 그림이야?"

고지도는 한 폭의 산수화 같다. 고지도는 지도일까, 그림일까. 지도로 보기엔 그림의 요소가 강하고 그림으로 보기엔 지도의 요소가 강하다. 그렇다. 고지도엔 그림의 요소와 지도의 요소가 어우러져 있다. 그에 따라 고지도는 종류가 나뉜다. 그림의 요소가 강한 지도가 회화식 지도고 지도의 요소를 반영한 지도가 기호식·방안식·백리척 지도다.

회화식 지도

그림의 요소가 강한 지도다. 대부분의 고지도가 회화식 지도다. 옛날엔 하늘의 기운이 산을 통해 사람에게 이어진다고 인식했다. 그러한 풍수지리 발상이 지도에 드러났다. 고을을 그릴 때 관아 같은 건축물보다 산과 산줄기를 더 강조한 게 회화식 지도다. 1800년대 후반 제작한 '동래부산고지도'가 대표적이다.

동래부산고지도. 1800년대 후반. ©국립중앙도서관

기호식 지도

그림에 치중한 회화식 지도를 보완한 지도다. 관아, 도로, 하천, 논, 밭 등등 다양한 지표를 간단명료한 기호(記號)로 도식화했다. 기호는 지도를 읽기 위한 약속. 누구나 쉽게 읽도록 간단하면서도 지표의 특성을 고려했다. 예를 들어 일반 읍성은 붉은색 원, 병영(육군)과 수영(해군)은 청색 사각형 식이었다. 1700년대 중엽 제작한 '조선지도'가 이에 든다.

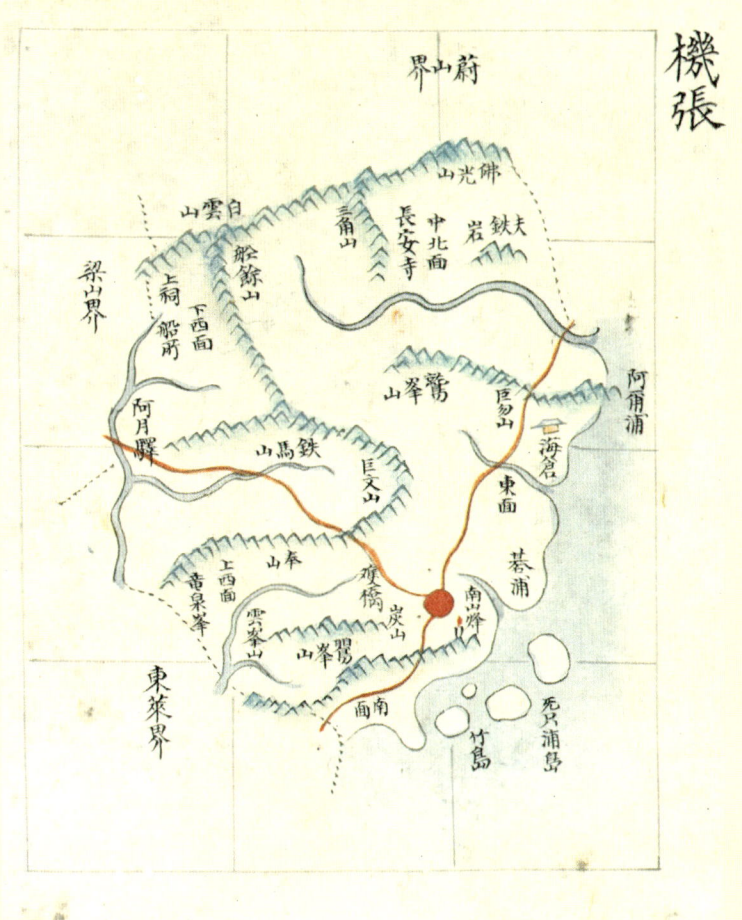

조선지도 기장현. 1700년대 중반. ©규장각

방안식 지도

기호식 지도에 모눈 형식을 채택한 게 방안식(方案式) 지도다. 모눈종이 같은 눈금을 일정한 간격으로 그려 거리와 방향의 정확성, 지도 제작의 과학화를 꾀했다. 같은 간격으로 가로와 세로 선을 그었고 모눈 하나의 한 변은 1리, 또는 10리, 20리 등을 나타내었다. 1700년대 중반 제작한 '영남지도'와 1800년대 초 제작한 '팔도지도' 등이 방안식 지도다.

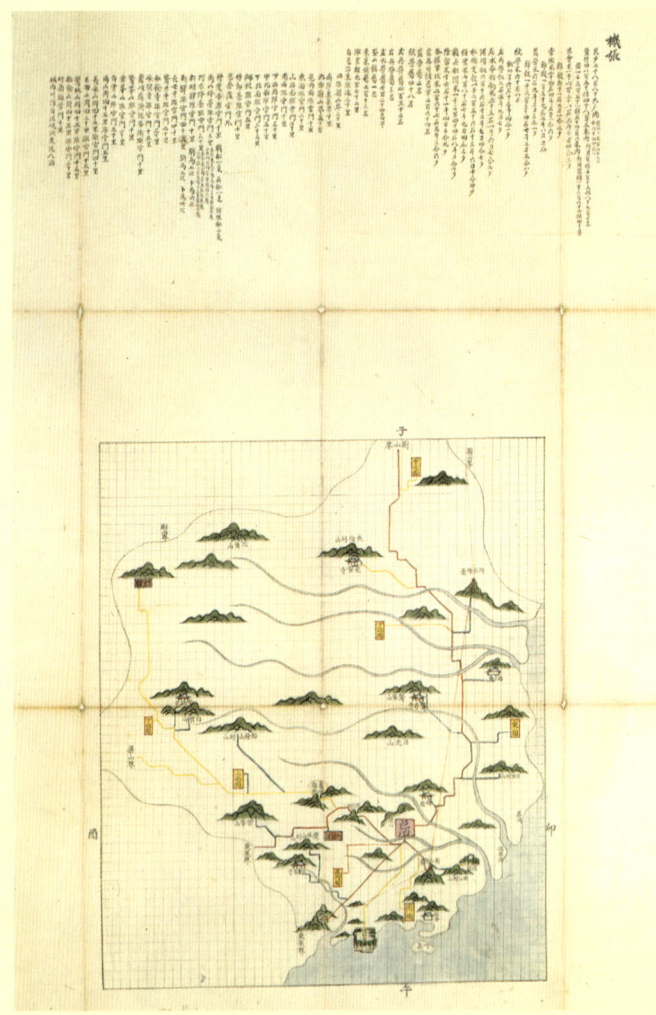

영남지도 기장현. 1700년대 중반. ⓒ규장각

백리척 지도

백리척(百里尺)은 100리를 1척으로 나타낸 표기법이다. 가장 큰 특징은 축척의 개념을 뚜렷이 한 점이다. 100리를 1자(尺)로, 10리를 1촌(寸)으로 표기했다. 산지는 1자가 120리 또는 130리였다. 산지와 평지는 같은 거리를 걸어도 걸리는 시간이 달랐기 때문이다. 지도에서 실제 거리를 산출한 공헌이 크다.

방안식이 평지가 넓은 중국에 맞는 중국 스타일이라면 백리척은 산지가 많은 우리에게 딱 맞는 조선 스타일이었다.

1700년대 중엽 정상기가 '동국지도'에 처음 도입한 이래 대세로 떠올랐다. 김정호의 '청구도'와 '대동여지도'가 백리척이다. 김정호는 10리가 1촌인 '매방십리(每方十里)' 축척법을 사용했다.

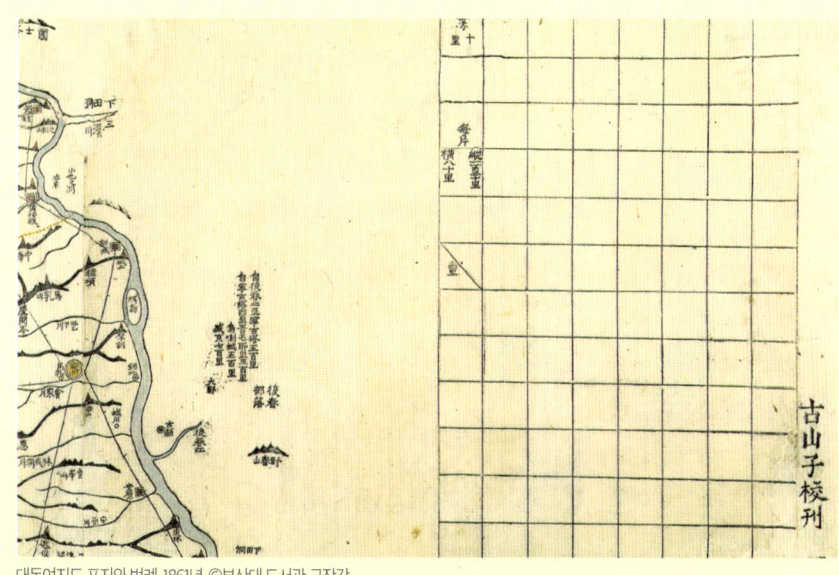
대동여지도 표지와 범례. 1861년 ⓒ부산대 도서관·규장각

이섭교

강물 흘러도 돌이 구르지 않고
나루 넘쳐도 수레바퀴 젖지 않아

이섭교(利涉橋)는 온천천 돌다리였다. 동래에서 수영으로 갈 때 이섭교를 건넜다. 조선시대 동래와 수영은 부산의 쌍봉이었다. 동래는 행정 중심도시였고 수영은 군사 중심도시였다. 동래를 다스리던 부사와 수영을 다스리던 수사는 계급이 같아 티격태격 곧잘 부딪쳤어도 큰 틀에선 긴밀한 관계였다.

이섭교는 긴밀한 관계의 상징이었다. 이섭교를 건너 동래와 수영의 관리가 오갔고 이섭교를 건너 동래와 수영의 공문이 오갔다. 이섭교가 물에 잠기면 관리도 공문도 물에 잠겼고 이섭교가 떠내려가면 관리도 공문도 떠내려갔다. 그래서 이섭교는 부산의 어느 다리보다 튼튼하게 지어졌다. 부산의 어느 다리보다 튼튼한 돌다리가 이섭교였다.

꽃 피는 봄날의 온천천. 온천천 이쪽에서 저쪽을 잇는 돌다리 이섭교를 1695년 3월 놓고 그걸 기념해 비석을 세웠다. 330년 고색창연한 비석은 온천천 천변 동래 쪽에 있다. ⓒ문진우 사진가

이섭교는 또 다른 의미에서 의미가 깊었다. 고려 정자 정과정으로 가는 길목이었다. 정과정은 고려부터 조선 500년 내내 충절의 상징이었다. 정과정 주인은 동래정씨 정서. 정서는 고려 17대 임금 인종(재위 1122~1146)과 동서지간이었다. 부인이 왕비의 여동생이었다. 그러나 다음 임금 승계 와중에 일이 꼬여서 동래로 유배됐다. 유배지 수영강 강변에 정과정 정자를 지어 거기서 심란한 마음을 달랬다.

정서는 시인이었다. 심란한 마음을 시로 풀었다. 유배는 동래에서 거제도로 이어졌고 시는 수영강에서 거제 바다로 이어졌다. 그가 유배지에서 쓴 '정과정곡(鄭瓜亭曲)'은 절절한 그리움이 담긴 고려가요. 그리움의 대상은 임금이었다. 자기를 유배지로 보낸 임금을 미워하지 않고 구구절절 그리워함으로써 정과정곡은 충절의 상징이 되었다. 그가 심란한 마음을 달랜 정자 정과정 역시 충절의 상징이 되었다.

이제현 정추 한수 류숙 이숭인 양희지 정사룡 윤훤 이춘원 성진선 정권 이원진. 2002년 동래문화원에서 펴낸 〈동래제영총집〉에 이름을 올린 이들이다. 유학자도 있고 동래부사도 있다. 이들은 정과정을 기리고 정서를 기리는 시를 썼다. 당대를 대표하는 유학자가 동래온천이며 범어사 유람 길에 정과정을 찾았고 동래부사가 부임 인사차 정과정을 찾았다.

일제강점기 도로를 낸다는 명분으로 해체하기 직전의 이섭교. 물이 흐르는 통로가 원래는 셋이었다. 물의 흐름을 원활히 하려고 하나 더 내었다. 일제는 이 다리를 폄훼해 안경다리, 안경교(眼鏡橋)라 불렀다. 그들이 제작한 일제강점기 관광엽서에 그렇게 표기했다. ⓒ이상길 향토자료 수집가

임금님 그리워 옷 젖지 않은 날 없는 건
이 봄에 산에서 우는 두견새와 같습니다.
옳고 그르고를 누구에게도 묻지 마소서.
저 새벽녘 달과 별이 알고 있을 겁니다.
- 이제현(1287~1367) 시 '과정(瓜亭)'

오일장 장꾼도 이섭교를 건넜다. 이섭교를 사이에 둔 시장은 동래장과 수영장. 동래부에 있어서 본부장(本府場)으로 불린 동래장은 장날이 2일, 7일이었고 수영에 있어서 영내장(營內場)으로 불린 수영장은 3일과 8일이었다. 뒷자리가 2일과 7일, 3일과 8일인 날은 장꾼 발걸음이 신새벽부터 어둑하도록 이어지던 곳이 이섭교였다. 그러기에 부산의 어느 다리보다 튼튼하게 지었다. 이섭교비는 이섭교 기념비. 돌다리 이섭교 놓은 기념으로 세웠다. 비석을 세운 건 1695년 3월. 을해년 계춘(季春)이다. 비석은 앞면은 물론 뒷면까지 한자가 빽빽하다. 본문만 150자 넘는다. 이섭교를 언제 누가 왜 세웠는지 말 그대로 미주알고주알이다. 손바닥 대고 한 글자 한 글자 쓰다듬으면 글자를 새긴 장인의 손길이 울렁울렁 느껴지고 그 시대를 산 부산 사람의 숨결이 울렁울렁 느껴진다.

강물이 흘러도 돌이 구르지 않고 나루가 넘쳐
도 수레바퀴는 젖지 않는다.
江流而石不轉 濟盈而不濡軌
강류이석부전 제영이불유궤

2023년 9월 책읽는사회문화재단의 '작가와 함께하는 부산 탐방' 프로그램의 이섭교비 답사 장면. 도시철도 1호선 교대역에서 내려 온천천 수영 쪽으로 가면 비석이 보인다. 천하장사 이만기 체급이라서 눈에 금방 뜨인다. ⓒ현정란

가까이에서 본 이섭교비. 상단에는 '이섭교(利涉橋)' 세 글자를 큼지막하게 새겼고 앞면과 뒷면에는 본문이 150자 넘게 새겼다. 수시로 범람하는 온천천에 돌다리를 놓은 기쁨을 '강물이 흘러도 돌이 구르지 않고 나루가 넘쳐도 수레바퀴는 젖지 않는다'라고 표현했다.

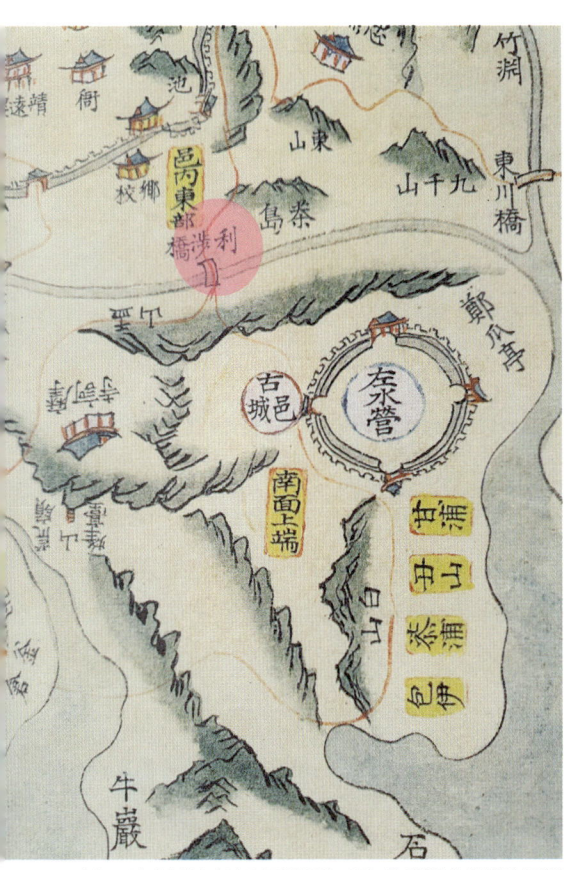

1736년과 1776년 사이 옛날 지도 '여지도(輿地圖)'는 이섭교를 각별하게 대접했다. 동래에서 수영으로 이어지는 온천천에 무지개다리를 그리고 반듯한 글씨로 '이섭교'라고 썼다. 이섭교 오른쪽에 '정과정(鄭瓜亭)' 정자가 보인다. 정과정 가려고 이섭교 건너는 이도 많았다. ⓒ국립중앙도서관

돌다리 공사는 1694년 겨울[갑술동(甲戌冬)]에 착수했다. 그전에도 다리는 있었지만 나무라서 쉬 썩었다. 몇 사람이 돈을 모았고 주민은 돌을 옮겼다. 이듬해 봄에 공사를 마쳤다[익년춘흘(翌年春訖)]. 돌다리 놓은 기쁨은 컸다. 그 기쁨을 '강류이석부전 제영이불유궤'라고 새겼다. 원문과 해석은 부산시 홈페이지에 실렸다. 부산시 홈피에 들어가 부산 소개-부산의 역사-향토사도서관-부산금석문 순으로 검색하면 된다.

옛날 지도도 돌다리 놓은 기쁨을 빠뜨리지 않았다. 지도가 열이면 일고여덟은 이섭교를 표시했다. 이섭교를 놓은 지 50년쯤 이후인 1736년에서 1776년 사이에 만든 '여지도(輿地圖)' 역시 이섭교를 반듯하게 모셨다. 동래에서 수영으로 이어지는 온천천에 무지개다리를 그리고 반듯한 글씨로 '이섭교'라고 썼다. 여기와 저기를 이으며 무지개 찬란한 내일을 소망한 무지개다리가 부산의 돌다리 이섭교였다.

칠총묘

임진왜란 한 맺힌 역사
'순절자 무덤'

칠총묘는 부산의 통곡이었다. 부산의 울분이었다. 칠총묘 근처만 가도 가슴이 미어터졌고 칠총묘 근처만 가도 주먹이 쥐어졌다. 지금은 이름조차 생소하지만 일제가 조선을 집어삼키기 전까지 칠총묘는 부산의 억하심정이었고 부산의 비분강개였다.

칠총묘 있던 곳은 도시철도 동래역 부근. 1894년 발행 〈영남읍지〉에 실린 동래부(東萊府) 지도는 온천천 천변으로 표기한다. 현재 내성중학교 어름이다. 온천천을 사이에 두

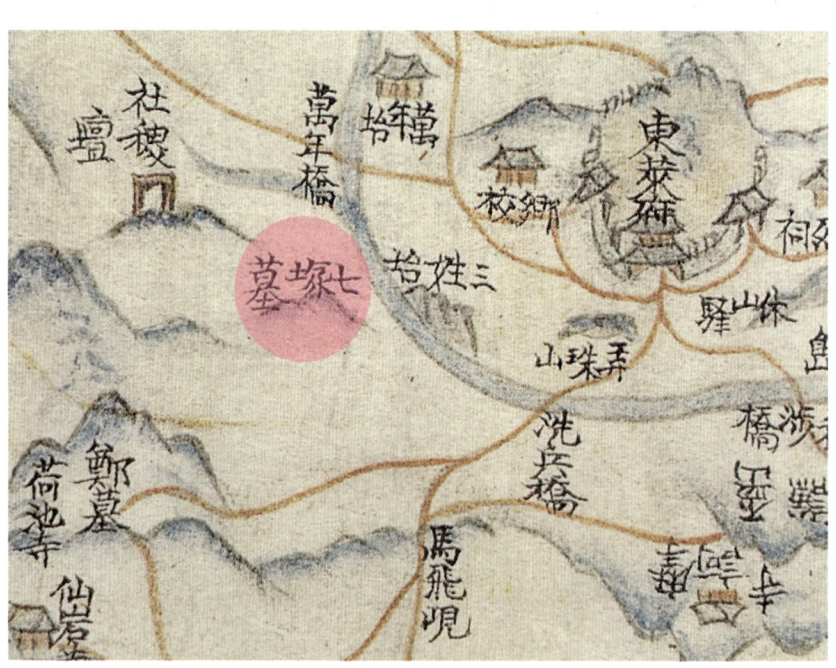

1894년 제작 〈영남읍지〉에 실린 지도에 보이는 칠총묘. 기존 육총에 새로 발굴한 시신을 모신 무덤이 더해지면서 칠총묘가 되었다. 현재 온천천 내성중학교 일대다. ⓒ규장각

2023년 5월 동래구 평생학습관 주최 '동래 인문학' 참가자들의 동래임진 의총 답사 장면. 바로 옆에 보이는 비석이 육총묘 당시의 추모비다. 참가자 뒤로 의총이 보인다. 일제강점기 동래 복천동으로 이장하면서 하나로 합 분했다. 1974년 이리로 옮겨왔다.

고 이쪽엔 칠총묘가 보이고 저쪽엔 삼성대와 농주산이 보인다. 칠총묘와 농주산은 한 묶음 이다.

칠총묘는 일곱 무덤. 총(塚)도 무덤이고 묘(墓)도 무덤이라서 통상 칠총(七塚)이라고 한다. 실제로 일곱이었는지는 의문이지만 한자 해석상으론 그렇다. 멀리서 보면 공동묘지 같았을 칠총은 단순한 묘지가 아니라 조선 내내 부산의 통곡이었고 울분이었다.

묻힌 이는 부산의 남녀노소. 남자와 여자였고 어른과 아이였다. 그야말로 장삼이사였다. 나이가 다 달랐고 신분이 다 달랐어도 사망 날짜는 다 같았다. 1592년 음력 4월 15일이었다. 몇 사람 정도는 하루나 이틀 뒤일 수도 있겠다.

1592년 그날. 동래읍성을 사이에 두고 왜군과 조선군이 맞섰다. 왜군은 길을 내어달라고 했고 조선군은 죽기는 쉬워도 길을 내어주기는 어렵다고 했다. 전투가 벌어졌고 결과는 처참했다. 애초에 중과부적이었고 승산이 없는 전투였다.

살아남은 자는 천백 명 중에 한두 명이었다. '천백유일이(千百遺一二)'였다. 왜란이 끝나고 딱 10년 후 동래부사로 부임한 이안눌이 쓴 '맹하유감(孟夏有感)'에 그렇게 나온다. 이안눌이 민가를 둘러보던 4월 15일 이른 아침 온 동네에 곡소리가 넘쳤다. 곡소리 들리는 집은 그나마 다행이었다. 온 가족이 다 죽어 울어줄 사람조차 없는 집이 더 많았다.

음력 4월 15일은 초여름, 맹하(孟夏)였다. 임진왜란 그해 초여름 '성에 쌓인 시신'이 부패하자 왜군은 성을 에워싼 물도랑 해자에 던지고 덮었다. 그렇게 해서 세월은 흘렀고 당시를 목격했거나 기억하는 이도 세상을 떠났다. 그렇게 해서 그날의 일은 없었던 일이 되는 듯했다.

그로부터 140년이 지난 1731년. 왜란 때 허물어진 동래읍성을 새로 쌓다가 시신이 무더기로 나왔다. 해자에 매장했던 남녀노소였고 장삼이사였다. '형체와 뼈가 온전한 시신은 12구에 불과했고 잔해가 조각조각 떨어진 시신은 이루 다 헤아릴 수 없었다.'

이들 시신은 고이 거두었다. 고이 거두어 함에 담아서 '동래부 남쪽 삼성대의 서쪽 산기

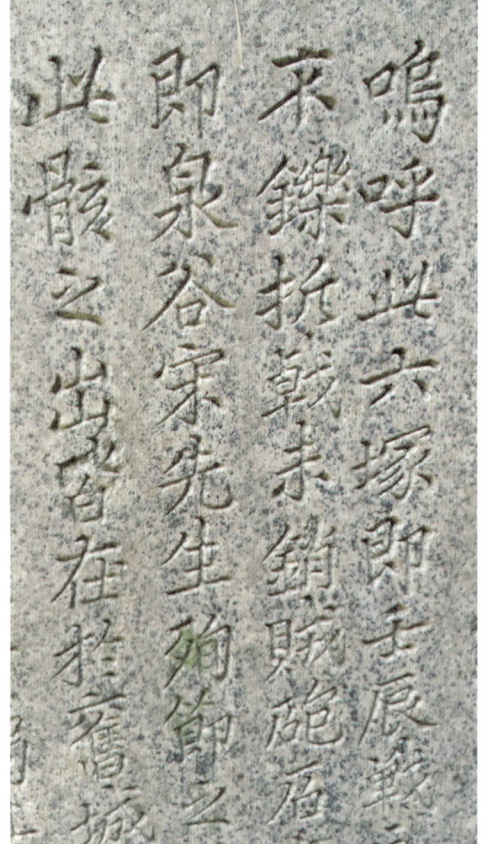

동래임진의총 앞에 세운 추모비. 1731년 동래부사 정언섭 때 세웠다. 제액(題額, 비석 제목)은 '임진전망유해지총'이다.

의총비 비음(碑陰, 비석 뒷면)에 새긴 음기(陰記, 비음에 새긴 글) 도입부. '오호차육총(嗚呼此六塚)'으로 시작한다. '오호, 이 여섯 무덤은'이란 뜻이다.

슭' 온천천 천변에 합장했다. 그때 동래부사는 정언섭. 육총 추모비를 세우고 해마다 4월 농주산에서 제사를 지내 달라는 비문을 썼다.

<u>오호</u>, 이 여섯 무덤은…
嗚呼此六塚…
오호차육총…

추모비 비문은 시작부터 비장하다. '오호 차육총즉임진전망 유해지장야(嗚呼此六塚卽壬辰戰亡遺骸之葬也)'로 시작해 모두 240자가 넘는다. 방대한 비문을 읽으면 누구라도 가슴이 미어터지고 누구라도 주먹이 쥐어진다. 육총의 다른 이름이 비문에 보이는 '임진전망의총'이다.

육총은 이후 칠총이 된다. 1788년 우물을 파다가 또 나온 시신들을 육총 곁에 모시고서 칠총이라 했다. 1894년 발행〈영남읍지〉동래부 지도는 이러한 정황을 담았다. 지도에 보이는 삼성대(三姓臺)는 안·송·옥 세 성씨 시조가 거주했다던 곳이고 농주산(弄珠山)은 동래경찰서 자리에 있던 야산이다.

일제가 득세하면서 칠총은 수난을 겪었다. 왜에 맞서다 순절한 이를 모신 묘소였기에 일제로선 눈엣가시였다. 개발을 명분으로 파헤쳐선 외딴곳에 이장했다. 거기가 동래구 복천동 영보단 부근. 봉분도 하나만 세웠다. 현재 자리로 옮긴 건 해방이 되고도 한참을 뜸 들인 1974년이었다. 부산시 기념물 제13호 금강공원 임진동래의총 전신이 육총이고 칠총이다.

칠총은 종료된 게 아니다. 밀레니엄 21세기에도 여전히 현재진행형이다. 2007년 도시철도 4호선 수안역 공사를 하면서 무더기로 출토됐던 유해 역시 육총의 일부이며 칠총의 일부다. 도로 때문에, 건물 때문에 일일이 파 보지 못해서 그렇지 지금도 동래는 곳곳이 역사의 현장이고 곳곳에 한이 서렸다. 옛 지도 칠총이 그 증명이다. 그래서 동래를 지날 때는 발꿈치 들고 조심조심 걸어야 한다.

축성비

동래성 쌓고 세운
'부산 넘버원' 기념비

동래 복천동은 역사 마을이다. 유적이며 유물이 수두룩하다. 복천박물관 주변도 그렇다. 박물관을 비롯해 복천고분군, 영보단, 장영실 과학공원, 동래읍성은 복천동의 유장한 역사를 웅변한다. 평지에서 고지대 꼭대기에 이르기까지 역사의 도도한 기운이 감싸는 데가 복천동이다.

눈길을 휘어잡는 비석도 있다. 부산에 이런 비석이 있었나 싶을 정도다. 박물관에서 동래읍성 북문 가는 길목 옛 비석은 크기부터 예사롭지 않다. 천하장사급이다. 조선팔도

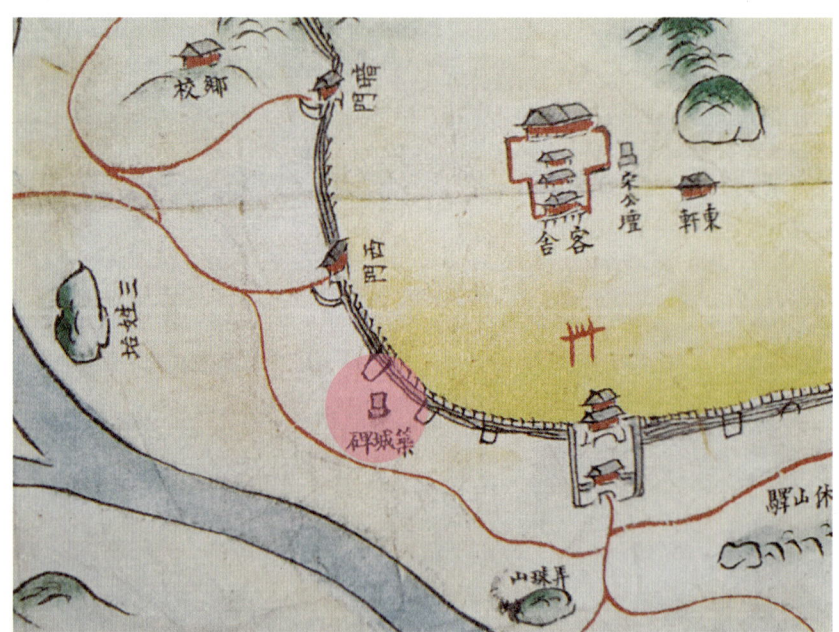

1899년 제작 〈동래부읍지〉에 실린 지도에 보이는 축성비. 1731년 쌓은 동래읍성을 기념해 1735년 세웠다. ⓒ규장각

일제강점기 내주축성비. 축성비 뒤로 동래읍성 성벽이 보인다. ⓒ〈동래부사〉(부산시립박물관, 2009년)

동래 복천동 내주축성비. 동래읍성 축성비는 몇 차례 이전했다가 일제강점기엔 개인 별장인 동래 금강원으로 옮겨졌다. 2012년 10월 지금 자리로 왔다.

어떤 비석과 겨뤄도 백전백승하지 싶은 부산 넘버원 비석이다. 그래서 보는 사람까지 어깨에 힘이 들어가고 괜히 우쭐해진다.

내주축성비(萊州築城碑). 비석 명칭이다. 내주는 동래를 말한다. 풀이하자면, 동래읍성을 쌓은 기념으로 세운 비석이다. 비석을 세운 해는 1735년. 동래읍성은 4년 이른 1731년 쌓았다. 성을 쌓다가 임진왜란 순절자 시신이 무더기로 나와서 육총에 모셨다. 1731년 이전에는 동래에 읍성이 없었을까. 물론 있었다. 그러나 임진왜란을 치르면서 무너졌고 150년 가까이 방치돼 있었다.

방치된 이유는 간단했다. 사람이 없었다. 1592년 4월 15일 벌어진 동래읍성 전투에서 살아남은 사람은 천백 명 중에 한두 명. 그러니 동래 인구는 더디더디 늘었고 성 쌓는 일에 투입할 인력은 꿈도 꿀 수 없었다. 100년이 지나도 나아지지 않았다. 1740년 부산 전체 인구는 21,241명. 남자는 그 절반도 안 되는 9,616명이었으니 축성은 언감생심이었다.

그렇다고 그대로 둘 수는 없었다. 섬나라 오랑캐는 호시탐탐 조선을 노렸다. 그래서 동래 바깥에서도 사람을 구했다. 경상도 64개 군에서 5만 2,000명의 백성과 승군(僧軍)을 동원하였다. 측량에서 문루 완공까지 6개월 동안 연인원은 41만 명. 대공사였다. 둘레 1만 7,291척(5.23㎞), 높이 17척(5.15m)에 동서남북 사대문을 갖춘 반듯한 성은 그렇게 우뚝 섰다.

축성을 기념하는 내주축성비는 그로부터 4년 후 세운다. 바로 세우지 않은 이유는 몇 가지로 짐작할 수 있다. 5km에 이르는 거대한 성을 쌓느라 힘을 소진했을 수도 있고 공사를 진두지휘한 동래부사가 공덕비일 수도 있는 기념비 건립을 한사코 만류했을 수도 있다. 당시 동래부사는 정언섭. 동래정씨로서 동래와 동래 사람에 대한 애정이 지극했다. 그러기에 그 큰 공사를 감당했다.

공사를 시작한 지 백여 일 만에 견고하게 우뚝 솟은 성이 마치 귀신이 만들어 놓은 것 같았다.
自始役百餘日 而屹屹堅城 若神施而鬼設焉
자시역백여일 이흘흘견성 약신시이귀설언

내주축성비 탁본. 비석 앞면에는 축성에 관한 사적(事跡)을 새겼고 뒷면에는 축성에 참여한 이들을 새겼다. ⓒ경성대

내주축성비는 축성의 전말과 함께 완공의 기쁨을 담았다. 얼마나 뿌듯했던지 귀신이 만들어 놓은 것 같다고 했다. 공사는 측량에만 두세 달이 걸렸고 본 공사에 또 100일 넘게 걸렸다. 1731년 정월 성터 측량, 4월 성 완성, 5월 성문 완성, 그리고 7월에 문루가 완성되면서 대역사를 마무리했다.

축성비는 애초 동래부 남문 근처에 있었다. 읍성이 거기 있었다. 1740년 발간 〈동래부지(東萊府誌)〉에는 (동래읍성) 남문 바깥에 있다고 나온다. 비석에는 거기가 농주산(弄珠山)이라고 밝힌다. 농주산은 지금 동래경찰서 자리. 축성비는 이후 1765년 가을 이전했다가 1820년 가을 다시 남문 인근으로 이전했다.

농주산에는 임진왜란 동래읍성 전투 순절자를 추모하는 제단이 있었다. 임란으로 허물어진 동래읍성을 새로 쌓은 기념비인 축성비를 농주산에 세운 이유도 전망제단이 있었기 때문이다. 전망제단은 1608년 동래부사로 부임한 이안눌이 세워 순절일인 음력 4월 15일 제사를 지냈다. 나라에선 제사 비용 마련을 위해 제전(祭田)을 내었고 유생은 매년 추석 동래향교에서 제사를 지냈다.

전망제단을 농주산에 둔 이유는 뭘까. 송공사(宋公祠)가 농주산에 있었던 데서 연유한다. 이안눌보다 앞서 동래부사를 지낸 윤훤은 1605년 송상현 위패를 모신 송공사를 지어 해마다 제사를 지내도록 했다. 1624년 '충렬사' 사액(賜額)이 내려와 송공사는 충렬사로 명칭을 변경한다. 30년쯤 후인 1652년 '사당이 좁고 저습해' 지금의 동래구 안락동 충렬사 자리로 이전하면서 강당 등의 골격을 갖추고서 안락서원이라 하였다.

축성비 모형. 동래 수안동 세띠앙아파트 입구에 있다. 축성비가 원래 있던 자리 부근이다.

1605년 지은 농주산 송공사는 어찌 됐을까. 한동안 터만 남았다. 그러다 1709년 별사(別祠)를 지어 양산군수 조영규, 동래 교수 노개방을 병향(並享)하고 제생(諸生) 문덕겸을 배향(配享)했다. 또 본채 옆에 딴채를 지어 비장 송봉수·김희수와 겸인(傔人) 신여로, 향리 송백, 부민(府民) 김상을 제사지냈다.(충렬사지 권7, 분형록 별사에서 인용)

세월이 지나면서 변화가 또 생겼다. 김석일 동래부사가 1742년 송상현이 순절한 동래읍성 정원루 누각 자리에 송공단(宋公壇)을 세우면서 농주산 전망제단 순절자 위패를 여기로 옮겼다. 매년 제사도 송공단에서 지냈다. 축성비 역시 이전했다가 1820년 다시 남문 자리로 이전했다. 농주산 전망제단은 일제강점기인 1925년 헐렸다. 축성비는 이섭교비와 함께 개인 별장인 금강원으로 떠밀렸다가 2012년 10월 지금의 자리로 돌아왔다. 축성비 모형은 동래 수안동 세띠앙아파트 입구에 있다.

〈동래부읍지(東萊府邑志)〉엔 1899년 제작한 지도가 실렸다. 동양화 같은 이 지도에 축성비가 그림과 함께 나온다. 축성비 있는 곳은 동래읍성 성벽 바깥. 남문과 서문 사이다. 농주산과는 좀 떨어져 있다. 1820년 가을부터 일제강점기까지 여기에 축성비가 있었다. 일제의 간계로 성벽과 농주산은 헐리고 백성의 노고와 헌신을 치하하는 기념비까지 외딴 데로 옮겨졌어도 옛날 지도는 그때 그 시절을 고스란히 알려준다. 우리가 무엇을 잃고 무엇을 놓치고 사는지 옛날 지도는 똑똑히 보여준다.

농주산

천 줄기 푸른 옥이
여의주 뒤섞여

조선시대 남문 밖에 있던 야산(野山) 터로 임진왜란이 끝난 후 가장 먼저 이 고장에서 순사(殉死)하신 분들을 모신 전망제단(戰亡祭壇)이 있었던 곳

동래를 걸어보면 곳곳에 표지석이 보인다. 무슨 무슨 다리 터며 무슨 무슨 성문터를 알리는 표지석이다. 이들은 동래가 조선시대 부산의 중심이었음을 알린다. 동래경찰서 담벼락 소공원 표지석은 여기에 야산이 있었다고 밝힌다. 야산을 헐어 평지가 됐고 지금은 경찰서가 들어섰다는 이야기다.

야산 이름은 농주산(弄珠山). 용이 여의주를 갖고 노니는 산, 그런 뜻이다. 용이라, 여의주라. 대체 어떤 형상이었을까. 내가 궁금한 것만큼이나 옛사람도 궁금했던 모양이다. 시 좀 쓴다는 유림이 부산에 오면 농주산 글을 남겼고 그림에도 곧잘 등장한다.

푸른 대나무. 글도 그렇고 그림에도 그렇고 농주산을 언급할 때는 대나무가 빠지지 않는다. 1740년 발간 부산의 백서 〈동래부지〉에는 '반룡(盤龍)의 형상을 하고 있어 농주라고 하며 위에는 죽림(竹林)이 있다'고 썼다. '주부죽취'와 '동래부순절도.' 농주산 죽림이 등장하는 대표적인 시와 그림이다. '주부죽취(珠

동래경찰서 바깥 소공원 쉼터에 있는 농주산 터 표지석. 조선시대 용이 여의주를 문 형상의 야산이 이 자리에 있었다고 알린다.

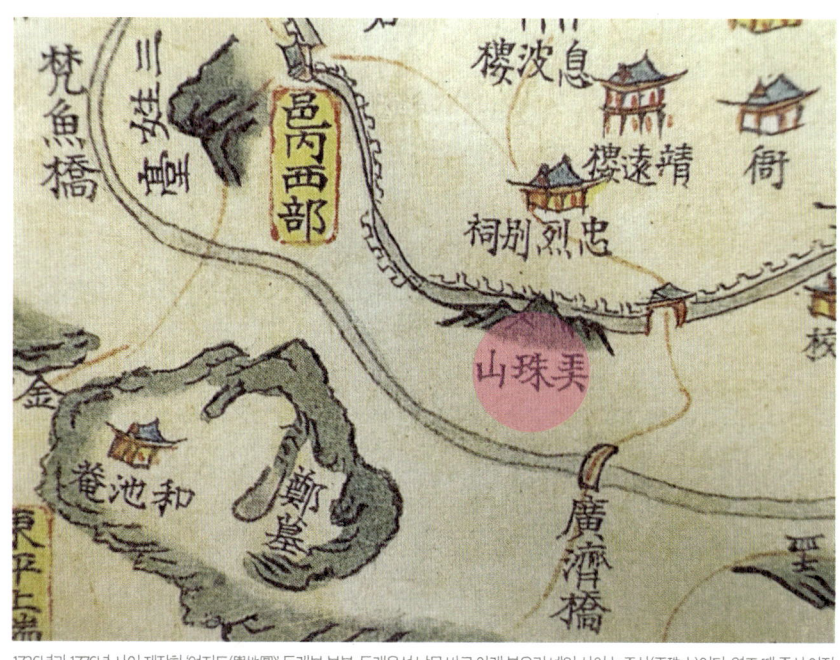

1736년과 1776년 사이 제작한 '여지도(輿地圖)' 동래부 부분. 동래읍성 남문 바로 아래 봉우리 넷인 산이 농주산(弄珠山)이다. 영조 때 중신 이정제(1670~1737)의 시 '주부죽취'는 눈 오는 겨울밤 농주산 정경을 담았다. ⓒ국립중앙도서관

阜竹翠)'는 영조 때 중신 이정제(1670~1737)가 일본 사신을 접대하러 부산에 와서 지은 연작시다. '동래부순절도'는 동래 화가 변박이 1760년 그린 임진왜란 동래읍성 전투를 묘사한 기록화다.

'주부죽취'를 직역하면 농주산 언덕의 푸른 대숲. 대나무가 어찌나 많았던지 '천 줄기 푸른 옥'으로 묘사한다. 일본 사신을 접대하는 접위관이 부산에 오면 동래읍성이 숙소였다. 농주산은 동래읍성 성문 바로 앞에 있었다. 눈 오는 겨울밤 농주산 정경을 담은 시가 '주부죽취'다.

천 줄기 푸른 옥이 여의주와 뒤섞여
눈 속에 우뚝하게 누대를 비추네.
밤이 되어 찬바람 소슬하게 불면
꿈속에서 때때로 생황소리 듣겠네.

동래 화가 변박이 1760년 그린 '동래부순절도'는 농주산에 빽빽한 천(千)의 대나무를 사실적으로 그렸다. 농주산 양옆 소나무는 국보급이다. ⓒ 육군사관학교 박물관

'동래부순절도'는 정취가 정반대다. 비감이 극에 이른다. 임진년 왜란 동래읍성 전투를 사실적으로 그린 이 그림을 보노라면 입술에 피가 배고 주먹이 파르르 떨린다. 중과부적의 이 전투에 패하면서 동래는 애나 어른은 물론이고 개와 고양이까지 살아 움직이는 것은 죄다 죽임을 당했다.

그림에 나오는 농주산은 온통 대밭. 얼마나 촘촘한지 '천 줄기 푸른 옥'이 실감 난다. 대밭 양쪽에는 국보급 소나무 두 그루. 이리 휘어지고 저리 휘어져 동래가 얼마나 멋들어지고 평화로운 곳인지 짐작하게 한다. 왜란이 일어나기 전에는.

이야기가 왜란의 참상으로 넘어가려고 한다. 하지만 오늘은 참자. 오늘은 농주산의 평화로운 모습만 이야기하자. 동래는 평화로운 도시였다. 동래학춤, 학소대 등에서 보듯 학이 노니는 고을이었고 국보급 소나무가 이리 휘어지고 저리 휘어진 고을이었다. 소나무는 나무의 귀공자. 한자 송(松)을 풀면 그런 뜻이 된다.

동래의 국보급 소나무는 귀공자 중에서도 귀공자였다. 동래는 국보급 소나무가 허다했

고 그런 소나무의 대표가 옛 그림으로 남은 농주산 소나무였다. 농주산 소나무는 아니지만 다행히 그 비슷한 소나무가 사진으로 남아 있다. 동래구가 2016년 펴낸 〈동래 변천 150년사〉에 실린 학소대 외솔이 그것이다. 학소대 언덕배기에서 동래를 굽어보시던 700년 지긋한 이 소나무는 문화도시 동래의 터줏대감이었다. 그러나 어이없는 일이 벌어졌다. 1952년 겨울 내성초등학교 주둔 군인이 땔감으로 뺐다.

그대, 한겨울 동래 밤거리를 걸어보라. 외투 옷깃 세우고서 눈발 휘날리는 도시철도 수안역 사거리를 걸어보라. 어디선가 댓잎 서걱대는 푸른 소리 들리고 어디선가 피리처럼 가느다란 생황의 소리 들릴 테니 소리 나는 그쪽으로 귀를 대어 보라. 좋은 기억도, 안 좋은 기억도 눈발에 휘날리며 차차 쌓이거나 차차 녹아드는 한겨울 동래 밤거리.

1950년 이전 동래고보 학생 몇이 학소대 외솔을 배경으로 찍은 사진. 옛 그림으로 남은 농주산 소나무 역시 이런 형상이었으리라. 사진 속의 한 학생은 서울법대로 진학했으나 6·25 동란 때 실종됐다. 사진은 실종 학생의 생질이 제공했다. ©서강후인

학소대

동래 풍류의 발원지,
동래 대소사 야외집회장

학소대는 내가 학교 다닐 때 학사주점 상호였다. 이름이 궁금해서 주인에게 물었다. 학(鶴)의 둥지[소(巢)]라 했다. 동래 어딘데 정확히 어딘지는 몰랐다. 학교 졸업 이후로도 이 이름을 여러 군데서 접했다. 사람을 끄는 구석이 있는 이름이었다. 학소대 거기가 어딜까. 굳이 알려고는 하지 않았어도 언젠가는 풀어야 할 숙제였다.

사실은 나만 몰랐다. 엔간한 동래 사람은 알고들 있었다. 언젠가 동래구 스토리텔러 자문회의를 마치고 향토사학자 주영택 선생과 동래 법륜사에 들렀다. 주 선생은 법륜사가 학소대 자리라고 했다. 법륜사는 지대가 높아서 동래시장을 내려다봤다. 학은 높은 나무에 사니 그럴싸했다. 법륜사 입구에는 '학소대 터' 표지석이 있었다.

범어사 포교당인 동래 법륜사 입구의 표지석. 왼쪽은 법륜사 표지석이고 오른쪽은 학소대 터 표지석이다. 법륜사 자리가 학소대 자리다.

> 옛날 학이 이 언덕으로 많이 찾아들고 또 많은 둥지를 얽고 보금자리로 삼아서 학소대라는 이름으로 불리는 곳

동래구청 구보 황순규 편집장도 알고 있었다. 동래시장에 있는 동래유치원 뒤가 학소대 자리라고 했다. 그것 역시 그럴만했다. 동래유치원 뒤와 법륜사는 맞닿아 있으니 거기서 거기였다. 그래도 거기가 거기라고 특정하려니 뭔가 2% 부족했다. 더 확실하고 구체

적인 물증이 나와야 했다. 고문서라든지 옛날 지도 같은 자료는 어디 없을까.

지성이면 감천. 학소대 찾는 일에 천착하지 않았으니 지성까진 아니지만 감천했다. 드디어 학소대 지도를 찾았다. 찾으려고 한 게 아닌데 찾아졌다. 동래구 평생학습관 인문학 강좌 '동래 비석길' 현장 답사 때였다. 동래유치원에 있는 동래부사 정현덕 시비를 둘러보는 중이었다. 거기서 생사단(生祠壇) 비석을 접하게 되었고 옛날 지도에서 생사단을 찾아보다가 생사단 바로 옆에 학소대가 보였다.

부산고지도. 그림 같은 지도였다. 동래읍성 바로 옆 아찔한 절벽이 학소대였다. 거의 구십도 직각 낭떠러지라서 보기만 해도 간담이 쪼그라들었다. 사람은 감히 오를 엄두가 나지 않는 저런 비탈이라면 학이 둥지를 틀 만했다. 학소대 아래는 온통 꽃나무였다. 복숭아 꽃나무가 에워싼 민가는 이름도 도발적이었다. 도화동(桃花洞), 전설로만 알았던 동래 도화동이 거기 있었다.

"저 아래 들판에 점점이 내려앉는 학들을 보며 동래학춤이 비롯했다지요."

주영택 선생은 법륜사 아래 동래시장 쪽을 가리켰다. 그리고 동래학춤 유래를 알려줬다. 동래는 풍류의 고장. 동래학춤과 동래야류, 동래고무(鼓舞), 동래한량춤, 동래지신밟

법륜사 대웅전 뜰 풍경. 다른 나무도 많지만 소나무가 참 많다. 울창한 소나무로 둘러싸여 학의 군무가 펼쳐지던 곳이 법륜사였고 학소대였다.

학소대 외솔나무. 수령 700년 학소대 외솔은 동래 사람 마음의 고향이었다. 한국전쟁이 일어나자 내성초등학교에 주둔하던 군인들이 1952년 땔감으로 베어갔다. ⓒ〈동래 변천 150년사〉(동래구, 2016년)

동래학춤. 동래에 전승되는 전통춤으로 동작 하나하나 학의 나래짓을 닮았다. 학이 둥지를 틀어 날아오르던 학소대가 동래학춤 진원지이며 중심지다. ⓒ부산민속예술보존협회

기 등 무형문화재의 고장이고 춤의 고장이다. 한 고을에 이토록 많은 무형문화재가 전수되는 건 대단히 드물다. 조선 500년 내내 동래는 풍류의 고장이었고 멋의 고장이었다. 그 발원지, 그 중심지가 학소대였다. 동래 읍내면에서 중요한 회의가 있을 때는 학소대에서 열리곤 했다. 학소대는 야외집회장이었다.

학은 때론 청렴하고 지조 있는 선비에 비유되기도 할 만큼 오랜 세월 청정의 이미지를 대신해 왔다. 부산 동래지역은 유난히 학의 이름이 들어가는 지명이 많다. 그러나 대부분 도심의 일부가 되어 옛 모습을 찾을 길 없으나 동래 중심지에 우뚝 솟은 학소대의 모습만큼은 그 옛날부터 학이 깃들만한 명소임을 한눈에 알 수 있다. 울창한 소나무로 둘러싸인 채 아름다운 학의 군무가 펼쳐지던 바로 이곳에 지금은 법륜사가 자리하고 있다.

지식백과사전 '대한민국 구석구석'의 법륜사 설명이다. 법륜사는 동래구청 앞에서 1898년 범어사 동래 포교당으로 창건해 1950년 무렵 지금 자리로 이전했다. 포교당이지만 활동은 종교에 국한하지 않았다. 야학으로 문맹을 퇴치했으며 삼일운동 본거지로서 민중 교화와 민족정신 배양에 진력했다. 1921년부터 운영한 '싯달 야학교'를 통해 배출한 승려들과 농민의 자제들이 그 중심에 섰다. 설명에서 보듯 법륜사 소나무, 즉 학소대 소

나무는 울창했다. 하나하나 천하제일 소나무였다. 일제강점기 암울한 사회 현실에서 동래가 내뿜은 서늘한 정기는 천하제일 소나무에서 나왔는가 했다.

학소대 말고도 새를 내세운 대(臺)가 부산에 또 있다. 수영구 민락동 앵대(鶯臺), 기장 바닷가 원앙대(鴛鴦臺)와 황학대(黃鶴臺) 등이다. 앵대는 민락본동 진조말산에 꾀꼬리가 서식해서 얻은 이름이지 싶고 용궁사 시랑대와 가까운 원앙대는 애틋한 전설이 전한다. 황학대는 기장에 유배된 고산 윤선도 작명이라고 전한다. 인터넷 검색하면 나온다. 학소대도 그렇고 앵대, 원앙대, 황학대도 그렇고 새를 이름으로 내세운 데서 사람만을 중심에 두지 않은 선인들의 지극한 마음을 엿본다. 그 발원, 그 중심이 동래 학소대다.

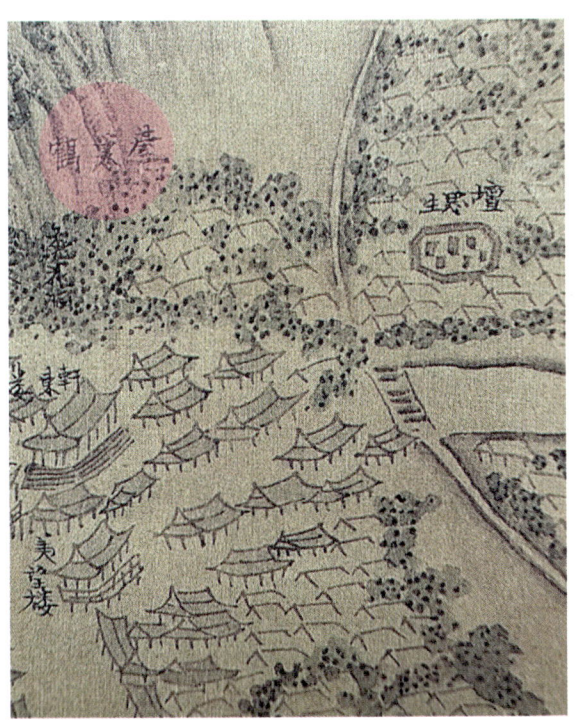

'부산고지도' 제6폭 학소대 부분을 확대한 지도. 학소대, 도화동, 생사단 등의 지명이 보인다. 도화동은 복숭아꽃 피는 '전설 따라 삼천리' 같은 마을이고 생사단은 선정을 베푼 동래부사를 기리는 비석을 모셨다. 생사단과 비석은 동래시장 동래유치원 안쪽에 있다.

1900년경 제작한 '부산고지도' 제6폭. 동래읍성의 남문과 서문, 객사와 동헌, 망미루 등 여러 관아와 누각이 보인다. 남문 바로 앞에 보이는 언덕은 농주산(弄珠山). 동래경찰서 자리다. 학소대는 지도 중간쯤 산비탈 아래 보인다. ©부산시립박물관

여단

조선 500년
고유문화이자 공공의료

빈대 잡으려다 초가삼간 태운다.

'국민 속담' 중의 하나다. 모르는 사람이 없다. 그러나 잘못 아는 속담 중의 하나이기도 하다. 몇 년 전 빈대가 확산하면서 전국이 홍역을 앓았듯 조선시대 그때도 빈대가 확산하면 속수무책이었다. 궁여지책이 빈대 득실대는 곳을 태우는 것이었다. 그런 마을이 꽤 되고 그런 절이 꽤 된다. 일종의 공공의료였다. 빈대 잡으려다 초가삼간 태운 게 아니고 빈대 잡으려고 초가삼간을 태웠다.

여단(厲壇) 역시 큰 틀에서 보면 공공의료였다. 조선은 곳곳에 여단을 두었다. 한자와 함께 인터넷 검색하면 서울과 평양 등 남북한 통틀어 조선팔도에 여단을 두었음을 알 수 있다. 조선의 부산, 동래에도 여단이 있었다. 동래부 동쪽 5리였다. 안현(鞍峴, 말안장 고개)이 있는 마안산과 수영강 강변 옥봉산 사이였다. 고지도 상으로 현재 동래구 명장동 어름이다. 양쪽이 산으로 둘러싸여 으슥했다. 여제단(厲祭壇)으로 불린 기장의 여단은 기장읍성 북쪽 일광산 으슥한 산기슭에 있었다. 참고로, 여단은 관아 동쪽이나 동북쪽, 사직단은 관아 서쪽에 두었다.

여단이 으슥한 데는 이유가 있었다. 망자를 제사 지내는 제단이 여단이었다. 그런데 제사를 지내는 주체가 예사롭지 않았다. 한 집안이나 가문이 아닌 정부 또는 지방관청이었다. 부산에선 시청에 해당하는 동래부가 제사를 지냈다. 제사를 지내는 횟수도 예사롭지 않았다. 한 해 한두 차례 지내고 끝내는 게 아니라 한 해 무려 세 차례나 지냈다.

한 해 세 차례 제사? 지금 기준으론 얼른 납득되지 않는다. 얼른 정도가 아니라 전혀 납득 안 된다. 하지만 조선시대 그때는 조선팔도 모든 여단에서 그랬다. 그것도 공공기관이 주체가 되어 같은 날 동시에 같은 방식으로 제를 올렸다. 지금은 전혀 납득되지 않아

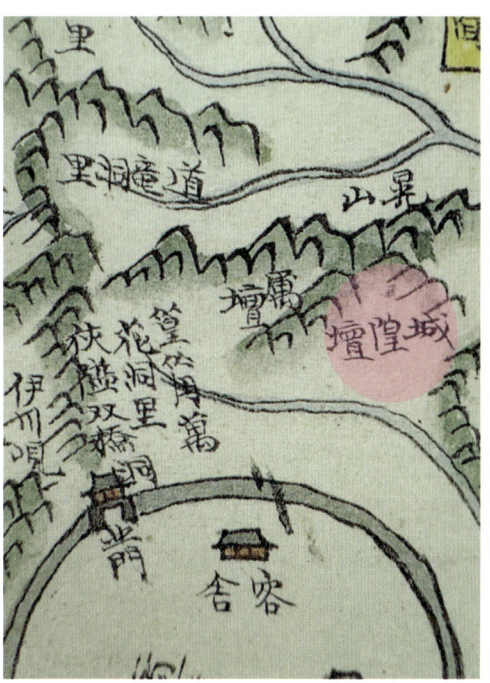

1700년대 중반 제작한 '여지도(輿地圖)' 동래부 부분. 윤산과 성황사 사이에 '여단(厲壇)'이 보인다. 여단은 공공 제사를 지내는 제단이었다. 갈 곳 없는 원귀(冤鬼)를 달래는 제사를 한 해 세 차례나 지냈다. ©규장각

1700년대 중반 제작한 '여지도(輿地圖)' 기장현 부분. 여단(厲壇) 가까운 자리에 성황단(城隍壇)이 보인다. 조선 500년 내내 이어지던 여단과 성황단 제사는 1908년 7월 23일 폐지됐다. 일제가 국권을 침탈하던 때였다. ©규장각

도 그때는 모두가 수긍했다. 그러기에 조선 500년을 이어져 왔다.

여단의 특이성은 명칭에서 엿볼 수 있다. 여단 여(厲)는 뜻이 여럿이다. 약하다, 사납다, 병들다, 귀신 등등 대체로 부정적으로 쓰인다. 제단 단(壇)과 결합하면 '갈 곳 없는 귀신'인 무주고혼(無主孤魂)을 뜻한다. 흉년으로 아사하거나 병들어 객사하거나 비명으로 횡사하거나 해서 구천을 원통하게 떠도는 영혼을 한데 모아 제를 지낸 곳이 여단이었다. 원통한 영혼은 시도 때도 없이 생겼기에 한 해 세 차례, 4월 청명일과 7월 백중일, 10월 초하루에 공공 제사를 지냈다.

신위를 놓는 신좌(神座)는 둘이었다. 북쪽에서 남쪽으로 보도록 해 왼쪽과 오른쪽에 두었다. 한민족 문화유산을 집대성해 1991년 편찬한 한국정신문화연구원 백과사전 〈한국민족문화대백과사전〉에는 동서 신좌별 제사 대상이 구체적으로 나온다.

동좌는 온통 비통한 죽음을 맞은 이들을 모셨다. 칼에 맞아 죽은 사람, 물에 빠져 죽은

사람, 불에 타서 죽은 사람, 도둑을 만나 죽은 사람, 남에게 재물 때문에 핍박을 받아 죽은 사람, 남에게 처첩을 강탈당하고 죽은 사람, 형을 받아 죽은 사람, 원통하게 죽은 사람, 천재지변으로 죽은 사람, 돌림병으로 죽은 사람이었다.

서좌 역시 애간장 녹이는 죽음이었다. 맹수에 물려 죽은 사람, 추위에 얼어 죽은 사람, 굶주려 죽은 사람, 전쟁하다가 죽은 사람, 위급한 일을 당해 목매어 죽은 사람, 바위나 담에 깔려 죽은 사람, 해산하다가 죽은 사람, 벼락 맞아 죽은 사람, 높은 곳에서 떨어져 죽은 사람, 죽어서 자식이 없는 사람이었다.

일제는 이마저 왜곡했다. 조선의 국권을 침탈한 일제는 민족문화 말살에 혈안이었다. 여단이라고 무사할 리 만무였다. 1932년 조선총독부가 펴낸 〈조선의 귀신〉은 여단에서 제사 지내는 대상을 완전히 비틀고 왜곡했다. 동좌는 주로 도둑질, 강도질하다가 죽은 사령을 비롯하여 도덕적으로 악행을 한 자의 사령을 모셨으며 서좌는 전사자나 무후사자(無後死者) 등 불행한 사자를 모셨다고 설명했다.

악의적이었다. 도둑에게 죽은 사람을 도둑질하다가 죽은 사람이라 비틀었고 강도에게 죽은 사람을 강도질하다가 죽은 사람이라며 왜곡했다. 의도는 뻔했다. 여단 폐지의 합리화였다. 일제는 조선의 국권을 침탈하던 1908년 조선 국왕 명의를 빌려 숱한 고유문화를 폐지했다. 1400년, 1401년 무렵부터 거행하던 조선 500년 여단 역시 이때 폐지를 당했다. 조선총독부가 1932년 펴낸 〈조선의 귀신〉은 이의 합리화 작업이었다.

향사이정(享祀釐正). 조선의 마지막 임금 순종 1년(1908) 7월 23일 순종실록 세 번째 기사 제목이다. 국사편찬위원회 홈페이지는 이를 '개정한 제사 제도 칙령을 발표하다'로 번역한다. 참고로, 고종실록과 순종실록은 조선왕조의 다른 실록과 달리 일제강점기에 집필했다. 일제의 의도가 반영되는 구조였다. 오염된 실록이라서 〈조선왕조실록〉에 포함하지 않으며 세계기록유산에도 등재되지 않았다.

향사이정 기사는 길다. 궁중과 정부, 지방관청 제사에 일일이 메스를 들이댄 탓이다. 한 해 두 차례 지내던 독신묘(纛神廟) 제사를 한 차례로 줄이는 등 어떤 제사는 횟수를 줄이고 어떤 제사는 어디로 옮기고 어떤 제사는 폐지한다는 내용으로 기사를 가득 채웠다. 여단은 칙령을 발표한 1908년 7월 23일 그날 다른 숱한 제사와 함께 폐지되었고 터는 국유로 귀속했다.

성황단(城隍壇)은 여단과 함께 폐지한 제단이었다. 폐지하기 전까지 성황단과 여단은 불가분이었다. 1700년대 중엽 '해동지도'에는 동래 여단 가까이 성황사(城隍祠)가 보이

마안산 동래읍성 인생문 망루에서 바라본 전경. 맞은편에 봉우리 오뚝 솟은 산이 옥봉산이다. 마안산(134m)과 옥봉산(117m) 사이 저 어디쯤에 여단이 있었다. 여단 가까이엔 성황사가 있어서 여단 제사에 동참했다. 기장도 그랬다.

고 기장 여제단 가까이 성황단이 보인다. 성황사·성황단·성황당 또는 서낭당은 마을 수호신을 모신 제단이었다. 조선 500년 내내 여단이 있었기에 성황단이 있었고 성황단이 있었기에 여단이 있었다.

여단 제사를 줄여서 여제(厲祭)라 했다. 여제는 본제(本祭)와 발고제(發告祭)로 이뤄졌다. 본제는 여단에서 지냈고 여제 거행을 고하는 발고제는 본제 사흘 전 성황단에서 지냈다. 여제는 세 차례 정규 제사 외에도 수시로 지냈다. 괴변이 나거나 수재 같은 재해, 돌림병 등으로 피해가 크면 그때마다 지냈다. 임금은 백성의 피해를 측은히 여겨 향축(香祝, 제사에 쓰는 향과 축문)과 근신(近臣)을 보내거나 향축만 보냈다.

여단은 정사각형 토석단(土石壇)이었다. 한 변의 길이는 6.3m(2장 1척), 높이는 0.75m(2척 5촌) 정도였다. 단을 보호하는 토담을 사방에 쌓았다. 토담 한 변의 길이는 15m(25보) 정도였다. 출입문은 남쪽에 내었다. 단 남쪽에는 한 변 길이가 1.5m(5척)인 요단(燎壇, 제사의 폐백을 태우는 단)을 설치했다. 요단 출입문 너비는 0.6m였다. 위로 열어서 드나들도록 했다. 요단에는 축문(祝文)과 폐백(幣帛)을 태우는 망료(望燎)가 있었다.

이 글 맨 처음에 언급한 공공의료와 여단은 어떻게 맞물릴까. 이 역시 지금 기준으론 얼른 납득하기 어렵다. 하지만 조선시대 그때는 누구나 공공의료로 수긍했다. 그때는 영적 세계와 현실 세계가 다르지 않다고 보았다. 여제를 정성껏 모시면 현실에서 보답받는다고 믿었다. 비슷한 경우가 기우제였다. 천신에게 간절하게 빌면 비가 온다는 믿음이 기우제였다.

여단은 기우제처럼 국가가 공인한 제도였다. 〈동의보감〉을 편찬한 허준도 여단과 관련해 왕조실록에 등장한다. 때는 광해군 5년(1613) 10월 25일. 돌림병이 극심했다. '혹은 금기(禁忌)에 구애되고 혹은 치료할 줄 몰라 앉아서 죽는 것을 쳐다만 보고 감히 손을 쓰지 못하는' 상황이었다. 예조의 보고를 받은 광해군은 어명을 내린다. 어명은 허준과 여단을 호출한다. 임금이 호출할 만큼 여단은 정통성과 권위를 갖추고 있었다.

"허준 등으로 하여금 (여러 처방이 담긴 책을) 속히 편찬해 내게 하고,
여단에도 다시 기도하여 빌도록 하라."
令許浚等速爲纂出, 厲壇更爲祈禳
영허준등속위찬출, 여단갱위기양

'속히 편찬.' 내가 주의 깊게 보는 구절이다. 국보 제319호 〈동의보감〉 발간 400주년 기념행사가 열린 해는 2013년. 그러니까 광해군이 '속히 편찬'을 명령한 다음 달인 1613년 11월 세상에 나왔다. 원고는 1610년 이미 마무리했고 그 공로로 허준은 숙마(熟馬, 길이 잘 든 말) 한 필을 광해군에게 직접 받았지만 이런저런 사정으로 편찬이 미뤄졌다. 그러던 차에 돌림병이 극심해 '여단에 다시 기도'할 지경에 이르고 임금이 채근하자 초스피드로 발간했다. 여단은 〈동의보감〉 탄생의 목격자였다.

여제를 지낸 궁극적 목적은 생명 존중이었다. 코로나19 같은 몹쓸 역병이나 재난으로 생명을 잃지 않도록 보살펴 달란 거였다. 잘 돌봐 주십사, 돌보고 또 돌봐 주십사 무주고혼 여귀(厲鬼)에게 빌고 또 빌었다. 한 해 세 차례 비는 것도 모자라 수시로 또 빌었다. 의료의 질이 지금보다 현저히 떨어지던 그 시절, 위에서 아래까지 혼연일치 지극정성으로 빌면서 생명의 소중함을 자각했던 공공의료가 조선의 여단이었다.

여단은 결국 생명 존중의 사회적 합의였다. 죽은 사람의 영혼을 다독여 산 사람의 생명을 지키고자 했던 여단은 사회적 합의를 바탕에 둔 지금의 코로나 정책과도 맥이 닿는다. 코로나를 물리치려고 한 마음 한뜻으로 펼치는 대응책이 우리 시대 공공의료정책이듯 여단은 역병에 대응하는 그 시대 공공의료였고 방역사업이었다. 일제가 업신여겨 무도하게 말살한 여단은 단순히 '조선의 귀신'에 대한 제사가 아니었다. 조선 500년 고유한 문화이면서 공공의료였다.

마지막 의문! 부산의 여단은 지금 어딜까? 옛날 지도엔 거기가 어디라고 명백히 밝혔어

도 지금 거기가 어딘지도 궁금하다. 다행히 거기가 어디라도 밝힌 글이 있다. 금정문화원이 2010년 펴낸 〈금정문화〉 한 대목이다.

시싯골. 세실곡(細悉谷)이라 부른다. 옛날 이곳에 여러 가지 사정으로 제사를 받을 수 없는 무사귀신, 무적귀신을 의미하는 여귀(厲鬼)에게 제사 지내는 여제단(厲祭壇)이 설치되어 있었는데 (…) 세실곡은 세심하게 마음을 다해서 여귀에게 제사 지내는 여제단이 있는 고을이란 뜻이 된다.

다른 풀이도 있다. 돌감나무가 많아서 시실골[柿實谷]·시시골·세실골 등으로도 불렀으며 감나무골 마을이라고도 불렀다는 설이다. 그 시절을 살아보지 않은 나로선 무엇이 맞다고 단정은 못 해도 귀가 솔깃한 것은 아무래도 〈금정문화〉다. 시싯골은 현재 주민 공동체를 지향하는 작은 도서관, 체험관으로 명맥을 이어 간다. '시싯골어울행복마을'이 거기다. 동래구 명장동 경동아파트 뒤편에 있다.

여단은 공공 제사를 지내는 공공시설. 그러기에 사또가 다스리는 고을마다 있었다. 사또가 집무하는 읍성을 가운데 두고 서쪽에 사직단, 동쪽이나 북쪽에 여단을 두었다. 동래며 기장도 그랬다. 읍성 서쪽에 사직단, 동쪽과 북쪽에 각각 여단을 두었다. 몇 년 전 동래구에서 사직단을 사직동에 복원했듯 명장동 어디쯤 여단을 복원하면 어떨까 싶다. 일제가 미신이라며 폐지한 조선의 전통문화, 부산의 잃어버린 고유문화를 회복하는 일이다.

시싯골어울행복마을 인터넷 지도. 도시철도 4호선 명장역 3번 출구 경동아파트 뒤쪽에 있다. 주민을 대상으로 마을 자립, 마을 홍보 등의 일을 하면서 공동체로 나아간다. ⓒ카카오 맵

생사단

산 사람에게
제사를 지내다

〈동래부지(東萊府誌)〉는 1740년 펴낸 부산의 백서다. 관원, 산천, 고적, 관사, 누정(樓亭) 등 당대 부산의 실상을 망라했다. 말미엔 선정비에 이어 생사당(生祠堂)을 소개한다. 생사당은 살아 있는 사람에게 제사 지내는 당. 제사는 죽은 날 지내지만 살아 있는 사람이라서 생사당 제사는 생일날 지냈다. 하늘만큼 고맙다는 마음의 표시가 생사당이다.

생사당은 어떤 형태였을까. 유별나진 않았다. 생사비(生祠碑) 또는 거사단(去思壇)이라 새긴 송덕비 몇 기를 한데 모으고 담장을 쳤다. 그런데 송덕비 수가 보통의 송덕비에 비해 현저히 적었다. 하늘만큼 고마운 마음이니 그럴 만도 했다. 〈동래부지〉에 실린 보통의 선정비는 마흔 기 가까이 되지만 생사당 송덕비는 고작 두 기. 이항(李沆)과 한배하(韓配夏)다. 둘 다 동래부사를 지냈다. 이항은 1686년 4월부터 1688년 1월까지, 한배하는 1706년 8월부터 1708년 11월까지 동래에서 복무했다.

옛날 지도엔 동래 생사단이 어떻게 나올까. '부산고지도'는 1900년대 초 제작한 10폭 병풍 지도. 부산시립박물관에 있다. 다대포에서 금정산 고당봉에 이르는 부산 전역을 생생한 그림과 지명으로 나타냈다. 생사단은 제6폭에 나온다. 한자는 〈동래부지〉와 좀 다르다. 〈동래부지〉는 生祠堂(생사당), '부산고지도'는 生思壇(생사단)이다. 크게 차이는 없다. 다른 이름, 같은 장소라 여기면 된다.

생사단이 있는 곳은 동래읍성. 그런데 이전 지도에 보이는 동래읍성과는 확연히 다르다. 성내에 민가가 들이찼다. 관청 건물만 있던 이전의 읍성은 온데간데없다. 지도를 제작한 1900년대 초는 조선에서 일제가 득세하던 시절. 왜에 맞서던 군사 조직이나 시설이 전국적으로 된서리를 맞았다. 수영에 주둔하던 해군사령부가 해체되고 하던 시절이었으니 동래읍성인들 무사할 리 없었다. 공적인 기능은 줄어들고 너른 터엔 민가가 들어섰다. 동래 오일장도 여기서 열렸다.

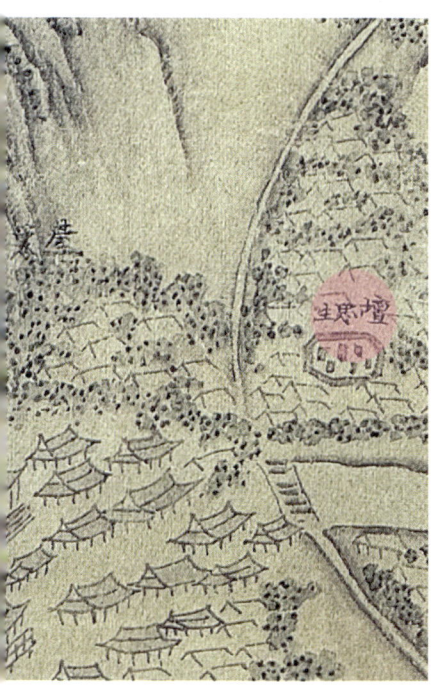

1900년대 초 제작한 '부산고지도' 부분. 오른쪽에 생사단이 보인다. 하늘만큼 고마운 마음으로 세운 비석 여섯 기를 담장 안에 모셨다. 왼쪽 상단에는 학소대(鶴巢臺)가 보인다. 지도로 보듯 풍광이 빼어났다. ⓒ부산시립박물관

1846년 결성한 동래기영회에서 1876년 지은 상춘정 정자. 풍광이 빼어난 학소대 아래 있었다. 지금의 동래시장 동래유치원 자리다. 동래유치원에 상춘정 안내판이 있다. ⓒ동래유치원 안내판

생사단도 마찬가지. 앞뒤로 민가가 에워쌌다. 담장이 없었으면 생사단 자리도 민가가 차지할 기세다. 그나마 담장을 둘러쳤기에 생사단 비석은 온전할 수 있었다. 비석 수는 〈동래부지〉 그거와 다르다. 〈동래부지〉는 둘이지만 '부산고지도'는 여섯이나 된다. 〈동래부지〉를 펴낸 1740년 이전에는 둘이었지만 그 이후에 넷이 더 늘어났다는 이야기다. 늘어난 넷은 무얼까.

"여기에도 비석이 있네요."

스토리가 있는 동래의 비석길. 동래구 평생학습관의 '동래 인문학 활동가 양성 과정'의 한 강좌였다. 2023년 3월 매주 강의, 4월 한 주는 현장 답사로 진행됐다. 동래시장 동래유치원도 답사했다. 거기에 최장수 동래부사 정현덕의 '태평원' 시비가 있었다. 시비를 둘러보고 나오는 길에 한 참가자가 담장이 처진 안쪽을 가리키며 비석을 보라고 했다. 그랬다. 여기 비석들이 〈동래부지〉 생사당 비석이며 '부산고지도' 생사단 비석이었다.

동래유치원 자리는 학소대(鶴巢臺)와 맞닿은 자리. 학소대 풍광이 빼어났던 만큼 여기 풍광도 빼어나 도화동(桃花洞)이라 했다. 상춘정이란 정자가 있었다. 동래기영회에서 1876년 지었다. 동래기영회는 1846년 3월, 50세 이상의 동래부 퇴직 공무원 40명이 만든 친목 시회(詩會)다. 학소대 아래 윤언서 집에서 주로 시회를 열었다. 거기 풍광이 빼어났다.

동래기영회는 친목이나 풍류에만 몰두하지 않았다. 반골이라면 반골이고 반듯하다면 반듯한 동래의 정신을 이었다. 교육이며 문화며 다양한 분야에서 지역을 보살폈다. 일제강점기 공공 제사가 금지되면서는 송공단과 임진동래의총을 비롯하여 생사단, 영보단, 관황묘 등 각종 제사를 담당했다. 1963년 재단법인 동래기영회 발족으로 공공성을 강화했다. 1970년 동래유치원을 인수했으며 1985년 동래문화회관을 건립했다.

동래유치원 자리에 있던 상춘정은 회심정(會心亭)이라고도 했다. 마음이 모이는 정자란 뜻이다. 실제로 그랬다. 풍광이 빼어나니 사람이 모였고 마음이 모였다. 최장수 동래부사 정현덕의 육필 시비를 여기 모셨고 동래 사람은 '하늘만큼 고마운' 분들을 기리는 생사단을 여기 모셨다.

동래유치원 생사단 비석은 모두 다섯. '부산고지도' 여섯 비석에서 하나가 줄었지만 이나마도 온전히 남은 게 고맙다. 일제강점기를 거치면서 곳곳의 비석이 시련을 겪었다. 생산단 비석은 크기가 다 고만고만하다. 크다는 느낌은 전혀 들지 않는다. 하지만 그게 더 있어 보인다. 차가 크다고 큰 사람이 아니듯 비석이 작다고 작은 마음이 아니다.

이항, 한배하, 강필리, 윤필병, 민영훈. 생사단에 이름을 새긴 이들이다. 모두 동래부사를 지냈다. 동래 온천장에 온정개건비를 남긴 강필리는 1764년 8월부터 1766년 11월까지 동래부사를 지냈다. 윤필병은 1792년 7월부터 1795년 3월까지, 민영훈은 1835년 9월부터 1837년 3월까지 동래

최장수 동래부사 정현덕의 '태평원' 시비. 동래유치원 안쪽 생사단 옆에 있다. 동래 금강공원에는 '동래 금강원' 시비가 있다. 시인이자 서예 대가였던 정현덕의 육필이 두 시비를 가득 채운다.

생사단 다섯 비석. 오른쪽부터 이항, 한배하, 강필리, 윤필병, 민영훈. 모두 동래부사를 지냈다.

생사단 윤필병 비석. 윤필병은 정조 임금 때 동래부사를 지냈다. 왕조실록에 '그대가 잘 다스린다는 소문을 듣고 내가 마음속으로 가상하게 여겨 왔다'는 정조의 육음이 실렸다.

동래유치원 가는 길목. 1876년 동래기영회에서 지은 정자 상춘정이 유치원 자리에 있었다.

2023년 4월 동래구 평생학습관의 '스토리가 있는 동래의 비석길' 현장답사 장면 동래 인문학 활동가 양성 과정의 하나다.

부사였다. 생사단 바깥에 별도로 세운 추모비도 보인다. 김병규 추모비다. 동래 출신으로 일제강점기 동래면장, 광복 이후 초대 경남 도지사를 지냈다. 동래기영회 회장을 지낸 이회보가 외사촌이다.

윤필병이 동래부사를 지낸 시기는 정조 임금 때. 규정을 무시하고 나온 왜인을 즉각 내쫓지 않은 잘못을 스스로 밝히며 처벌을 기다린다는 장계를 조정에 올렸다. 그에 대한 정조의 답변이 정조 19년(1795) 윤이월 1일 실록에 실렸다. 어진 임금 정조의 가늘고 느리면서도 온화한 옥음이 들리는 듯하다.

"그대가 잘 다스린다는 소문을 듣고 내가 마음속으로 가상하게 여겨 왔다. 더구나 조정의 명령을 잘 받들면서 규정을 벗어나 번거롭게 청해 온 왜인의 요구를 사리에 따라 물리침으로써 왜선(倭船)을 돌아가게 하였다고 보면, 그야말로 일 하나하나마다 제대로 직분을 수행했다고 할 것인데, 어찌 대죄(待罪)할 일이 있겠는가. 듣건대 몇 년 간이나 풍토가 사나운 지방에 근무했기 때문에 대궐 안으로 들어오고 싶다고 하니 본직(本職)의 체차(遞差, 관리의 임기가 차서 다른 사람으로 바꾸는 일)를 허락하는 바이다."

온정

옛날 지도마다 표기했던
조선의 공공의료

옛날 지도에 동래 온천장은 신주다. 신주 모시듯 모신다. 시대에 따라서, 지도 제작 의도에 따라서 빠지거나 내쳐지는 지명이 부지기수지만 동래 온천장은 난공불락이다. 시대야 어떻든 의도야 어떻든 조선의 핫 플레이스는 동래 온천장이었다. 그때 표현으로 온정(溫井)이었다.

오시(午時)에 온정의 욕소(浴所)에 도착하였다. 동래부사는 지난봄에 이미 선생께서 이곳에 와서 목욕하실 것이라는 말을 듣고, 2실(室) 1청(廳)의 초옥(草屋)을 별도로 건립하였는데 매우 정결했다. 지금 선생을 따라오는 자들이 많은 것을 알고는 다시 임시 가옥 2칸을 지어 제자들이 거처할 곳을 삼았으니 그 정성을 족히 알 수 있었다.

동래 온정에서 목욕한 후일담의 한 구절이다. 이 글을 적은 날은 1617년 7월 26일. 추석을 20일 채 남기지 않은 선선한 날씨였다. 인용문에 등장하는 '선생'은 호를 한강(寒岡)으로 썼던 정구(鄭逑, 1543~1620). 동강(東岡) 김우옹과 함께 남명 조식 문하의 양강(兩岡)으로 불리던 조선 중기 대유학자였다. '시린 바람 몰아치는 언덕'인 한강을 호로 지은 데서 유학자 정구의 서늘한 기상이 엿보인다. 중풍을 앓던 일흔다섯 정구는 추석 20일 전 동래 온정을 찾았다. 수행한 제자만 80명이 넘었다.

경북 내륙 유학자 정구는 어쩌다 변방이라면 변방인 동래의 온정을 찾았을까. 정구는 동래에 면식이 없었어도 집안은 대

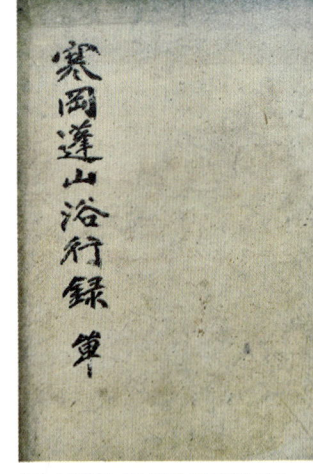

부산시립박물관 소장 〈한강봉산욕행록〉 표지. 이 책은 제목이 여럿이다. 〈한강선생봉산욕행록〉, 〈한강욕행록〉, 〈봉산욕행록〉 등이다. 이본(異本)이 많았다는 건 그 시대 베스트셀러였다는 이야기다.

1800년대 초에 제작한 지도인 '광여도' 동래부에 보이는 온정. 범어천(梵魚川, 지금의 온천천) 왼쪽에 보인다. 온정을 개건한 1766년 이후 지도라서 기와지붕 건물이 반듯하다. ⓒ규장각

대로 동래와 면식이 있었다. 8대조 정포(鄭誧, 1309~1345)와 정포의 아들 정추(鄭樞, 1333~1382)가 동래와 연이 있었다. 정포는 동래 인근 울주 수령으로 있으면서 온정 등을 소재로 한 '동래잡시(東萊雜詩)' 연작시를 남겼으며 동래 현령을 지낸 정추 역시 동래가 등장하는 시를 썼다. 시는 집안 대대로 전해졌다. 지병에 시달리던 정구의 동래 방문은 이들 시와 무관하지 않다. 정포의 '온정' 시는 다음과 같다.

온천이 전하여 온 것은 옛날부턴데
욕실은 오늘까지도 남아 있구려.
수맥이 멀지 않은 곳에서 왔는지
목욕간에는 아직도 따뜻함을 띄네.
2년 동안을 장려(瘴癘, 풍토병)에 고생하였건만
반나절에 들쑤시는 아픔을 씻었구나.

한강봉산욕행록(寒岡蓬山浴行錄). 정구의 동래 온정 방문기 표제다. 정구 일행이 경북에서 출발해 동래 온정에 다녀간 45일간의 여정을 정구 제자 이윤우가 적었다. 봉래산을 줄인 봉산은 동래의 별칭. 정구 일행은 7월 20일 새벽 경북 칠곡 지암에서 출발해 7월 26일 정오 동래 온정에 도착했다. 낙동강 물길 710리, 땅길 20리에 이르는 대하 드라마였다.

이동하는 데 걸리는 시간은 이레였다. 22일과 23일 대구 하빈·현풍·고령·창녕·영산·함안·칠원, 24일과 25일 밀양·김해·양산, 이어서 26일 정오 무렵 동래 온정에 당도하였다. 하루 전에 양산 황산진, 지금의 물금을 지나 동래 하용당(下龍塘, 현 화명동 일대)에 도착했지만 날이 어둑해져 더는 나아가지 못했다. 다음 날 말과 수레를 번갈아 타고서 온정에 당도했다.

정구가 동래에 머문 기간은 꼬박 한 달. 7월 26일 와서 8월 26일 떠났다. 조상 전래의 명절인 추석까지 타지에서 보낼 정도로 정구는 동래 온정에 혹했다. 한 달 머물면서 마흔

한 번 목욕했다. 대유학자 내방 소식에 방문객이 문전성시를 이뤘다. 그 틈바구니에서 하루 두 번 목욕한 날이 많았고 세 번 하는 날도 있었다. 침과 뜸, 그리고 중풍 치료제 강활유풍탕(羌活愈風湯) 복용을 병행했다. 동래부사며 좌수영 수군절도사며 부산 고위직의 접대는 극진했다. 쌀, 조개, 전복, 광어, 나물, 포도, 소주, 안주, 송이 등을 선물하는 이도 있었다.

정구 일행의 동래 온정에 대한 평가는 지극히 높았다. '그만큼 접대받았으니 100점 만점에 120점 줬겠지.' 약간은 삐딱하게 받아들이는 부류도 있겠지만 꼬장꼬장하기로 호가 난 선비들이 접대 좀 받았다고 립 서비스를 남발하진 않았을 터. 대신에 그런 우려는 했다. 그래서 객관적으로 표현하려고 애썼다. 주관의 객관화였다. 예컨대, 다음과 같이 썼다.

온정에는 안팎으로 석감(石龕, 돌로 만든 욕조)이 있는데, 세상에 전하기를 신라 왕이 만든 것이라 한다. 하나의 욕조에는 5~6명씩 들어갈 수 있다. 물은 위쪽의 석공에서 흘러나오는데, 그 물이 매우 뜨거워 손과 발을 함부로 담글 수가 없다.

한강이 동래를 떠나기 전날 장면도 기록한다. 8월 25일 그날 마지막으로 목욕했다. 비가 오락가락하는 날이었다. 좀 으슬으슬했던지 아침에 입욕한 뒤 오전에 다시 입욕했다. 오후에 세 번째 입욕했다. 이 세 번째가 정구의 마흔한 번째 온천욕이었다. 꼬박 30일 묵으며 온천욕으로 기력을 찾은 한강은 8월 26일 동래와 작별했다. 양산·통도사·경주·영천·하양·경산을 거쳐 9월 4일 칠곡 자택으로 돌아갔다. 자택으로 돌아가자 '안색과 기혈이 전보다 나으니 보는 사람이 모두 목욕의 효과라고 말하였다.'

동래 온정은 지도와 문헌, 그리고 비석으로 남았다. 비석은 명칭이 '온정개건비(溫井改建碑)'다. 오래돼 허물어진 온정을 1766년 다시 짓고 그것을 기념해 그해 세웠다. 1766년 말고도 그 이전에 온정 보수공사가 있었다. 정구가 다녀가고 70년쯤 후인 신미년

동래 온천장에 있는 온정개건비의 원래 모습. 오래돼 허물어진 온정을 다시 짓고 그것을 기념해 1766년 세웠다. 조선시대 온정은 단순한 목욕탕이 아니었다. 공공의료의 하나였다. ⓒ부산시립박물관

온정개건비의 현재 모습. 동래 온천장 곰장어집이 즐비한 길가 용각(龍閣)에 있다. '(동래부사 강필리) 공께서 온정을 수리하니 사람들이 질병이 없게 되었다. 천만년 동안 입으로 비석으로 전하라'는 각골난망의 마음을 비석에 새겼다.

1968년 5월 20일 운행을 중단한 전차 외벽에 부착했던 실제 노선표. 이 노선의 전차는 대신동 구덕운동장과 동래 온천장을 오갔다. 욕객들은 전차 종점에서 내려 온천장으로 걸어갔다.

은행 온천동지점의 전차 모형과 할아버지상. 여기가 장 전차 종점 터다. 1927년 10월 말 전차 선로를 온천지 연장한 것을 기념해 온천장 수호신 할아버지상을 다. 양쪽 눈에 전구를 설치해 종점 주위를 밝혔다.

(1691)이었다. 돌로 두 개의 탕을 만들고 건물로 덮었다. 그것이 1766년에 이르러 건물은 낡고 탕은 막히면서 개건(改建)했던 것. 개건 공사는 딱 두 달 걸렸다. 1766년 7월 7, 8일 착공해 9월 7일 준공했다. 욕탕은 남탕과 여탕으로 나누어 무려 아홉 칸이나 되었다. '마치 꿩이 날아가는 것 같았다.'

조선시대 온정은 단순한 목욕탕이 아니었다. 코로나 시대에 우리 모두 공공의료를 경험했듯 조선의 공공의료가 온정이었다. 병자는 누구나 온정에서 목욕할 수 있었고 병자가 아니더라도 목욕을 엄하게 제지하지 않았다. 욕탕에 하자가 생기면 공공이 나서서 보수했다. 그것의 증명이 동래 온천장에 있는 온정개건비다. 조선의 공공의료를 한낱 위락시설로 전락시킨 장본인은 일제였다. 목욕이라면 자다가도 발딱 일어나는 일제의 황국신민에게 온정은 공공의료가 아니라 한낱 위락시설에 불과했다. 동래 온정은 옛날 지도에 빠지지 않고 나온다. 지금 기준으론 동네마다 있을 욕탕에 불과하지만 조선시대 그때는 공공의 건강 지킴이였다. 지도마다 표기하며 온정에 예를 갖췄다. 조선 온정을 대표하던 동래 온천장은 그러므로 한국 공공의료의 산실로 재조명받아야 한다. 그게 예의다. 오랜 세월 병자를 치유한 온정에 대한 예의고 공공의료인지 모르고 지나쳤던 우리의 결례에 대한 반성이다.

온정과 탐방기와 개건비, 이 셋. 손과 발을 함부로 담글 수가 없을 만큼 뜨거운 온정과 대유학자가 한 달간 머물면서 마흔한 번 목욕했다는 탐방기와 남탕과 여탕으로 나누어 아홉 칸 다시 지은 것을 기념해 세운 개건비. 이 셋을 동시에 볼 수 있는 곳이 동래 말고, 부산 말고 어디 또 있을까. '부산이라 좋다!' 요즘 자주 접하는 구호다. 옛날 지도에서 온정을 보노라면 이 말이 그냥 나온 말이 아님을 실감한다. 좋은 건 다 이유가 있다.

삼성대

세 성씨 시조와
'어린 김 장군' 전설의 보따리

(동래)부 서쪽 2리에 있다. 전하는 말로는 안·송·옥 세 성씨의 시조가 거주하던 곳이라고 한다.

1740년 편찬한 〈동래부지(東萊府誌)〉는 당대 부산을 망라한 백서다. 어디에 무엇이 얼마큼 있는지 속속들이 밝힌다. 삼성대(三姓臺)는 '고적(古跡)' 편에 나온다. 세 성씨 시조가 살았다고 해서 삼성대였다. 삼성대 출신 세 성씨는 이후 거주지가 나뉜다. 옥 씨는 동래에 그대로 살고 안 씨는 동래 속현인 동평으로 옮긴다. 동평은 지금 당감동 일대다. 충청도 회덕에서 동래로 입향한 은진 송씨 삼성공파는 1592년 임진왜란이 일어나자 해운대 재송동으로 옮긴다. 부산에 사는 은진 송씨 삼성공파 시조가 살던 곳이 동래 삼성대였다.

삼성대는 어딜까. 동래부지 '동래부 서쪽 2리'가 단서다. 동래부는 현재 동래시장 어름. 시장에서 서쪽으로 800m 거리다. 그게 어딜까. 고민할 건 없다. 삼성대 자리에 표지석을 세워뒀다. 도시철도 1호선 동래역 인근에 있다. 2번 출구 오른편 대동병원으로 가는 도로변 곡각지다. 표지석 문구다.

동래에 일찍이 정착했던 안(安), 송(宋), 옥(玉)씨 등 3성(姓)의 시조가 거주하였다고 전해져 오는 곳으로 三星臺라고도 썼다.

1740년 발간 〈동래부지〉에 실린 삼성대 설명. 동래부 서쪽 2리에 있으며 안·송·옥 세 성씨의 시조가 거주하던 곳이라고 했다.

삼성대 터 표지석. 동래구 대동병원에서 내성교차로 쪽으로 가는 곡각지에 보인다. 이 일대는 동래읍성 서문을 나와 만덕고개를 넘어 구포로 가는 길목이어서 일찍부터 교통이 발달했다.

'명륜 1번가' 홍보 간판. 도시철도 1호선 동래역에 있다. 이 일대가 삼성대 마을이었다. 명륜 1번가를 남북으로 관통하는 옛길을 따라 마을이 이어졌다. 마을 제당 '주산당(主山堂)'은 반대편 온천천 천변 중국집 동보성 근처에 있었다. 지금은 헐렸다.

율곡성냥 성냥갑. 1950년대 삼성대 마을에 있던 율곡화학공업사가 제조했다. 그 자리에 율곡빌딩이 있었다. 지금은 동래 롯데캐슬 퀸이 들어섰다.
ⓒ토담이 민속품

삼성대 마을. 표지석 일대 자연마을 명칭이다. 동래역 명륜 1번가를 남북으로 관통하는 옛길을 따라 이어지는 일대가 거기다. 동래읍성 서문을 나와 미남 교차로 주변 온천동, 사직동, 만덕고개를 넘어 구포로 가는 길목이어서 일찍부터 교통이 발달했다.

표지석 가장 가까운 건물은 신축 롯데캐슬 퀸아파트. 율곡빌딩 자리다. 1950년대 율곡성냥을 제조하던 율곡화학공업사가 이 자리에 있었다. 율곡 율은 밤 율(栗). 율곡성냥은 성냥갑에 밤 그림이 들어간 추억의 성냥이었다. 인터넷 검색하면 민속품 가게에서 올린 성냥갑 사진이 뜬다. 회사 주소 서체는 고풍스럽고 한 자리 국(局) 전화번호는 아련하다.

부산시 동래구 명륜동 533 Tel ⑤0374

이 일대는 교통이 좋았다. 교통이 좋아 기계공장이 1960~1970년대 들어섰다. 1970년 동래를 동서로 가로지르는 충렬로, 1978년 부산 시내를 남북으로 가로지르는 중앙로, 1985년 지하철 개통 이후 상가와 병원 등등이 들어섰다. 그러면서 삼성대 마을은 사라졌다.

마을의 흔적은 그나마 남았다. 마을 이름이 사라지고 마을을 이루던 초가 역시 사라졌어도 마을 보호수와 살아오면서 한두 번은 들어봤지 싶은 전설은 여기가 삼성대 마을이었음을 증언한다.

보호수는 느티나무. 할아버지 희끗희끗한 수염이 연상되는 고목이다. 동래역 4번 출구로 나와 왼쪽 샛길로 내려가면 오른쪽에 보인다. '명륜 1번가 번영회·장학회' 건물 바로 옆이다. 삼성대 마을 북쪽 끝에 해당했다.

보호수에선 음력 정월 14일 자정 제사를 지낸다. 제사를 지내는 제당도 있었다. 온천천 천변 '주산당(主山堂)'이었다. 지금은 헐렸다. 제사를 받는 이는 '어린 김 장군'이다. 전설의 주인공이다. 전설은 이랬다. 1572년 명륜동에서 태어난 김 장군은 동래부 관아 신축에 쓸 대들보를 혼자서 옮겼다. 어린 나이였다. 그게 화

명륜동 보호수. 삼성대 마을에 전해지는 전설의 주인공에게 음력 14일 자정 제사를 지낸다. 도시철도 1호선 동래역 4번 출구로 나와 왼쪽 샛길로 내려가면 오른쪽에 보인다. 삼성대 마을 북쪽 끝에 해당했다.

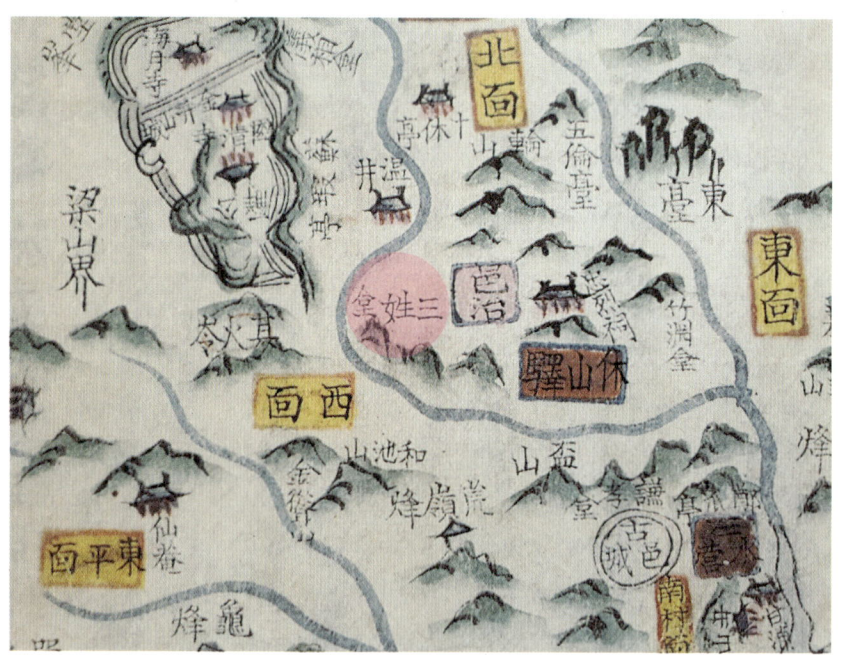

1800년대 초반 제작한 '각읍지도'에 보이는 삼성대(三姓臺). 언덕 봉우리가 셋이다. 부산에 살던 안·송·옥 세 성씨의 시조가 봉우리마다 살았지 싶다. 지도 원본은 일본에 있고 영인본이 국립중앙도서관에 있다.

근이었다. 어릴 때 이 정도니 어른이 되면 역모를 일으킬지 모른다는 모함으로 죽는다. 처형 장면은 전설 중의 전설이다. 국제신문에 연재한 '주영택이 발로 찾은 부산의 전설 보따리'에 실렸다.

아이를 처형하라는 어명이 떨어졌다. 그런데 아무리 칼로 내려쳐도 죽지 않았다. 형리가 "너는 어찌해서 죽지 않느냐"고 물으니, 아이는 "나에게 '김 장군'이란 칭호를 내려 현판을 만들어 주면 죽겠다"고 말했다.

삼성대는 옛날 지도에 엔간하면 나온다. 지명만 표기한 지도가 있고 아담한 언덕을 곁들인 지도가 있다. 지명 표기에 인색했던 옛날 지도가 그림까지 곁들였단 건 애정이 그만큼 각별했단 방증이다. 탐관과 오리에게 부당한 처사를 당하고도 하소연할 데 없는 민초의 울분을 달래던 청심환이 김 장군 전설이며 삼성대이지 않았을까.
'각읍지도' 동래부는 1800년대 초에 나온 고지도. 삼성대 애정이 각별하다. 아담한 세 봉우리 삼성대엔 정감이 뚝뚝 넘친다. 당대 시인이고 묵객이라면 지도를 보는 순간 찾아가고 싶은 춘정을 불러일으켰으리라. 바로 앞에 흐르는 온천천 절경을 보며 누구는 시를 읊조리고 누구는 권주가를 불렀으리라. 가만 눈 감고 귀 대면 지금도 들린다. 아련히 멀어지는 온천천 물소리, 삼성대 언덕 고풍스러운 시 한 소절.

만년대

만년대 아래 만년교,
물에 걸린 긴 무지개 그림자

만년대(萬年臺)는 좀 아깝다. 부산에서 완전히 지워진 이름이다. 지워진 이름이 한둘 아닌데도 아깝다는 생각이 드는 건 그 내력에 기인한다. 천년만년 평화를 갈구했던 조선의 의지, 부산의 의지가 만년대였다. 이름이라도 제대로 복원하고 제대로 알리자는 안타까운 마음이 이 글을 쓰게 한다.

조선시대 부산은 국경도시였다. 호시탐탐 조선을 넘보는 외적을 부국강병으로 맞섰던 조선의 수호천사였다. 그것을 실천하던 첨병이 만년대였다. 일제에 의해 강제로 헐리기 전까지 자강을 통해서 평화의 길로 나아갔던 만년대! 모르면 그만이지만 알면 그만일 수 없는 국경도시 부산의 귀한 지명이 만년대다.

射亭 사정

만년대 이전 명칭은 '사정(射亭)'이었다. 활터라서 대단히 넓었고 평지였다. 넓은 평지였으니 궁술과 기마를 연마하기에 딱 좋았다. 그런 곳에 만년대가 들어섰다. 그랬다. 만년대는 궁술과 기마를 익히는 연병장이었다.

거기가 어딜까. 조선시대 부산은 산 아니면 바다였다. 산과 바다에 끼여서 너른 평지가 귀했다. 기껏 있는 평지는 읍성이나 군부대로 쓰였다. 오일장 장터로도 쓰였다. 그나마 남은 평지는 물가였다. 낙동강이나 수영강 강변이 거기였고 범천이나 온천천 천변이 거기였다. 거기서는 평평하게 흘러가는 강물을 따라서 평지가 이어졌다.

在府西門外…壬申移建新之
재부서문외…임신이건신지

만년대가 이건(移建)할 때인 1872년 제작한 군현지도에 보이는 '사정(射亭)'과 '만년교'. '사정' 자리에 만년대가 들어섰다. ⓒ규장각

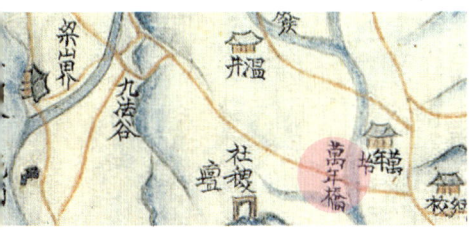
1894년 편찬한 〈영남읍지〉에 실린 지도에 보이는 만년대와 만년교. 동래에서 만년교를 건너면 만덕고개, 구포로 이어졌다. ⓒ규장각

1905년 무렵 제작한 '부산고지도' 제7폭에 보이는 만년대와 '서천교(西川橋)'.
만년교가 서천교로 개명했음을 알 수 있다.
ⓒ부산시립박물관

1877년 편찬 〈동래부지〉의 '만년대' 설명이다. 동래읍성 서문 바깥에 있으며 임신년(1872) 이건(移建)해 새로 세웠다고 적었다. 서문 바깥은 온천천이 흘렀다. 온천천 천변이 만년대 자리였다. 온천천 천변 넓은 평지에서 조선의 군인들은 활 쏘고 말 타며 무예를 연마했다.

만년대가 이건한 1872년은 뜨겁던 해였다. 조선팔도 곳곳에 척화비를 세우며 외국과 각을 세웠다. 조선팔도 461곳에 이르는 군(郡)과 현(縣)에선 일제히 군사지도를 제작해 결기를 다졌다. 이 모두는 고종 임금의 친부 홍선대원군의 '쇄국정책' 엄명에서 비롯했다.

토막 상식! 대원군(大院君)은 뭘까. 왕위를 이을 적자손(嫡子孫)이 없으면 방계 종친이 임금으로 등극했다. 방계 종친 임금의 친부가 대원군이었다. 조선의 역대 대원군은 모두 넷. 14대 선조 친부 덕흥대원군, 16대 인조 친부 정원대원군, 25대 철종 친부 전계대원군, 그리고 26대 고종의 친부 홍선대원군이었다. 살아생전 대원군이 된 이는 홍선대원군이 유일했다.

홍선대원군 1872년 당시 동래부사는 정현덕이었다. 1867년 6월부터 1874년 1월까지 7년 가까이 동래부사를 지냈다. 대원군의 둘도 없는 심복이어서 국경 강화에 적극적이었다. 대원군의 의중을 반영해 만년대를 이건하고 정비했다.

만년교와 서천교

만년대 인근엔 다리가 있었다. 교각으로 듬성듬성 받친 목교(木橋)였다. 제작 시기가 엇비슷한 옛날 지도 셋을 펼쳐서 비교하면 만년대와 만년교의 역사가 보인다. 1872년 지도와 1894년 지도, 1905년경 지도 이 셋은 만년대 들어서기 이전부터 만년교와 사정(射亭)이 있었으며 이후 만년교가 서천교(西川橋)로 개명했음을 알려준다.

만년대와 만년교는 어떻게 생겼을까. 이름조차 깡그리 지워진 마당에 어떻게 생겼는지는 어떻게 알까. 그러나 천만다행, 둘은 사진으로 남았다. 만년대는 일제강점기 관광엽서 사진으로, 만년교는 1940년 동래중학생들의 기념사진 배경으로 남았다. 고색창연 기와지붕 만년대, 두세 겹 나무로 이은 만년교는 보는 순간 마음이 울렁인다. 이런 만년대, 이런 만년교를 어찌 모르고 지냈는지….

만년교는 부산 시장의 역사에도 기념비다. 동래 오일장과 구포 오일장을 잇는 다리가 만년교였다. 동래장은 2일과 7일, 구포장은 3일과 8일 섰다. 장꾼들은 '오늘은 동래장, 내일은 구포장' 그렇게 떠돌았다. 동래장과 구포장 사이에는 도적이 설친다는 만덕고개가 있었다. 혼자 가면 해코지당할지 몰라서 만년교에 모여서 갔다. 이효석의 '메밀꽃 필 무렵' 같은 주막도 만년교 건너 어디쯤 있었다.

동래중과 중앙여고

만년대, 만년교는 지금 어딜까. 우선 만년대. 조선시대 공용으로 썼던 부산의 너른 터는 현재 대체로 두 가지 용도로 쓴다. 1950년 한국동란 군부대나 공장 등으로 쓰이다가 아파트 단지가 들어섰거나 초중고가 들어섰다. 만년대 자리엔 학교가 들어섰다.

일제강점기 제작한 관광엽서에 나오는 1920년대 만년대. 지도로 보는 만년대 그대로다. ⓒ티스토리 아정(雅亭)

1940년대 서천교. 동래에서 구포로 가려면 이 나무다리를 건너야 했다. ⓒ〈동래 변천 150년사〉(동래구, 2016년)

도시철도 1호선 명륜역 온천천 천변에 있는 동래중과 중앙여고. 이 너른 터에 만년대가 있었다. ⓒ카카오맵

'만년대 터' 표지석. 도시철도 1호선 동래역 2번 출구에서 동래 메가마트로 가는 길 중간쯤에 있다.

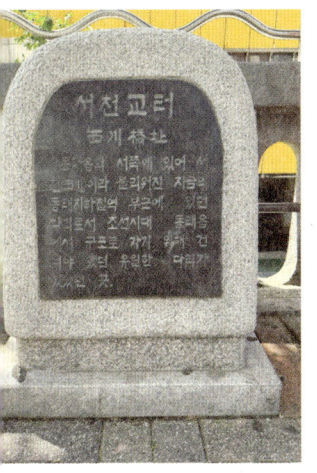

'서천교 터' 표지석. 도시철도 1호선 동래역 2번 출구에 있다. 서천교의 원래 이름은 만년교였다.

동래중과 중앙여고다. 만년교 자리는 표지석을 세워뒀다. 도시철도 1호선 동래역 2번 출구가 거기다. 표지석 제목은 '서천교 터.' 원래 이름 '만년교 터'로 바꾸는 게 좋지 싶다. 만년교에서 서천교로 바뀐 과정이 석연찮다. 1900년 전후 조선에서 전횡하던 일제의 농간일 수도 있다.

만년대는 고시(古詩)에도 나온다. 최장수 동래부사이자 대원군과 운명을 같이했던 시대의 풍운아 정현덕의 만년대 시는 각별하다. 만년대와 만년교 둘 다 나온다. 만년대를 새로 지어서 이건할 당시의 동래부사였던 정현덕으로선 감회가 남달랐으리라. 감회가 남달랐던 만큼 시를 새긴 시비 역시 남다르다.

정현덕 시비는 남다르면서 각별하다. 그의 친필로 새겼다. 현재 동래시장 동래유치원에 있다. 만년대 만년교 근처에 있던 걸 1955년 이리로 옮겼다. 동래유치원은 여성 계몽을 목적으로 1922년 설립한 동래부인회가 지역 유아교육 차원에서 운영했다. 동구 좌천동 일신유치원과 함께 100년 역사를 품은 유치원이다.

동래유치원 시비 제목은 태평원(太平園). 흔히들 '태평원' 시비라고 부른다. 천년만년 평화롭고 태평하길 바라던 그 마음이 만년대였고 태평원 시였다. 만년대와 만년교가 나오는 시 대목을 인용하며 평화를 염원하던 조선의 마음, 부산의 마음이 하루라도 속히 복원되고 널리 알려지길 고대한다.

… 명승지에 아지랑이 안개를 쉽게 관장하고 언덕 둘러 꽃나무도 새로 심었네. 젊은 학생 풍류거리 잘도 만들고 백면서생 장수의 재질 아니라네. 요즈음 변방에는 급한 경보 없어 그림다리에 앉아 달을 보고 밤늦게 돌아오네. 만년대 아래 만년교에는 물에 걸린 긴 무지개 그림자 흔들리니 방초(芳草) 핀 맑은 시내에서 술잔 씻는 것 바라보고 녹음 진 밝은 달 아래 통소를 불게 하네. …

정과정

서울 500년보다
고색창연 '부산 문화'

글 동네 친구가 좀 된다. 부산에도 좀 되고 타지에도 좀 된다. 타지에서 글 친구가 오면 대개는 바다로 간다. 광안리나 해운대 바다로 가서 싱싱한 회로 회포를 풀면 다들 '진심으로' 감동이다. 바다를 끼지 않은 서울 같은 데서 오는 친구는 감동이 수평선까지 닿고 하늘까지 닿는다.

시비를 거는 친구도 있었다. 서울내기였다. 어디 가도 그런 친구는 있기 마련이지만 글 동네는 좀 고단수다. 안 그런 척하면서 할 말 다 하고 좋은 말 같은데 곰곰 들여다보면 속을 뒤집는다. 서울 살아서 그런지 한국의 중심에서 활동한다는, 쉽게 말해 '내가 중심이다'라는 심보가 심중에 깔렸다.

"부산에 고급한 문화가 뭐 있지?"

술 몇 잔에 거나해진 서울내기한테 들은 질문이었다. 얼핏 들어보면 몰라서 묻는 말 같지만 천만의 말씀. 조선 500년 도읍지 한양과 달리 갯가 비린내 부산에 문화다운 문화가 있겠느냐는 핀잔이고 모멸이었다. 이 지경에 이르면 은근히 부아가 치민다. 술 사주고 뺨 맞은 기분이 좋을 리 없었다.

그때 들먹인 게 정과정곡이다. 고등학교 다닐 때 교과서에 실렸던 시다. 고려가요 가운데 유일하게 지은이가 알려져 국보급 대접을 받는다. 요즘은 어떤지 모르지만 우리 때는 대입 시험에 곧잘 나와 달달 외워야 했다. '내 임이 그리워 우나니' 이 구절에 빠져 사춘기를 제대로 보냈던 것 같기도 하다.

서울내기는 눈치가 빨랐다. 글 쓰는 친구답게 감을 얼른 잡았다. 정과정곡은 고려시대 작품. 500년 도읍지 서울의 문화가 아무리 고색창연한들 고려의 문화보다 역사적으로

수영구가 수영강 강변에 조성한 정과정유적지. 복원한 정자와 고려가요 정과정곡 시비 등을 볼 수 있다. 고려 때 지은 정자 정과정은 부산 고급문화의 역사가 조선 500년 도읍지 한양보다 앞선다는 방증이다.

정과정유적지의 400년 보호수 팽나무와 경암(鏡巖). 경암은 정과정곡을 지은 정서가 매일같이 오르내렸다는 큼지막한 바위다. 얼굴이 비칠 정도로 반들반들해서 경암으로 불렸다.

앞설 수 없다. 부산은 정과정곡의 본향이니 정과정곡 한마디에 꼬리를 내렸다. 부산은 그렇다. 문화의 도시니 뭐니 백 마디 말보다 정과정곡 이 하나만 내세우면 된다.

조선시대 그때도 부산을 찾는 문인은 적지 않았다. 한양이나 내륙도시 문인은 유람 와서는 '제주도 한 달 살이' 식으로 부산을 즐겼다. 고찰을 찾았고 온천에 몸을 담갔다. 한양 소식이나 중앙의 권력 동향에 목매는 관리가 그들을 접대했고 유명짜한 문인을 흠모하는 향반이 그들을 접대했다. 글 좀 쓰는 친구가 부산 오면 밥 사고 술 사는 지금의 나와 별반 다르지 않았다.

갖은 대접을 받던 그들도 머리를 조아리는 곳이 있었다. 고려 정자, 정과정(鄭瓜亭)이었다. 정과정곡을 쓴 정서(鄭敍)가 지냈던 정과정은 조선 내내 충절의 상징이었다. 정서는 고려 임금 인종과 동서지간이었다. 임금 승계 정국에 줄을 잘못 서서 동래로 귀양 왔다. 정서는 수영강 강변에 정자를 짓고선 분한 마음 달래며 임금 그리는 사모곡을 썼다. 사모곡이 알려지면서 정과정은 고려와 조선 양대에 걸쳐 충절의 아이콘이 되었다. 충절의 아이콘은 지금도 이어진다. '과정로'라는 도로명으로 이어지고 정과정유적지로 이어진다. 수영구가 수영강 강변에 조성한 유적지에는 복원한 정자, '정과정곡' 시비(詩碑), 400년 보호수 팽나무, 경암(鏡巖) 등이 있다. 경암은 정서가 매일같이 오르내렸다는 큼지막한 바위다. 반들반들해서 얼굴이 비칠 정도다. 그래서 거울 경(鏡), 경암이다. 1850년 경상좌수영이 발간한 백서 〈내영지(萊營誌)〉에 나온다. 내영은 동래 수영을 이른다.

정서는 동래 정씨였다. 정서를 동래로 귀양 보낸 것은 특혜라면 특혜였다. 임금이 바뀌어도 정서는 여전히 왕실의 일원이었다. 인종 다음 임금은 의종. 의종에게 정서는 이모

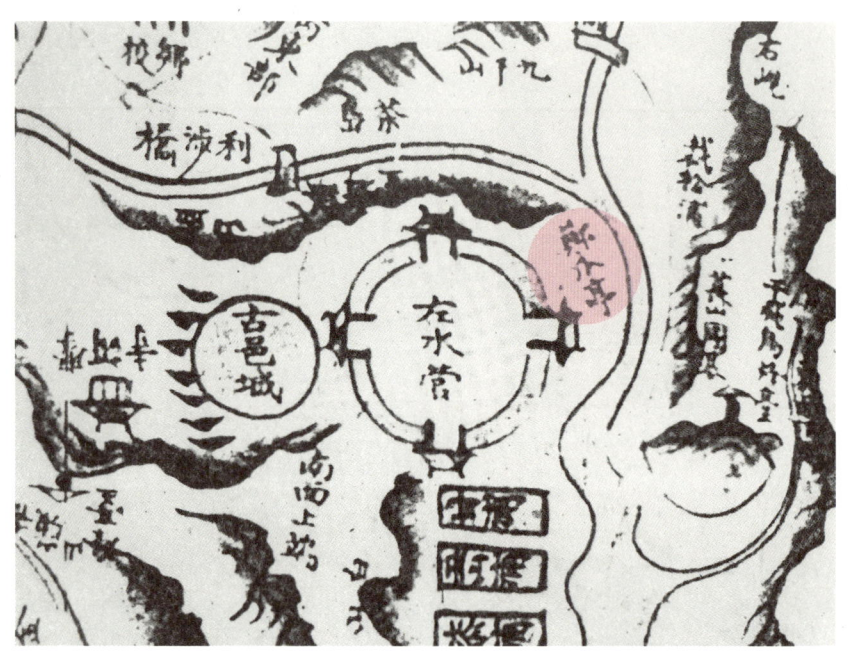

1800년대 중반 제작한 '여지편람'에 보이는 고려 정자 정과정. 정과정을 감싼 수영강도 둥글둥글하고 지금의 망미동 병무청 자리 동래고읍성도 둥글둥글하고 수영사적공원에 있었던 좌수영성도 둥글둥글하다. ⓒ국립중앙도서관(원본은 일본 금서문고)

부였다. 대왕대비 여동생의 남편이었다. 막무가내 내칠 수 없어 동래 정씨 세거지로 귀양 보냈다. 정서는 그게 또 고마워 임금 그리는 시를 썼다. 세월이 지나면서 정과정은 충절을 상징하는 성소로 알려졌다. 부산을 찾은 고위직이나 유림은 부러 찾아가서 머리 조아렸다.

의문 하나! 정서가 정자를 지은 곳은 수영강 강변. 구락리(求樂里)라 불리던 곳으로 수영강 동래구 쪽이 아닌 수영구 쪽이다. 동래 정씨인데도, 세거지가 동래인데도 정자를 동래구 쪽에 짓지 않고 수영구 쪽에 지었다. 왜 그랬을까. 조선시대 지도는 그런 의문을 단박에 풀어준다. 옛날 옛적에는 수영구 망미동 일대가 동래였다. 옛날 지도는 망미동 일대를 '고동래현지(古東萊縣址)' 또는 '고읍성(古邑城)' 등으로 표기했다. 그 옛날에는 거기가 동래였다.

"설마?"

수영구 망미동 병무청 주차장 자리에 있는 통일신라시대 추정 우물과 '동래고읍성' 안내판. 그 옛날엔 동래가 이 일대였다. 왜구의 잦은 침략을 피해 고려 말 현재의 동래로 옮겼다고 안내판은 밝힌다.

동래는 예나 지금이나 부산의 중심. 지금과 달리 그 옛날 동래는 망미동이라고 설명하면 다들 '설마?' 그런다. 지도를 보여줘도 여전히 미심쩍다는 표정이다. 지도는 그림이니 그럴 수도 있겠다 싶다. 그럴 땐 전가의 보도가 사진이다. 사진을 들이대면 미심쩍은 표정을 거둔다. 지도와 사진을 번갈아 보며 수긍하는 눈빛이 된다.

사진은 내가 찍은 최신작. 우물과 우물 안내판이 등장한다. 우물은 돌로 쌓아서 고풍스럽고 안내판은 제목이 '동래고읍성(東萊古邑城)'이다. 우물 있는 곳은 망미동 병무청 주차장. 부산박물관이 2002년부터 2005년 이 일대를 발굴 조사할 때 통일신라시대 추정 우물 4기가 나왔다. 그중 2기를 주차장 자리에 복원했다고 안내판은 밝힌다. 안내판 제목이 왜 '동래고읍성'인지도 밝힌다.

동남해안 일대에 자주 출몰한 왜구의 침략으로 인하여 고려 말에 현재의 동래지역으로 치소(治所)를 옮길 때까지 사용하였던 읍성이다.

정과정 옛날 지도를 들여다본다. 옛날 지도는 선이 하나같이 둥글둥글하다. 정과정을 감싼 수영강이 둥글둥글하고 동래고읍성이 둥글둥글하고 수영 한복판 좌수영성이 둥글둥글하다. 오래 들여다보면 마음마저 둥글둥글해진다. 우리는 지나치게 직선적으로 살았고 살아간다. 설계용 T자로 그은 듯 반듯하고 정연한 삶에 진저리날 때 옛날 지도는 또 다른 힐링이다. 허물어지고 망가지기 전의 부산을 보는 즐거움을 그 어디에 빗대랴.

구락리

햇빛, 달빛 반짝이는
강의 물결, 마음의 물결

구락마을. 누구에게는 생소해도 누구에게는 친숙한 이름이 있다. 구락마을이 그렇다. 구락마을 있는 곳은 수영구 망미2동 수영강 강변이다. 강변을 끼고 구락마을 작은도서관, 구락마을 추억사진관, 구락생활문화센터 등등 곳곳에서 구락을 접한다.

구락은 무슨 뜻일까. 누구에게는 생소한 이름인 만큼 망미2동 곳곳에 구락 유래를 밝히는 안내판을 세웠다. 부산의 핫플레이스로 떠오른 망미동 복합문화공간 비콘그라운드에도 수영강 산책로에도 있다.

> 갈매기들이 많이 모이는 장소라 갈매기 구(鷗)에 즐거울 락(樂)을 써서 구락리라 불리었으며, 그 옛 이름을 현재의 애칭으로 사용함.

강변 산책로 안내판 설명이다. 강과 바다가 만나는 곳이라서 갈매기 숱하게 끼룩끼룩 드나들었을 테고 눈으로 보든 마음으로 보든 사람을 즐겁게 했으리라. 갈매기는 부산을 상징하는 새이기에 누구나 공감할 수 있는 설명이다.

갈매기 구 즐거울 락, 구락. 누구나 납득할 수 있고 누구나 공감할 수 있기에 안내판이든 가이드 책자든 홈페이지든 거의 모두에서 이러한 설명을 옮겨 쓴다. 외지에서 찾아온 지인이 이름 유래를 물어오면 열에 아홉 같은 대답을 하리라.

악화가 양화를 구축한다. 학교 다닐 때 입에 달고 다녔던 말 중에 하나. 딱딱한 경제학 용어라서 깊게 들어갈 재간은 없고 딱히 한 줄로 줄이자면 이렇다. 그릇된 것이 올바른 것을 쫓아낸다!

안내판의 구락 설명이 딱 그렇다. 말은 그럴듯한데 100% 그릇된 설명이다. 맨 처음에 이렇게 설명한 이가 누구인지는 모르겠으나 워낙에 그럴듯해서 다음 사람이 그대로 쓰

수영강 산책로의 표지판. 산책로 명칭이 '꽃과 시가 있는 구락마을'이다.

과정교(瓜亭橋) 다리에서 본 수영강. 사진 중간쯤 강물이 밀려가는 곳이 부산환경공단 수영사업소 최종 방류구다. 하수처리장을 조성하면서 경동레미콘 옆으로 흐르던 하천은 직강 공사를 해서 수영강에 붙이고 최종 방류구는 하수처리 말단에 따로 매설했다. 이로써 옛날 지도에 보이는 소천(小川)은 흔적이 없어졌다.

지금 자리로 옮기기 이전의 경암. 정서는 이 바위에 올라 개성을 바라보며 망배(望拜)했다. 이 바위에서 더 위로 가면 망산(望山)이었다. 망산은 지금 주공아파트 자리다. ⓒ〈과정 문학의 재조명〉(파전한국학당, 1997년)

고 또 그다음 사람이 그대로 쓰면서 이제는 정설이 된 갈매기 구, 즐거울 락!

그릇된 설명이란 걸 나만 아는 건 아니다. 향토사에 발을 담근 이라면 누구나 아는 사실이다. 부산시가 운용하는 디지털 백과사전인 디지털부산문화대전에 애초 지명을 바르게 밝힌다. 하지만 디지털부산문화대전에도 오류는 있다. 지명 등장 시기를 엉뚱하게 대었다.

1740년(영조 16) 이전 구락리의 원래 이름은 숭정리(崇亭里)였으나, 1895년경 동래부 남촌면(南村面)의 구락리로 명칭이 변경되었다. 1904년 행정 명칭이 변경되어 동래부 남상면(南上面) 구락동이 되었다. 1914년 서쪽의 북외동과 합쳐져 망미동으로 개편되었고…

숭정리란 지명은 1740년 발간 〈동래부지〉에 나온다. '(동래부) 관문에서 9리'라고 했다. 이름이 재미있다. 우러러본다는 뜻의 숭(崇)에 정자 정(亭)이다. 고려 때 지어 조선 500년 내내 충절의 상징으로 우러러봤던 정자가 여기 있었다. 정자 이름은 정과정. 고려가요 '정과정곡'을 지은 정서(鄭敍)가 부산으로 유배돼 지내던 정자였다.

〈동래부지〉에는 당연히 구락이란 지명이 나오지 않는다. 디지털부산문화대전 설명대로 숭정리가 구락리다. 그러나 1895년경 남촌면의 구락리로 변경했다는 부산문화대전 설명과는 달리 그 훨씬 이전 다른 문헌에 구락리가 등장한다. 1850년 발간한 〈내영지〉다. 〈내영지〉는 조선 수군이 주둔하던 경상좌수영이 발간한 백서. 경상좌수영은 현재 부산의 수영이다. 거기에 구락리가 등장한다.

그런데 한자가 좀 다르다. 갈매기 구가 아니고 구할 구(求)다. 〈내영지〉는 구할 구 즐거울 락, 구락(求樂)으로 표기한다. 갈매기 구와 구할 구. 어느 한쪽을 고집할 이유는 없다. 둘 다 명분이 있다. 처음엔 구할 구를 쓰다가 후대에 이르러 갈매기 구, 목가적인 이름으로 바꾸었으리

라. 그건 그렇고 알고는 있어야 한다. 옛 이름, 원래 이름은 갈매기 구가 아니고 구할 구였다는 사실을. 구락(鷗樂)이 아니고 구락(求樂)이란 것을. 모든 게 그렇다. 원래와 다르게 쓸 수는 있지만 원래와 다르다는 것을 알면서 쓰는 거와 모르면서 쓰는 거는 하늘과 땅 차이다. 그렇지 않은가.

그래도 갸우뚱대는 이는 있지 싶다. 구락(鷗樂)이 맞나, 구락(求樂)이 맞나 하면서. 그런 갸우뚱댐에 대못을 꽝꽝 박는 게 옛날 지도다. 한둘이 아니고 여러 지도에서 구락을 求樂으로 표기한다. 구락은 수영강 가느다란 지류 소천(小川)을 낀 강마을이었다. 소천을 거슬러 올라가면 고려 정자 정과정이 나왔다.

지금 보는 지도는 1872년 지도. 조선팔도에서 제작한 군현지도 가운데 경상좌수영을 그린 지도다. 1850년 〈내영지〉와 시기적으로 비슷한 만큼 구락리(求樂里)가 등장한다. 수영강의 가느다란 지류 소천에 있다. 이 지도에는 나오지 않지만 소천을 거슬러 올라가면 고려 정자 정과정이 나왔다. 수영강과 정과정 사이에 구락리, 오늘날 구락마을이 있었다.

구락(求樂)은 무슨 뜻일까. 그것을 설명한 자료는 아직 보지 못했다. 동래부 관문에서 거리가 얼마나 되는지를 밝힌 〈동래읍지〉나 마을 전체에 29가구가 산다는 〈경상남도동래군가호안(家戶案)〉 정도다. 수영강 한적한 강마을이기에 백서를 작성하는 이가 쳐다만 보고 스쳐 지나간 모양이다.

마을은 스쳐 지나갔지만 마을 바깥의 바위에는 오래오래 머물렀다. 〈내영지〉에서 언급한 바위는 모두 아홉. 경암, 호암, 달암, 관덕암, 장군암, 옹암, 석종암, 선인암, 묘암이었다. 바위마다 있는 곳과 유래를 밝혔다.

'(동래부) 관문에서 북쪽 5리 큰길가에 있었다. 바위 표면이 깨끗하여 사람의 얼굴을 비추므로 이름 지었다.'

〈내영지〉의 경암 설명이다. 사람 얼굴을 비출 만큼 반들반들해서 거울 경, 경암(鏡巖)이

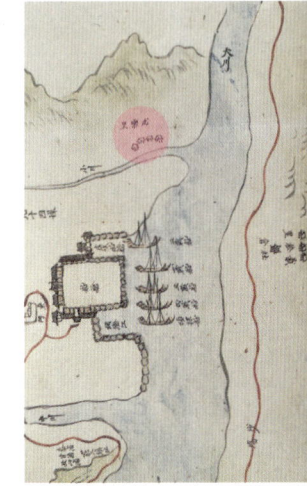

1872년 제작한 군현지도의 '경상좌수영영지도형' 부분. 지도 상단 '대천(大川)'과 '소천(小川)' 사이에 '구락리(求樂里)'가 보인다. 대천과 소천이 접하는 강마을이 구락리였다. 대천은 수영강 본류다. ⓒ규장각

1800년대 후반 제작한 '부산고지도'에 보이는 구락리. 토현, 정과정과 가까웠다. ⓒ동아대 박물관

2023년 9월 작가와 함께하는 부산 탐방의 정과정유적지 탐방 장면. 복원한 정자 왼편에 정과정곡 시비가 있다.

었다. 우리말로는 '용머리' 용두곶이라 했다. 정서는 매일같이 이 바위에 올라 임금 계신 개성을 바라보며 망배(望拜)했다. 경암에서 더 위로 가면 망산(望山)이었다. 망산 역시 망배하던 산. 주공아파트 자리가 거기다.

경암은 어디 있었을까. 구락리는 관문에서 9리, 경암은 북쪽 5리라고 했으니 구락리는 아니다. 고맙게도 〈내영지〉는 북쪽 5리에 있던 마을을 언급한다. 토현리다. 토현은 동래와 수영 사이의 고개. 토현리에서 구락리 가는 길목에 경암이 있었다.

정과정유적지

현재 경암은 정과정유적지에 있다. 수영구가 1984년 수영강 망미동 강가에 조성한 유적지다. 수영강변 대림2차 e편한세상 202동 맞은편 정자가 거기다. 원래 자리가 개발되면서 원형 그대로 여기로 옮겼다. 우리 것을 보존하고 계승하려고 한평생 노력했던 경성대 국문학과 김무조 교수가 회장으로 있던 토향회의 공이 컸다.

> (……) 장부 한세월 묵죽화와 시가로 보낸 공의 자취는 팔백 성상 춘풍추우에 쓸려 가고 씻겨 갔다 하나 충절의 넋이야 팔백 년을 살아남았으리니 길이 기려 가리라.
> - 서기 1985년 2월 2일 토향회 세움

토향회가 정과정곡 시비를 세우면서 함께 세운 안내판 한 구절이다. 정과정유적지 정자 바로 옆에 있다. 이와는 별개로 파전한국학당에서 1997년 연구총서로 펴낸 〈과정문학의 재조명〉은 원래 정과정 정자가 있었던 산언저리와 옮기기 이전 원래 경암 사진을 실었다. 파전(坡田)은 김무조 교수의 호다.

이제 마무리 짓자. 구할 구 즐거울 락, 구락은 무슨 뜻일까. 받아들이기 나름일 것이다. 억울한 유배 생활로 지치고 지친 나머지 갈매기와 노니면서 즐거움을 구했을 정자의 주인일 수도 있고 '내 님이 그리워 우나니' 노래 한 소절 읊으면서 즐거움을 구했을 후대의 장삼이사일 수도 있다. 이렇든 저렇든 햇빛 달빛 반짝이는 강의 물결, 햇빛 달빛 반짝이는 마음의 물결이 구락리, 오늘날 수영구 망미2동 구락마을이다.

판곶리

내 청춘의 한때 '방위병'
떠올리는 아련한 심층수

판곶리는 수영구 민락동 옛 지명이다. 센텀비치푸르지오 102동 맞은편 민락본동이 거기다. 한자는 板串里. 널빤지 판(板)에 곶(串) 곶이다. 곶은 뭘까. 일상에 흔히 쓰는 말이지만 면전에서 물어보면 더듬거리기 일쑤다. 육지에서 바다 쪽으로 툭 튀어나온 땅이라고 보면 된다. 갑(岬) 또는 말(末)이라고도 한다. 장산곶, 장기갑, 토말, 서이말, 오륙도 승두말, 이기대 동생말 등이다.

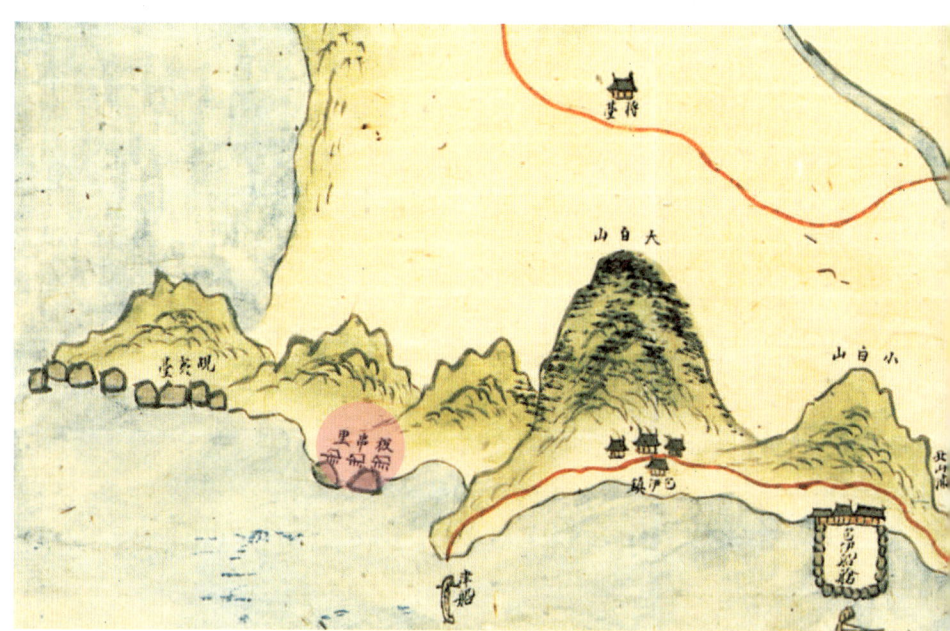

1872년 제작한 군현지도의 '경상좌수영 영지도형' 바닷가에 보이는 '판곶리(板串里)'. 널구지마을 민락본동이 여기다. 수영구 민락동 센텀비치푸르지오 102동 맞은편 일대다. 백산을 '소백산'과 '대백산'으로 나눴다. ⓒ규장각

판곶리는 한자가 어렵다. 순우리말 지명은 뭘까. 땅이나 바다에 터전을 두고 살던 민초들이 편하게, 편평하게 부르던 이름은 '널구지'였다. '판곶'이 '널곶'이 되고 '널고지'를 거쳐 '널구지'가 됐다고 본다. 편평한 마을 널구지는 1950년대 외국인이 찍은 사진으로 남아 있다. 나지막한 언덕과 언덕 사이 바닷가 모래밭 다닥다닥 들어선 초가 마을을 보노라면 마음이 편평해진다.

판곶리. 지금은 멸실한 지명이지만 옛날 지도에는 명징하게 나온다. 1872년 제작한 군현지도의 '경상좌수영 영지도형'에 판곶리 세 글자가 집 세 채와 함께 따박따박 적혔다. 현재 쓰는 지명도 보인다. 점이대와 백산이다. 오랑캐[이(夷)]가 쳐들어오는지 엿보는 [점(岾)] 점이대는 바닷가 끄트머리에 보인다. 지금 점이대는 민락동 백산 정상에 있다. 백산은 둘이다. 소백산과 대백산이다.

군현지도에는 포이진(包伊鎭)도 보인다. 판곶리처럼 집 세 채를 그렸는데 판곶리 집과는 달리 기와를 올렸으며 장중하다. 관가임을 짐작할 수 있다. 맞다. 관청이었다. 수영에 조선시대 해군사령부가 주둔하던 시절 예하부대 가운데 하나가 포이진이었다. 수영 해군사령부인 경상좌수영과 보조를 맞추며 조선의 바다를 지키던 '5분 대기조'가 포이진이었다.

1950년대 민락동 백산에서 내려다본 널구지마을. 마을 입지가 편평한 널빤지 같다고 해서 널구지, 판곶리라 했다. ⓒ부경근대사료연구소

포이진 역시 어려운 한자어. 민초들은 보리전이라 했다. 포이진에서 보리진을 거쳐 보리전으로 변했다는 설이 있고 곤장을 대신 맞아주고 보리쌀을 벌었다 해서 얻은 이름이란 설이 있다. 그러다가 쉬운 한자 이름을 얻게 된다. 바로 덕민동이다. 1904년 편찬한 동래백서에 이 이름이 보인다.

1904년 백서에 등장하는 부산의 면은 모두 열둘. 오늘날 수영구는 남상면 일부에 해당한다. 남상면은 꽤 커서 소속된 동이 열넷이나 된다. 다음과 같다. 숫자는 가구 수다. 구락동 29, 북외동 23, 남외동 31, 서삼동 37, 서이동 38, 서일동 28, 동삼동 14, 동이동 33, 동일동 34, 감포동 3, 덕민동 22, 평민동 18, 호암동 16, 남천동 23.

이 가운데 평민동이 판곶리, 널구지마을이다. 평민동과 덕민동 일대를 합친 지역이 지금의 민락동이다. 민락동은 어디서 나온 지명일까. 수영구 민락동 행정복지센터가 2014년 펴낸 〈민락 100년〉에 '백성[민(民)]들이 모여 즐겁게[락(樂)] 사는 동네'로 언급은 하지만 자신만만한 어투가 아니다. 확실한 근거는 없다고 말꼬리를 내린다.

내 생각은 이렇다. 물론 나 역시 확실한 근거는 없다. 생각이 그렇다는 거다. 민(民)은 평민동과 덕민동에서 따왔지 싶다. 근거는 없지만 가능성은 높다. 그런데 평민동은 뭐고 덕민동은 뭘까. 이 또한 내 생각이다. 평민동은 편평한 민가 마을이고 덕민동은 언덕배기 민가 마을이다. 부산에서 큰 덕(德)을 언덕 덕 대신 쓰는 데가 사상구 덕포다. 언덕이 있는 포구란 뜻이다. 강서구 가덕도 역시 '가파른 언덕의 섬'이 아닐까 싶다.

락(樂)은 사라진 지명 구락리(求樂里)에서 나왔을 개

민락 널구지마을의 우물. 우물 뒤로는 '널구지 당산할매당'이 보인다. 이 우물은 당산제 정화수로 쓰인다. 우물과 당산 관리는 민락 널구지회에서 한다.

판곶리의 현재 모습. 판곶리 앞바다 매립지에 들어선 아파트의 뒤편 산아래 보이는 마을이 판곶리, 지금의 민락본동이다.

백산 정상의 '첨이대(覘夷臺)' 표지석. 첨이대라고도 한다. 바다로 쳐들어올지 모를 오랑캐를 감시하는 조선시대 초소였다. 1872년 군현지도는 민락동 바다 끄트머리에 표기했다.

연성이 높다. 망미동과 수영강변에 해당하는 구락리는 옛날 지도에 종종 등장하거니와 지금도 이런저런 단체 명칭으로 쓰인다. 예컨대 망미2동 주민자치위원회가 수영강 강변에 조성한 산책길 명칭이 '꽃과 시가 있는 구락마을'이고 같은 동 복합청사에 들어선 마을문고 명칭이 '구락마을작은도서관'이다.

백산 옛길. 지도에는 보이지 않지만 판곶리에서 포이진을 거쳐 수영성으로 이어지는 백산 둘레길이 있었다. 이른바 백산 옛길이다. 그 길은 지금도 그대로 있다. 도시철도 2호선 민락역 1번 출구에서 곧장 직진하면 길이 두 갈래로 갈라진다. 하나는 수영강 강변으로 이어지는 편평한 길이고 하나는 옥련선원으로 이어지는 오르막길이다. 이 오르막길이 백산 옛길이다. 고색창연한 옛날 비석 덕분에 더욱 고색창연한 길이다.

나는 방위병이었다. 수영비행장 해안대대에서 복무했다. 대학물이 들었다고 방위병치고는 맡은 일이 고상했다. 간첩신고훈련 업무를 맡았다. 민간인 상대다 보니 외근이 잦았다. 하루는 광안리 쪽, 하루는 해운대 쪽으로 외근했다. 백산 둘레길은 부지기수 다녔다. 그때만 해도 백산 둘레길이 옛길인지 몰랐다. 아파트나 고층건물 하나 없이 탁 트인 판곶리 바다 풍광이 그냥 좋았다. 탁 트인 판곶리 옛날 지도와 옛날 지도에 보이는 백산 옛길. 판곶리 옛날 지도와 옛길은 내 청춘의 한때 방위병 그 시절 아련히 흐르는 심층수다.

백산

오직 흰 것 하나만 내세운
담백하고 담대한 결기

백산(白山)은 수영구 민락동 진산이다. 민락동 한가운데 있다. 민락동이 산을 떠받드는 형국이다. 지금은 옮겨간 부산문화방송과 전통사찰 옥련선원이 여기 있다. 산 저쪽은 수영강 강줄기와 이어지고 강 이쪽은 수변공원 바다다. '경치 대회' 같은 데 나가면 일이 등은 떼놓은 당상이다.

'백산만취(白山晚翠).' 떼놓은 당상답게 백산은 일찍부터 수영팔경에 들었다. 소먹이는 목동이 버들피리 입에 물고 노을빛으로 돌아오는 만취(晚翠) 정경은 백산에 인간미를 더한다. 민락동이 떠받들고 수영이 떠받드는 이유가 산이 혼자 잘나서겠는가. 사람이 있기에 산이 있다는 전형이 민락동 백산이다.

백산 정상에서 본 수영강 풍광. 산 저쪽은 수영강 강줄기와 이어지고 강 이쪽은 수변공원 바다다. '경치 대회' 같은 데 나가면 일이 등은 떼놓은 당상이다.

백산 둘레길. 조선시대 수영에서 부산진으로 이어지던 길이었다. 사진 왼쪽에 조선시대 고색창연한 비석이 넷 보인다. 셋은 공덕비고 하나는 효자비다.

백산은 아담한 산. 그다지 높지도 않고 그다지 깊지도 않다. 곱상한 축에 든다. 그런데도 산전수전 겪을 것은 다 겪었다. 피부가 백옥 같아서 고생이라곤 안 해 봤지 싶은 사람이라도 살아온 이야기를 술술 풀면 대학노트 한 묶음이 모자라듯 백산 역시 한 묶음이 모자란다. 겉보기에는 백옥 같아도 속은 시퍼렇게 멍든 산이 백산이다.

조선시대 백산은 해군 주둔지였다. 수영성 해군사령부 예하 부대가 백산 아래 바닷가에 주둔했다. 1950년 한국전쟁이 나면서는 백산 정상에 국군이 주둔했다. 고사포 부대가 여기에 진을 치고서 바다로 올지 모를 적을 대비했다. 산을 여기저기 시멘트로 도배했다. 그런 운명이 있다. 보기에는 한평생 편안하게 지낼 것 같아도 사주팔자는 화(火)로 도배질한.

백산이 무슨 죄가 있을까. 운명이 그렇고 사주팔자가 그런 것을. 100년 넘는 세월 저쪽의 지도 제작자도 그걸 알았다. 안 해도 될 고생을 치르는 백산에 미안한 마음인들 왜 없었을까. 그래서 다른 산은 뾰족뾰족 그렸어도 백산만큼은 봉긋봉긋 그렸다. 지도 제작자가 백산에 보내는 최대의 경의가 보드랍게 그린 봉우리였다.

지도 제작자는 공을 무척 들였다. 다른 산과 달리 소백산, 대백산 나누었다. 너네집 순가락, 젓가락 몇인지 다 안다는 친근감의 표시였다. 수영강 가까운 산이 소백산이었고 바다 가까운 산이 대백산이었다. 두 산 능선이 맞닿아 면밀하게 살피지 않으면 하나로 보였을 산이었다. 지도 제작자가 공을 들였고 친근감이 있었기에 산은 둘이 되었다. 어느 시 구절처럼 자세히 보고 오래 봤다.

'내영(萊營)'은 동래 수영을 줄인 말. 수영은 조선 수군 주둔지였다. 동래가 행정도시라면 수영은 군사도시였다. 그래서 동래는 동래대로 〈동래부지〉나 〈동래읍지〉 같은 백서를 내었고 수영은 수영대로 〈내영지〉나 〈내영총록〉 같은 백서를 내었다. 백서마다 백산을 빠뜨리지 않았다. 백산은 그만큼 요충지였다.

1953년 수영강 하구와 백산 일대. 해운대에서 다리를 건너면 길이 갈렸다. 왼쪽이 민락동 길이고 오른쪽이 수영교차로 길이다. 1950년 한국전쟁 이전에는 민락동 길이 큰길이었다. ⓒ부경근대사료연구소

1950년대 금련산 쪽에서 본 백산. 눈 쌓인 듯 백산 능선이 온통 하얗다. 이래서 하얀 산, 백산이 아닐까 싶다. ⓒ부경근대사료연구소

백산은 요충지였고 길목이었다. 수영에서 부산진으로 가는 길목이 백산이었다. 수영에서 부산진에 볼일이 생기면 백산을 넘었다. 오일장 장꾼도 그랬다. 백산을 넘어 부산장과 수영장을 오갔다. 동래장은 2일과 7일, 수영장은 3일과 8일, 부산장은 4일과 9일 섰다. 동래장에서 수영장으로, 수영장에서 부산진장으로 장꾼들은 그렇게 옮겨갔다. 조선의 오일장 장꾼이 수백 년 밟고 다녀 딴딴해진 길이 백산 고갯길이고 백산 둘레길이었다.

백산은 왜 백산일까. 설이 분분하다. 백두산에서 비롯했다는 설이 있고 수영강 갈대밭에 학이 서식해 백학산(白鶴山)으로 부르던 게 백산으로 됐다고도 한다. 글쎄다. 내 생각엔 민락동 앞바다 짙은 안개가 산을 하얗게 가려서 백산이지 않을까 싶다. 이 일대는 상습 안개 지대다. 백산을 품은 민락동 바다는 안개가 감싸는 날이 많다.

후 불어 안개를 걷어내면 / 당신과 나 사이 / 눈빛이 닿을 만큼 가깝다 / 당신에게 이르는 길 / 멀어서 먼 게 아니라 / 안개에 가려서 멀고 / 보이지 않아서 멀다 / 때로는 오해하고 / 때로는 미워하며 / 당신과 나를 가로막는 안개 / 내가 불어대는 입김은 / 당신에게 내미는 손 / 더 늦기 전에 / 오해도 풀고 미움도 풀자며 / 내 안에서 우러나오는 소리
 -동길산 시 '민락등대'

그런 내 생각이 최근 바뀌었다. 사진 몇 장에 생각을 확 바꾸었다. 귀가 얇긴 얇다. 수영 향토사학자 김종수 선생이 펴낸 〈정방록을 찾다〉에 실린 1950년대와 1960년대 백산 사진들. 거기 실린 백산은 민둥산이었다. 산의 지형이며 토질이 고스란히 드러났다. 민둥산으로 본 백산은 정상에서 능선까지 온통 하얗다. 백산이 그냥 백산이 아니었다.

하얀 산, 백산. 이 세상에 이렇게 순백하고 순정한 산이 어디 있겠나 싶었다. 아무것도 덧대지 않고 오직 흰 것 하나만을 내세운 그 결기는 정말이지 담백하고 정말이지 담대했다. 산에 올라가서 가만 눈 감고 나를 내맡기면 강에서 불어닥치는 강바람, 바다에서 불어닥치는 바닷바람. 바람에 날려서 나까지 순백하고 순정해지며 담백하고 담대해지면 오죽 좋을까. 그런 백산을 옛날 누군가는 더욱 자세히 보고 더욱 오래 보며 지도에 담았다.

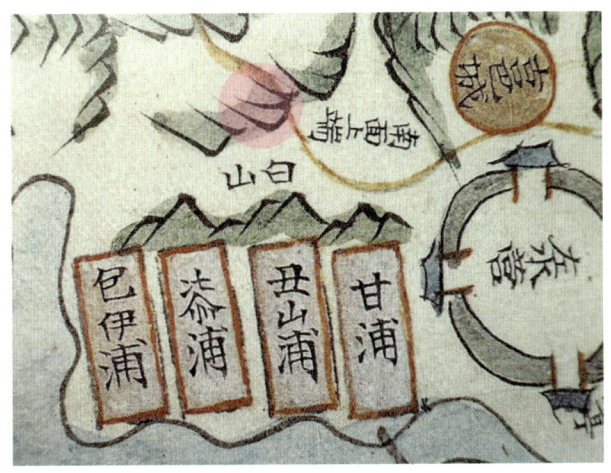

1700년대 중반 제작한 '지승(地乘)' 동래부의 '백산(白山)' 부분 확대. 백산 아래에 좌수영 산하 네 군데 군사 진(감포·축산포·칠포·포이포)이 보인다. ⓒ규장각

장대

호국의 성지이면서
천주교 순교 성지

장대(將臺)는 군부대 장수나 장교가 올라서서 명령하고 지휘하던 자리를 말한다. 돌이나 흙으로 쌓아 평지보다 높았다. 평지보다 높아야 멀리 볼 수 있고 열(列)의 뒤에서도 보였다. 조선팔도 각처에 군부대가 주둔했기에 조선팔도 각처에 장대가 있었다. 부산에도 꽤 됐다. 동래 동장대(東將臺)니 북장대(北將臺)니 다대포 장대니 그랬다.

수영에도 장대가 있었다. 수영은 조선 수군이 주둔하던 군사도시였다. 왜적이 언제 쳐들어올지 모를 부산 앞바다 감시를 겸해서 장병 훈련을 겸해서 장대를 쌓았다. 왕래하는 선박도 검사했다. 장대 있던 곳은 수영구 광안4동. 수영중학교 뒤편 어디다. 도시철도가 다니는 큰 도로를 기준으로 보면 바다 쪽이 아니고 산 쪽이다. 지대가 높은 산 쪽에서 봐야 바다 멀리 감시할 수 있었다.

군사시설인 만큼 기능이 군사에 집중했다. 시과장(試科場)인 연무대가 있어서 군사훈련을 하거나 매년 한 차례 여기서 무과 시험을 치렀다. 급제자에겐 여기 수부부대 사령관인 좌수사가 발급한 합격증명서를 주었다. 이들을 선달(先達)이라 했다. 문무과 시험에 급제는 했으나 벼슬을 받지 못한 이가 선달이었다. 죄수의 처형도 여기서 이뤄졌다.

어구정(禦寇亭, 광안4동 842번지)이란 곳도 있었다. 장대 옆에 있었다. 여기서 부산 바다를 지키던 수군이 궁술 훈련을 받았다. 어구정은 이름을 잘 지었다. 막을 어(禦), 도둑 구(寇)다. 왜구는 도적이나 매한가지였다. 잊을 만하면 바다를 건너와 조선의 재산을 훔치고 민간인을 괴롭혔다. 밑도 끝도 없었다.

어구정 시선은 매서웠다. 지금은 아파트에 가리고 고층건물에 가렸지만 조선 수군이 지키던 그때만 해도 바다 너머 수평선까지 훤하게 보였다. 조선의 건장한 장정이 매섭게 날린 화살은 득달같이 날아가 왜구의 뾰족한 배를 격침했을 것이다. 중앙정부가 조선팔도를 일제에 내어주기 전까지 수영은 부산의 바다를 지키고 조선의 바다를 지키던 호

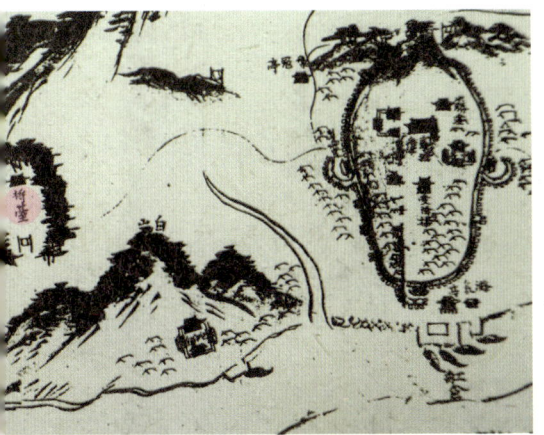

1700년대 중반 편찬한 〈여지도서(輿地圖書)〉에 실린 '좌수영지지도(左水營之地圖)'에 보이는 '장대(將臺).' 소장처는 한국교회사연구소. 장대는 순교지였다. ⓒ한국교회사연구소

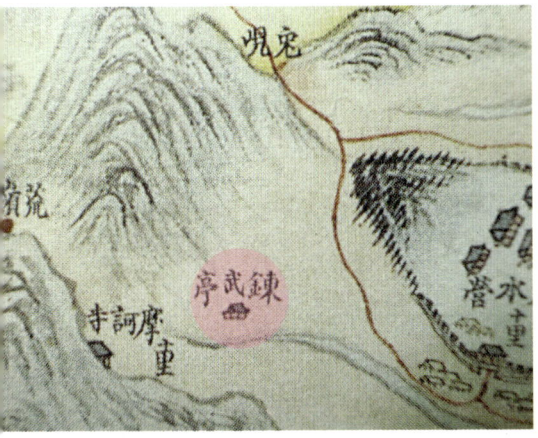

1800년대 후반 제작한 '동래부산고지도'에 보이는 '연무정(鍊武亭).' 장대가 '연무정'으로 개명했음을 알 수 있다. ⓒ국립중앙도서관

국 성지였다.

호국성지 수영의 장대는 극과 극을 달렸다. 조선 바다를 지키는 수문장이었지만 다른 한편으론 조선의 양심을 단죄한 처형장이었다. 한국 천주교 박해와 처형의 현장이 여기였다. 천주교 신자 처형의 현장은 부산에서 여기가 유일하다. 그러므로 수영 장대는 조선 바다를 지키는 호국의 성지이면서 천주교 순교 성지다.

장대골 순교 성지. 장대에서 순교한 분들을 모신 곳이다. 수영중학교 옆길을 따라서 산 쪽으로 한참 올라가면 나온다. 모르고 보면 아담한 공원 같다. 아담한 공원 같은 여기가 150년 저쪽 핏물 흥건히 고이던 박해의 현장이다. 박해를 받고 순교한 이는 모두 여덟. 순교자 기림비는 '누가 언제 어디서 어떻게' 순교했는지 속속들이 밝힌다.

1868년이었다. 시국이 냉랭하게 얼어붙던 때였다. 당시 조선의 실권자는 고종 아버지 흥선대원군. 대원군 눈매는 화살처럼 매서워서 눈 밖에 나면 화살이 바로 꽂혔다. 그 화살이 꽂힌 불운의 양심이 천주교 신자였다. 천주교 박해의 이유는 크게 세 가지였다. 위계질서를 존중하는 조선의 유교 사상과 천주교의 평등사상이 충돌했다. 제사 거부도 박해의 요인이었다. 무엇보다 정당의 주도권 다툼이 박해로 이어졌다.

사달은 1866년 병인년에 벌어졌다. 1868년 2년 전이었다. 대원군이 서양 세력을 배척하는 과정에서 병인박해가 일어났다. 그게 발단이 되어 병인양요가 일어났다. 1866년 1월 병인박해로 천주교 신자 8천 명과 프랑스인 신부 9명이 순교했다. 프랑스에서 가만있

1952년 무렵의 광안리 풍경. 앞바다까지 탁 트여 걸림이 없다. 조선 수군이 장대에 주둔하던 시절에도 이런 풍경이었을 것이다. ⓒ부경근대사료연구소

을 리 없었다. 9월 함선을 보내 강화도를 침범하는 병인양요를 일으켰다. 병인양요는 9월 18일 벌어져 11월 21일 끝났지만 여파는 오래갔다. 대원군 아버지 묘를 파헤쳐 도굴하려다 달아나는 전대미문의 사건까지 발생해 서양을 배척하는 기운은 더욱 거세졌다. 천주교 신자 박해 역시 끝이 안 보였다.

'…모진 고문과 형벌이 가해졌지만 "가세, 가세, 천당으로 가세" 노래 부르면서 굳은 믿음으로 주님을 증거하였다. 이곳 장대에서 여덟 분이 (1868년) 8월 4일(음) 참수형으로 순교하였다.'

병인양요 2년 후 급기야 부산에서도 순교자가 나왔다. 이정식, 이월주, 박소사, 이관복, 양재현, 차장득, 이삼근, 옥소사였다. 순교자는 대부분 가족관계였다. 부부거나 부자였다. 이들의 순교는 오랫동안 알려지지 않았다. 때가 때인 만큼 다들 쉬쉬했다. 그러다 마침내 증언이 나왔다. 어린 시절 순교 현장을 목격했던 강신백과 이순우 두 노인이 1951년 8월 20일 증언하면서 모진 매, 생살 타던 참상이 세상에 알려졌다.

장대골 성역화는 또 한참이 지나서였다. 순교한 지 두 갑자가 지난 1988년 9월 30일 성

역화가 이뤄졌다. 순교자의 면면과 당시 상황을 알리는 순교자 기림비 등을 세웠다. '장대돌'은 특히 눈길을 끈다. 그날의 참상을 목도한 검은 바윗돌이다. 장대돌 받침돌에 새긴 잔글씨 문구는 그냥 지나치지 못한다.

'1868년 이곳 성지에서 순교자 여덟 분이 군문 효수형에 처형되었을 때 있었던 장대돌이다.'

수영구 광안4동 장대골 순교 성지 입구. 장대는 군사시설이면서 천주교 박해가 벌어진 순교 현장이었다.

수영 장대를 표기한 지도는 드물다. 수영 본영에서 멀리 떨어진 산속이라서 그런가 싶다. 다행히 1872년 제작한 군현지도의 경상좌수영 영지도형 지도에 '將臺(장대)' 두 글자가 선명하다. 1866년 병인양요와 1871년 신미양요를 치른 대원군의 추상같은 영(令)으로 조선팔도에서 제작한 군사지도였기에 수영 장대를 빠뜨리지 않았다.

순교 성지 장대돌. '1868년 이곳 성지에서 순교자 여덟 분이 군문 효수형에 처형되었을 때 있었던 장대돌이다.'라고 새겼다.

장대는 수영성에서 멀찍이 떨어져 있었다. 수군이 주둔하던 수영성은 평지여서 그랬을 것이다. 수영성에서 나와 수영강 지류의 하나인 중천(中川)을 지난 고지대에 자리잡았다. 광안리 바다가 훤히 내려다뵈는 자리였다. 민락동 첨이대와 용호동 백운포 사이로 탁 트인 바다. 탁 트인 바다는 서슬이 시퍼렇다. 매서운 눈매 같다. 조선 바다를 지켰던 수군의 눈매가 저랬지 싶다.

승악산

하단 승학산의 옛 이름
'승악산'

승학산은 사하구 하단에 있다. 동아대 캠퍼스를 품었다. 낙동강 강변이라서 풍광이 빼어나다. 산에 올라 강줄기를 내려다보면 시원시원하게 살아야겠단 생각이 저절로 든다. 강물이 바다로 나아가듯 막혔던 일들이 술술 풀릴 것 같은 예감이 불쑥 든다.

乘鶴山. 승학산 한자다. 이름에 학이 들어간다. 철새도래지 낙동강 하구는 학처럼 생긴 새 수백, 수천이 예사로 넘나든다. 지금도 그런데 물 좋고 공기 좋은 그 옛날에는 훨씬 더 그랬으리라. 이름에 학이 들어가는 게 지극히 자연스럽다. 안 들어가는 게 오히려 어색하다.

지명 유래에도 학이 등장한다. 인터넷을 검색하면 이름에 도사 티 물씬 풍기는 무학대사가 나온다. 학처럼 살고자 했을 대사의 고고한 성품이 법명에서 읽힌다. 이 무학대사가 학이 날아오르는 듯한 산세를 보고 승학산이라 지었다고 한다.

그런데 옛날 지도는 좀 다르게 말한다. 발음은 비슷한데 가운데 글자가 영 다르다. 모든 지도가 여기를 승악산(勝岳山)으로 표기한다. 학(鶴)은 온데간데없다. 학을 탄다는 승학(乘鶴)이 아니라 대단히 높고 큰 산 승악(勝岳)이다. 한글로 썼으면 승학산을 승악산으로 잘못 썼다고 얼렁뚱땅 넘길 수도 있으련만 한자로 썼으니 그러지도 못한다.

승악산 악(岳)은 높은 산, 큰 산이란 뜻. 이길 승(勝)까지 붙었으니 대단히 높고 큰 산으로 받들었다. 실제로 이 산은 대단히 높고 크며 그리고 필봉(筆鋒)이다. 가까이서 보면 감이 잘 안 잡히지만 낙동강 강 건너 명지 쪽에서 보면 높고 크며 필봉인 게 보인다. 조선에 산은 차고 넘쳐나지만, 봉우리는 더 차고 더 넘쳐나지만 높고 크며 게다가 끝이 뾰족한 붓처럼 생긴 필봉은 귀물로 대접했다. 지도를 제작하러 발품을 다니는 이 역시 필봉을 유심히 봤다.

동아대를 품은 이 산은 높이가 얼마나 될까. 해발 500m 가까이 된다. 전문 산꾼에겐 '에

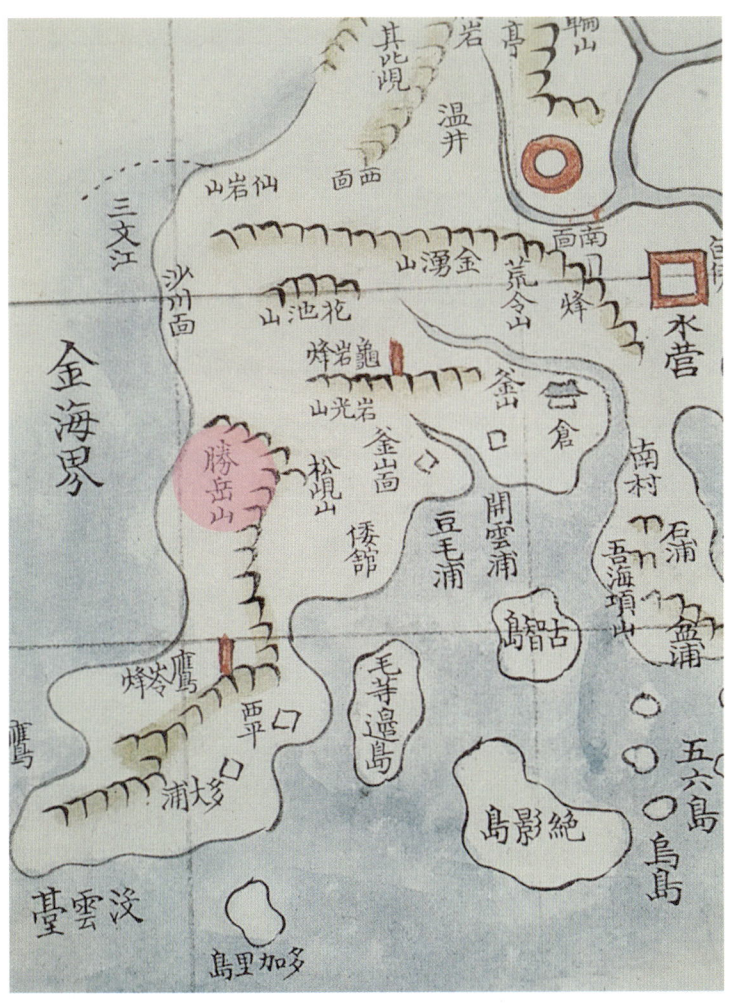

1700년대 후반 제작한 '해동여지도'에 보이는 승악산. 한자가 勝岳山이다. '큰 산'이란 뜻이다. 이 지도를 비롯해 조선시대 모든 지도가 그렇게 표기했다. 지금은 학이 탄 형상 승학산(昇鶴山)으로 쓴다.
ⓒ국립중앙도서관

계계'에 불과하겠지만 그렇게 낮춰 볼 산은 결단코 아니다. 바다와 맞닿은 산이라서 내륙의 1,000m 산에 버금가는 높이다. 차를 타고 올라가 500m에서 시작한 1,000m 산이나 해발 0m에서 시작한 500m 산이나 뭐가 다른가.

산이 높으니 손이 하늘에 닿았다. 손은 안 닿더라도 말은 들렸다. 무슨 말이라도 들어주지 싶어서 가뭄이 오래 들면 여기서 기우제를 지냈다. 무학대사 영험이 스며서인지 '비

낙동강 하구언에서 본 승학산과 강 건너편 을숙도에서 본 승학산, 그리고 신평 배고개에서 본 승학산. 산꼭대기가 붓끝처럼 뾰족한 필봉이다.

하단 승학산 제석단. 2012년 편찬 〈사하구지〉의 '당리 승학산 계곡에 제석단을 쌓고 기우제를 드렸다'는 기록이 맞는다면 여기가 조선시대 승악산 기우소다. 사하구 당리 동원 2차 아파트에서 제석골 산림공원 가는 계곡 근처에 있다.

내려주십사' 기우제를 지내면 낙동강 강물이 하늘로 슬금슬금 증발해서는 구름으로 잠시 맺혔다가 메마른 부산 땅에 빗줄기를 퍼부었다. 1740년 발간한 부산의 백서 〈동래부지〉 표현대로 '기우하는 곳, 기우소(祈雨所)였다.'

동래 기우소는 이 무렵 여섯 군데였다. 산에도 있었고 해안에도 있었고 섬에도 있었다. 승악산 말고는 태종대에 있었고 금정산 큰 바위 번우암(飜雨岩)에 있었고 해운대 상산(上山) 정상에 있었다. 배산 겸효대, 그리고 지도신사(知島神祠)에도 기우소를 두었다. 조선시대는 부산에 들지 않던 기장 원앙대와 달음산도 기우소, 기우처였다. 원앙대와 시랑대는 같은 장소 다른 이름이다.

'해동여지도'는 이러한 정황을 최대한 담았다. 승악산은 물론이고 북쪽에 번우암이 보이고 동쪽으론 상산과 장산, 남쪽 바다엔 고지도(古智島)를 그려 넣었다. 할아버지가 손자에게 옛날이야기를 도란도란 들려주듯 여기는 어디며 무슨 일이 있었고 저기는 어디며 무슨 일이 있었다고 알려준다. 지도 원본은 보지 못했지만 표면을 쓰다듬으면 할아버지 턱수염처럼 보드랍지 싶다.

'해동여지도'는 대단히 자상하다. 모눈종이 눈금에 지도를 그리고선 동쪽으로 몇 리, 서쪽으로 몇 리, 남쪽으로 북쪽으로 몇 리를 일일이 표시했다. 이른바 방안식(方案式) 지도다. 방안(方案)은 뜻이 여럿이지만 옛날 지도에서 말하는 방안은 네모 눈금을 말한다. 방안식 지도는 1리, 10리, 20리 등 일정한 간격으로 눈금을 그은 축척 지도. 옛날 지도가 발전하는 과정을 보여준다. '해동여지도'는 20리 방안식 지도다.

승학산과 승악산. 어디에 장단을 맞춰야 하나. 승학산에 맞추려니 옛날 지도가 울고 승악산에 맞추려니 낙동강 학이 운다. 이러지도 못하고 저러지도 못하는데 낙동강 강물은 세상사 오불관언이다. 제 갈 길만 간다. 유장한 세월을 유장하게 흘러왔을 낙동강. 조선의 명필이 일필휘지하시려는지 필봉 붓끝을 강물에 흠뻑 적신다.

서평

서평에서 구서평,
다시 구평으로

서평(西平)은 부산에서 사라진 지명이다. 하지만 서평에서 발원한 지명은 남아 있다. 둘이나 된다. 신평과 구평이다. 사하구 장림을 낀 신평과 구평은 사하구의 비경(秘境) 같은 역사를 품은 곳이다. 그러므로 그 둘이 발원한 서평은 사하구 역사에서 비경 중의 비경이다.

서평을 우리말로 풀이하면 서쪽 평지. 어디를 기준으로 해서 서쪽인지 밝힌 자료는 아직 보지 못했다. 부산진구 당감동 옛 지명이 동평인 것을 고려하면 서평과 동평 그 중간 어디쯤이지 않을까 싶다. 1740년 발간 〈동래부지〉는 서평 위치를 '(동래) 관문에서 45리'라고 밝힌다.

조선시대는 평지가 귀했다. 평지는 귀했고 대개는 경사진 갯마을이거나 산지였다. 길도 그랬다. 오르막과 내리막이 되풀이되는 고개거나 산길이었다. 그래서 평지는 그 자체로 귀한 대접을 받았다. 낙동강 강마을 평림(平林)이나 수영구 민락동 갯마을 평민(平民)처럼 지명에 반영했다. 평지엔 마을이 들어서거나 성(城)이 들어섰다.

서평이 그런 곳이었다. 지명에 '평'이 들어갔으며 군인이 주둔하는 성이 들어섰다. 앞의 책 〈동래부지〉에 나오는 구서평성(舊西平城)은 이곳이 조선시대 성터였음을 밝힌다. '(동래)부의 남쪽 40리에 있다. 지금은 폐하였다'고 적었다. 서쪽이 아닌 남쪽인가? 순간적으로 '내가 실수했나?' 싶다가도 서쪽에 무게 중심을 두고 스리슬쩍 넘어간다.

서평은 1850년 발간한 고문헌에도 등장한다. 1850년 편찬한 부산 해군의 백서 〈내영지(萊營誌)〉에는 여기 주둔했던 해군의 지휘관 규모를 밝힌다. '내영'은 '동래 수영'의 준말. 통영에서 경북 영덕 일원에 이르는 경상도는 그 중간이 낙동강이었다. 낙동강을 가운데 두고 반으로 뚝 잘라 낙동강 저쪽은 경상우도, 이쪽은 경상좌도라 했다. 경상좌도 해군의 총사령부가 지금의 부산 수영이었다.

 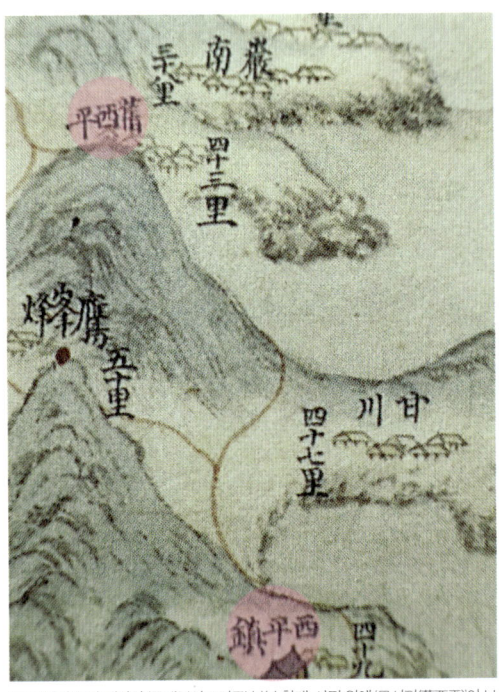

1800년대 후반 제작한 '부산고지도' 부분 확대. 사진 위에 '구서평(舊西平)'이 보이고 아래에 '서평(西平)'이 보인다. ⓒ동아대 박물관

1800년대 후반 제작한 '동래부산고지도' 부분 확대. 사진 위에 '구서평(舊西平)'이 보이고 아래에 '서평진(西平鎭)'이 보인다. ⓒ국립중앙도서관

'서평포: 수군만호, 무관 종4품, 군관 8인.' 〈내영지〉가 밝히는 서평 주둔 해군 지휘관의 규모다. 원문은 '서평포 수군만호 무종사품 군관팔인(西平浦 水軍萬戶 武從四品 軍官八人)'이다. 해군의 백서인 만큼 군함 수와 병과별 군인의 수, 전투식량의 양까지 밝힌다. 전선 1척, 병선 1척, 사후선 2척이 있었고 전선에 비치한 식량은 쌀 38섬, 찐쌀 3섬, 미숫가루 1섬이었다.

여기서 의문이 생긴다. 1740년 〈동래부지〉에는 '폐하였다'고 나오는데 1850년 〈내영지〉에는 군함이며 전투식량까지 밝힌다. 폐했다가 다시 연 건가? 반은 맞고 반은 아니다. 구서평성이 서평포가 된 게 아니고 구서평성은 폐한 그대로 두고 다대포 근처로 옮겨서 서평포를 열었다. 그래서 이전부터 있던 서평은 구서평이 됐고 새로 옮긴 곳이 서평이란 이름을 물려받았다.

구서평은 어디고 서평은 어딜까? 그것을 잘 보여주는 지도가 1800년대 후반 제작한 '동래부산고지도'와 '부산고지도'다. 이 둘은 전형적인 회화식 지도로 지명 표기만 없으면

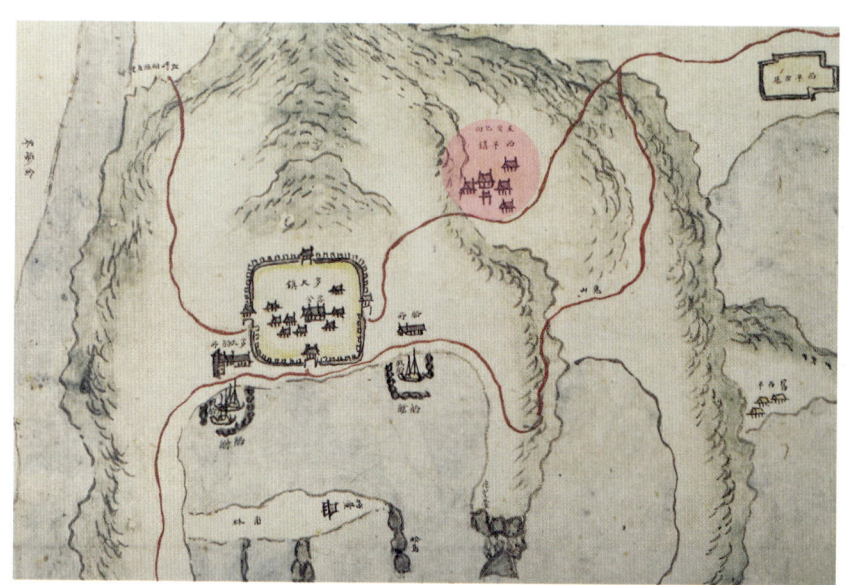

'1872 군현지도'에 보이는 '서평진(西平鎭)'. 1872년 제작한 군현지도는 조선팔도 군(郡)과 현(縣)의 군사시설을 표기했다. 원래 있던 서평성이 임진왜란으로 망가지자 다대진으로 옮겼다가 협소한 바람에 1668년 다대진 가까운 곳으로 다시 옮겼다. 다시 옮긴 거기를 서평진이라 했다.
ⓒ규장각

산수화라고 우겨도 무방하다. 국립중앙도서관이 소장하는 앞의 지도와 동아대 박물관이 소장하는 뒤의 지도 모두 구서평과 서평진의 위치를 정확하게 밝힌다. 1872년 제작한 군현지도의 서평진지도 역시 동래에서 다대진 가는 길목에 있던 서평진을 선명하게 내보인다.

구서평은 삼거리 어름에 있었다. 괴정에서 한참 걸어와 이리 가면 장림, 저리 가면 감천인 삼거리가 구서평이었다. 지금으로 치면 구평초등학교 일대다. 1800년대 후반 지도를 그린 그때는 〈동래부지〉에 쓰인 대로 성은 폐하여 보이지 않고 대신에 꽤 많은 인가가 들어섰다. 평지인 만큼 집 짓고 살기에 좋은 조건이었다.

서평진 내지 서평포는 다대진과 붙어 있었다. 바다를 사이에 두고 감천과 마주봤다. 지휘관은 종4품 무관인 만호(萬戶)였다. 그래서 '만호영, 만호영' 그랬다. 원래 있던 삼거리 서평을 버리고 다대진 근처로 온 이유는 뭘까. 사하구청 홈페이지 지명 유래에 상세하게 나온다. '1592년 임진왜란이 일어나 서평성이 잔폐(殘廢)하여 진보(鎭堡)를 유지할 수 없게 되자 다대진 성안으로 이진(移鎭)하였다가 1668년 다대포성이 좁아 서평포로 환진(還鎭)하였다.'

신평(新平)은 뭘까. 서평이 구서평이 되고 구서평이 다시 구평이 된 것은 이해가 가는데

감천고개에서 본 구평 일대. 구평 앞바다에서 두송반도를 건너면 다대포다. 이성훈 '도시 선장'이 이 사진을 보여주면서 "구평과 다대포는 조선 수군이 진 치기 딱 좋은 위치"라고 덧붙였다. ⓒ이성훈

구평초등학교 일대. 조금 더 가면 감천과 장림으로 갈라지는 삼거리가 나온다. 옛날 지도 그대로다.

구평고개 고갯마루. 서평이 구서평이 되고, 구서평을 줄여서 구평이 됐다.

신평은 이름 유래가 좀 어렵다. 공부가 모자란다. 일각에선 일제강점기인 1939년 신평동에서 장림동까지 직선으로 제방을 쌓아 새 땅이 생긴 데서 유래를 찾지만 그건 아니다. 1939년 훨씬 이전 발간한 고문서에 이미 신평이 등장한다.

〈경상남도동래군가호안(家戶案)〉. 1904년 발간한 부산의 백서인 이 문헌에 신평이 등장한다. 지명으로 봐선 새로 생긴 땅이 분명한 만큼 신평의 지명 유래가 제대로 밝혀진다면 조선시대 매립의 역사, 나아가 강이나 바다를 메우고 새 터전을 일군 인간승리의 역사에 근접할 수 있다. 일제의 힘을 빌려 새 땅이 생긴 게 아니라 훨씬 이전부터 조선은 자강의 길을 갔다.

〈경상남도동래군가호안〉은 동래군 12면(面) 가호 대장이었다. 1904년 10월 탁지부 사세국(司稅局)에서 세금 징수용으로 편찬했다. 어느 면 무슨 동에 몇 가구가 사는지 파악해 세금을 똑 부러지게 거둘 요량이었다. 그러므로 여기에서 언급한 수치는 정확도가 대단히 높다. 이 대장에 따르면 신평과 서평 등이 속한 사하면의 가구 수는 14동 730호였다. 730 나누기 14 하면 한 동 평균 50호가 조금 넘는다.

한 동에 50호라. 널찍널찍한 집들이 보이고 널찍널찍한 인심이 보인다. 강과 바다와 초지가 어우러진 목가적인 풍경이다. 100년 전 그때의 풍경을 마음속 도화지에 그려 본다. 구평동이 본래의 이름에 가까운 서평동으로 되돌아갈 바라는 마음을 함께 담아서.

동아일보 1938년 5월 12일 '사하 일대 매축 공사' 기사. 일본인 개인에게 총공사비 6만 원을 지원받아서 사하면 장림리와 신평리의 30만 평 매축 공사를 1938년부터 2년 계획으로 시공할 예정이라고 밝힌다. 오늘날 신평의 골격을 이룬 공사지만 신평이란 지명은 그 이전부터 있었음을 알 수 있다.

독지

다른 시기, 같은 장소
'하단과 독지'

지명은 그렇다. 새로 만드는 것은 어렵지만 사라지는 것은 더 어렵다. 지금 우리가 사는 이 시대를 대입하면 금방 수긍이 되는 사실이다. 두 도시가 합쳐져 하나로 되는 게 어려운 게 아니라 어느 이름을 버리느냐가 어렵다. 당신은 당신이 태어나고 자란 지역의 이름이 사라진다는 것에 흔쾌히 동의할 수 있는가.

독지(禿旨)는 안쓰럽다. 홀연히 사라진 지명이다. 사라진 때는 100년 저쪽. 길어봤자 170년이 되지 않는다. 그런데도 사라졌고 더군다나 거기가 어딘지조차 정확하지 않다. 관공서 홈페이지에 '추정된다' 정도로 나올 뿐이다. 잘 지내다가 소식을 끊고 사는 연인처럼 독기를 품은 듯 홀연히 사라진 지명이 부산의 독지다.

독지는 독하다. 지명은 사라졌어도 그 시절 지도와 그 시절 기록을 통해 독하게 살아남았다. 독지는 낙동강 하구 강마을. 지금으로 치면 사하구 강가였다. 사하구는 막 30대에 접어들던 한창때 내가 살던 곳. 1990년과 1991년 사하구 하단에서 살았다. 거기 살 때는 독지를 전혀 알지 못했다. 그러다가 하단을 떠났다.

독지가 시야에 들어온 것은 한참 뒤였다. 2020년 일간지에 '부산의 고개'를 연재하면서 비로소 관심을 두었다. 그전에도 향토사 자료에서 드문드문 독지를 접했지만 관심을 별로 두진 않았다. 그런 데가 있었나보다 넘어갔지만 고개를 연재하면서 독지가 자꾸만 걸렸다. 이 고개에도 독지가 나왔고 저 고개에도 독지가 나왔다. 한 번은 짚고 넘어가야 할 미궁이었다.

독지가 이 고개 저 고개 나온 데는 이유가 있었다. 독지에 오일장이 섰다. 독지장에 가려고 이쪽 장꾼은 이쪽 고개를 넘었고 저쪽 장꾼은 저쪽 고개를 넘었다. 독지는 조선시대 오일장이 서는 부산의 시장, 조선의 시장이었다. 그러다가 100년 저쪽, 길어봤자 170년 이전에 홀연히 사라졌다.

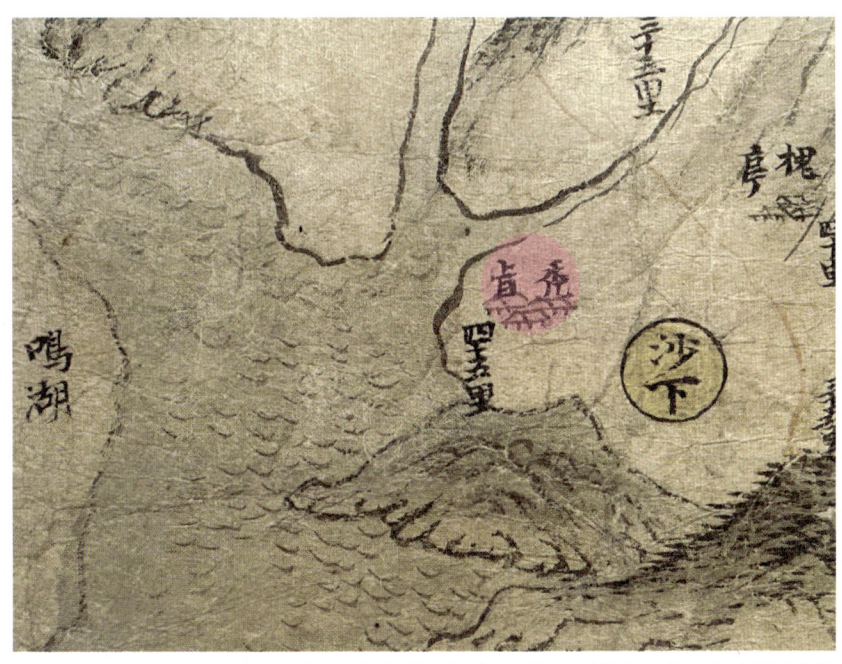

1800년대 후반 제작한 '부산고지도'에 나오는 '독지(禿旨).' 낙동강 건너편에 보이는 '명호(鳴湖)'는 명지(鳴旨)의 다른 이름이다. 독지와 명지는 이름에 같은 항렬을 쓰는 형제 또는 사촌 같다. ⓒ동아대 박물관

조선시대 부산엔 시장이 몇 군데 있었을까. 서울이라면 모를까 부산에서 상설시장은 꿈도 꾸지 못했다. 변방의 갯가라 상설시장이 유지될 만큼 인구가 많지 않았다. 닷새마다 번갈아 서는 오일장이 다였다. 부산의 오일장은 1850년 기준으로 넷. 동래장과 좌수영장, 부산장, 그리고 독지장이었다. 구포장은 그땐 양산에 속했다. 1850년 발간한 수영의 백서 〈내영지(內營誌)〉에 그렇게 나온다. 하지만 〈내영지〉에는 오일장이 서는 날짜만 나오지 장소에 대한 언급은 없다.

'동으로 동평(면)에 접하고 서쪽과 남쪽으론 대해에 접하며 북으론 양산에 접하는 사천면(沙川面)의 하단(下端) 독지리는 (동래) 관문에서 44리.'

장소에 대한 언급은 〈동래부지(東萊府誌)〉에 보인다. 1740년 발간한 부산의 백서인 이 책이 독지가 속한 면(面)과 위치를 밝힌다. 사천면 하단, 그리고 동래에서 44리 거리에 독지라는 마을이 있었다. 덧붙이자면 이 당시 사천면 하단에 속했던 마을은 다음과 같

다. 신초량리, 구초량리, 대치리, 목장리, 감천리, 독지리, 장림리, 서평리, 다대리. 이때만 해도 하단은 특정 마을이 아니라 마을 전체를 아우르는 보통명사였다.

〈동래부지〉가 독지를 언급은 하지만 그 위치를 특정할 단계는 아니다. 거기가 어딘지 대충은 짐작하겠는데 콕 집어 어디라고 말하기엔 아직 2%가 부족하다. 지자체 홈페이지도 특정을 망설이며 추정하는 이유다. 예컨대 한국의 지자체가 주로 참고하는 디지털 백과사전 한국향토문화전자대전의 '독지장은 오늘날의 구평동 북쪽 지역이었을 것으로 추정된다'를 전가의 보도로 내세운다.

> 1932년 간행된 〈동래부읍지(東萊府邑誌)〉 방리조(坊里條)에 보면 사천면(沙川面)의 독지리(禿旨里)를 '관문에서 거리 43리'라 하고, 서평리(西平里)를 '관문에서 거리 49리'라고 한 것으로 보아 독지장은 오늘날의 구평동 북쪽 지역이었을 것으로 추정된다.

한국향토문화전자대전에 나오는 독지장 설명이다. 독지에서 닷새마다 열린 오일장이 독지장이었다. 독지의 정확한 위치를 몰라 사하구 구평동 북쪽쯤으로만 추정한다. 이 설명을 부산시도 홈페이지에 인용하고 독지가 있었던 사하구도 홈페이지에 인용한다. 정확히 모르니 혼선도 빚는다. 대표적 혼선이 독지장과 하단장을 별개의 오일장으로 보는 시각이다. 예컨대, 한국향토문화전자대전 설명을 더 보자.

> 독지장(禿旨場)은 좌수영장[5일, 10일], 부산장[4일, 9일], 동래 읍내장[2일, 7일], 하단장[5일, 10일]과 함께 동래 지역의 5일장 체계를 이루었다.

의문 하나. 한국향토문화대전엔 좌수영장과 하단장 날짜가 같다. 좌수영과 하단이 거리가 멀어서 같을 수도 있겠지만 의문은 남는다. 정말로 같을까. 조선시대 부산은 인구가 적어 시장 수요도 적었을 터. 같은 날 두 군데 장이 설 정도는 아니었다. 그러한 의문에 답하는 게 〈내영지〉다. 거기엔 좌수영 오일장 날짜가 3일과 8일로 나온다. 내영(萊營)은 동래 좌수영이란 뜻. 조선시대 군사시설인 좌수영의 백서가 〈내영지〉였으니 허튼 말은 하지 않았을 것이다.

"하단 오일장은 2일과 7일 열리는데요."

사하구 자유아파트 주민의 전언이다. 문헌에 보이는 하단의 장날과 지금 하단의 장날이 다르단 지적이다. 다른 이유는 단순하다. 그때는 음력이고 지금은 양력이라서 그렇다. 1919년 일어난 동래장터 3·1운동을 예로 들면 금방 수긍이 간다. 동래장터 3·1운동이 일어난 때는 1919년 3월 13일. 음력으로 2월 12일이다. 장날과 일치한다. 구포장터 3·1운동도 그렇다. 구포 장날은 3일과 8일. 장날 맞춰 3·1운동이 일어났어도 현재 기념일은 3월 29일이다. 1919년 3월 29일 그날을 음력으로 환산하면 2월 28일이 된다.

독지는 낙동강 하구 강마을이었다. 초가지붕이 옆에 보이는 괴정보다 많은 넉넉한 동네였다. 강 건너편은 명호. 명지(鳴旨)를 명호(鳴湖)라고 했다. 독지와 명지는 돌림자가 같았다. 강을 사이에 두고 독지·명지, 지(旨) 돌림자를 쓰며 형제처럼 의좋게 지냈을 것이다. 해운대 장산 산기슭 장지(萇旨)마을도 같은 '지'를 썼다.

독지를 밀어낸 것은 하단이었다. 그 이전에는 특정 지역이 아니고 보통명사였던 하단이 독지를 강으로 빠뜨리고선 독지 자리를 꿰찼다. 언제부터 그리고 왜 그랬는지는 명확하지 않아도 하단이 독지 자리를 꿰찬 정황은 장타령에서 드러난다. 독지장은 언급해도 하단장은 언급하지 않은 〈내영지〉와 달리 장타령은 하단장을 언급해도 독지장을 언급하지 않는다. 수필가 김소운이 채록해 1933년 발간한 〈조선민요선〉에 실린 장타령 관련 대목을 보자.

샛바람 단지 하단장, 엉덩이 시려서 못 보고
골목골목 부산장, 길 못 찾아 못 보고
나루 건너 명호장, 선가(船價, 뱃삯) 없어 못 보고
(…)

1850년 경상좌수영에서 편찬한 〈내영지(萊營誌)〉에 실린 동래부 오일장. 영내장(좌수영장), 본부장(동래장), 부산장에 이어 독지장(禿旨場)을 소개한다. 독지장은 1일과 6일 열렸다. ©규장각

장타령에선 독지장이 보이지 않는다. 이때 이미 독지장은 사라지고 하단장이 그 자리를 꿰찼다는 방증이다. 〈내영지〉 기록으로 보나 노래로 보나 독지와 하단은 같은 시기, 다른 장소가 아니라 다른 시기, 같은 장소다. 거의 100%다. 향토사에 해박한 지식을 갖춘 어느 분은 역사에서 100% 단언은 금기라고 일렀지만 옛날 지도마저 내 말에 동조한다. 그 지도가 동아대학교 박물관 '부산고지도'다.

영원한 비밀은 없는 법. 독지가 아무리 꽁꽁 숨으려 해도 어딘가는 단서가 남기 마련이니 그게 우연히 마주친 그대 같은 옛날 지도였다. 언젠가 동아대학교 부민캠퍼스 교정에 전시 중인 전차를 보러 갔다. 내친김에 박물관을 찾았고 거기 걸린 옛날 지도에 독지가 또렷하게 보였다. '오 마이 갓!'이었다.

'부산고지도'는 동아대학교 박물관이 소장하는 1800년대 후반 제작 옛날 지도. 지도는 하나에서 열까지 부산이다. 낙동강에서 해운대에 이르기까지 부산 전역을 담은 한 폭 산수화다. 그림 같기도 하고 지도 같기도 한 이 옛날 지도에 아 글쎄, 독지가 보무도 당당하게 등장하지 않은가.

그나저나 독지는 무슨 뜻일까. 한자로 풀면 민둥산 독(禿)에 아름다울 지(旨)이지만 풀이가 더 어렵다. 대체 무슨 뜻일까. 다행히 경기도 화성시 송산면에 같은 이름을 쓰는 독지리(禿旨里)마을이 있다. 경기 독지도 그렇고 인천 가덕도도 그렇고 여기도 있고 저기도 있는 지명은 고유명사가 아니라 보통명사에 가깝다. 지역에 무관하게 지형이 엇비슷하면 독지였고 가덕도였다.

독지리는 뒷면이 바다이므로 더 갈 곳이 없고, 마을 지형이 찌그러진 모양이라고 하여 이름 붙여졌다고 한다.

디지털화성시문화대전에 나오는 송산면 독지리 설명이다. 마을 지형이 찌그러진 모양인지는 단언하지 못 해도 '뒷면이 바다이므로 더 갈 곳이 없'는 건 일치한다. 여기 자연마을 독내와 문지동에서 한 글자씩 차용해 독지가 됐다는 설도 전한다.

민둥산 독(禿)이 들어간 지명이 부산에도 있었다. 기장 갯가 독이포(禿伊浦)였다. 봉장어마을 칠암 바로 옆으로 지금은 문동(文東)으로 개명했다. 문동은 마을 뒷산 문산(文山)에서 유래했고 문산은 민둥산[독이산(禿伊山)]에서 유래했다. 민둥산 어감이 별로라서 문산으로 개명했고 문동·문서·문상·문중·문하 다섯 마을 문오동이 생겼다.

옛날 지도를 보는 일. 그것은 개인의 기호이긴 하지만 어찌 개인의 한 기호에 그치랴. 일시적 재미는 더더욱 아니다. 우리의 아버지의 아버지 삶이 거기 있고 우리의 어머니의 어머니 삶이 거기 있다. 지금은 사라진 지명을 옛날 지도에서 찾는 즐거움은 단지 즐거움으로 그치지 않는다. 옛날 지도를 보는 일은 지역을 복원하는 일이고 지금은 잊고 사는 그 무엇을 복원하는 일이다. 그 무엇, 당신은 그 무엇이 없는가.

사하구 하단시장. 조선시대 오일장인 독지장과 지금의 하단시장은 같은 시기 다른 장소가 아니라 다른 시기 같은 장소일 공산이 거의 100%다.

평림

평림과 하단이 합쳐져
하단

평림(平林)은 이백 시에 나온다. 평림막막연여직(平林漠漠煙如織). 저녁연기 아련하게 피는 평화로운 마을 내지는 이상향쯤 되겠다. 복숭아꽃과 살구꽃, 아기 진달래 울긋불긋한 무릉도원 연장선상이다. 아침저녁 물안개 자욱했을 물가 평평한 곳의 지명으로선 손색이 없다. 뜻이 향긋하니 평림을 지명으로 쓰는 데가 동서고금 꽤 된다.

부산의 평림은 불가사의다. 혜성처럼 나타났다간 혜성처럼 사라졌다. 왜 그랬을까. 그걸 언급한 문헌을 아직 못 봤으므로 뭐라고 단언하기는 이르다. 다만 짐작할 뿐이다. 평림이 지도에 등장한 때는 1800년대 후반. 그 시대는 지명이 혜성처럼 나타나는 일이 비일비재했다. 지역 출신이 고위직에 오르면 본향을 고상한 지명으로 바꾸는 경우가 적지 않았다.

평림이 그랬지 싶다. 이 지역 출신 고위직에게 기존 강마을 갯가 지명은 촌스럽게 여겨졌으리라. 그 대안이 이백 시에 나올 만큼 고상한 평림이지 않았을까. 하지만 바람과는 달리 평림은 오래 가지 않았다. 왜일까. 일제가 행정구역을 통폐합한 때는 1914년. 바뀐 지명이 입에 달라붙기 전에 옆 동네와 합쳐지면서 폐기되지 않았을까 짐작한다.

평림의 이전 이름은 무얼까? 얼마나 촌스러웠길래 강제 폐기당했을까. 그 이전에 평림이 어디였는지 그것부터 확인하자. '1872년 군현지도'와 '동래부산고지도'는 평림을 표기한 지도. 제작 시기는 둘 다 비슷하다. 1800년대 후반이다. 두 지도는 평림의 소재지가 약간 다르지만 낙동강 하구 강마을인 점은 일치한다. 지도 제작 여건이 열악한 시절이었으니 약간의 오차는 넘어가도 되겠다.

'1872년 군현지도'는 특징이 많다. 그림처럼 아름다우면서 콘텐츠가 상세하다. 산과 하천, 사찰, 역참, 면(面) 등을 꾹꾹 눌러 담았다. 시장을 담은 것도 이 지도가 가진 특징이다. 그 특징은 평림에 고스란히 드러난다. 그냥 평림이 아니고 '평림장시(場市)'다. 장시

1872년 제작한 군현지도에 나오는 낙동강 하구 주변. 지금도 쓰는 신평, 장림, 응봉 등의 지명은 반갑다. 평림장시(平林場市)는 평림에 섰던 오일장이다. 평림 바로 앞에 명지로 가는 나루터가 있었다. 지금의 하단처럼. ©규장각

는 시장의 조선식 표현. 평림에 오일장이 섰다는 말이다.

평림의 이전 이름이 뭐였는지는 이 오일장이 단서다. 군현지도보다 20년 일찍 편찬한 〈내영지〉는 동래 수영의 백서. 부산의 오일장은 넷. 동래장, 수영장, 부산장, 그리고 독지장(禿旨場)이었다. 구포는 양산 소속이라서 언급하지 않았다.

오일장이 서던 독지는 어딜까. 〈내영지〉는 오일장 날짜만 언급했지 장소 언급은 없다. 다행히 1740년 〈동래부지〉에 위치가 나온다. 사천면(沙川面) 하단(下端)에 있는데 동래부 관문에서 44리라고 했다. 대치리는 36리, 감천리는 42리, 장림·서평리는 45리였다.

평림과 독지. 성급하게 들릴지 모르지만 평림의 이전 지명은 독지였다. 인구가 많지 않던 시절, 오일장은 부산 통틀어 네 군데였다. 낙동강 강마을 평림에 장이 서고 독지에 또 장이 섰을 리 없다. 독지 지명이 언젠가 평림으로 바뀌고 독지장도 덩달아 평림장으로 불렸다고 보는 게 합리적이다.

독 장시(수) 독을 지고 / 독지고개로 넘어간다.
명태 장사는 떼를 지어 / 만덕 절사(고개)로 넘어간다.

결론은 독지가 촌스러운 지명이냐는 것. 그래서 지명을 바꾸었느냐는 것이다. 독지는 민요에 나온다. 1987년 당시 부산대 김승찬 교수가 산성마을 토박이에게 채록한 민요 '만덕고개'에 등장하는 독지는 옹기 독장수가 다니는 고개였다. 사실, 독지는 조선팔도 곳곳에 있었다. 조선 곳곳의 독지는 양반 거들먹대는 동네가 아닌 갯내 나는 지명이었으며 노동의 땀내 물씬 나는 노동의 현장이었다. 낙동강 강변의 독지 출신 고위직 누군가에겐 남사스러운 지명이 아닐 수 없었다.

평림과 하단은 어떤 관계일까. 평림과 지금의 하단은 여러모로 일치한다. 우선, 둘 다 오일장인 게 일치한다. 하단시장은 지금은 상설이지만 원래는 2일과 7일 장이 서는 오일장이었다. 지금도 2일과 7일이 붙은 날은 다른 날보다 몇 곱절 북적인다. 나루터도 일치한다. 평림 바로 앞 나루터는 을숙도 명지로 가는 명지도진(鳴旨島津). 하단도 그렇다. 그러면 평림과 하단은 같은 곳일까. 그건 아니다. 엄연히 달랐다. '경상남도 동래군 가호안(家戶案)'은 1904년 문헌. 국가기관에서 세금 징수 목적으로 펴낸 통계서다. 부산 주택이 몇이나 있는지 '십 단위'가 아니라 '일 단위'까지 파악해서 실었다. 동래군 12면 각

1800년대 후반 제작한 '동래부산고지도'에도 낙동강 강마을 평림이 보인다. 동래부 관문에서 43리 거리에 있었다. 1749년 발간 〈동래부지〉 44리와 크게 차이가 나지 않는다. ⓒ국립중앙도서관

1983년 6월 장림 아미산에서 촬영한 낙동강 하구 홍티마을. 독지에서 평림이 되고 다시 하단과 합친 마을의 풍경도 이와 크게 다르지 않았으리라.
ⓒ사하구청 홈페이지

마을 이름이 등장하는데 여기에 평림과 하단이 따로 나온다. 한자는 평림(坪林). 지도에 나오는 평림과 다르지만 이 또한 그냥 넘어가도 되겠다.

평림과 하단이 속한 면(面)은 사하면. 오늘날 사하구다. 1904년 당시 사하면은 모두 14동 730가구가 있었다. 다음과 같다. 괄호 안은 가구 수다. 다대동(108), 장림동(20), 서평동(13), 신평동(29), 평림동(65), 하단동(65), 부평동(138), 부촌동(64), 부민동(81), 석남동(35), 감천리(42), 대치리(42), 괴정동(35), 당리동(18). 평림이 나오는 만큼 평림 이전 지명인 독지는 보이지 않는다.

그랬다. 평림 65가구 하단 65가구, 엄연히 다른 동네였다. 일제강점기 행정구역을 제멋대로 통폐합하면서 이백 시 고상한 평림은 물비린내 물씬 나는 하단에 합쳐졌다. 그러면서 평림은 짧은 생애를 마감했다. 짧은 생애는 그게 사람이든 무어든 비감해진다. 이럴 땐 시 한 편 외는 게 최고다.

平林漠漠煙如織 평림막막연여직
寒山一帶傷心碧 한산일대상심벽
暝色入高樓 명색입고루
有人樓上愁 유인루상수

아득한 넓은 숲의 안개는 옷감을 짜 놓은 듯하고
늦가을 산은 마음이 슬프도록 푸르네.
어두움은 누대 위에 밀려오고,
누대 위의 이내 몸엔 시름이 스며든다.

다대포

한국 민권운동의 맨 앞,
조선의 인권 1번지

한 시절, 다대포는 '핫플'이었다. 조선의 인권 1번지가 다대포였다. 사농공상 철저한 신분제로 나라를 유지하던 조선이란 큰 바위에 달걀을 던지고 또 던져 신분제 한 귀퉁이를 기어이 허문 기념비적인 곳이 비린내 물씬 풍기는 변방의 갯마을 다대포였다.

진리(鎭吏) 한광국. 달걀을 던지고 또 던진 이는 한광국이었다. 다대포 주둔 해군부대인 다대진(多大鎭)의 하급 관리이던 그는 반골이었다. 할 말은 하는 사람이었다. 그 정도 했으면 됐노라고 핀잔을 주는 상전도 있었겠건만 뜻을 이룰 때까지 했던 말을 하고 또 했다. 핀잔을 주든 인상을 쓰든 개의치 않았다. 지금 여기를 보지 않고 멀리 내다봤고 높이 내다봤다.

멀긴 멀었다. 할 말을 하려고 한양까지 갔다. 다대포에서 한양까지는 불원천리 머나먼 길. 그 먼길을 한두 번도 아니고 잊을 만하면 드나들었다. 한양까지 가선 대궐 앞에 납작 엎드려 할 말을 했다. 첫술에 배부를 리 없었다. 가고 또 갔다.

처음엔 다들 시큰둥했다. 저러다 말겠지 그랬다. 그런데 그게 아니었다. 다대포 상전은 그만 가라고 왜 아니 붙들었겠으며 대궐 문지기는 그만 오라고 역정을 왜 아니 냈을 텐가. 그러나 한광국은 고집불통이었다. 전대미문 조선의 고집이었고 전무후무 조선의 불통이었다.

마침내 상감도 아시었다. 그때의 상감은 영조대왕이었다. 아들 사도세자를 뒤주에 가둬 굶어 죽게 한 엄한 아버지였지만 백성에겐 한없이 인자한 할아버지였다. 저러다 말겠지, 마냥 묵살하던 관에서는 급기야 정식 루트로 보고했고 이는 어전회의에 상정됐다. 그때가 영조 39년, 1763년이었다.

한광국이 했던 말은 오로지 하나였다. 포구의 어민, 포민을 면천(免賤)해 달란 거였다. 다 같은 인간인데 포민은 왜 차별하느냐는 거였다. 한광국이 보기에 그 모든 게 비정상

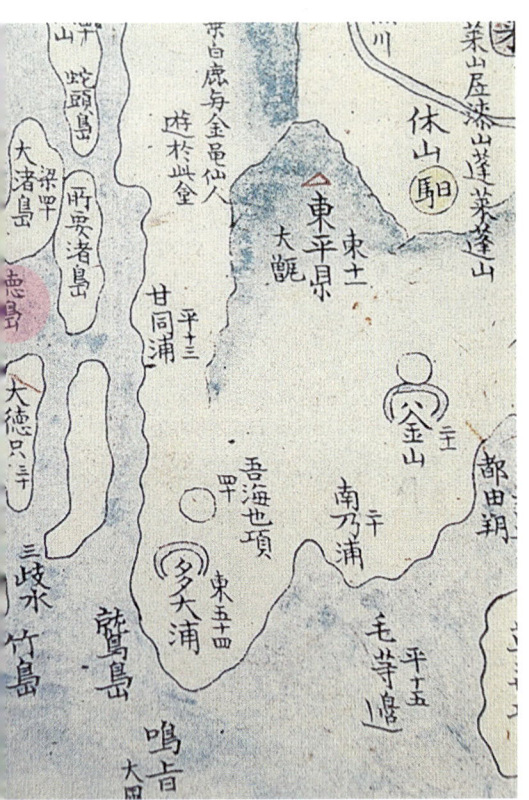

1682년경 제작한 '동여비고(東輿備攷)'의 다대포. 낙동강 옛 이름 삼기수(三岐水)와 김해 덕두의 원래 지명 덕도(德島)가 보인다. ⓒ양산 대성암

1900년대 초 10폭 병풍으로 제작한 '부산고지도'의 다대진. 오른편 위에 몰운대가 보인다. ⓒ부산시립박물관

이었고 비상식이었다. 비정상을 정상으로 돌리려고 한광국은 불원천리 한양길을 가고 또 갔으며 비상식을 상식으로 돌리려고 한광국은 했던 말을 하고 또 했다. 발단은 사또 망배(望拜)였다. 신분이 낮은 이는 정월 초하루 새벽에 고을 수령에게 절하는 풍습이 사또 망배였다. 포민은 신분이 낮았기에 다들 그대로 했다. 대신에 초하루 전날인 섣달 그믐밤에 신정다례를 지냈다. 조상보다 사또에게 차마 먼저 절할 수 없어서 '섣달그믐 신정다례'란 편법을 썼다.

한광국은 분개했다. 양반 신분이었지만 포민의 억하심정을 함께했다. 남의 아픔을 나의 아픔으로 받아들였다. 비정상을 정상으로, 비상식을 상식으로 돌려놓고자 '아픈 몸 이끌고 수차례' 다대포에서 한양까지 그 먼길을 나섰다. 산을 넘고 강을 건너는 길 자체도 험난했지만 애시당초 달걀로 바위치기였다. 아무도 기대하지 않은 길이었고 콧방귀조차 뀌지 않은 길이었다.

대역사는 이루어졌다. '인자한 할아버지' 영조가 한광국의 분개를 다독였다. 사또 망배를 폐단으로 인식하고서 다대진부터 구폐(抹弊)하라는 윤허를 내렸다. 이는 곧 다대진부터 시작해 전국의 포민을 천한 신분에서 면제하라는 어명이었다. 이로써 다대포를 비롯해 조선팔도 어민은 짚으로 짠 머리띠며 허리띠에서 해방되었고 신정다례를 정월 초하루 지내게 되었다.

이 얼마나 고마운 일인가. 그 고마움이 공덕비를 세웠다. 공덕비는 하나가 아니고 둘이나 되었다. 그만큼 고마움이 컸다. 첫 공덕비는 다대포 어민이 주축이 돼 1861년 8월 세웠다. 한광국이 타계한 지 60년 후였고 영조가 윤허한 지 100년 후였다. 60년이 지나고 100년이 지나도 잊히지 않는 고마움의 징표가 현재 다대포 윤공단에 있는 '진리한광국구폐불망비'다.

다대포 윤공단 경내의 공덕비. 가운데 보이는 작은 비석이 한광국 불망비다.

'(한광국이 세운) 세상에서 영원히 썩지 않는 세 가지 공덕, 입공(立功)·입덕(立德)·입언(立言) 중에서 두 가지는 밭에서 이루어진 것으로 작물의 품종개량과 병해를 근절시켰다는 것이다. 마지막 한 가지가 아픈 몸을 이끌고 수차례 서울을 방문하여 물일하는 사람들의 면천(免賤) 상소를 올리고 건륭 28년 가을 8월, 즉 조선 영조 39년 8월 조정의 윤허를 얻어 다대진에서는 여하 어떠한 경우라도 옛날부터 있어 온 사또에게 망배 올리는 폐단을 못 하도록 하며 아울러 이에 따른 모든 것을 모두 함께 혁파한다는 명을 받았기에 이와 같은 공의 공덕이 산과 물에 있음을 생각하며 여기 언덕에 이 비를 세운다. 포민립(浦民立)'

한광국 공적은 비석 뒷면에 새겼다. 모두 한자라서 난해하지만 다행히 한글로 번역됐다. 다대문화연구회를 설립한 향토사학자 한건 선생의 저서 <다대포 역사 이야기>에 번역이 실렸다. 비문에 언급된 '여기 언덕'은 한광국 묘소 앞 언덕으로 다대 해송아파트 자리다. 아파트 단지가 들어서면서 한동안 방치되었다가 윤공단으로 옮겼다. 묘소는 다대 입구 사태골, 지금의 다대 현대아파트 입구 맞은편 산언덕에 있었다.

고마운 마음은 조선팔도 어민에게 한결같았다. 사는 곳 거기가 어디든 다대포를 바라보며 절했으며 감사하는 마음을 꾹꾹 눌러 담은 엽전을 다대포로 보냈다. 다대포로 답지한 돈은 한광국 두 번째 공덕비 건립에 쓰였다. 그때가 1908년이었다. 윤공단 맞은편 원

불교 앞마당 비석이 그때 공덕비다. 조선팔도에서 답지한 어민의 성금으로 세웠기에 건립 주체가 윤공단 공덕비처럼 '포민립'이 아니고 '각포민개립(各浦民皆立)'이다. 조선 각지의 포민 모두가 세웠다는 뜻이다.

한광국 공덕비는 한국 민권운동의 상징이다. 동학혁명이며 민권운동의 변형이던 각종 민란이며 한국 역사를 통틀어 민권운동은 차고 넘치지만 다들 무위에 그쳤다. 당대의 사회구조로선 민권운동이 성공으로 이어지지 않았다. 그러므로 한광국이 받아낸 '포민면천'은 성공한 민권운동의 효시다. 호남에는 섬사람에게 부과하던 과다한 세금 등등 폐단 척결에 앞장선 '성공한 민권운동가'가 있었다. 하지만 영조 다음 임금인 정조 때이니 시기적으론 영남의 한광국이 앞선다. 다대포는 한국 민권운동의 맨 앞, 조선의 인권 1번지였다.

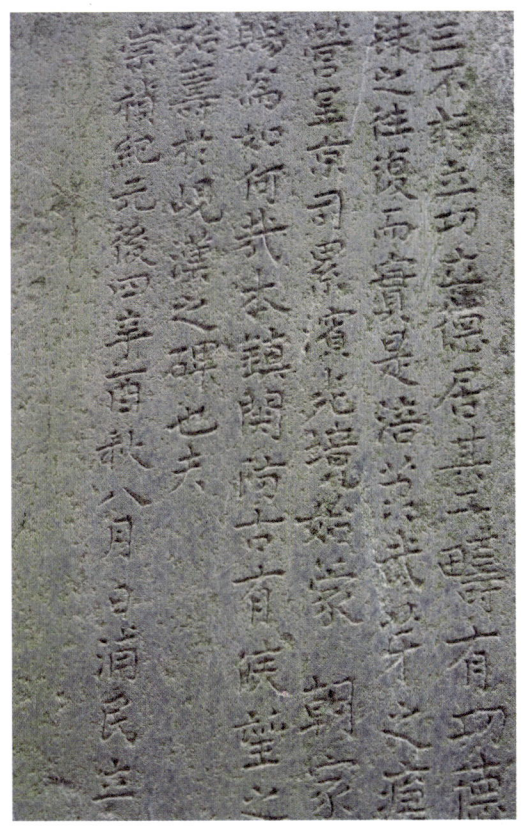

한광국 불망비 뒷면에 새긴 음기. '포민 립(浦民立)'으로 끝난다. 비석 앞면은 비양(碑陽), 뒷면은 비음(碑陰), 비음에 새긴 글을 음기(陰記)라고 한다.

범천

'동천'은 일제강점기 이름
원래 우리 이름은 '범천'

광제교, 이섭교, 대천교, 탄천교, 범천교. 1740년 발간 〈동래부지(東萊府誌)〉에 나오는 부산의 다섯 교량(橋梁) 명칭이다. 다섯 가운데 넷은 동래를 둘러싼 온천천과 수영강에 있었다. 동래읍성에서 그다지 멀지 않아서 3리 아니면 5리였고 해운대로 이어지는 탄천교만 10리였다. 그런데 다리 하나만 멀찍이 떨어져 외따로 있었다. 그게 범천교였다.

在釜山距二十里 재부산거이십리

〈동래부지〉에 실린 범천교 설명이다. '부산에 있고 (동래부에서) 20리 거리다' 그런 뜻이다. 여기서 '부산'은 동평면 부산성내리(釜山城內里)를 이른다. 동평면에 옛날 성터가 있었으니 성터 안쪽 어디다. 지금으로 치면 부산진구 당감동, 가야동 일대다. 그 일대를 지나서 동구 범일동으로 흐르는 하천이 범천이었고 거기 돌다리가 범천교였다.

범천(凡川)은 지하철 역명으로도 남았다. 도시철도 1호선 범내골역의 범내를 한자를 쓰면 범천이 된다. 부산진구와 동구가 맞닿은 안창마을 호천(虎川)이 그렇듯 호랑이 들락대던 하천이라 해서 범내, 범천으로 불렸다.

1800년대 후반 제작한 '부산고지도'(동아대 박물관)와 1899년 제작한 〈동래부읍지(東萊府邑誌)〉(규장각)에 실린 지도에 나오는 '범천((凡川).' 부산진구 당감동, 가야동 일대를 지나서 동구 범일동으로 흘러가는 하천이 범천이었다.

호천이든 범천이든 그쪽 마을에 가면 호랑이 포효하는 벽화 한두 점은 어렵지 않게 볼 수 있다.

범천교는 부산 전체의 허리였다. 부산의 절반은 범천교 이쪽에 있었고 절반은 범천교 저쪽에 있었다. 범천교가 폭삭 내려앉으면 부산의 허리가 내려앉는 거나 진배없었고 범천교가 막히면 부산이 막히는 거나 진배없었다. 그래서 신주 모시듯 했고 아무거나 안 넣어주는 〈동래부지〉에서 버젓이 한자리를 차지했다.

범천교는 다용도였다. 관리가 드나들었고 군인이 드나들었고 장꾼이 드나들었다. 일본인 거류지 초량 왜관에 일이 생기면 동래부 관리가 범천교를 지났으며 부산진과 좌수영 군인이 범천교를 오갔다. 동래장과 부산장, 왜관 장시(場市) 장꾼도 범천교를 뻔질나게 다녔다. 범천교는 행정용 다리, 군사용 다리였으며 상업용 다리였다.

범천은 옛날 지도에 간간이 나온다. 낙동강 다리가 아니고 수영강 다리가 아닌데도 옛날 지도가 언급한 데서 범천의 위상이 엿보인다. 하천 명칭에 호랑이 범(凡)을 넣은 게 호랑이가 출몰해서만은 아닐 것이다. 호랑이를 통해서 범천의 위상과 기상, 나아가 부산의 위상과 기상을 대내외 천명하려던 것은 아닐까. '이 강을 함부로 넘보지 말라.' 부산의 중심 동래를 넘보던 왜인에게 경고하는 조선의 호랑이 눈매가 범천이 아니었을까. '부산고지도'는 1800년대 후반 지도. 동아대 박물관에 있다. 범천이 딱 부러지게 등장한다. 범천 두 글자는 정중동이다. 포효하기 직전의 고요가 감도는 필체다. 영판 호랑이 눈매다. 호시탐탐 매서운 눈 부릅뜨고 있다가 범천을 무도하게 넘보는 무리에게 산천이 쩌렁쩌렁 울리도록 포효할 기세다.

〈동래부읍지(東萊府邑志)〉에 실린 지도도 범천을 표기했다. 1899년 제작하고 규장각이 소장하는 이 지도는 '부산고지도'와 달리 범천교 다리도 또렷하게 그려 넣었다. 길도 또렷하다. 범천교를 지나면 길은 두 갈래로 갈라졌다. 이리 가면 부산진성이었고 저리 가면 동평 성터를 지나 낙동강으로 이어졌다. 1897년 대한제국 출범 이후 행정 구역을 조선팔도에서 13도로 개편한 내용을 반영한 격변기 지도다.

범천에서 동천으로. 범천의 지금 이름은 동천(東川)이다. 언제 동천으로 바뀌었을까. 앞에 언급한 1800년대 후반과 1899년 지도엔 범천으로 나오니 1900년대 들어서 바뀌었다. 그게 언젤까. 〈부산근대지도모음집〉은 향토사학자 김한근 선생이 대표로 있는 부경근대사료연구소에서 2012년 펴낸 자료집. 1894년부터 1960년대 부산 지도를 실었다. 거기 '부산지형도' 부산 북부 지도에 동천이 등장한다.

'조선지형도(朝鮮地形圖)'는 일제강점기 지도. 1909년부터 1917년 사이에 조선총독부 육지측량부에서 제작했다. 축척 1:50,000으로 제작한 한반도의 남한 36곳 지형도다. 1917년 이후로도 지역별로 계속 발간했다. 부산을 소개한 '부산지형도'는 남부와 북부로 나누어 1924년 발행했고 10년 후인 1934년에도 발행했다. 1924년, 1934년 지형도의 북부에 동천이 등장한다. 그런데 명칭이 둘이다. 하류는 풍만천(豊滿川), 중류는 동천이다.

부산진 동천 운하 준설에 관한 진정서

일제강점기 진정서에도 동천이 등장한다. 1936년 조선방직, 대선양조 등 동천 하구의 다섯 기업이 작성해서 부산시장에 해당하는 부산부윤에게 진정한 문서다. 대전 국가기록원에 있는 이 진정서의 제목이 '부산진 동천 운하 준설에 관한 진정서'다. 동천에 홍수 등으로 떠내려온 토사가 쌓여서 기업 활동에 필요한 물동량 이송이 어려우니 준설해 주십사 하는 진정이었다. 이는 이 무렵도 동천에 배가 다녔으며 공공기관 진정서의 제목으로 등장할 만큼 범천이나 풍만천 대신 동천이 보편적으로 쓰였다는 방증이다.

이러한 사실들은 무엇을 뜻하는가. 일제가 조선에서 득세하기 이전만 해도 범천이던 것이 1900년대 들어, 그중에서도 일제강점기 스리슬쩍 동천으로 바뀌었다는 이야기다. 조선의 구수하고 토속적인 지명을 그들 편의에 맞춰 무도하게 바꾼 일제였기에 하천인들 무사했을까. 왜를 노려보는 호랑이 눈매 같은 범천 대신 그렇고 그런 지명인 동천으로 전락시켰다고 보는 게 십중팔구, 아니 열에 열 옳다고 본다.

동쪽 하천, 동천. 동천이란 지명 자체도 일제를 의심하는 근거다. 어디를 기준으로 동쪽인가. 부산 전체로 봐선 결코 동쪽이 아닌데도 동천이라 작명한 것은 어딘가 일제 입맛에 맞는 동서남북의 기준점을 두었다는 의미다. 그 기준점이 어딜까. 디지털 백과사전 〈향토문화전자대전〉이 명칭 유래를 통해 그것을 밝힌다.

1936년 제작 '부산부시가도-북부' 지도. 범일동 매축지 공사가 끝난 이후 지도다. 동천과 풍만천으로 이원화됐던 범천을 동천으로 통일했음을 알 수 있다. 당시 동천 하구에 있던 대선양조 본사 건물과 공장으로 쓰였던 양조장을 상세하게 표기했다. ⓒ부경근대사료연구소

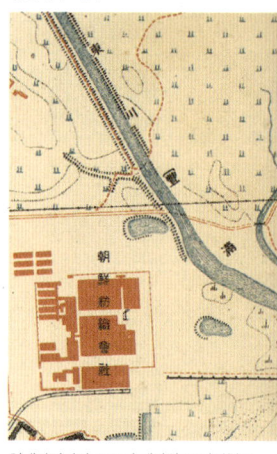

일제강점기인 1924년 제작한 '부산지형도'는 범천을 '동천(東川)'과 '풍만천(豊滿川)'으로 표기했다. '부산지형도'는 조선총독부에서 제작한 남한 36곳 지도 중의 하나다. 사진 왼쪽 붉은 표시는 조선방직 공장 건물이다. ⓒ부경근대사료연구소

'동천은 흐르는 방향이 부산진성의 동쪽이라는 데서 연유한 이름이다.'

〈향토문화전자대전〉 설명이다. 합당한 설명일까. 글쎄다. 앞뒤가 안 맞다. 일제가 득세하면서 조선팔도 군사 조직, 군사시설, 군사 지명을 싹둑싹둑 베었는데 작명의 기준점을 왜에겐 눈엣가시였던 조선의 군사시설인 부산진성에 둔다? 그것도 폐진 내지는 폐성 이후? 설명을 위한 설명일 뿐이란 의심을 지우기 어렵다.

부산진성이 온전하던 조선시대 그때도 동천이란 지명은 쓰지 않았다. 오로지 범천이었다. 〈동래부지〉도 그렇다고 한다. 범천은 언급해도 동천은 언급하지 않는다. 조선의 군인이 주둔하던 부산진을 폐진한 게 20세기 직전. 동천이란 지명은 20세기 들어서 등장한다. 그러므로 폐진한 부산진성을 동천 작명의 근거로 내세운 것은 아무리 생각해도 글쎄다. 어불성설이다. 그것도 일제강점기에.

부산진성이 아니라면 어딜까. 줄자를 이리 재어 보고 각도자를 저리 재어 봐도 추정되는 기준점은 오직 하나. 중구 중앙동 돌계단에 있었던 일제강점기 부산부청이다. 부산부는 지금의 부산시. "부산부청 동쪽에 있으니 동천으로 하자." "그래그래, 그러자." 호랑이는 눈꼴셔 깊은 산중으로 들어가고 호랑이 떠난 빈자리에 동천이 "얼씨구나!" 지금껏 주인 행세 하는 건 아닐까. 그런 것도 모르고 지금 우리는 "동천! 동천!" 격양가를 부르는 건 아닐까.

범천과 동천. 멀리 보고 높게 보면 범천이면 뭐 어떻고 동천이면 뭐 어떠랴. 돈도 안 되고 누가 알아주지도 않는 일. 살아가는 데 지장을 주는 일은 아니지 않은가. 그런데도 왜 나는 그냥 지나치지 못하는가. 돈이 안 되고 누가 알아주지도 않는 일이라서 나서긴 하지만 멀리 보지 않고 높게 보지 않는 내가 속 좁은 밴댕이 같아서 개운치는 않다. 부디 부탁인데, 혀 짧은 나는 '바담풍' 해도 듣는 분은 '바람풍'으로 알아주십사!

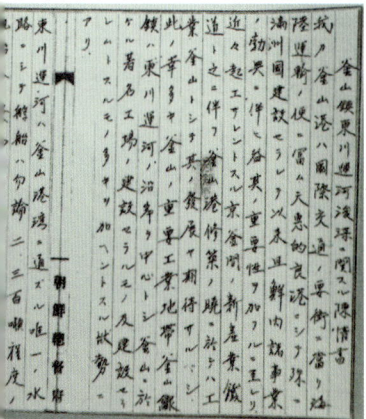

1936년 조선방직, 대선양조 등 동천 하구 다섯 기업이 작성한 진정서. 제목이 '부산진 동천 운하 준설에 관한 진정서'다. 부산시장에 해당하는 부산부윤에게 진정한 것으로 동천에 토사가 많이 쌓여서 물동량 이송이 어려우니 준설해 주십사 하는 내용이다. ©대전 국가기록원

현재의 동천. 멀리 보고 높게 보면 범천이면 뭐 어떻고 동천이면 뭐 어떠랴. 멀리 보지 않고 높게 보지 않는 내가 속 좁은 밴댕이 같아서 개운치는 않다.

마비현

이쪽과 저쪽 나누던
'부산의 간행이정 間行里程'

마비현(馬飛峴)은 말이 날아다니는 고개였다. 빈말이 아니다. 실제로 그랬다. 조선시대 대연동 국마장에서 울타리를 뛰쳐나온 말이 황령산 산길을 따라 이 고개를 넘었고 백양산으로 내뺐다. 울타리 갇히기 싫어서 죽으라고 내뺐으니 날아다니는 듯했으리라.

한자가 어색한 필부는 모너머고개라 했다. 모너머는 못 넘는다는 뜻. 고개 넘는 게 어려워 '모너머, 모너머'였다. 험해서가 아니라 도둑이 설쳤다. 큰 도둑은 아니고 소 판 돈을 노리는 잔챙이 도둑이었다. 부산장에서 동래로 가는 필부를 노렸고 동래장에서 부산으로 가는 필부를 노렸다. 그때의 부산은 지금의 부산과 달랐다. 거칠게 표현하면 고개 이쪽은 부산, 고개 저쪽은 동래였다. 동래와 부산의 경계가 모너머고개, 마비현이었다. 마비현은 지역을 나누는 경계이기도 했고 조선인과 일본인을 나누는 경계이기도 했다. 초량 왜관에 거주하는 왜인이 이 고개를 넘으면 엄벌에 처했다. 그걸 간행이정(間行里程)이라고 했다. 모너머고개로 불린 데는 간행이정이 컸다.

〈해동제국기(海東諸國記)〉에 실린 '동래부산포지도(東萊富山浦之圖)'. 〈해동제국기〉는 신숙주가 왕명으로 1474년 펴냈다. 해동제국, 즉 일본과 관련국의 정보를 담은 역사서다. '동래부산포지도'는 부산을 표기한 지도 중에서 임진왜란 이전 가장 오래됐다. 동래관(東萊官, 동래읍성), 동평현, 견강사, 왜관 등의 지명이 보인다. 마비현의 이전 표현인 마비을이현(馬飛乙以峴)이 지도 한가운데 있다.
©규장각

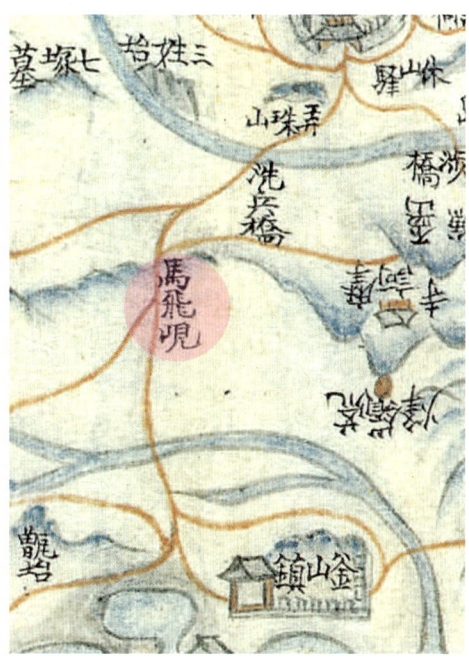

1894년 제작한 〈영남읍지(嶺南邑誌)〉에 실린 동래부지도 전체와 마비현 부분 확대. 도로망을 매우 상세하게 그린 게 특징이다. 동래읍성에서 세병교를 지나 부산진으로 가는 길목에 마비현이 보인다. ⓒ규장각

1883년(고종 20) 7월 조선과 일본 사이에 체결된, 인천·원산·부산 세 항구에서의 일본인 활동 범위에 관한 약정.

간행이정 약정은 동전의 양면이었다. 조선은 활동 범위를 좁히려 했고 일본은 넓히려고 했다. 일종의 줄다리기였다. 어떤 데는 10리로 좁혔고 어떤 데는 50리, 100리로 늘렸다. 같은 데라도 50리로 했다가 100리로 늘렸다. 일본의 세가 강해지면서 차츰 늘어났고 나중엔 아예 없앴다. 부산의 간행이정은 마비현이었다.

마비현이 평지가 된 건 1908년. 간행이정 기능을 완전히 상실했다는 의미다. 그해 8월과 11월 무렵 고개를 헐고 철로를 놓았다. 한국 최초의 사철(私鐵)인 부산궤도(釜山軌度)가 그 철로다. 이 궤도를 따라서 증기 푹푹푹 내뿜는 기관차가 부산진과 동래 남문을 오갔다. 처음엔 그랬다. 1915년부터 1968년까지는 전차가 다녔다. 대신동 공설운동장에

마비현 등 부산 곳곳을 헐고 메워 1909년 부산진과 동래 쪽을 오가는 철로를 놓은 직후의 범일동 영가대 모습. 이후 영가대도 헐리면서 부산의 원형은 크게 훼손됐다. ⓒ부산시립박물관, 자성로역사갤러리

서 온천장, 영도에서 온천장으로 노선이 길어졌다.

마비현을 표기한 지도는 드물다. 부산의 옛날 지도는 엔간하면 고개를 표기했어도 마비현에는 인색했다. 말 따위가 날아다니는 고개니 사람 눈에는 차지 않았으리라. 그러나 마비현은 부산의 오래된 고개. 그냥 오래된 고개가 아니라 부산의 고개 중에서 가장 먼저 언급하는 고개다.

〈해동제국기(海東諸國紀)〉. 조선 초기인 1474년 신숙주가 쓴 책으로 거기 실린 '동래부산포지도(東萊富山浦之圖)'에 나오는 마비을이현(馬飛乙以峴)이 마비현이다. 마비을이현은 '말 나는 고개'의 이두식 표현. 〈해동제국기〉는 신숙주가 일본을 다녀온 직후 왕명을 받아서 쓴 일본 등 해동제국 소개서다. 이 책에 제포, 염포와 함께 부산포가 나온다. 삼포에서 서울까지 교통로와 소요 시간 등을 적었다.

〈해동제국기〉 이후 지도엔 마비현은 좀체 보이지 않는다. 거의 사라지는 수준이다. 그러다가 1872년 제작한 군사용 군현지도에 보이더니 1894년 〈영남읍지〉 지도는 한가운데 고개를 그렸다. 장족의 발전이다. 마비현의 중요성이 그만큼 커졌다는 의미다. 세가 커지면서 안하무인 설치는 왜인에 대한 경계심이 지도에 표기한 마비현이었다.

부산진구 양정 송상현광장. 이 자리에 마비현, 우리말로 모너머고개가 있었다. 1908년 고개를 헐고 1909년 한국 최초의 사철(私鐵)인 부산궤도(釜山軌度) 철로를 놓았다. 이 철로를 따라 1915년부터 1968년까지는 전차가 다녔다.

마비현은 지금 어딜까. 평지가 되면서 고개는 흔적도 없이 사라졌지만 고개가 있던 자리마저 사라지진 않았다. 부산진구 양정동 송상현광장이 거기다. 송상현은 임진왜란 동래읍성 전투에서 순절한 동래부사. '죽기는 쉬워도 길을 내어 주기는 어렵다'며 항전한 부산 정신의 알갱이다. 간행이정으로 왜인의 출입에 엄했던 마비현과 왜적에 죽음으로 맞섰던 송상현과 부산 사람을 기리는 광장은 여러모로 닿는다. 고개는 사라졌어도 정신은 시퍼렇게 산 역사의 현장이 마비현이고 송상현광장이다.

송상현광장의 송상현 동상. 송상현은 1592년 임진왜란 동래읍성 전투에서 순절한 동래부사. '죽기는 쉬워도 길을 내어 주기는 어렵다'라며 결사 항전했던 부산 정신의 알갱이다.

정묘

고색창연한 묘소와 묘비,
800년 배롱나무

옛날 지도가 묘소를 표기하는 경우는 대단히 드물었다. 왕후장상(王侯將相) 중에서도 왕후쯤이면 모를까 장상 정도론 어림도 없었다. 장상 묘소를 일일이 표기했다면 옛날 지도는 묘소로 넘쳐났으리라. 그러므로 옛날 지도는 묘소 표기에 극도로 신중했다.

부산이라고 다르지 않았다. 부산은 조선의 변방이었다. 비루하다고 치

정묘(鄭墓)와 정묘비. 동래 정씨 시조로 모시던 고려 호장 정문도 공의 묘소와 그의 행장을 소개하는 신도비다. 부산진구 양정 화지공원에 있다. 부산시교육청 바로 옆이다.

부한 갯가였기에 더욱 그랬다. 그런데도 묘소를 표기했다. 묘소의 주인공이 왕후인가? 그건 아니었다. 왕후는 아니지만 그에 못지않은 권위와 존경을 받았다. 많은 지도가 부산 유일하게 이 묘소를 표기한 이유였다.

정문도. 묘소에 묻힌 이는 고려 호장을 지낸 정문도 공이었다. 성이 정씨라서 정묘(鄭墓)라고 했다. 호장은 지방 아전 정도의 벼슬. 높은 자리는 아니었으나 후손이 두루두루 잘됐다. 조선 최고위직을 숱하게 배출했다. 정승이 몇 명 나왔냐로 따지면 조선 3대 명문가였다. 전주 이씨, 안동 권씨에 이어서 정문도 집안이었다. 이 집안이 그 유명한 동래 정씨였다. 동래 정씨가 떠받든 시조 묘가 정묘였다. 훗날 2세로 밝혀졌지만 오래오래 시조로 모셨다.

'여지도(輿地圖)'는 1700년대 후반 지도. 가치가 높아서 2008년 보물로 지정한 이 지도에 정묘가 상세하게 나온다. 다른 지도들도 정묘를 표기했지만 섬세, 상세, 자세는 보물

1700년대 중반 제작한 '여지도' 동래부에 보이는 '정묘(鄭墓, 왼쪽 끝)'와 고려 정자 정과정(鄭瓜亭, 오른쪽 끝). 정묘에 묻힌 이는 고려가요 정과정곡을 쓴 이의 증조부다. ⓒ국립중앙도서관

지도 근처에도 못 온다. 참배객이 드나들었을 통로며 길게 도열해 재배 삼배를 드렸을 제단은 21세기 드론으로 찍은 사진 같다.

보물지도 '여지도'는 정묘가 왜 정묘인지 단박에 알려준다. 정묘는 조선 8대 명당. 지금 봐도 명당이란 감이 오지만 지도를 보는 순간 '아, 이래서 명당이구나!' 누구라도 지관이 된다. 전후좌우 중에서 정면은 시원시원 탁 트이고 뒤와 양옆은 산이 동글동글 감쌌다. 시조를 저런 데 모셨으니 조선 3대 명문가가 됐구나, 고개를 끄덕인다.

이런 명당은 어떻게 구했을까. 남향집 얻으려면 삼대가 공덕을 쌓아야 했거늘 하물며 조선 8대 명당임에랴. 대개는 생전에 지관을 구해서 묏자리를 물색한다. 대개는 그렇지만 정묘는 파격이었다. 운구하는 당일 묏자리를 정했다. 그것도 우연히. 상여 운구 중에 특이한 광경을 보고선 "그래, 저기야!" 즉석에서 결정했다. 고려 때 세운 묘비가 낡아서 다시 세운 때는 1732년. 이른바 정묘비 비문에 묏자리 정황을 새겼다. 비문은 당시 동래부사 정언섭이 썼다. 정언섭 역시 동래 정씨. 24세다.

공이 죽어 장례를 지내는데 상여가 가다가 이 산에 이르렀을 때 눈이 녹은 곳에 호랑이가 앉아 있는 이상한 광경을 만났다. 그래서 그곳에 장사를 치렀다.
公歿而葬也 行喪 至于此山
適有雪消虎踞之異 故就而葬之云
공몰이장야 행상 지우차산 적유설소호거지이 고취이장지운

정묘가 왜 명당인지 드러나는 대목이다. 햇볕이 잘 들어 눈은 금방 녹고 호랑이가 쉬어가는 곳이 정묘 자리였다. 한 구절 더 보자.

나무꾼들도 들어가지 않으며 나무를 심어도 아무런 탈이 없었다. 전란을 몇 차례 겪었어도 감히 침범하지 못했다.

정묘비. 원래 비석이 낡고 오래 돼 1732년 다시 세웠다. 비문은 당시 정언섭 동래부사가 썼다. 정언섭 역시 동래 정씨다.

당시는 나무가 귀하던 시절. 집마다 나무 장작을 땠으므로 엔간한 산에는 나무가 남아나질 않았다. 그러나 정묘 산만큼은 나무꾼들도 손대지 않았다. 남쪽 바닷가라서 왜구가 자주 출몰했지만 그들 역시 정묘만큼은 피해 갔다. 정묘를 양옆에서 지키는 보호수는 800년 배롱나무. 내 말이 맞는지 물으면 천연기념물 배롱나무는 가지를 끄덕대고 이파리를 끄덕 댄다.

내 님이 그리워 우나니
산 접동새와 난 비슷하요이다.

가까이서 본 정묘비 첫째 면. 제액(題額, 비문 제목)이 꽤 길다. 네 면에 걸친다. 시작은 '유명조선국동래' 유명(有明) 은 '명나라에 있는, 명나라에 속한' 그런 뜻이다.

고려가요 정과정곡 앞부분이다. 고려가요 중에서 유일하게 지은이가 알려져 국보급 대접을 받는다. 내가 고등학교 다닐 때 시험에 자주 나와 달달 외워야 했다. 지은이는 정서(鄭敍). 고려 인종(재위 1122~1146)과 동서지간이었다. 부인이 왕비 여동생이었다. 임금 승계 과정에서 줄을 잘못 선 바람에 일이 꼬였고 급기야 부산 동래로 유배됐다.

동래로 유배된 건 일종의 특혜였다. 정서는 동래 정씨라서 동래가 세거지였다. 정문도

정묘 양옆의 배롱나무 두 그루. 800년 천연기념물이다. 정묘를 양옆에서 지키는 호위무사 같다.

양정 하마정교차로 곡각지에 있는 하마비(下馬碑). 동래 정씨 시조 묘가 있는 양정을 지날 때는 다들 말에서 내려 걸어가야 했다. 하마비에서 유래한 말이 하마정, 하마평 등이다. 하마 반대말은 범마(犯馬)다.

정묘 앞에서 고려가요 '정과정' 삼행시를 짓는 학생들. 부산진구 어린이도서관 주최로 2019년 10월 12일 열렸다. 고려가요 정과정곡은 조선 500년 서울의 문화보다 역사적으로 앞서는 부산의 문화다.

공이 증조부였다. 명절 성묘는 물론이고 유배지 쓰라린 마음을 달래려 정서는 수시로 정묘를 찾았을 터. 할아버지 묘소에 술잔 올리고 가끔은 자작시를 낭송했을 터. 정묘 등 그런 묘소에는 국보급 고려가요 지은이의 서늘한 눈매가 서렸고 서늘한 음성이 서렸다.

문화도시 부산

문화는 부산이 내세우는 핵심 가치 가운데 하나다. 부산이 가진 매력이랄지 미덕은 차고 넘친다. 그중에서 문화에 방점을 찍는다면 고려가요 정과정곡을 상석에 모셔야 한다. 조선 500년 서울의 문화가 아무리 콧대 높아도 고려가요 정과정곡보다 역사적으로 앞설 수 없다. 서울을 능가하는 부산의 고급문화, 그 증명이 동래 정씨 정서가 지은 정과정곡이다.

정과정곡은 보물 '여지도'보다 격이 높은 국보급. 옛날 지도마다 정서가 수영강 강변에서 지내던 고려 정자 '정과정'을 늘 챙기고 정서의 증조부 모신 정묘를 늘 챙긴 게 다 '그래서 그랬다.' 묘소 입구엔 하마비(下馬碑)를 세웠다. 묘소를 양옆에서 호위하는 800년 배롱나무는 천연기념물이다.

부산진우시장

일제강점기 조선 최고의
가축시장

부산진우시장. 일제강점기 부산진 범일정에 있던 소 시장이었다. 여기서 팔린 소는 일본에 실려 가서 생을 마쳤다. 조선 한우 우직한 발굽이 찍혔고 순한 눈매가 찍힌 순애보 현장이 부산진우시장이었다.

> 부산진우시장은 경상남도와 경상북도의 소와 가축뿐만이 아니라 전 조선의 가축을 사고파는 조선의 대표적인 우시장이었다.

디지털 한국향토문화전자대전 설명이다. 부산을 포함한 경상도 전역은 물론 조선팔도 소란 소가 여기서 매매됐다는 이야기다. 부산이 조선의 대표적인 우시장으로 된 데는 지리적 영향이 절대적이었다. 일본이 가까웠다. 일본인은 소고기라면 자다가도 벌떡 일어났다. 조선팔도 기차가 부산으로 이어진 것도 한몫했다. 소는 기차에 실려 부산으로 왔고 배에 실려 일본으로 갔다.

사실, 일본인은 처음부터 소고기를 즐겨 먹진 않았다. 불교국가였고 가난한 나라였기에 소고기는 언감생심이었다. 일본에 체류하는 서양인이 소고기를 선호하면서 소비량이 늘었고 덩달아 일본인도 즐겨 먹었다. 메이지 12년(1879) 도쿄에서 개업한 소고기 도소매업 고메큐(米久)는 점포가 몇 년 만에 26곳으로 늘 정도로 번창했다. 이 무렵 '일본의 부산' 고베항에서 해운으로 소를 출하했다. 배를 이용한 소 거래 방식은 조선으로, 부산으로 이어졌다.

조선의 가축시장은 방방곡곡 있었다. 일본 우상인(牛商人)은 방방곡곡 다니면서 소를 샀다. 하지만 번거롭고 운송 등에 비용이 꽤 들었다. 꾀를 낸 게 부산진우시장이었다. 기차역이 있는 부산진으로 소를 가져오면 비싸게 사겠다! 입소문이 퍼지면서 조선팔도 소

1929년 제작한 '부산명소교통도회'에 나오는 부산진우시장. 부산진시장, 조선방직, 부산진초등학교, 부산상고 등이 주변에 보인다.
ⓒ부경근대사료연구소

란 소가 부산으로 모여들었다. 이 소들은 우암동 항구에서 작은 배에 실려 부산 앞바다로 나갔고 거기서 큰 배에 실려 일본으로 갔다.

동양척식주식회사. 일본이 조선 소를 얼마나 선호했는지는 운영 주체를 봐도 알 수 있다. 동양척식은 일제가 대한제국 토지와 자원을 수탈할 목적으로 1908년 설치한 식민지 국책기관. 동양척식이 설립 그해 부설한 게 부산진우시장이었다. 일제가 조선 소에 얼마나 공을 들였는지 짐작할 수 있는 대목이다.

부산부(釜山府)는 오늘날 부산시. 동양척식에 이어서는 부산부가 부산진우시장을 운영했다. 1921년 조선가축시장령(朝鮮家畜市場令)이 제정되면서 경상남도 부산부가 운영 주체가 됐던 것. 1921년 이후 성장세가 매년 이어지면서 기존 시설은 협소했다. 1926년 대대적으로 확장했고 그해 부산진우시장은 전국구 시장, 조선 최고의 가축시장에 등극했다. 다음은 1926년 1월 15일 동아일보 '부산진=우시장 확장' 기사다.

부산부영(釜山府營)인 부산진우시장은 종래 협애를 감안하여 활우(活牛)의 수용 및 수출에 대한 곤란이 있던바 금번 부(府)에서는 이의 시설 확장을 결행하여 그 실현을 부산활우문옥(問屋)조합에 일임하는 동시에 약 3만 원의 기채(起債)로써 비용을 보충하리라고.
- 1926년 1월 15일 동아일보 4면

1926년 1월 15일 동아일보 4면 '부산진=우시장 확장' 기사. 시장이 좁아서 활우(活牛) 수용과 수출에 애로가 있으므로 부산부(府)에서 시설 확장을 결행했다고 보도한다.

1926년부터 부산진우시장은 명실공히 조선 최고 가축시장이었다. 조선팔도 모두에 소 시장이 있었지만 가장 큰 데가 부산의 부산진우시장이었다. '시설 확장을 결행'한 1926년 그해 조선의 시장 규모 일람표엔 50만 엔(円) 이상 거래한 시장 59군데가 나온다. 가축시장은 그중 세 군데. 부산진우시장과 평양가축시장, 평남 중화가축시장이다. 규모는 부산진우시장이 월등하게 앞선다. 부산진우시장이 189만 엔이고 나머지 둘은 각각 96만 엔, 61만 엔이다. 비교 불가다.

조선팔도 모든 시장 중에서도 부산진우시장은 상위권이었다. 1926년 59군데 시장 중에서 8위였다. 단순히 8위라면 감이 잘 안 잡히겠다. 다른 시장과 비교하자. 서울 동대문시장이 10위였고 대구 약령시장이 32위였다. 천하의 두 시장보다 끗발이 셌다! 참고로, 상위 열 군데 시장을 소개한다. 괄호 안은 거래 금액, 단위는 만 엔이다.

1933년 제작한 '부산부 시가도(市街圖)'에 보이는 부산진우시장. 지금은 복개해서 망양로 도로가 된 하천을 끼고 있었다. 하천과 경부선 철로가 만나는 지점에 보이는 환대(丸大)고무는 삼화고무 전신이다. ⓒ부경근대사료연구소

평북 선천시장(492), 경북 김천시장(403), 경성 남대문시장(399), 대구 서문시장(303), 부산 수산시장(201), 함북 길주시장(195), 부산 부평시장(193), 부산진우시장(189), 황해도 사리원시장(169), 경성 동대문시장(156)

1930년대 부산진우시장. 단순한 가축시장이 아니라 오늘날 부산시에 해당하는 부산부가 운영하는 공공기관이었다. ⓒ한국향토문화전자대전

부산진우시장에서 매매된 소는 우암동 소막으로 갔다. 대규모 소막이었다. 소는 거기 갇혀서 혹독한 날들을 보냈다. 오전과 오후 체온을 재고 채혈했다. 소독은 기본이었다. 코로나 검사받느라 면봉으로 콧구멍 잠시 후비는 것도 사람은 참기 힘든데 매일매일 검사며 소독을 소는 어찌 견뎠을까 싶다. 검역에 합격하면 쇠뿔에 글자를 지져서 일본으로 보냈다. 불합격이면 검역소 화장장에서 태웠다. 이 글을 시작하면서 쓰나 안 쓰나 갈등한 이유가 그거였다. 지지고 태우고…. 맨정신에 그걸 어찌 쓰나 했다.

그런데, 부산진우시장은 어딜까? 디지털 한국향토문화전자대전은 거기가 부산부 범일정[현 부산광역시 동구 범일동]이라고 밝힌다. 범일동 어디란 이야기다. 조선을 대표하는 우시장이니만큼 지자체 홈페이지에 실릴 만도 하건만 동구청 홈페이지는 언급이 없다. 하다못해 사진 한 장 보이지 않는다. 투명인간으로 전락했다. 왜 그럴까.

왜 그럴까. 일제강점기 부산부 범일정은 지금 동구 범일동 일대. 지금의 범일동보다 넓

1939년 2월 4일 동아일보 3면 기사. 부산진우시장을 이전하고 3년 계획으로 삼화고무 뒤에서 동천 광무교까지 과선교를 가설한다는 내용이다. 과선교(跨線橋)는 철로 위를 지나는 다리다

1970년대 삼화고무와 과선교. 여기 과선교는 북부산 공업지대 발전을 도모해 총공사비 42만 원을 들여 1939년부터 1942년까지 연차적으로 시공했다. ⓒ<옛 사진으로 보는 서면이야기>(부산진구, 2010년)

교통부 일대. 가운데 보이는 범천교회가 부산진우시장 자리다. 일제강점기 주소는 부산부 범일정이지만 현재 주소는 부산진구 범천동이다.

은 개념이었다. 지금의 부산진구도 일부 포함했다. 하기야 범일동이란 지명도 부산진구 범천에서 나왔다. 범천1리와 범천2리를 통합하면서 범1동이라 했다. 부산진우시장 소재지는 지금의 동구와 부산진구 경계였다. 거기가 도로 하나를 사이에 두고 보림극장과 마주보는 부산진구 범천동이었다.

부산진우시장의 투명인간 전략은 딴 데 있지 않았다. 별 의도가 있어서 그런 게 아니고 거기가 정확히 어딘지 몰랐다. 동구는 관내 어디에도 그 흔적이 없으니 나 몰라라 했고 부산진구는 동구라 했으니 나 몰라라 했다. 그러면서 이도 저도 아니게 되었다. 있기는 있었으나 어디에도 없는 조선 최고 가축시장, 부산진우시장! 쓰나 마나 갈등하다가 쓰기로 작정한 두 번째 이유다.

"1933년 지적도를 현재 지도에 겹쳐서 보니 부산진우시장이 범천교회 일대로 나타나네요."

사실일까. 부산진우시장이 지금 범일동이 아니라 범천동에 있었다는 게. 사실이다. 범일동이 아니고 범천동이지 않을까 하는 나의 의문은 부경근대사료연구소 김한근 소장 덕분에 풀렸다. 그가 소장한 1933년 제작한 지적도 '부산부 시가도(市街圖)'에 나오는 부산진우시장 소재지를 지금 지도와 대조한 결과였다. 범천동 삼화고무 자리 맞은편 범천교회 일대가 부산진우시장이었다.

역사의 복원. 누구나 다 하는 이야기고 누구나 다 아는 이야기다. 문제는 사람 중심의 역사 였다. 조선에서 일본으로 넘어간 소들의 역사 또한 복원돼야 한다. 다행히 우암동 소막 역사는 어느 정도 복원했지만 부산진우시장 역사는 복원은커녕 첫 삽도 뜨지 않았다. 부산 곳곳에 찍혔고 스몄을 조선팔도 소들의 우직한 발굽과 순한 눈매를 생각해서라도 부산진우시장 역사는 복원돼야 한다. 일본에서 생애를 마친 소들에 미안해서라도 그래야 한다.

환대고무

환대고무와 삼화, 그리고 삼화회

부산은 신발의 도시다. 1990년대 이전에도 그랬고 2020년대 지금도 그렇다. 해외에서도 성업백세를 누리는 지금과는 달리 1990년대 이전 그때는 한국을 대표하는 신발 대기업이 죄다 부산과 부산 근교에 있었다. 삼화를 비롯해 보성, 태화, 국제, 동양, 대양, 진양, 세원, 태광 등이었다. 이들 대기업은 부산지역을 기반으로 둔 세계적인 신발 대기업이었다. 말하자면, 신발의 세계 챔피언을 줄줄이 배출한 명품 도시가 부산이었다.

"휴가 때 강원도 두타산에 갔더니 삼화사란 절이 있어요. 우리 회사와 한자가 같으니 삼화가 무슨 뜻인지 알아보시오."

부산의 신발회사 명칭은 대체로 평이했다. 작명 내막까지 알 순 없더라도 대충 짐작은 됐다. 그런데 유독 삼화만 까탈스러웠다. 삼화가 뭐지? 왜 삼화지? 삼화는 학교 졸업 후 첫 직장이었다. 기획부에 근무하면서 기획과 사보, 홍보 이런 일을 했다. 창립 60주년인 1991년을 이삼 년 앞두고는 삼화 60년사 편찬 업무도 맡았다. 그 무렵 박수문 기획·재무담당이사가 나를 불렀다. 휴가철 강원도 가니 같은 이름의 절이 있더라며 그 뜻을 알아보라 했다.

나도 궁금했다. 삼화가 뭐지? 왜 삼화지? 백방으로 알아봤지만 내 재간으론 어림도 없었다. 신발산업이 어려워지고 회사마저 어려워지면서 60년사는 물 건너가고 '삼화'도 물 건너갔다. 그리고 얼추 30년이 지났다. 우연한 순간에, 정말 우연한 순간에 삼화가 왜 삼화인지 의문이 확 풀렸다. 1919년 대륙고무에서 시작한 한국 신발 100주년을 앞두고 2018년 부산진문화원 의뢰를 받아 한국 신발 100년사 〈고무신에서 나이키까지〉를 집필하면서다. 일단, 그 이야기는 이 글 뒤로 미루자

1930년대 삼화고무 전경. 환대고무에서 삼화고무로 바뀌었다. 1933년 결성한 삼화회(三和會)가 삼화고무 상호의 시작이다. 이 무렵 삼화 앞으로 하천이 흘렀다. 1933년 제작한 '부산부 시가도'에 보이는 하천과 일치한다. ⓒ《신편 부산대관》(선인, 2010년)

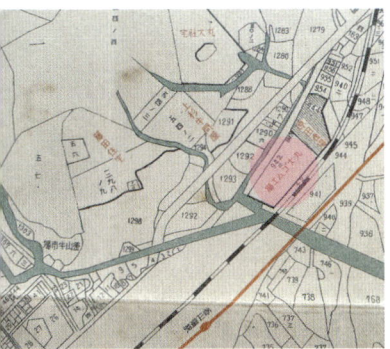

1933년 '부산부 시가도' 진해만요새사령부 검열을 받고 제작한 지도로 삼화고무 이전 환대고무의 범일정 시대를 입증한다. 범일정 환대고무공장과 환대 사택이 보인다. 초록색은 동천으로 합류하는 하천들이다. ⓒ부경근대사료연구소

1945년 김지태 회장 자택의 가족사진. 자택은 삼화고무 맞은편에 있었다. 삼화고무 이전엔 환대 사택(社宅)으로 쓰였다. 맨 왼쪽 김지태 회장이 안은 아이는 김 회장의 3남 김영주. 훗날 삼화 회장과 한국신발수출조합 이사장을 지냈다. 한국신발수출조합은 한국신발산업협회 전신이다. ⓒ《김지태 사장 창업 35년사》(1968년)

1925년 21곳에 불과하던 고무 공장이 1933년 72개로 늘어나 과잉 생산의 문제가 불거지자, 조선총독부가 이를 정리하는 과정에서 삼화고무가 설립되었다. 삼화고무는 1934년 9월 18일에 13개의 신발 공장을 합병하여 요네쿠라 세이자부로[米倉淸三郞]에 의해 부산부(釜山府) 범일정에서 삼화호모(三和護謨)로 설립되었다.

디지털 백과사전 한국향토문화전자대전에 나오는 삼화의 설립 배경 설명이다. 여기는 삼화 설립을 1934년 9월 18일로 본다. 하지만 내가 삼화 다닐 때는 1931년 10월 15일 창립이 정설이었다. 그래서 1991년 창립 60주년을 앞두고 60년사 편찬 등 각종 사업을 준비했다. 매년 10월 15일은 기념식, 우수사원 표창, 점심 특식 등등 잔칫날이었다. 언젠가는 설립자 요네쿠라 유족이 내방했다.

삼화가 창립한 해로 본 1931년과 디지털 백과사전의 1934년. 1931년과 1934년, 이 3년의 갭은 무엇을 의미할까. 하나는 틀리고 하나는 맞을까. 둘 다 맞다. 1931년도 맞고 1934년도 맞다. 1934년 삼화의 전신이 1931년에 있었다. 그 전신이 바로 부산부 범일정 삼화호모 자리에 있던 환대(丸大)고무였다.

환대고무는 일본 기업이었다. 본사도 일본에 있었다. 한국의 부산 같은 일본의 항구도시 고베에서 설립했다. 고베는 일본 신발의 발상지였다. 환대고무의 한국 진출은 1926년 4월 1일 이뤄졌다. 고무신 생산과 판매를 목적으로 부산부 대창정 10번지, 지금의 중구 중앙동 옛 부산역 인근에 터를 잡았다. 태생부터 금수저라서 조선 굴지의 신발 대기업으로 급성장했다.

1926년과 1931년. 이것도 아귀가 맞지 않는다. 그렇지

만, 이 또한 둘 다 맞다. 왜일까? 1926년은 중앙동에 있었고 1931년은 범일정에 있었다. 생산과 판매를 겸한 환대고무는 중앙동에 있었지만 굴지의 기업으로 성장하면서 비좁아졌다. 너른 터에 대규모 최신식 공장인 환대고무공장을 새로 지었다. 거기가 범일정, 지금의 부산진구 범천2동 범천경남아파트 자리였다.

'부산부 시가도(釜山府 市街圖).' 삼화고무 이전 환대고무의 범일정 시대를 입증하는 지도다. 진해만요새사령부 검열을 받고 부산 증원(曾原)공업소에서 1933년 제작한 이 지도에 범일정 환대고무공장과 공장 맞은편 환대 사택(社宅)이 등장한다. 백문이 불여일견이라고 이 지도 한 장이 1926년과 1931년, 그리고 1934년 인과관계를 속 시원하게 정리한다.

환대고무 사택(社宅)은 특히 반갑다. 1950년대 삼화를 인수한 김지태 회장의 자택이 여기였다. 집도 멋졌고 정원도 멋졌다. 부산이 임시수도였던 시절엔 숱한 중앙 정치인이 여기를 다녀갔다. 정치 현안이 여기서 다뤄졌고 여기서 풀렸다. 내가 삼화 다닐 때는 직원들이 가끔 초대받았다. 내 옆자리 근무한 직원이 김지태 회장의 장손이라서 한 번인가 두 번 초대받았다.

1980년대 삼화 전경. 삼화는 해방 이후 한국 신발업계의 맏형으로 '범표 고무산'이 유명했다. 동길산 시인의 학교 졸업 후 첫 직장이 여기였다. 부산진구 범천2동 경부선 기찻길을 끼고 있었다. ⓒ삼화 홍보 카탈로그(삼화, 1989년)

삼화고무 있던 자리에 현재 들어선 범천경남아파트. 부산의 신발 대기업은 터가 넓어서 대부분 대단지 아파트가 들어섰다. 사진 중앙에 보이는 상가동 자리에 동길산 시인이 근무했던 삼화 본사 사무동이 있었다.

이제 삼화로 돌아가자. 왜 삼화일까. 삼화(三和)는 불교 용어였다. 세 가지 화합을 뜻했다. 세 가지는 근(根)·경(境)·식(識). 하도 심오한 내용이라서 뜻풀이는 여기까지만 하자. 삼화가 불교 용어고 그 세 가지가 뭐인 것 정도는 삼화 다닐 때도 알았다. 그런데 그게 신발회사와 무슨 관계란 말인가. 삼화와 신발회사. 도무지 요령부득하였다. 그렇게 30년 가까이 흘렀다.

그 숙제를 풀어준 건 1930년대 신문이었다. 〈고무신에서 나이키까지〉를 쓰면서 일제강점기 신문 앱을 뒤적거렸고 거기에 해답이 있었다. 해답은 삼화회(三和會)였다. 일제강점기 고무신 산업이 급속도로 성장하면서 업계는 경쟁체제로 접어들었다. 원가는 치솟고 판매가는 떨어졌다. 생산과 판매를 통제하고 통폐합할 필요가 생겼다. 일본 재벌 미쓰이물산과 남선고무공업협회가 이 작업을 주도했다. 남선고무공업협회는 수원 이남

고무신공장을 흡수한 조직이었다.

반발이 빗발쳤다. 말이 통제고 통폐합이지 일본 기업은 우대, 조선 기업은 하대였다. 일본 위주의 새판짜기와 다르지 않았다. 조선 토종 기업이 반발했다. 파행을 거듭했다. 결국 남선고무공업협회 소속 스물아홉 공장 가운데 일본 자본 위주의 열 공장만 통제에 합의했다. 1933년 통제에 합의한 이들 공장이 결성한 단체가 삼화회였다. '인제 그만 다투고 잘해 나가자' 화합과 결속의 의지를 오롯이 담은 명칭이 삼화회였다. 이후 환대고무가 삼화를 상호로 쓰면서 훗날 '범표 고무신'으로 유명한 특정 기업명이 되었다.

삼화회는 1930년대 뉴스의 토픽감이었다. 동아일보와 조선일보는 삼화회 결성 과정과 활동상을 여러 차례 꽤 상세하게 알렸다. 형식은 보도였지만 조선 기업 하대에 대한 울분을 행간에 담았다. 1933년 4월 11일 동아일보 기사도 그랬다. '남조선 10공장 가입, 고무 통제 성립'이란 제목의 이 기사에는 구구절절 약소민족 울분 같은 게 느껴진다.

> 조선 사람의 일상생활 필요품이라 할 만치 보급된 고무신의 생산판매 통제를 계획하는 일본 대재벌 삼정물산과 남선고무공업협회가 작년부터 누차 교섭하여 고무신 통제를 하고자 비상히 운동하여 대화(大和) 기타 여러 공장에서 통제를 반대하여 한동안 파란을 거듭하더니 삼정 측과 협회 측에서는 반대자를 제외하고 '삼화회(三和會)'라는 단체를 조직하여 대자본의 위력으로서 통제 반대자를 여지없이 몰락시킬 작전을 세우고 수원 이남을 통제구역으로 정하고 남선 일대 29개 공장 중 겨우 10개 회사만을 규합하여 지난 8일 통제협정에 정식 조인이 되었다 한다.
>
> - 동아일보 1933년 4월 11일

삼화회는 이후 자체 통제에 나섰다. 물론 이면에는 고무신 원료인 동남아 생고무를 독점하다시피 한 미쓰이물산의 전폭적인 지원이 있었다. 통제 지역을 열 군데로 나누어서 각 공장에 분할하고 분할 구역 안에선 타 공장이 침범과 경쟁을 절대 하지 않는다 등 8가지 통제 협정안을 만들어 운용했다. 삼화회 10개 회사는 부산이 여섯, 타지가 넷이었다. 다음과 같았다.

율전고무, 환대고무, 부산고무, 일영고무, 능암고무, 시마사(이상 부산). 여수천일, 대구욱(旭), 호마라, 광주욱 분공장(이상 타지).

삼어

'술 철철, 회 철철' 물고기 강마을

삼어는 좀 헷갈린다. 알기는 알겠는데 정확히 뭔지는 모르겠다. 이런 해석 저런 해석이 있지만 그 시대를 살지 않은 나로선 도무지 요령부득하다. 한자도 그렇다. 어떤 데는 三魚라고 하고 어떤 데는 三漁라고 한다. 암행어사 어를 써 三御라고도 한다.

조선 최고 권위의 기록은 조선왕조실록. 정나미라곤 통 없는 기록이지만 공신력은 최고다. 거기엔 삼어가 어떻게 나올까. 짐작은 했지만 三魚와 三漁는 딱 한 번 나오고 三御는 서른 번 넘게 나온다.

三魚는 세종 4년(1422) 실록에 나온다. '매지삼어(每池三魚)'란 구절이다. '연못 하나에 물고기 셋'이란 뜻으로 부산과 거리가 먼 왕실 의식에 관한 이야기다. 三漁는 선조 25년(1592) 실록에 '삼어전(三漁箭)'으로 나온다. 어전은 물고기 잡는 기구, 부산과 거리가 더 먼 평안도 정주 이야기다. 임진왜란 피신 일화가 담겼다.

三御는 세 어사. 역시 부산과는 관련이 별무다. 조선왕조실록에 서른 번 넘게 나오지만 부산 수영강 강변마을과 연관성은 별로 없어 보인다. 어사는 임시직. 암행어사, 순무어사, 안핵사 등등 왕명을 받아 지방에 파견되던 임시직 벼슬이라서 상감이 낙점하면 누구든 어사가 될 수 있었다. 일단은 가능성만 열어두자. 옛날 부산 지도는 삼어를 三魚로 표기한다. 이 일대에서 잘 잡히는 물고기 세 마리를 마을 이름으로 내세웠다. 마을이 있는 곳은 수영강 강변. 세 마리는 어떤 물고기였을까. 모두 민물고기이거나 민물과 바닷물을 오가는 고기였으리라. 어떤 물고기였는지 궁금증을 풀어주는 기록이 부산시가 운용하는 디지털 백과사전 〈부산역사문화대전〉에 나온다.

'(…) 마을 앞을 흐르는 강에서 봄철에는 황어, 여름철에는 은어, 가을철에는 연어 등 세 종류 고기를 잡았다 하여 삼어(三漁)라 했다고도 한다.'

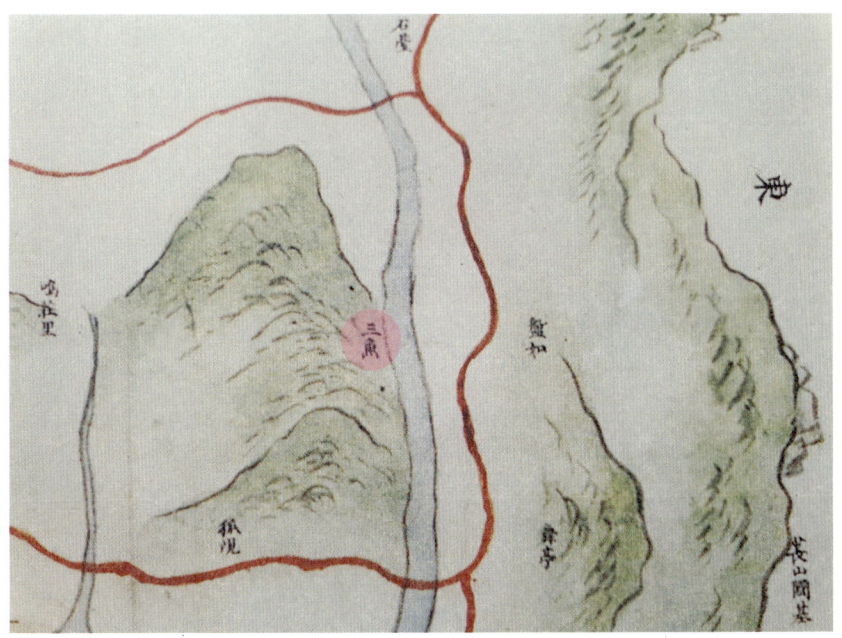

'1872 군현지도'에 나오는 삼어(三魚). 강 건너편에 반여가 보인다. '세 마리 물고기'란 뜻으로 현재 반여4동 일대다. ⓒ규장각

삼어는 현재 해운대구 반여4동 삼어마을로 남아 있다. 수영강 반여아파트와 센텀강변 현대아파트 사이가 마을 초입이다. 지금은 두 아파트 사이에 끼인 형국이지만 삼어가 품은 역사는 부산의 그 어느 고층 아파트도 범접하지 못한다. 부산에서 열 손가락 안에 드는 역사와 전통을 갖춘 마을이다.

정말 열 손가락 안? 정말이다. 반여동 고분군이 보증한다. 삼어는 삼국시대 고분을 품은 마을. 고분이 들어설 정도로 옛날부터 지역의 명당이었다. 지금처럼 반여4동의 한 마을이 아니라 반여동 전체와 맞먹는 규모였다. 수영강을 가운데 두고 저쪽을 반여, 이쪽을 삼어라 했다. 반여동의 한 마을로 쪼그라든 것은 1914년 이후였다. 일제가 그랬다. 조선의 명당이 달가울 리 없었다.

삼어마을엔 송 훈장 이야기가 전한다. 송씨 성을 가진 서당 훈장이 마을에다 재산을 기증했다는 미담이다. 참고로, 송씨는 이 일대 향반이었다. 여산 송씨는 삼어에서 상류 쪽인 회동동에 재실이 있고 동래 삼성대에서 이주한 은진 송씨는 삼어에서 하류 쪽인 재송동에 재실이 있다.

삼어마을 초입. 삼어마을은 삼국시대 고분군을 자랑하는 역사와 전통의 마을이다. 수영강 반여아파트와 센텀강변 현대아파트 사이에 있다.

반여4동 삼어행복마을센터와 삼어마을 초입의 '삼어포차' 간판. 이 일대에서 '삼어'는 역사이면서 생활이다.

여산 송씨 중에는 전설적인 삼형제가 있었다. 송광적·광제·광순 형제였다. 지금은 까마득한 옛 이야기지만 이들 삼형제는 당대 최고의 지성, 최고의 명필이었다. 광적은 동래온천장 '동래온정개건비(東萊溫情改建碑)' 글씨를 썼고 동생 광제는 동래읍성 '내주축성비기(萊州築城碑記)' 글씨를 썼다. 막내 광순은 내주축성 동기와 참여자, 비용 등 사적(事蹟)을 기록했다. 이 삼형제의 공이 큰 만큼 삼어(三御)라 칭한들 책잡힐 일은 아니리라.

삼어(三御)와 관련, 하나는 분명히 짚고 넘어가자. 항간에 떠도는 설(說)이다. 마을 이름이 원래는 三御였는데 일제강점기 지명에 '어(御)' 사용을 엄금해 '어(魚)'로 바뀌었다는 설이다. 단언컨대 가짜뉴스다. 일제강점기 훨씬 이전인 1872년 나온 옛날 지도가 그걸 증명한다. 일본에 비판적 태도는 좋지만 가짜에 근거한 비판은 역효과다.

삼어(三魚)는 시적인 지명. 술이 철철 넘친다. 철따라 잡혔다고 〈부산역사문화대전〉이 기록하는 세 마리 물고기 황어와 은어, 그리고 연어. 술 좀 마신다는 주당라면 내남없이 군침 도는 횟감이다. 술 좋아하고 회 좋아하는 나는 그 시절 태어났더라면 또 얼마나 뻔질나게 수영강 강마을을 들락댔을 텐가. 그 시절이 그립다.

삼어마을 여산 송씨 재실. 1700년대 부산의 전설적인 삼형제 송광적·광제·광순 형제가 여산 송씨였다. 당대 최고의 지성, 최고의 명필이었다.

인지

조선시대 '인절미의 도시' 부산

"반여삼어교로 결정됐습니다."

수영강 반여동에 들어서는 다리 이름은 별 이견 없이 정해졌다. 2020년 추석 연휴 직전 열린 해운대구 '교량 명칭 공모' 최종 심사위원회 자리에서였다. 교량 완공을 앞두고 해운대구가 전국에 공모해 접수한 명칭은 모두 397건. 이 가운데 내부 심사를 거친 10건을 대상으로 최종 심사가 열렸다. 나는 해운대구 스토리텔링 자문위원 자격으로 참여했다.

내부 심사를 거친 10건은 대체로 무난했다. 구청이 심사 기준으로 제시한 목적성, 참신성, 대중성을 부분부분 충족했다. 공모에 응한 이들 생각은 비슷했던지 공통으로 들어가는 이름이 몇 있었다. '반여'와 '강변' 그리고 '삼어'였다. '삼어'는 옛날부터 이 지역에 있던 자연마을 이름. 어사를 세 명 배출했다는 스토리를 담고 있다. 세 종류 물고기가 많았다고도 한다.

반여삼어교. 심사위원 모두가 동의할 만큼 괜찮은 명칭이었다. 그러나 나는 아쉬움이 남았다. 내부 심사 10건 중에서 가려 뽑는 거라 순순히 동의하기는 했지만 이 지역을 대표하는 명칭을 까마득히 잊고 지낸다는 안타까움 같은 거였다. 전국 공모 397건 중에서도 찾아볼 수 없어 안타까움은 더 했다. 다음에 교량이나 공공시

반여삼어교. 수영강 다리다. 2020년 12월 31일 개통했다. 인지암이 있던 반여1동과 삼어마을이 있는 반여4동을 잇는다.

설 작명이 필요할 경우 참고해 달라며 속마음을 털어놓은 것도 그런 이유였다.

인지(仁智)

속마음에 들어있던 이름은 '인지'였다. 어질 인 알 지, 평범하기 그지없지만 사실은 신라 때부터 이 지역을 대표하는 지명이고 지금도 그렇다. 조선시대는 엔간한 고지도에는 단골처럼 등장하며 현재는 이 지역 초등학교와 중학교 교명으로 쓴다. 1950년 한국전쟁이 일어날 무렵만 해도 토박이라면 입에 달고 지낼 정도로 인지는 이 지역을 대표하는 지명이었다.

인지 유래는 신라 때 절 인지암. 신라 때 절인 범어사, 선암사와 맞먹는 고찰이었다. 규모는 범어사 급이었던 것으로 보인다. 어떻게 아느냐고? 고지도에 그렇게 나온다. 고지도는 얼핏 보면 대충대충 그린 것 같아도 길 하나, 집 하나 그냥 그리지 않았다. 이것저것 따져 보고 이것저것 고려해서 그렸다. 고지도에는 인지암과 범어사 절 크기가 거의 같게 나온다. 두 절의 규모가 엇비슷했다는 이야기다.

在萇山今無 재장산금무

1740년 발간 〈동래부지〉에 나오는 인지암 기록이다. '장산에 있었는데 지금은 없다'는 뜻이다. 인지암이 있던 곳은 장산 반여동 자락. 인지초중과 반여고, 롯데 낙천대아파트 자리다. 신라 때 창건했으나 〈동래부지〉를 발간할 무렵 이미 폐사했다. 부산시가 운용하는 디지털 백과사전인 디지털 부산역사문화백과사전엔 빈대

반여동 인지초·중학교 이정표. 교명의 유래가 신라 때부터 있었던 절 인지암이다.

인지중학교 맞은편 사거리. 이 지역 특산물 인지미(仁智米)를 생산하던 들판이었다.

반여동에 있는 전통사찰 인지사(仁智寺). 신라의 고찰인 인지암 터에 법등을 이어 1984년 신선암으로 창건했다가 2016년 인지사로 변경했다.

가 너무 많아 절을 없앴다고 나온다. 빈대가 오죽 득실댔으면 그랬을까 싶다.

빈대 잡으려고 초가삼간 태운다. 실상은 '빈대 잡으려다'가 아니고 '빈대 잡으려고'였다. 빈대로 인해 절을 태운 데는 꽤 된다. 무소유의 절이 그럴진대 식구 많은 민가는 훨씬 심했을 터. 초가삼간 태운다는 속담은 무리수를 경계하는 경구일 수도 있지만 역병을 우려한 당대의 의료정책일 수도 있다. 각설하고, 인지암 절은 불탔지만 절터는 오래도록 남았다.

절이 컸던 만큼 절터는 넓었다. 한국전쟁이 나자 포로수용소가 들어설 정도였다. 절터 앞의 들판은 절터보다 더 넓었다. 거기서 농사를 지었고 거기서 나온 쌀을 인지미라 했다. 그만큼 맛이 좋았다. 논이 얼마나 너르던지 인지보(仁智洑)란 저수지까지 있었다. 인지암 인근 재송에서 키운 소나무를 강 건너편 조선 해군부대인 수영으로 보내 군함을 만들었듯 인지미 역시 강 건너 수영으로 보내 군량미로 쓰지 않았을까 짐작한다.

인지미는 인절미로 불렸다. 발음이 편했다. 인절미 유래를 찾아보면 조선 임금 인조에게 임씨 성을 가진 이가 진상한 떡이라고 나오지만 신라 때 절 인지암으로 유래 확장이 가능하다면 인절미의 본 고장은 부산이 되고 해운대가 된다. 어차피 전설 따라 삼천리다. 스토리는 '빵빵'하니 인절미를 부산 대표 떡, 인절미 빵을 부산 대표 빵으로 내세워 봄직하다.

인절미 너른 들판은 한국전쟁이 나면서 완전히 달라졌다. 신라 때부터 누천년 이어져 왔을 황금빛 풍광이 현대에 이르러 이리 뜯기고 저리 뜯겨 나갔다. 포로를 수용하는 시설이 들어섰고 이후에는 군

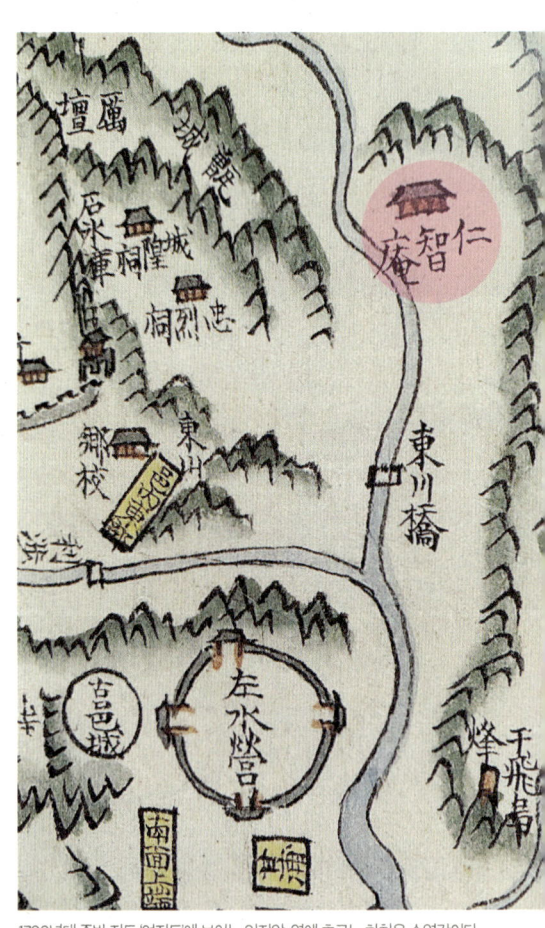

1700년대 중반 지도 '여지도'에 보이는 인지암. 옆에 흐르는 하천은 수영강이다.
ⓒ규장각

사시설인 육군기술병기학교가 들어서면서 원래 풍광을 완전히 잃었다. 2002년 부산아시안게임 선수촌 아파트로 조성했고 지금은 초중고와 아파트 단지가 들어섰다.

옛날 지도를 본다. 지금 보는 지도는 두 장. 1736년과 1776년 사이에 나온 '여지도(輿地圖)'와 18세기 중엽에 나온 '지승(地乘)'이다. 두 지도 모두에 인지암이 보인다. 보이는 정도가 아니라 반여동 지역 지명이 인지암이 유일하다. 기와지붕, 황토벽 절은 볼수록 푸근하고 다정하다. 부산 반여동 지역 고지도에 나타나는 유일한 지명, 인지암. 지금은 잃어버린 부산의 표정 같아 더욱 아쉽고 안타깝다.

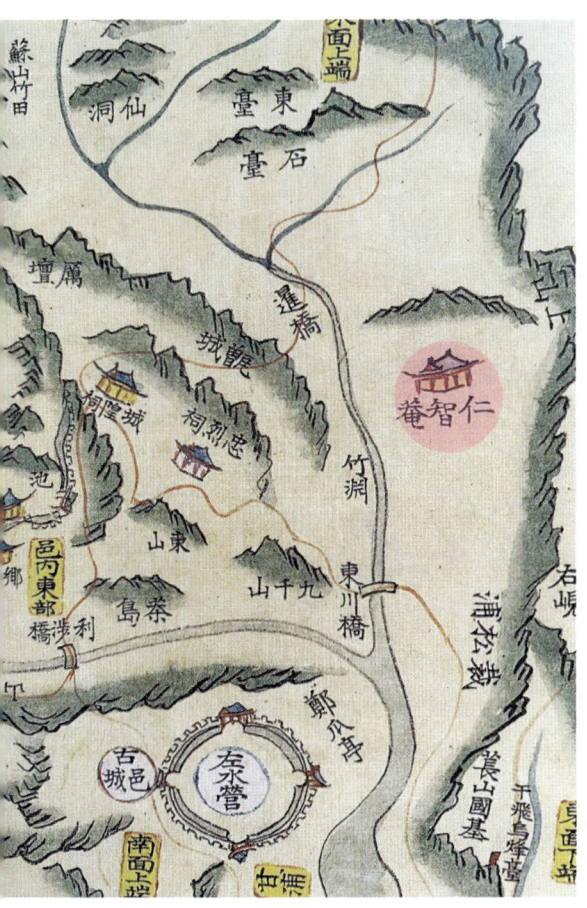

1700년대 중반 지도 '지승'에 보이는 인지암. 동래향교나 충렬사보다 크게 그렸다. 충렬사보다 컸다고 보면 된다. ⓒ규장각

우현

아버지의 아버지,
어머니의 어머니가 다니던 '송정 옛길'

우현(牛峴)은 풀이하면 '소 고개'다. 고지도는 송정과 해운대 사이가 거기라고 붉은 실선으로 밝힌다. 해운대 달맞이고개려니 여기면 되겠다. 그런데 왜 소 고개일까. 얼른 감이 잡히지 않는다. 송정이나 해운대에 소 오일장이 섰나? 그래서 소들이 이 고개를 넘어 다녔나?

그런 것 같지는 않다. 조선시대 송정은 기장의 변두리고 해운대는 동래의 변두리였다. 한적한 마을이라 소 장터가 설 여건이 되지 않았다. 여기에 소 오일장이 섰다는 기록도 보이지 않는다. 섰을 수도 있겠지만 일단은 내 견문이 좁은 거로 치부하고 넘어가자.

단서는 있다. 옛날이나 지금이나 무턱대고 짓는 이름은 없다. 우현이라고 지었을 때는 분명 그럴 만한 근거가 있을 것이다. 그 근거가 미포(尾浦)다. 해운대 유람선 선착장이 있는 미포는 우리말로 하면 소꼬리 포구. 와우산(臥牛山) 끝자락에 있다고 해서 얻은 이름이다. 와우산은 소가 드러누운 형상. 순박한 소가 드러눕기까지 했으니 지극히 안온한 느낌을 주는 산이었으리라. 와우산 사이로 난 고개이니 우현이 됐으리란 추론은 충분히 합리적이면서 누구나 수긍할 만하다. 1740년 발간〈동래부지〉는 우현이 왜 우현인지 명쾌하게 밝힌다. 해운대와 기장 경계에 있는 산을 소개했는데 그 이름이 우현산이다.

1740년 발간〈동래부지〉의 '우현산(牛峴山) 설명.
동래와 기장 경계에 있다고 했다.
곧 해운대와 송정의 경계였다.
그때는 송정이 기장에 들었다. ⓒ규장각

광여도. 1800년대 초에 제작했다. 공공에서 제작한 지도가 민간에 유출돼 소위 짝퉁이 판을 치던 시기의 '짝퉁 지도'였다. ©규장각

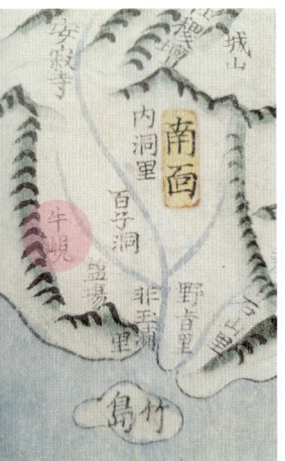

1800년대 초 제작한 '각읍지도'의 부분 확대. 지도 왼편 산줄기에 우현(牛峴)이 보인다. ©국립중앙도서관

지승(地乘). 1700년대 중반 제작했다. 우현(牛峴)을 우현(右峴)으로 표기한 이 지도에는 부산의 옛길이 손금 보듯 나온다. 우현을 지난 길은 장산에서 발원한 하천을 따라 간비오봉수대를 지나 수영강 강변으로 이어진다. ©규장각

우현산(牛峴山)

(동래)부의 동쪽 30리, 기장 경계에 있다.

在府東三十里 機張地境 재부동삼십리 기장지경

'광여도(廣輿圖)'는 1800년대 초에 제작한 지도. 제작은 그때 했지만 실린 내용은 그보다 앞선 1700년대 상황이다. 1700년대는 전국적으로 읍지와 지도 제작이 활발하던 시기였다. 공공에서 제작한 지도가 민간에 유출돼 소위 짝퉁 지도가 판을 쳤다. '광여도'도 그중의 하나였다.

어쨌거나 공공 지도를 모방했으므로 실린 정보는 정확했다. 채색과 구도가 정교하며 상세한 건물 묘사가 특징이다. 우현은 '광여도'에 실린 동래부 지도에 나온다. 간비오봉수대가 있는 산 오른편 동래와 기장 경계에 약간은 펑퍼짐한 산 하나를 그려 넣고 거기에 우현이라 적어 넣었다. 이때는 해운대가 동래에 속했다. 우현(牛峴)은 다른 지도에는 다른 한자로 나온다. 우현(右峴)으로 나오는 지도가 있고 심지어는 고현(古峴)으로 나오는 지도도 있다. 우(牛)를 모방한 짝퉁이 우(右)이고 우(右)를 또다시 모방한 짝퉁이 획 하나 잘못 그은 고(古)가 아닐까 싶다. 물론 우(右)가 먼저이고 우(牛)나 고(古)가 짝퉁일 수도 있다. 고지도가 옛 기록이긴 하지만 모두 믿을 건 못 된다.

우현을 지난 고갯길은 구불구불 느릿느릿 이어진다. '광여도'에는 길이 안 나오지만 다른 여러 지도는 길이 상세하게

복원한 현재의 송정 옛길. 송정 주민이 해운대 들녘에 농사지으러 다니던 고갯길이며, 송정 바다에서 난 해산물을 동래 오일장에 팔려고 넘나들던 길이다.

나온다. 부산의 옛길이라고 보면 된다. 갈맷길처럼 풍광 좋고 걷기 편한 새로운 길은 새로운 길대로 의미를 갖지만 원형이 사라진 옛길을 복원하는 것은 그것대로 의미가 크다.

'지승(地乘)'은 1700년대 중반 지도. 우현(右峴)으로 표기한 이 지도에 부산의 옛길이 손금 보듯 나온다. 우현을 지난 길은 장산에서 발원한 하천을 따라 간비오봉수대 쪽으로 이어진다. 이때만 해도 해운대에서 동래로 가는 다리는 수영강 중류 동천교(東川橋)가 유일했다. 동천교를 건너 충렬사를 지나고 지금은 없어진 성황사(城隍祠)를 거쳐서 동래읍성에 닿았다.

'송정 옛길은 신곡산을 가로지르는 송정과 해운대를 잇는 약 1km의 고갯길이다. 예로부터 반농 반어촌인 송정의 주민들이 고개 너머 해운대 들녘에 농사지으러 다니던 길이며, 바다에서 건져 올린 생선과 미역을 동래장에 팔기 위해 넘나들던 길이다. 고갯길에서 만나는 개울에는 도롱뇽과 새우, 버들치가 살고 있으며, 반딧불이가 관측되고, 직박구리 등 각종 산새와 곰솔, 덜꿩나무, 굴밤나무 등이 서식하고 있다. 신곡산 정상 부근의 송정 옛길 전망대에서는 송정해수욕장과 송정 일대의 멋진 풍경을 볼 수 있다.'

'송정 옛길'은 해운대구청에서 복원한 길이다. 한국전쟁 당시 군부대가 들어서고 통행을 제한하면서 지워진 옛길을 2020년부터 한 땀 한 땀 복원했다. 송정 옛길은 옛날 옛적 송정에서 해운대로 가던 오솔길. 송정터널 위에 자리잡은 절 두타사에서 산 하나를 넘어 부산환경공단으로 이어지도록 복원했다.

송정 옛길 복원은 의미가 대단히 크다. 돈은 적게 들면서 박수는 많이 받을 일이다. '가성비' 면에서 '엄지척'이다. 송정 옛길을 시작으로 해서 다른 지자체도 옛길 복원에 소매 걷어붙이고 나섰으면 좋겠다. 옛날 지도에 나오는 길과 다소 다를 수도 있겠지만 그게 걸림돌이 될 수는 없다. 옛길이 하나만 있을 리도 없지 않은가.

부산의 옛길은 부산의 원형이다. 옛길을 복원하는 일은 그러므로 부산의 원형을 복원하는 일이다. 일제강점기 철로가 놓이고 도로가 놓이면서 원형에서 멀어진 부산! 원형에서 완전히 멀어지기 전에 할 수 있는 만큼은 복원에 나서야 한다. 우리 아버지의 아버지가 다니고 어머니의 어머니가 다니던 그 길을 오늘 우리가 다시 걸을 수 있다면 이 또한 기쁘지 아니한가.

재송

수영강에 가면
만 그루 솔향 강바람이 분다

栽松織火 재송직화

재송직화는 수영팔경의 하나다. 직화(織火)는 베를 짜려고 밤새 켜둔 등잔불. 재송마을의 소나무 사이사이 등잔불이 얼렁대는 야경이 재송직화다. 수영팔경을 지은 이는 최한복(1895~1968) 선생. 선생이 생전에 직접 본 풍경이었을 테니 100년 이쪽저쪽 너무도 다른 세상이다.

재송은 심을 재(栽), 소나무 송(松). 소나무 재배 단지가 재송마을이었다. 물론, 분재용 소나무는 아니었다. 나라에서 필요로 하는 소나무를 키우는 국유림이었다. 소나무 용도는 지역마다 소나무마다 달랐다. 여기 소나무는 전선(戰船), 그러니까 주로 군함 제작에 쓰이던 선재(船材)로 쓰이지 않았을까 짐작한다.

재송마을은 강을 끼고 있었다. 수영강이었다. 강 건너편은 해군부대였다. 조선의 바다를 지키던 수군이 거기 주둔했다. 부대 명칭은 경상좌도 수군절도사영. 줄여서 수영(水營)이라 했다. 나무로 배를 만들던 그 시절이었다. 부대 가장 가까운 강마을에 소나무 재배 국유림을 조성해 전선 제작에 필요한 목재를 둥둥 띄워 보냈으리라. 실제로 그랬다면 1970년대 수영강 강물에 목재를 띄우고서 성업했던 태창목재를 역사적으로 잇는 연결고리가 된다.

(동래)부의 동쪽 10리에 있다. 소나무 1만 그루가 있다.
在府東十里 松數萬株
재부동십리 송수만주

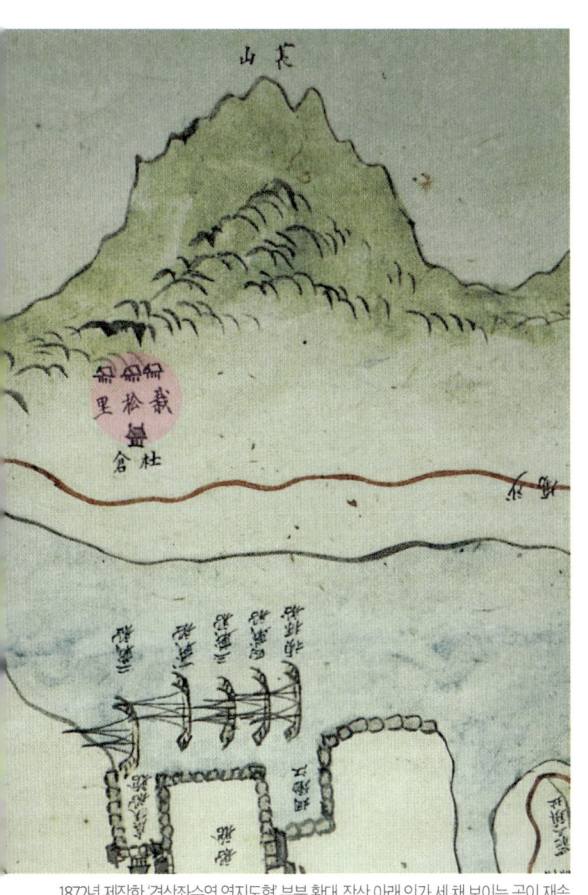

1872년 제작된 '경상좌수영 영지도형' 부분 확대. 장산 아래 인가 세 채 보이는 곳이 재송리 마을이다. 마을과 수영강 사이에 널따란 백사장이 있었고 백사장을 따라서 길이 나 있었다. 마을 맞은편 조선시대 수군이 주둔하던 수영이다. ⓒ규장각

재송마을의 소나무는 얼마나 됐을까. 소나무 사이사이 등잔불이 얼렁댔다고 했으니 꽤 됐을 터. 1740년 편찬 〈동래부지〉에 그 수를 밝혔다. '1만 그루'라 했다. 상징적인 숫자만은 아닐 것이다. 조선시대 금송(禁松) 처벌을 보면 알겠지만 봉산 나무는 한 그루 한 그루 일일이 세어서 관리했다. 허술하게 관리했다간 사달이 났다. 강변 평지에 소나무 1만 그루는 어마어마했다. 더디더디 크고 불에 잘 타는 나무라 그 정도 솔숲은 그렇게 흔하지 않았다. 강가 야산은 민둥산 일색이었기에 더욱 그랬다. 민둥산은 조선팔도 어디에나 있었다. 어느 집 없이 나무를 땠다. 시량(柴糧)은 땔나무와 먹을 양식. 땔나무는 매일매일 먹는 밥과 동격이었다. 그러니까 집 근처 야산의 나무는 남아나질 않았다. 게다가 최근 경남북 산불에서 봤듯 불이라도 번지면 속수무책이었다. 조선팔도 어디에나 하나쯤 둘쯤 있은 이유다.

민둥산은 독뫼, 또는 문산이라고 했다. 독은 민둥산 독(禿) 또는 홀로 독(獨)을 썼다. 산과 산이 연이은 깊은 산은 맹수 들끓고 도적 들볶았으니 홀로 툭 떨어진 야산에서 땔나무 하는 것을 선호했음은 불문가지. 독(禿)이나 독(獨)이나 그게 그거였다. 문산(文山)은 민둥산을 점잖게 표현한 것. 기장 문오동의 문산이 그런 경우다.

조선은 국유림 관리가 엄격했다. 봉산(封山)이라고 명명하고선 무단으로 나무 베는 것을 엄격히 금지했다. 이를 어기면 가혹한 처벌이 따랐다. 1461년(세조 7) 규정한 금송(禁松) 위반의 벌칙은 다음과 같았다. 1·2그루 벤 자는 곤장 100대, 산지기는 곤장 80

대, 해당 관리는 매 40대. 3·4그루 벤 자는 곤장 100대에 군인으로 보내고 산지기는 곤장 100대, 관리는 곤장 80대. 10그루 이상 벤 자는 곤장 100대에 가족을 변방으로 내쫓고 산지기는 곤장 100대에 군인으로 보내고 관리는 곤장 100대에 파면. 10년 동안 나무 한 그루 벤 사실이 없을 때에는 산지기를 산관직(散官職)으로 승진.

작정하고 덤비는 도둑은 그 시절에도 있었다. 봉산 나무를 노리는 도둑도 많아서 골머리를 앓았다. 도둑들은 관리가 느슨한 접경지를 노렸다. 〈비변사등록(備邊司謄錄)〉은 조선시대 국가 최고 회의기관이었던 비변사의 활동을 수록한 기록물. 여기에 정조 24년(1800) 4월 12일 강원도 삼척과 간성 등지에 암행어사로 나간 권준의 보고서가 실렸는데 앞부분 절반이 접경지 봉산의 나무를 노린 도둑 이야기다. 봉산 지키기는 당대 최고의 현안이었다.

수영강 좌수영교와 과정교 사이에 있는 '재송포' 표지석 앞면과 뒷면. 재송리 봉산에서 재배한 소나무를 맞은편 수영으로 보내던 포구가 이 일대에 있었다.

'삼척의 봉산 중에 황지·원덕 두 산과 안동·봉화·영월·울진 등 읍의 접계에 도둑이 많아 4읍을 횡행하면서 나무를 베가는 범죄는 저쪽에 있는데 죄에 걸리는 것은 이쪽에 있습니다. 그러므로 본 경계 두 산 아래에 사는 백성으로 수호군(守護軍)이 된 자가 그 고초를 견딜 수 없어 거의 다 흩어져 도망가고 있어서 필경에는 수호할 사람이 없을 지경에 이르게 되었습니다. (…)'

재송포(栽松浦). 소나무를 동동 띄워 보내던 재송마을은 포구였다. 동래부 동쪽 10리에 있어서니 동면(東面) 재송이었다. 면세(面勢)가 커지면서 동면은 동상면과 동하면으로 분리됐다. 재송마을은 동하면에 들어갔다. 1992년 온천천·수영강 직강공사를 벌이면서 포구 원형을 잃자 해운대구청은 수영강 좌수영교 인근 강변에 '재송포' 표지석이랄지 기념석을 세워뒀다.

동하면 면세는 어땠을까. 수영팔경 재송직화가 일상이던 무렵의 동하면엔 1904년 기준

수영강에서 1970년대 성업했던 태창목재 전경. 수영강 1만 평 매립지에 1969년 9월 들어선 태창목재는 1981년 10월 폐업할 때까지 지역경제를 이끌었다. 태창목재 자리엔 1989년 현대아파트, 2004년 협성르네상스아파트가 들어섰다. ©물길 따라 흐르는 수영의 역사

1955년경 수영강과 수영비행장 일대. 백사장에 드문드문 보이는 소나무가 재송 봉산의 흔적이리라. ©부경근대사료연구소

집이 모두 208채 있었다. 중동이 66채로 가장 많았고 재송동과 우동이 각각 54채, 좌동이 34채였다. 지금은 좌·우동을 좌(佐)·우(佑)로 쓰지만 그때는 좌(左)·우(右)로 썼다. 역사적으로나 지리적으로나 좌(左)·우(右)가 옳다. 본래 지명으로 복원하는 안(案)을 원탁에 올리면 어떨지 싶다.

팔경(八景)도 그렇다. 팔경이나 팔대(八臺)는 중국에서 비롯했다. 꽃이 핀다든지 발복 등의 행복한 단어 발(發)과 숫자 팔(八)은 발음이 비슷했다. 그래서 8을 즐겨 썼다. 여기서도 8, 저기서도 8이었다. 중국식을 굳이 따를 이유는 없겠지만 10경이니 33대니 지역마다 절경을 남발하는 지금의 세태에선 곱씹을 만하다. 수영팔경의 하나인 재송직화, 재송. 수영강에 가면 만 그루 솔향 그윽한 강바람이 분다.

'장산 등산로' 약도 부분 확대. 산아래 보이는 재송초교와 재송1호교 일대가 소나무 1만 그루를 재배하던 봉산이지 싶다.

간비오봉대

보는 사람 속이 활활 타는 조선의 봉수대

봉대점화(烽臺點火). 양운폭포, 춘천약어 등과 해운 8경의 하나다. 해운대 간비오봉대 활활 이는 등불이다. 여기서 등불을 피우면 북쪽에선 기장 남산 봉수대, 서쪽에선 황령산 봉수대가 맞불을 놓았다. 조선의 바다를 지키던 매서운 눈빛이 간비오산(干飛烏山) 봉수대였다.

설치연대는 확실치 않으나 고려말부터 갑오경장(고종 31년, 1894년)까지 700여 년간 해운포 일대에 침입한 왜적을 감시하던 곳으로 부산에서 황령산 봉수대와 함께 가장 오래된 봉수대이다.

해운대구청 홈페이지의 '간비오산 봉수대' 설명이다. 조선시대 봉수대는 1급 군사 통신시설이었다. 이상징후를 맨 먼저 발견한 봉수대

1700년대 중반 제작한 '영남지도(嶺南地圖)'의 간비오산 봉수대. 간비오봉(干飛烏烽)으로 표기했다. ©영남대 박물관

에서 등불이나 연기를 피우면 이웃 봉수대 역시 즉각 피웠다. 그리하여 삽시간에 조정이 있는 한양으로 전파됐다.

간비오봉대는 해운대 유일의 봉수대였다. 1급 군사시설인 만큼 문헌마다 지도마다 소개했다. 봉수대가 있는 위치며 어디 봉수대로 연결되는지 나타냈다. 간비오는 무슨 뜻

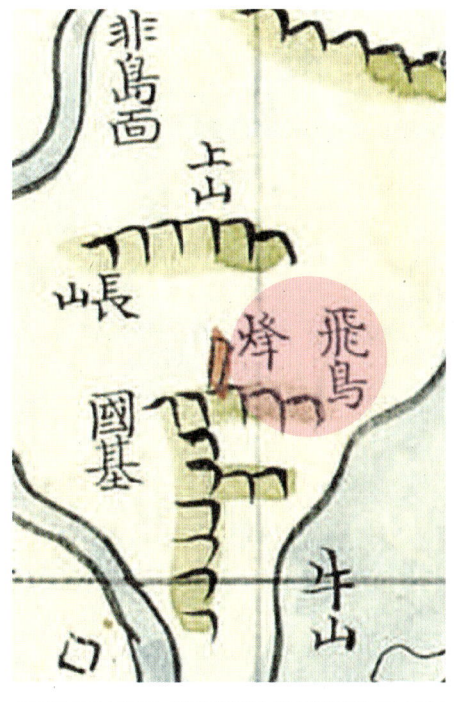

1700년대 중반 제작한 '여지도(輿地圖)'의 간비오산 봉수대. 간비오봉(干飛烏烽)으로 표기했다. ⓒ규장각   1776년과 1795년 사이에 제작한 '해동여지도(海東輿地圖)'의 간비오산 봉수대. 비오봉(飛烏烽)으로 표기했다. ⓒ국립중앙도서관

일까. 방패 간(干) 날 비(飛) 까마귀 오(烏), 한자는 그다지 어렵지 않은데 뜻이 어렵다. 인터넷 검색하면 어떨지 모르겠다.

상산의 남쪽 봉우리다. 봉수가 있다.
上山南峯也 有烽燧
상산남봉야 유봉수

1740년 〈동래부지〉 '산천(山川)' 조의 '간비오산' 설명이다. '봉수(烽燧)' 조에도 나온다. '동래부 동쪽 20리에 있으며 북쪽은 기장 남산, 서쪽은 황령산과 연결된다'고 했다. '산천' 조에 언급된 '상산(上山)'은 무슨 산일까. 〈동래부지〉는 상산도 설명한다. 꽤 길다. 한자는 인용 안 하는 대신 번역을 그대로 싣는다.

간비오산 봉수대 전경. 저 멀리 까마귀가 갈매기인 양, 방패인 양 훨훨 날아다니는 조선의 바다가 보인다. 1976년 10월 새로 쌓았다.

장산이라고도 하고 봉래라고도 한다. 동래부의 동쪽 15리에 있다. 대마도를 바라보는데 가장 가깝다. 산의 정상에 평탄한 곳이 있고 그 가운데가 저습한데 사면이 토성과 같은 형상이다. 둘레가 2천여 보(步) 된다. 속(俗)에서 말하기를 장산국의 터[萇山國基(장산국기)]라고 한다.

옛날 지도 역시 간비오산 봉수대를 신주 모시듯 한다. 지도가 열이라면 아홉이 간비오산 봉수대를 표기했다. 불길 활활 이는 봉수대를 보노라면 보는 사람까지 속이 활활 탄다. 명칭은 조금조금 다르다. 간비오봉, 간비오봉대, 비오봉 등등이다. 산아래 마을을 간비오면(于非烏面)으로 표기한 지도도 더러 보인다. 오기로 보는 게 타당하다. 지금 봉수대는 1976년 10월 새로 쌓았다.

간비오산 봉수대 진입로와 이정표. 도시철도 동백역 인근 '7번가 피자' 샛길로 접어들면 된다.

어떻게 갈까. 길은 많다. 도시철도 2호선 동백역 2번 출구로 나와서 피자집 샛길로 접어들면 된다. 운촌마을회관 계단을 오르면 '간비오산 봉수대 0.6㎞' 이정표가 보인다. 해발 144m 높이라서 부담은 적다. 봉수대에 서면 보이는 바다. 까마귀가 갈매기인 양, 방패인 양 무더기로 몰려다니는 조선의 그 바다다. 봉수대 불길은 또 얼마나 뜨거운지 아침이면 해가 활활 타면서 뜬다.

명지 자염최성

조선 최고의 '소금 도시' 부산

'자염최성'은 김정호 대동여지도에 나오는 문구다. 한자는 煮鹽最盛. 자염은 간단하게 설명하면 구운 소금이다. 천일염은 바닷물을 햇볕에 말려서 얻고 자염은 바닷물을 장작불로 끓여서 얻는다. 조선 전래의 소금이라서 옛 시에 곧잘 등장한다. 병약했던 임금 세종은 몸이 허하면 자염 소금국을 끓여서 음용했다.

자염최성은 조선에서 자염이 가장 번성한다는 뜻. 거기가 어딜까. 김정호는 낙동강 하구에 명지 섬을 동그랗게 그리고 자염최성 네 글자를 써넣었다. 김정호가 이 지도 초간본을 완성했을 때는 1861년. 그러니까 그 무렵 조선 최고의 소금 산지가 낙동강 하구 명지였다. 사방천지 널린 갈대 따위를 온종일 때며 소금을 얻는 곳이 명지였다.

명지에 있는 조선시대 송덕비도 자염최성을 증명한다. 송덕비는 하나가 아니고 둘이나 된다. 둘 다 명지 영강마을 부산해경 명지파출소 담벼락에 있다. 비문에는 이곳 소금 이야기를 담았다. 비석 이야기는 나중에 하기로 하고 우선 김정호 대동여지도 이야기부터 먼저! 지도를 자세히 보면 바탕이 모눈종이 같다. 모눈 눈금이 같은 간격으로 그려져 있다. 그냥 그린 것은 아닐 테고 무엇을 의미하는 걸까.

이쯤에서 고지도의 종류를 알아보자. 고지도는 모르고 봐도 재미있지만 알고 보면 더 재미있다. 이왕 사는 것 재미있게 살고, 이왕 보는 것 재미있게 보자. 고지도는 그림일까, 지도일까. 둘 다다. 그림이면서 지도다. 그러면서 어떤 것은 그림에 가깝고 어떤 것은 지도에 가깝다. 그림에 가까우면 회화식 지도, 지도에 가까우면 기호식·방안식·백리척 지도다.

자염최성으로 돌아가자. 구운 소금이 얼마나 많이 나왔기에 김정호는 자염최성이라 했을까. 명지 어민이 생계용으로 시작한 자염은 고려에 이어 조선이 들어서면서 관청 소유, 관유(官有)로 바뀌었다. 한국 전매제도의 시작이 소금 관유다. 관유가 되자 생산성이

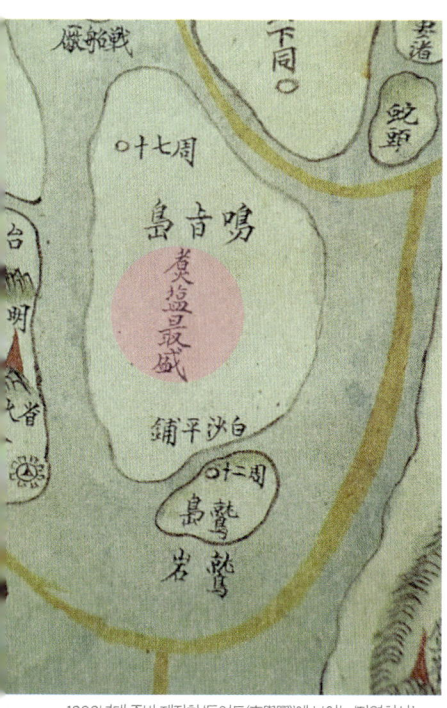
1800년대 중반 제작한 '동여도(東輿圖)'에 보이는 '자염최성'.
ⓒ규장각

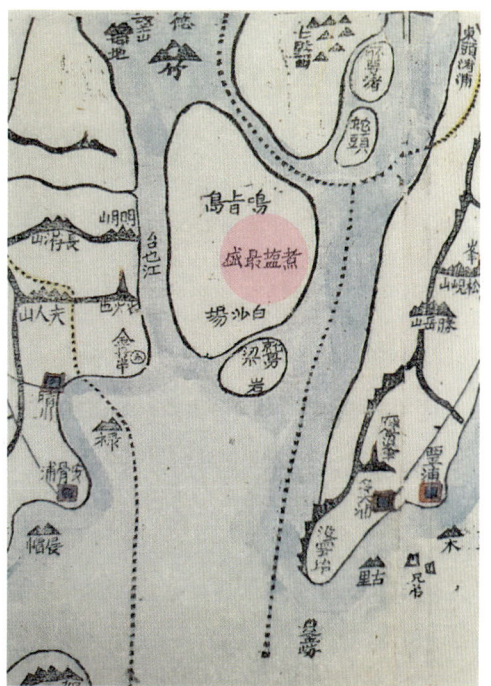
1861년 제작된 김정호 '대동도'의 낙동강 명지 일대. 도로망에 10리마다 거리를 표시한 백리척 지도다. 낙동강 섬마을 명지도(鳴旨島) 아래 '자염최성(煮鹽最盛)' 네 글자는 여기가 조선 전래의 소금인 자염 생산지임을 밝힌다. ⓒ부산대 도서관

떨어졌다. 중종 때 다시 사유가 되지만 나라 곳간이 예전 같지 않았다. 결국 영조 임금에 이르러 관에서 소유하는 형식인 공염제(公鹽制)가 시행된다.

공염제 시행으로 염지에는 소금 굽는 가마솥 72기가 놓였다. 관리자도 두었다. 처음엔 실무 책임자인 별장이 맡았다가 소금 한 알 한 알이 백금인지라 부사가 맡았고 나중에는 부사보다 높은 경상도 관찰사가 맡았다. 영강마을 두 송덕비의 주인공이 경상도 관찰사다. 한 송덕비는 김상휴 관찰사, 한 송덕비는 홍재철 관찰사를 칭송한다. 김상휴는 순조 22년(1822) 2월 도임해 이듬해 12월 이임했다. 홍재철은 헌종 6년(1840) 9월 도임해 1842년 4월 이임했다. 송덕비는 각각 1824년 2월과 1841년 10월 세웠다.

두 송덕비 모두 명지 소금 관련 폐단을 없애줘 고맙다는 내용이다. 김상휴 송덕비는 수군을 비롯한 관리가 염전 어민을 괴롭히지 못하게 한 것, 강 연안 각 읍에서 염선(鹽船)을 붙잡아 두는 폐해를 바로잡은 것 등을 칭송한다. 홍재철 송덕비는 구체적이다. 앞면은 자금 삼천 냥을 내놓아 염민(鹽民) 구한 공덕을 기리고 뒷면은 명지 공염전 규모와 3

천 냥 쓰임새를 밝힌다. 가마솥 72기도 거기 언급돼 있다. 홍재철 비문을 전재한다. 홍재철은 1840년 9월 경상관찰사로 부임해 1842년 4월 이임했다.

영조 을축년(1745) 처음 공염(公鹽)을 설치하였을 때 72개의 솥을 건 염전을 두었는데, 점차 축소되어 37개의 솥만 남았고, 게다가 지금 땔감이 귀하기가 금과 같다. 연례로 공염 3천 석을 바치는데, 한 석의 원가가 한 냥 5전이니, 합 4천5백 냥이다. 그 외 임자년에 정한 한 석의 땔감 값이 5전으로, 합이 천오백 냥이지만 거의 만에 하나 정도 채울 뿐이라고 한다. 우리 관찰사께서 남쪽으로 오신 이듬해 신축년(1841) 가을에 걷어야 할 소금 1천 석을 매 석당 열 냥으로 땔감 값을 보태어 채워주시되 1천 냥을 먼저 내려 주시며, 춘등염(春等鹽) 2

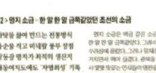

자염최상 명지 소금을 전면 게재한 국제신문 2016년 11월 28일 기획 기사.

명지 영강마을 부산해경 명지파출소 담벼락 송덕비. 명지 자염 생산 염민(鹽民)을 각별히 돌봤던 경상도 관찰사에 대한 고마운 마음을 담았다. ⓒ박수정

1950년대 명지 자염 염전. 바닷물을 햇볕에 말려서 얻는 천일염과는 달리 자염은 바닷물을 장작불로 끓여서 얻는 구운 소금이다. ⓒ강서문화원

경북 울진에서 전통 방식으로 자염을 굽는 조희조 명장. 명지에서 자염을 생산했던 선친의 유업을 잇는다. "소금을 잘 먹으면 피가 맑아진다"고 말한다. ⓒ조희조 명장

천 석에 땔감 값 2천 냥을 응당 시행할 전례로 만드셨다. 그래서 매년 3천 냥으로 바로잡아 주셨으니, 이전 수백 년 동안 없었던 은혜요, 뒤로 몇백 년 동안 썩지 않을 은택이다. 그러므로 썩지 않을 돌에 새겨 둔다. 숭정기원후 주상 8년 신축년(1841) 10월에 세우다.

대동여지도는 조선 고지도 최고봉으로 꼽힌다. 구석구석 김정호가 발품을 판 덕분이고 구석구석 김정호 애정이 스민 까닭이다. 김정호가 낙동강 강둑에 이르러 걸음을 멈추고 바라보았을 낙동강 너머 아스라한 연기. 소금 굽는 연기다. 지금은 상상하기도 어려운 소금 도시 부산의 풍경을 대동여지도는 담는다. 옛 지도를 보는 재미의 하나다.

동남아 라오스 여행지에서 본 소금 생산지. 옛날의 우리처럼 바닷물을 끓여서 소금을 얻었다.

가덕도

가파른 언덕의 섬, 가덕도

부산 강서구 가덕도(加德島)는 고유명사일까. 아니라고 본다. 가덕도는 부산에만 있지 않고 타지에도 있다. 한 군데만 있는 지명이라면 분명 고유명사이지만 여기에도 있고 저기에도 있는 가덕도는 보통명사 내지 일반명사에 가깝다. 조선팔도 어디서나 강의 남쪽에 있으면 강남이고 성의 안쪽에 있으면 성내동이듯.

가덕도는 인천에도 있고 전남 여수에도 있다. 인천 옹진군 덕적면 가덕도는 인천항에서 배를 타고 한참 가야 한다. 한참 가야 맞닥뜨리는 덕적군도(德積群島)에서 또 더 가야 당도하는 외지고 가파른 섬이 인천 가덕도다. 인터넷에 덕적군도를 검색하면 '너에게로 가는 나 홀로 섬 산행'이 뜰 만큼 외로운 느낌을 주는데 그보다 더 외로운 섬이 인천 가덕도다. 여수 가덕도도 외로운 섬, 무인도다.

여기에도 쓰이고 저기에도 쓰인 가덕. 가덕은 무슨 뜻일까. 강남이며 성내가 마을의 위치에 따라서 얻은 지명이듯 가덕은 섬이 생긴 지형에 따라서 얻은 지명이라는 게 내 생각이다. 조선팔도에 강남이며 성내가 한둘이 아니듯 이 섬 비슷하게 생긴 곳은 가덕이라 불렀고 그래서 조선팔도에 가덕도 역시 한둘이 아니었지 싶다. 지금 남은 게 부산과 인천, 그리고 여수의 가덕도라고 나는 생각한다.

가덕은 무슨 뜻일까. '덕'부터 보자. '언덕'을 한자로 표현할 때 주로 덕을 썼다. 사상구 덕포(德浦)가 '덕이 있는 포구'가 아니라 '언덕이 있는 포구'였듯. 수영구 민락동을 이루었던 두 곳의 자연마을, 평민동과 덕민동에서도 언덕을 엿볼 수 있다. 평민동의 이전 이름 널구지마을은 널빤지처럼 평평해서 얻은 이름이고 더샵센텀포레아파트가 들어선 덕민동은 산자락 언덕배기 마을이었다.

가덕도 '가(加)'는 무슨 뜻일까. 국어학자는 아니라서 내 수준으론 체계적인 설명이 불가다. 다만 시 쓰는 상상력으로 접근하자면 '가파르다'는 뜻이 아닐까 여긴다. 용례를 찾

'1872 군현지도'의 천성진도(天城鎮圖)의 가덕도 확대. 맨 위 성냥불처럼 보이는 게 가덕도 연대봉(煙臺峯) 봉수대다. ⓒ규장각

'1872 군현지도'의 가덕진도(加德鎮圖)의 가덕도 확대. 1872년 제작한 군현지도는 군사지도다. 국가 지도 편찬사업으로 팔도 감영에서 만들었다. 1872년 조선은 격랑의 시기였다. 해양 방어와 관련한 군사시설을 파악하고 점검할 필요가 있었다. ⓒ규장각

아보면 어딘가에서 찾을 순 있겠지만 여기선 일단 넘어가자. 내 생각이 일정부분 수긍된다면 가덕도는 '가파른 언덕의 섬'이 된다. 외지고 외로운 원악도(遠惡島)는 상상만 해도 가팔랐고 그게 섬의 이름이 되었다. 물론 부산과 인천의 두 섬은 실제로도 가파르다.

부산의 가파른 섬 가덕도는 예부터 군사 요지였다. 왜(倭)와 맞닿은 반도의 최남단이었고 가파른 험애(險崖)는 최상의 자연 요새였다. 그래서 조선은 여기에 가덕진이며 천성

만호진이며 수군부대를 주둔시키고 병기제작소를 설치했다. 일제강점기 왜군은 여기에 포진지를 구축하고 해안동굴을 팠다.

옛날 지도 역시 가덕도가 군사 요지라고 밝힌다. 대표적인 지도가 1872년 제작한 '가덕진도(加德鎭圖)'와 '천성진도(天城鎭圖)'다. 이들 지도는 1872년 국가 지도 편찬사업으로 팔도 감영에서 추진한 전국 군현(郡縣) 지도집의 하나다.

고종의 아버지 흥선대원군이 집권하던 1872년은 격랑의 시기였다. 병인양요(1866)와 신미양요(1871)를 겪은 조선은 조선팔도에 척화비를 세워 서양을 경계했다. 그 일환으로 해방(海防)과 관련한 군사시설을 파악하고 점검할 필요가 있었다. 그래서 제작한 게 조선팔도 군현지도였다. '가덕진도'와 '천성지도'가 거기에 속했다.

'가덕진도'는 이 지역을 나타낸 조선지도 가운데 가장 세밀하다. 그림처럼 나타낸 회화식 지도다. 성 안쪽에 객사, 아사, 좌청, 우청, 이청 등이 있으며 성 바깥에는 선환고(船丸庫)

가덕도 연대봉 봉수대. 1872년 제작 '가덕진도'와 '천성진도'에 보이는 봉수대. 지도는 '봉망(烽望)'으로 표기했다.

가덕도 척화비. 군사지도인 군현지도를 만들기 한 해 전인 1871년 흥선대원군의 명으로 세운 내부결속용 포고령 같은 비석이다. 가덕진성 입구 바닷가에 세웠으나 지금은 가덕도 천가초등학교 교정에 있다.

와 화약고가 나란히 있다. 선창에는 판옥선 2척과 크고 작은 군함 4척이 보인다. 판옥선은 조선 수군의 주력 함정이었다.

해안 선소인 어구정(禦寇亭) 바로 앞에는 척화비가 당당하다. 신미양요를 겪은 1871년 그해 4월 조선팔도에 척화비를 세웠다는 기록이 이 지도에서 확인된다. 해안에 있던 척화비는 일제강점기 수난을 겪었다. 기장 대변의 척화비가 바다에 처박혔다가 광복 이후 복구했듯이 가덕도 척화비는 일제강점기를 거치면서 행방이 묘연했다.

'(척화비는) 가덕도 공사 현장에서 출토돼 1995년 12월 천가초등으로 이전·복원하였다.'

연대봉에서 본 가덕도 바다. 저 앞에 거제도와 가덕도를 잇는 거가대교가 보인다.

가덕도 척화비가 지금 있는 곳은 천가초등학교 교정. 척화비에 그늘을 드리운 은행나무가 내뿜는 기운이 예사롭지 않다. 척화비 옆에는 가덕진 수군 부대장 공덕비가 셋 있다. 부대장 공덕비라곤 하지만 대원군 척화비에 잔뜩 움츠렸다. 비석 안내판은 일제강점기 척화비가 겪은 수난을 한 줄로 드러낸다. '공사 현장에서 출토'라는 한 문장만 읽어도 숨이 벌렁거린다.

'천성진도'는 가덕도 천성동에 있던 수군부대 천성진을 그린 지도다. '가덕진도'와 표현 기법이 유사하고 동시대 것이라 동일 화원이 그렸을 것으로 추정한다. 성 안쪽에 각종 관아건물이 보이고 근처 바다에 두둥실 뜬 섬은 목도(木島), 형제도 등 지금도 친숙한 이름이다. 천성진 왼쪽 뭍에는 다대포에 있던 다대진이 보인다. 선창에 정박한 군함은 4척. 1척은 판옥선이다.

가덕도는 역사의 섬. 패총이며 지석묘며 청자며 봉수대며 수군부대며 부산의 역사가 오롯이 담겼다. 아쉬운 점은 조선을 지켰던 당당한 역사보다는 포대 진지며 해안동굴이며 일제강점기 다크 투어리즘이 지나치게 부각된다는 사실이다. 옛날 지도로 보는 가덕도는 '제발 그러지 말라'고 우리에게 당부한다. 외적이 우리 바다에 얼씬도 못 하게 지켰던 조선의 수문장이 가덕도였다. 그것의 증명이 '1872 군현지도'의 '가덕진도'와 '천성진도'다.

칠점산

죽기 전에 꼭 가봐야 할 버킷리스트

… 낙동강 하류에서 꼬리를 드리우면서 점을 찍은 듯 바다 위에 일곱의 독메섬을 남겼고 이 섬들이 하류로 흘러 내려온 토사를 막아 모래톱을 형성했으니 평야의 시작이었다. …

일곱 점 칠점산(七点山)이 현재 있는 곳은 김해공항 담벼락 안쪽. 담벼락 안쪽 보안시설에 있어 먼발치에서 바라보는 것으로 만족해야 한다. 담벼락과 칠점천 하천 사이 '칠점 건강장수쉼터'에 세운 칠점산 표지석이 그나마 아쉬움을 달랜다. 몇 구절 더 보자.

하늘을 나르는 봉황이 (…)제 살을 깎아 새끼를 치는 어미마냥 일곱의 산을 허물어 나라의 관문을 이루었다. 지금은 작은 돌산만의 흔적을 남겼으니 …

요약하자면 이렇다. 옛날 옛적 낙동강 하류에 섬이 있었고 섬에는 일곱 산이 있었다. 김해공항을 조성하면서 산을 허물고 섬은 메워져 작은 돌산만 달랑 남았으니 칠점천을 낀 담벼락 안쪽, 먼발치에서 바라보는 자그마한 언덕이 그 돌산이다.

칠점산. 그런 산도 있나 할 정도로 지금은 뒷방지기 처연한 신세지만 한 시절 칠점산은 전국구 명성을 가진 명승이었다. 낙동강 너른 하구 한가운데 섬에 점점이 솟은 일곱 산, 칠점산! 내로라하는 시인은 내남없이 '죽기 전에 꼭 가봐야 할 버킷리스트'에 칠점산을 넣었다. 강서구청이 2014년 펴낸 〈강서구지〉에 실린 칠점산 관련 한시만 해도 무려 17편이나 된다.

대표적인 시인이 고려 정몽주(1337~1392)였다. 밤마다 꿈에서 칠점산을 찾는다는 시를 썼다. 실제로 칠점산을 찾아 시로 남겼다. 울산 언양 2년 유배를 마친 뒤 1377년 2월 칠점산을 유람하고 쓴 것으로 추정하는 시가 그것이다.

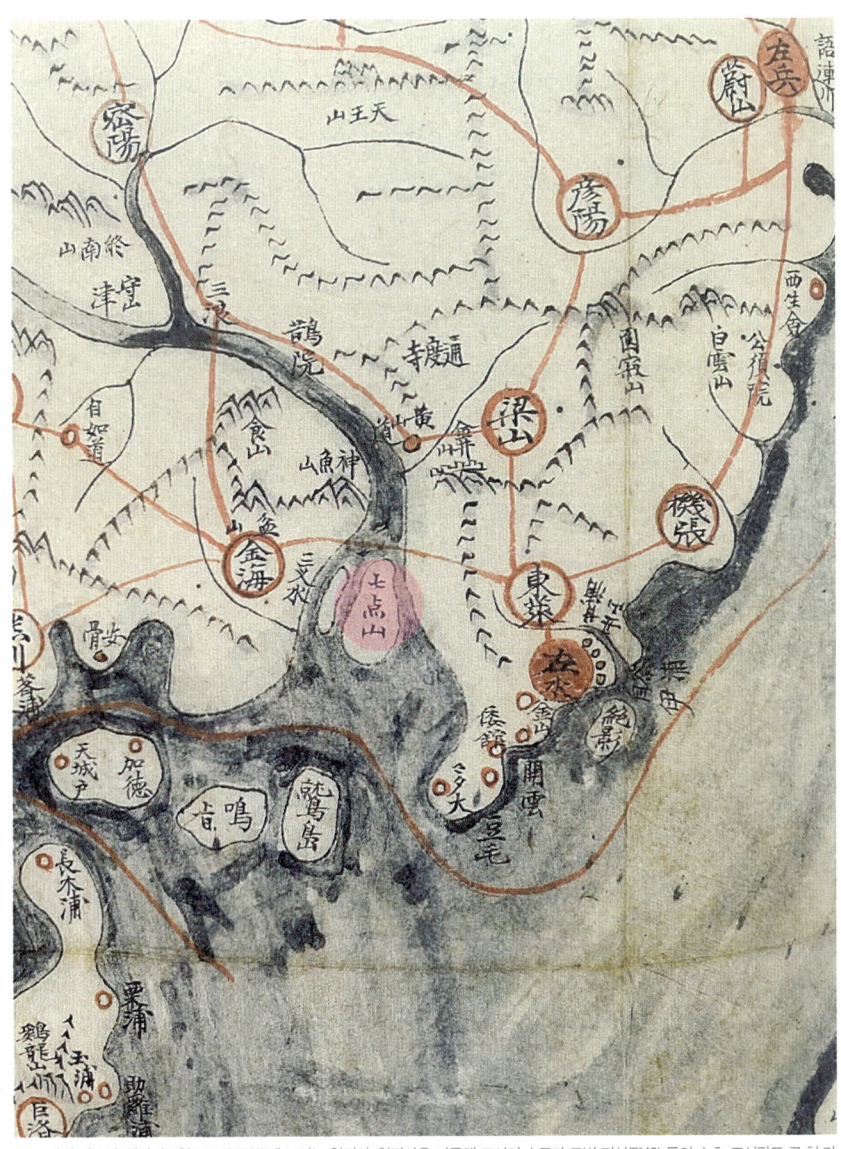

1800년대 지도인 '천하지도첩(天下地圖帖)'에 보이는 칠점산. 칠점산을 비롯해 조선의 수군과 도별 전선(戰船) 등의 수효, 조선팔도 군·현·가구·논밭·인구의 숫자 등을 표시했다. ⓒ국립해양박물관

七點山前暮露橫 칠점산전모노횡
三叉浦口綠波生 삼차포구녹파생
春風二月金州客 춘풍이월금주객
正似江南路上行 정사강남로상행

칠점산 앞에 안개 아지랑이 비끼고
삼차포 어귀에는 푸른 물결 일도다.
봄바람 부는 2월 금주에 온 길손은
강남 길을 가던 때와 정말 같구나,

시에 나오는 삼차포는 삼차수에 있던 포구. 낙동강의 다른 이름이 삼차수(三叉水)다. 칠점산은 당대의 문화 아이콘이었다. 고전문학 산실이었으며 전설에도 등장한다. 금관가야 수로왕의 아들 거등왕은 선인을 초청해 바둑을 두거나 배 띄워 거문고를 연주했으니 일급 공연장이 칠점산이었다. 기명(妓名)으로도 인기 만점이었다. 그중 유명했던 기생은 칠점선(七點仙). 고려 우왕과 조선 태조에 이르는 두 왕조의 총애를 받았다.

1861년 제작 대동도(大東圖)에 보이는 칠점산. 칠점산을 일곱 점으로 표기했다. ⓒ부산대 도서관

강서구 대저1동 칠점마을 경로당은 도롯가에 있다. 도로 건너편은 담벼락이고 담벼락 너머로 지금 남은 칠점산이 보인다. 온전한 산이 아닌 반점산 형상이다. 경로당에서 마주친 할머니는 칠점산을 가리키며 그 어디에도 없는 이야기를 술술 풀어놓는다.

"산 깎는 공사를 하는데 일꾼이 자꾸 죽는기라. 그래서 산 깎는 걸 그만뒀다 아이가. 하나 남았지만 옳은(원래) 산은 아인기라. 한 오십 년 됐나 모르겠네."

칠점산 평토작업은 일제강점기 처음 벌였다. 일제는 일본군 비행장 활주로 공사를 벌이면서 서남쪽 세 봉우리를 헐었다. 이때만 해도 식수로 쓰던 우물과 기우제를 올리던 무지개산, 면사무소, 초등학교 등이 있어 사람으로 북적댔다. 광복 이후 공군기지 확장과 민간공항 유치로 판이 커지면서 나머지 봉우리마저 헐어서 지금은 반점산만 남았다. 공항과 공군부대가 가로막아 출입을 통제한다.

칠점산의 현재 모습. 일제강점기 때 처음 헐고 광복 이후 또 헐어 김해공항 담벼락 안에 반점산(半點山) 형태로 쪼그라들었다.

'천하지도첩(天下地圖帖)'은 1800년대 지도. 조선팔도를 비롯해 모두 11첩의 채색필사본 지도다. 조선의 수군과 도별 전선(戰船) 등의 수효, 조선팔도 군·현·가구·논밭·인구의 숫자 등을 표시했다. 아무도 손대지 않은 원형 그대로의 칠점산이 이 지도에 나온다. 칠점산 양옆으로 넘실넘실 흐르는 낙동강 강물. 누구는 강물을 보며 바둑 두고 누구는 칠점산 보며 거문고를 탄다. 가야 왕도(王都) 그윽한 역사의 현장이 저 칠점산이며 김해평야 광활한 시원이 저 칠점산이다.

가는 길. 사상~김해 경전철 등구역에서 내려 칠점마을로 가면 칠점산 표지석이 나온다. 걸어서 이삼십 분 거리. 부산경찰청 기동본대 가는 길목에 있다. 슈퍼 맞은편으로 표지석이 보인다. 표지석 담벼락 너머 보이는 언덕배기 산이 칠점산이다. 높이 35m 돌산에 불과하지만 주변이 평지라서 금방 찾아진다.

덕도

둘레 15리, 전답은 120만㎡ 300가구 부자마을, 낙동강 하중도

'물바다가 된 부산 강서구 덕두시장.'

2022년 추석 직전 들이닥친 태풍 힌남노. 힌남노는 강서구 재래시장까지 침수시켰다. 4일과 9일 오일장이 서는 덕두시장이었다. 어느 인터넷 언론은 '물바다'라는 자극적인 용어로 침수 현장을 보도했다. 덕두시장은 낙동강 제방이랄지 산책로를 낀 강변 마을에 있다. 부산김해경전철 대저역에서 김해공항 방향 두 번째 역인 덕두역 일대가 거기다. 덕두 한자는 德斗다.

덕두의 원래 명칭은 덕도(德島)였다. 덕도는 낙동강 하중도였다. 해중도는 바다의 섬, 하중도는 강의 섬이다. 강의 섬이라서 힌남노 같은 태풍이 오거나 홍수가 나면 피해가 컸다. 1934년 낙동강 대홍수가 대표적이다. 이 대홍수로 인해 제방을 새로 쌓았고 급기야 덕두 본마을에 있던 오일장 덕두장까지 지금 자리로 옮겼다. 덕두장은 '떡돌장'으로도 불린다. 덕도를 억세게 발음하면 '떡돌'이다. 토박이 억센 억양에 기대어 덕도는 이어지는 셈이다.

낙동강의 독도라 불러도 되지 싶은 자그마한 섬 덕도. 상상으론 그렇지만 덕도는 끗발 있는 섬이었다. 조선시대 임금도 덕도를 알고 있었다. 어전회의에서 대신이 덕도 요모조모를 아뢰면 임금은 고개를 끄덕끄덕 그랬다. 대신은 덕도를 보고하고 임금은 재가하는 정경이 고문서에 고스란히 담겼다.

때는 1816년 12월 29일. 임금은 순조였다. 새해를 하루 이틀 남긴 그날 임금 주치의 약방(藥房)이 입궐하면서 행도승지 이존수와 좌의정 한용구가 동석했다. 도승지와 좌의정이 이런저런 현안에 대해 보고하면 임금은 그들의 의견을 물어 '이래라, 저래라' 결정하는 자리였다. 먼저 행도승지 이존수가 통영의 환곡 폐단을 아뢰자 임금은 좌의정 한용

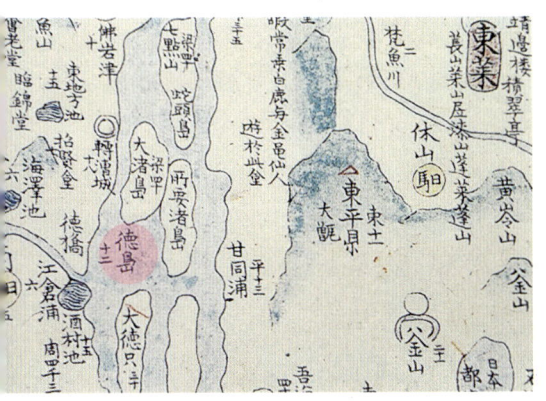
1682년경 제작한 '동여비고(東輿備攷)'에 보이는 덕도. 대저도(大渚島) 아래에 있다.
ⓒ양산 대성암

구의 의견을 물은 뒤 그 의견대로 하라고 윤허했다.

도승지 앞에 붙은 행(行)은 조선시대 행수법의 산물이었다. 품계가 높은 이를 낮은 관직에 임명하거나 품계가 낮은 이를 높은 관직에 임명하는 경우 행수법을 적용했다. 관직 앞에 행을 붙이거나 수(守)를 붙였다. 쉽게 말하면 소령 같은 대위, 중위 같은 대위였다. 품계 높은 사람은 넘쳐나고 관직은 한정된 처지에서 비롯한 고육지책이었다. 품계보다 관직이 낮은 벼슬아치는 묻지 않아도 행을 밝혔어도 그 반대인 수는 묻지 않으면 밝히지 않았다.

각설하고, 도승지 보고가 끝나자 좌의정 한용구가 아뢰었다. 아뢴 내용이 〈비변사등록(備邊司謄錄)〉 1817년 1월 1일 기록에 미주알고주알 실렸다. 비변사는 조선시대 군사와 관련한 중요 업무를 의논해 결정하던 기관. 여기 활동을 일기 형식으로 기록한 게 대한민국 국보 〈비변사등록〉이다. 지금의 국회 속기사에 해당하는 비변사 소속 낭청(郎廳)들이 깨알 같은 글씨로 회의 내용을 받아 적었다. 한용구 보고에 덕도가 나온다.

"김해 덕도면(德島面)은 삼차강(三叉江)의 중류에 있으며 둘레가 15리고 전답이 120여 결(結)이나 되는데 갑술년의 큰 홍수로 제방이 무너지고 조수가 밀려와서 갉아먹어 마침내 소금밭이 되어 버렸습니다. 그리하여 300여 호이던 촌락이 지금은 근 50호만 남아 전체 한 면(面)을 영구히 버리게 되었으니 참으로 애석합니다. 역처(役處)가 워낙 방대하다 보니 부근 민정(民丁)으로는 갑작스럽게 완전히 쌓기는 어려운 실정입니다. 이전에 이처럼 큰 역사(役事)가 있었을 때는 이웃 고을의 민정을 시켜 힘을 합쳐 쌓는 일을 완성하게 하였고, 관문(官門)에서 취점(聚點)을 면제한 것 역시 본도(本道)에 전례가 있습니다. 지금 농사가 시작되기 전에 본읍과 이웃 고을의 민정을 며칠 동안 한정해서 적절함을 헤아려 부역시켜 쌓는 일을 완성하도록 하고, 백성을 부리는 고을은 취점을 면제해 주는 것이 좋을 듯합니다. 다만 이미 융정(戎政)에 관계되는 일이므로 묘당에서 품처하여 분부하게 하는 것이 어떻겠습니까?"

한용구 보고를 통해 덕도의 규모를 가늠할 수 있다. 둘레 15리, 전답 120여 결, 가구 수 300여 호다. 10리가 4km니 둘레는 6km에 이른다. 바다도 아닌 강에 이 정도 둘레를 가진 섬이 많지는 않을 것이다. 1결(結)은 시대마다 차이가 있으나 대략 1만m²(1ha)쯤 된다. 120만m²가 넘는 전답을 경작한 대평원이 덕도였다. 가구 수 역시 어마어마한 수준이다. 보고 시점을 기준으로 100년쯤 후인 1904년 덕도와 마주보는 낙동강 건너편 사상면의 가구 수가 254호였다. 단순 비교는 어렵겠지만 사상면 전체 면보다 집이 많을 만큼 살기 좋았던 부자 마을이 낙동강 하중도 덕도였다.

한용구 보고 중간중간 난해한 용어가 보인다. 200년 전 상류사회에서 쓰던 말이려니, 하나하나 검색해 보면 공부가 되겠다. 2022년 추석 직전에 겪은 물난리를 낙동강 하류의 하중도 덕도는 200년 전에도 겪었으니 불우도 그런 불우가 없었다. 한용구의 보고를 받은 임금은 다시 대신의 의견을 물었고 한용구는 미리 준비한 모범답안을 술술 풀어 놓는다.

"모든 민력(民力)을 쓰는 데에 관계되는 일은 진실로 신중히 해야 할 일입니다. 이번에 덕도에 제방을 쌓는 역사는 민사(民事)에도 크게 관계가 있습니다. 비록 민정을 징발해서 수축(修築)한다고 하더라도 안 될 것이 없습니다만 더구나 관문에서 취점할 자를 일정 기간 부역하게 하고 취점을 면제하게 하면 기어코 쌓는 것을 완성하여 폐단을 줄일 수 있을 것입니다. 이러한 내용으로 도신 및 당해 지방관에게 분부하는 것이 좋을 듯합니다."

구구절절 옳은 말이었다. 임금으로선 거부할 하등의 이유가 없었다. 의견 청취가 끝나자 이내 그리하라 윤허하였다. 말만 속기하고 표정이나 행동은 기록하지 않았지만 대신의 보고를 듣는 순조 임금의 일거수일투족이 그림처럼 그려진다. "그래, 그래" 무릎 치거나 "옳지, 옳지" 고개 끄덕이는 장면들. 임금의 무릎을 치게 하고 임금의 고개를 끄덕이게 한 족보 있는 섬이 낙동강의 독도, 덕도였다.

덕도는 무슨 뜻일까. 가덕도가 한두 군데가 아니듯 덕도는 여기만 있지 않았다. 경북 포항에도 있었다. 형산강 하류와 영일만이 만나는 곳에 두 섬이 있었으니 죽도와 덕도였다. 그러므로 '가파른 언덕의 섬' 가덕도처럼 덕도는 고유명사가 아니라 '언덕의 섬'을 통칭하는 일반명사가 아니었을까. 조선팔도 도처에 있는 '언덕의 섬'이 덕도였을 것이란 게 내 생각이다.

경남 거제도 황덕도(黃德島)가 그 예다. 칠천도 서쪽에 다리로 연결된 작은 섬 황덕도는

김해경전철 대저역에서 본 덕두 방면. 낙동강을 낀 평원이 끝도 없이 펼쳐진다. 덕도의 지금 지명이 덕두.

2022년 9월 추석 직전 태풍 힌남노에 침수된 덕두시장. 1816년 12월 29일 순조 임금 어전회의에서도 덕도 침수 피해가 거론됐다. ⓒ부산경찰청

숲이 울창해 노루가 많이 살았다. 섬 언덕 노루들을 지켜본 칠천도 사람들이 '노루가 노는 언덕'이라 해서 노루언덕으로 불렀다. 노루언덕이 노런덕, 노른덕으로 변음했고 한자로 표기하면서 황덕도가 되었다고 한다. 섬에 나무가 없을 때 누런 황토 일색이라서 누런섬'이라고도 했다는 이야기도 전한다.

'대한민국을 지키는 가장 높은 힘.' 경전철 덕두역은 도로를 중간에 두고 김해공항 담벼락과 마주한다. 이제는 섬이 아니라 육지란 이야기다. 도로를 가로지르는 경전철 육교형 선로 난간에는 '가장 높은 힘' 대한민국 공군의 슬로건이 위풍당당하다. 강을 매립해 널따란 평야를 조성하면서 섬은 육지가 되고 언덕은 깎여서 평지가 됐으리라. 한 시절, 한국의 곡창으로 불렀던 김해평야는 선천적인 평야가 아니라 강 매립으로 생긴 후천적 평야. 언제 매립해 평야가 됐을까. 강서구청이 발간한 〈강서구지〉에 내력이 소상하게 나온다.

'강서지역 삼각주를 포함한 낙동강 하류의 저습지는 조선 후기 산태방둑과 대저제방 등이 최초로 축조되었고, 이에 따라 1916년 대저수리조합이 설립됨으로써 본격적으로 농경산업이 시작되었다. 1920년대 들어 일제 산미증식계획의 일환으로 1927년 낙동유역하천정비 공사를 시작하면서 낙동강 하류 삼각주는 오늘날과 같은 비옥한 평야 지대가 되었다.'

덕도. 언덕에서 내려다본 풍광이 오죽 시적이었으면 언덕을 섬의 이름으로 내세웠을까. 상상의 섬, 상상의 언덕 그 꼭대기에 서서 낙동강 유장한 물결을 내려다본다. 언덕을 스치는 강바람 한 줄기에 시 한 소절, 햇빛 받아 반짝이는 강물 한 줄기에 노래 한 가락. 시 한 소절과 노래 한 가락, 덕도를 스치며 끝도 없이 흘러간다.

어구정

무릇 이 정자에 오르는 자,
화살 끝을 주목하라

어구정을 네이버 검색하면 야구장만 잔뜩 뜬다. 에구. 구글은 좀 낫다. 원하는 기사가 뜬다. '조선시대 남문 바깥 활터'라고 나온다. 한자는 막을 어(禦)에 도둑 구(寇), 정자 정(亭), 禦寇亭이다. 액면 그대로 풀이하면 호시탐탐 부산 앞바다를 엿보는 일본 왜구를 막으려고 화살을 쏘아대던 정자였다.

어구정 정자는 어떻게 생겼을까. 옛날 지도에 나온다. 1700년대 중반 제작한 '좌수영지지도(左水營之地圖)'에도 나오지만 선명하기론 1872년 제작한 군사지도 '가덕진도(加德鎭圖)'가 압권이다. 조선 수군이 주둔하던 가덕진의 동문과 북문 모서리 바깥에 기와지붕 2층 누각을 그리고 어구정(禦寇亭)이라 표기했다. 바로 아래는 대원군 척화비가 보이고 선창에는 판옥선 두 척과 군함 여섯 척이 정박해 있다.

판옥선 두 척과 군함 여섯 척. '가덕진도'를 그린 연도와 거의 같은 1871년 편찬한 〈영남읍지〉는 이에 대해 상세한 진술을 내놨다. '전선(戰船) 두 척, 병선(兵船) 두 척, 사후선(伺候船) 네 척'이라 했다. 판옥선과 전선은 같은 말. 총통과 신기전 등 화약 무기를 이용한 원거리 함포전을 염두에 두고 만든 조선 수군 주력 군함이었다. 접전시 적이 배에 기어오르지 못하도록 뱃전에 단창(短槍) 또는 단검을 꽂아 두었다. 군함 여섯 척은 병선이 두 척, 사후선이 네 척이었다.

병선은 뭐고 사후선은 뭘까. 병선은 전선 또는 방패선의 보조적인 역할을 수행한 무장 군함이었다. 전선보다 규모는 적었지만 날렵했다. 사후선은 적을 정찰·탐색하는 척후(斥候)에 쓰였다. 비무장 소형 선박이었다. 방선(防船)으로 불린 방패선은 배에 방패판을 세워서 적의 화살 등으로부터 군사를 보호한 중형 전투선이었다.

가덕진 규모는 다대진 규모와 같았다. 좌수영 관할 다대진 역시 전선 두 척에 병선 두 척, 사후선 네 척을 보유했다. 각 전선의 최고 책임자는 감관(監官)이었고 그 밑으로 각

1872년 제작한 군사지도 '가덕진지도' 부분 확대. 사진 중앙에 '어구정(禦寇亭)' 정자가 보이고 대원군 '척화비(斥和碑)'가 바로 앞에 보인다. 선창에 거북선처럼 보이는 배는 조선 수군의 주력 함대 판옥선이다. ⓒ규장각

<각선도본(各船圖本)>에 실린 조선시대 판옥선. <각선도본>은 조선 후기 편찬한 것으로 추정되는 선박도(船舶圖)다. ⓒ규장각

종 직급의 군인을 뒀다 총 쏘는 포수는 각각 24명, 노 젓는 능로군은 각각 120명, 활 쏘는 사부는 각각 118명을 두었다.

군량미도 나온다. 1호 전선이 쌀 48섬 14말, 찐쌀 6섬, 미숫가루 2섬을 상비했고 2호 전선은 쌀 23섬, 찐쌀 4섬, 미숫가루 2섬을 비축했다. 병선 최고 책임자는 선장이라 했다. 병선마다 사부 10명, 포수 10명, 능로군 15명을 두었다. 사후선은 책임자 없이 능로군 10명만 두었다. 척후에 나설 경우 군관이 따로 탔으리라.

가덕진과 다대진. 둘이 보유한 함정이 같다는 것은 가덕진이 다대진과 맞먹는 군사 요충지였음을 뜻한다. 가덕도에 진을 설치한 건 1546년이었다. 임진왜란이 일어나기 46년 전이었다. 1592년 임진왜란으로 함락되자 잔해 웅동면 안골성으로 이진했다. 그러다 1656년 가덕도로 복진했다.

군사 요충지였다는 것은 일본과 가깝다는 방증이다. 일본과 가깝다 보니 무역이 성행했다. 동래부사 안진이 1664년 5월 7일 조정에 보고한 밀계(密啓)에 무역 규모가 나온다. 밀계 한 구절이다.

'왜선이 야음을 타고 가덕진에 와서 정박하였는데, 상인 임지죽(林之竹) 등이 백금 6,900여 냥으로 석유황(石硫黃) 11,300근과 흑각(黑角)·장조총(長鳥銃)·장검(長劍) 등의 물건을 무역하였습니다. 왜인이 특별히 지죽에게 기증한 장검·단검·장창과 석유황은 감히 사사로이 쓰지 않고 모두 조정에 바쳤으니, 묘당(廟堂, 의정부 또는 조정)으로 하여금 품의하여 처리하게 하소서.'

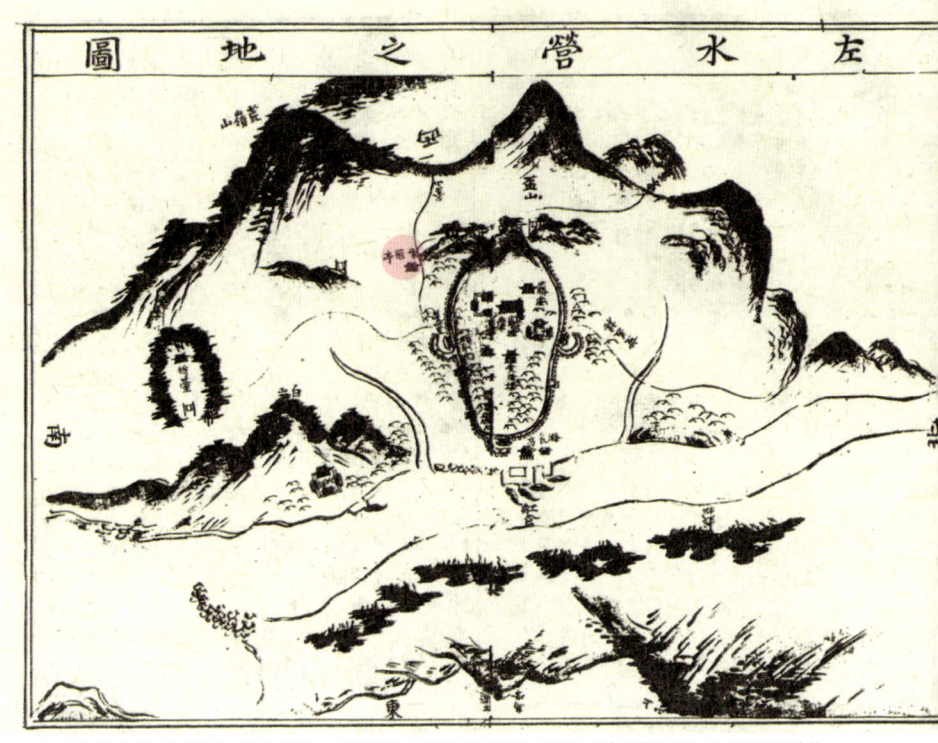

1700년대 중반 제작한 〈여지도서(輿地圖書)〉에 실린 '좌수영지지도(左水營之地圖).' 황령산 아래 야트막한 야산에 보이는 자그마한 네모가 활터 과녁이고 그 오른편에 어구정(禦寇亭)이 보인다. ©한국교회사연구소

어구정 비슷한 말로 어변정이 있다. 비슷해서 둘이 같은 거로 오인하는 경우가 종종 있다. 하지만 엄연히 달랐다. 그냥 다른 게 아니고 하늘과 땅 차이였다. 어변정 한자는 籞邊亭. 어(籞)는 금원(禁苑)을 말한다. 금원은 물고기나 새를 방사해서 기르는 나라 동산. 비원(祕苑)이나 어원(御苑)이라고도 했다. 대궐 안의 동산이 어변정이었다.

부산의 어구정은 확인된 바로 둘. 부산 수군 본영에 해당하던 좌수영 어구정과 첨사진이던 가덕진 어구정이었다. 좌수영 어구정은 훈련용이었고 가덕진 어구정은 실전용이었다. 두 어구정이 군사시설인 만큼 기문(記文)을 남겼다. 1757년 7월 좌수영 수령으로 부임한 구간(具侃, 1759년 7월 교체)이 쓴 '어구정기(禦寇亭記)' 한 대목을 인용한다. 이후엔 '어구정'을 검색하면 정확하고 많은 정보가 검색되기를 바라는 마음이다.

'(…) 무릇 우리 장수와 병사로서 활을 잡고 이 정자에 오르는 자는 화살 끝을 주목하고 활시위를 울리면서 적개(敵愾)의 강렬한 마음을 가지지 않는 자 없으리라. 이 소문이 이르는 곳이면 먼 곳의 사람들도 두려워할 것이다. 또 어찌 화살과 화살촉을 낭비할 일이 있겠는가. (…)'

1850년 편찬 《내영지(萊營誌)》에 실린 '기문(記文)'의 하나인 '어구정기(禦寇亭記)'. 좌수영 어구정기의 건립 배경과 당위성 등을 밝힌 글이다. 1757년 7월부터 1759년 7월까지 좌수영 최고위직인 수사를 지낸 구간(具侃)이 썼다. ⓒ국립중앙도서관, 원본은 일본 천리대학 금서문고(今西文庫)

영가대

영가대 복원은 역사의 복원, 자존감의 복원

부산의 평지는 셋 중의 하나다. 원래부터 평지든지 바다를 메워서 평지든지 산을 깎아서 평지든지. 부산은 대부분 바다를 메운 평지다. 영도 대평동 매축지가 그렇고 범일동 매축지가 그렇다. 송도 아랫길도 바다를 메운 평지고 부산 곳곳의 부두도 원래는 바다였다.

산을 깎아 평지가 된 곳도 적지 않다. 영주동 일부는 영선산을 깎아 평지가 됐고 양정 송상현광장은 모너머고개를 깎아 평지가 됐다. 범일동 부산진시장 뒤편 영가대 터도 그렇다. 지금은 평지지만 일제강점기 그때만 해도 바닷가 둔덕이었다.

영가대(永嘉臺) 터는 특이했다. 연구 대상으로 삼을 만하다. 평지가 되기 이전 둔덕은 그냥 둔덕이 아니었다. 바다를 준설하면서 퍼낸 흙이 쌓이고 쌓여서 언덕처럼 됐다. 내 분야는 아니지만 조선 토목의 역사에 그런 경우가 얼마나 있을까 싶다.

어떻게 준설했을까? 가장 궁금한 대목이다. 바다에 맨몸으로 들어가 밑바닥 흙을 퍼내기에는 한계가 있었을 것이다. 아무리 많은 사람이 들어가고 아무리 많은 흙을 퍼내도 둔덕을 이룰 정도는 아닐 것이다. 분명히 무슨 수가 있었을 텐데 문외한인 나로선 감이 통 잡히지 않는다. 이 부분을 밝힐 수 있다면 부산은 조선 최고의 기술을 가진 건축 도시로 거듭나지 싶다.

준설은 왜 했을까? 선착장을 만들기 위해서였다. 큰 배가 수월하게 드나들도록 바다 밑바닥 흙을 긁어냈다. 긁어낸 흙은 어떻게 했을까. 주목할 대목은 여기다. 흙을 육지로 던진 게 아니라 다시 바다에 버렸다. 큰 배를 바다에 가라앉혀서 거기에다 흙을 차곡차곡 쌓았다. 이른바 돈대(墩臺)였다. '위키백과'에 나오는 돈대 설명이다.

> 돈대는 성곽 시설의 하나이다. 평지에 있는 성에서는 보통 가장 높은 평지에 높게 축조

했으며, 해안에 있는 성에서는 적들이 침입하기 쉬운 요충지에 주로 설치했다. 외부는 성곽으로 축조되어 있으나 보통 내부에는 군사 시설이 들어서서 포를 쏘거나 사방을 볼 수 있게 만들었다.

영가대 돈대 역시 군사적 목적이었다. 포구에 정박한 배를 지키기 위해서였다. 지키고 싶었던 배는 군함이었다. 군함은 대단히 컸다. 옛날 지도가 그걸 알려준다. 영가대 포구에 정박한 군함은 네 척. 얼마나 큰지 포구가 다 찼다. 갑판을 두른 4척의 배는 판옥선(板屋船)이다. 조선 수군의 주력 군함이었다. 판옥선은 부산 바다를 지키는 '5분 대기조'였다. 배 한 척에 노 젓는 군인만 120명이었고 총 쏘는 군인, 활 쏘는 군인 등등 말 그대로 움직이는 군부대였다.

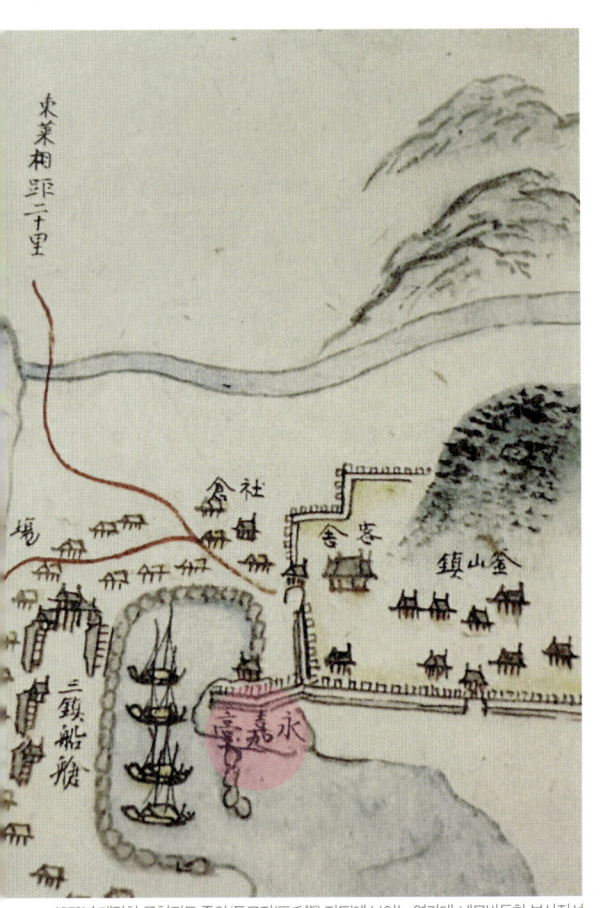

1872년 제작한 군현지도 중의 '두모진(豆毛鎭) 지도'에 보이는 영가대. 네모반듯한 부산진성 옆에 보이는 나지막한 언덕이 영가대. 조선 수군의 주력 군함인 판옥선 4척을 그려 넣었다. 영가대 주변에 보이는 '장시(場市)'는 오늘날 부산진시장이다. ⓒ규장각

영가대 바로 뒤는 부산진성. 지도에는 영가대와 성이 붙은 듯 가깝다. 부산진은 조선의 바다를 지키던 수군의 주둔지였다. 1850년 편찬한 《내영지(萊營誌)》에는 부산진 주둔 전선의 군함 수와 병사 수, 군량미 규모 등이 나온다. 군함에는 전선, 병선, 사후선이 있었다. 부산진은 수영에 경상좌수영 다음으로 큰 부대였고 다대포와 동급이었다. '내영'은 동래 수영의 준말. 《내영지》는 당대 수영을 깨알처럼 적은 책이었다.

두모진(豆毛鎭) 지도. 1872년 군사용으로 제작한 군현지도의 하나로 이 지도에 영가대가 선명하게 나온다. 바닷가 부산진성 바로 옆이 영가대였고 그 옆에 옆이 두모진이었다. 영가대와 두모진 사이엔 '장시(場市)'가 섰다. 오늘날 부산진시장의 발아점이리라.

1872년 군현지도는 군사용 지도였다. 정확한 표기가 생명이었다. 군함도 그렇다. 그냥 두 척, 세 척을 그려 넣은 게 아니라 몇 척인지 일일이 확인해서 두 척이면 두 척, 세 척이면 세 척을 그려 넣었다.

1872년 군현지도는 대원군 척화비 정신에 맞닿는다. 병인양요(1866)와 신미양요(1871) 승리의 여세를 몰아 척화비를 세운 게 1871년. 대원군은 두 번의 양요를 거치며 군사력 강화를 꾀했다. 그에 앞서서 조선의 실제 군사력을 점검할 필요가 있었으며 그러한 필요로 제작한 게 1872년 조선팔도 방방곡곡의 군현지도였다. 그러므로 정확해야 했다.

이제 본론으로 돌아가자. 영가대는 뭘까. 언제 만들어졌고 언제 허물어졌을까. 영가대는 준설 언덕에 지은 망루 겸 누각이었다. 조선통신사가 여기서 제사를 지냈다. 조선통신사는 대일 외교사절. 서울에서 출발한 통신사 행렬은 부산에 머물며 파도 잔잔한 날을 기다렸다. 일본으로 건너가기에 앞서 무사안녕을 기원하는 제사인 해신제를 지내는 곳이 영가대였다. 〈국조인물고(國朝人物考)〉는 조선의 인명사전. 조선 건국에서 숙종 때까지 주요 인물을 항목별로 소개한다. 거기에 영가대 기록이 나온다.

영남은 지역이 넓고 백성이 많아 송사가 산적하고 섬 오랑캐와 인접해 있어서 조석으로 방비해야 하였는데(중략) 부산 연해안에 바람이 마구 몰아쳐 전함이 낡아졌으므로 포구를 파서 배를 정박하니 배가 아무렇지도 않았다.

영가대 앞바다 준설은 1614년 이뤄졌다. 공사 책임자는 경상감사 권반(1564~1631)이었다. 1740년 발행 〈동래부지〉는 '1614년 순찰사 권반이 연못을 파서 호수를 만들어 전선(戰船)을 간직하고, 작은 언덕을 쌓아 대를 삼았다'고 밝힌다. 영가대를 쌓을 때는 이름이 없다가 10년 후 영가대로 작명했다. 일본 사신을 맞으려고 1624년 부산에 온 고위 관료 이민구(1589~1670)가 그렇게 지었다. 권반을 예우하려는 의도로 무명의 언덕을 '영가대'로 작명했다.

권반을 권분이라고 적은 고문헌도 꽤 된다. 한자가 비슷한 데서 생긴 오류가 아닐까 싶다. 내 생각은 권분이 바르다고 본다. 명색 양반댁 귀한 도령의 이름을 어찌 '눈 예쁠 반(盼)'으로 썼겠나, '햇빛 분(盼)'으로 썼겠지. 그게 내 생각이다. 각설하고, 권반은 1613년 5월부터 이듬해 6월까지 경상감사를 지냈다. 일을 잘했다. 이임 직후인 1614년 7월 2일 〈조선왕조실록〉에 실린 후임 경상감사 장만의 보고서 한 문장을 보자.

진재 김윤겸이 18세기 그린 '영가대' 산수화. 보물 제1929호 〈영남기행화첩〉에 실렸다. 진재 김윤겸은 정선 겸재와 함께 18세기 조선의 진경산수화를 개척했다. 겸재도 영가대를 그렸다. ⓒ동아대 박물관

들리는 말에 본도 전 감사 권반이 도내의 군병(軍兵)을 새로이 단속하여 이미 일정한 체제를 성취하였다.

권반은 안동 권씨. 영가는 안동 옛 지명이다. 권반이 경상도 순찰사를 맡아 수고는 했지만 부산에도 좋은 지명 많은데 이민구는 하필이면 안동 옛 지명을 썼을까. 나이로 보나 경력으로 보나 이민구에게 안동 출신 권반은 넘지 못할 벽이자 기둥이었을 것이다. 한양 양반 이민구가 부산에 무지했을 수도 있다. 이래저래 영가대는 지역에 대한 애정이라곤 손톱만치도 없는 한양 양반의 작명이다.

영가대가 망가진 것은 일제강점기. 일제가 철도를 놓고 전차 선로를 놓으면서 바다는 바다대로 메워지고 둔덕은 둔덕대로 허물어지고 누각의 골조는 골조대로 뜯겨나갔다. 그나마 그림으로, 사진으로 남아서 다행스럽다. 18세기 조선의 진경산수화를 개척한 겸재 정선과 진재 김윤겸이 영가대를 그렸다. 1765년과 1768년 사이에 경남 진주에서 찰방을 지낸 김윤겸은 〈영남기행화첩〉을 남겼다. 보물 제1929호 이 화첩엔 14점이 실렸는데 그중 하나의 제목이 '영가대'다. 화첩은 동아대 박물관이 소장한다.

부산박물관이 소장하는 영가대 사진도 볼만하다. 일제강점기 이전인 1905년 무렵 찍었

을 것으로 추정되는 이 사진엔 영가대 사각 기와 지붕이 '칼 각'이다. 당당하고 강직한 '해병대 정신' 팔각모를 보는 것 같다. 조선의 바다를 지킨 영가대였고 한국의 바다를 지키는 해병대라서 영가대와 해병대는 지향하는 바가 닿는다.

허물어지고 뜯겨나간 영가대 옛터엔 사당이 있다. 사당엔 여기가 영가대 터란 걸 알리는 비석이 있다. 영가대가 여기 있었다는 사실조차 형체 없이 사라질 것을 우려하여 1951년 10월 범2동 갑3조와 을3조 주민이 자발적으로 세웠다. 비석은 앞면에 '영가대기념비'라고 새겼고 뒷면에는 자그마치 320자 넘는 한자를 새겼다. 영가대가 사라지는 과정이 소상하게 나온다. 영가대는 조선통신사가 드나들던 한일 친선의 상징이지만 그 이전엔 국방수호의 최선봉이었다. 조선을 강점한 일제로선 당장 손봐야 할 '불충'이었다. 일제에 한일 친선은 '씻나락 까먹는' 소리였다.

자성로 지하도 역사갤러리의 영가대 실제 사진. 사각 기와지붕이 '칼 각'이다. ⓒ부산시립박물관

복원한 영가대. 2003년 동구청이 자성대 남쪽에 복원했다. 바다가 매립되기 이전 부산 앞바다가 환하게 보였을 자리다. '1614년 순찰사 권반이 연못을 파서 호수를 만들어 전선(戰船)을 간직하고, 작은 언덕을 쌓아 대를 삼았다'고 기록한다.

나라가 약해지자 왜구가 침입하여 산을 파서 바다를 메워 육지를 만들었다. (영가)대 밖에 있던 도랑도 평평하게 만들었으며 입구 문도 땅에 넘어뜨렸다. 영가라는 두 글자도 거의 형체가 없어졌고 오직 고목만이 남아 혼자 그 흔적을 전해 주고 있을 뿐이다.

영가대기념비는 꼭꼭 숨어 있다. 3층인가 4층 다세대주택 막다른 골목에 있어 더욱 그렇다. 부산진성 남쪽인 성남초등학교 서쪽 경부선 철로 주변에 있다. 두 번인가 성남초등 뒤로 돌아갔다가

부산진시장 후문에서 남문시장을 거쳐 영가대로 이어지는 길. 이 길에 놓였던 철길을 따라서 감만동 적기에서 부산진역으로 기차가 다녔다.

복원한 영가대 아래쪽에 있는 조선통신사역사관. 서울에서 출발한 조선통신사 행렬이 일본으로 건너가기에 앞서서 무사안녕을 기원하는 제사인 해신제를 지내는 곳이 영가대였다.

낭패를 보고 다른 날 다른 일로 부산진시장, 남문시장을 들렀다가 마침내 기념비와 조우했다. 부산진시장 1층 25호문 옆 샛길로 직진하면 길 끝쯤 전신주에 '영가대 본터 20m' 표지판이 걸려 있다.

문현선. 부산진시장 1층 25호문 옆 샛길은 1941년 10월부터 1972년 12월까지 기차가 다녔던 문현선 철로였다. 의자에 앉아서 해바라기하던 노인은 이 철로를 따라 감만동 적기에서 부산진역으로 기차가 다녔다고 회고한다. 곧게 뻗은 게 누가 봐도 기찻길이다. 자성대 남쪽에는 2003년 동구청이 복원한 영가대가 있고 거기서 엎어지면 손닿는 자리에 '조선통신사역사관'이 있다.

영가대 복원 노력은 해방 이후 부단하게 이어졌다. 영가대 복원은 끊긴 역사의 복원이며 자존감의 복원이다. 역사의 복원, 자존감의 복원은 부산진시장 뒤편 '영가대기념비'와 2000년 도시철도 1호선 좌천역 2번 출구 공원에 '부산포 왜관·영가대 터' 표석, 2003년 자성대 남쪽 영가대 복원, 2017년 자성로 지하도 정비사업 등으로 나타났다. 부산문화재단이 운영하는 '조선통신사역사관' 역시 영가대 복원의 염원이 담겼다.

좌천

좌자천 佐自川 과
좌자천 左子川 사이로 흐르다

동구 좌천동은 꼭 기억해야 한다. 조선 해안방어의 보루 부산진성이 있는 곳이며 왜란 때 순국한 정발 장군 등을 기린 정공단이 있는 곳이며 기미년 부산 만세운동의 기폭제 일신여학교가 있는 곳이다. 부산경찰서 폭탄 투척의 주역 박재혁 의사가 여기 출신이며 박 의사의 부산상고 동기 최천택 역시 좌천동이 배출한 독립운동가다.

동구 좌천동 가구거리의 '박재혁 의사 생가터' 표지판. 부산경찰서 폭탄 투척의 주역 박재혁 의사가 좌천동 출신이다.

좌천동을 한자로 쓰면 좌천(佐川). 원래는 좌자천(佐自川)이라고 했다. 1740년 발간 부산백서인 〈동래부지〉에 그렇게 나온다. 가야산에서 발원한 하천이었는데 하천을 끼고 사람이 거주하면서 마을 지명이 되었다. 좌자천1리와 2리가 있으며 (동래부) 관문에서 21리 거리에 있다고 했다. 이 당시 좌자천이 속한 면은 동평면. 당리, 감물리, 가야리 등 열 군데 넘는 마을이 있었지만 1리와 2리로 분동(分洞)한 마을은 범천리와 좌자천리뿐이었다.

좌자천은 무슨 뜻일까. 도와서 스스로 흐르는 하천? 스스로 돕는 하천? 해석이 어렵다. 그냥 짓지는 않았을 텐데 도무지 감이 잡히지 않는다. 이렇게도 풀이해 보고 저렇게도 접근해 보지만 요령부득이다. 나만 그런 게 아니고 남도 그런 모양이다. 부산시가 운용하는 디지털 백과사전 '부산역사문화대전'도 두루뭉수리 넘어간다. 이렇다.

좌자천의 지명은 이곳이 바다 입구여서 태풍의 피해가 잦아 붙여진 이름이라는 설과, 물이 깊지 않고 잦은 물[밑바닥에 깔린 물]이라서 붙여진 이름이라는 설이 있다. 또한 골짜기 아래에 있는 자지내 마을이 한자로 표기되면서 좌자천이 되었다는 설도 있다.

1800년대 제작한 지도첩 〈장운도〉에 실린 '동래부산포지도' 부분 확대. 수영강을 대천(大川)으로, 지금의 동구 좌천동을 좌자천(左子川)으로 표기했다. 동천의 이전 이름인 범천을 모천, 좌천은 아들 천(川)으로 봤다. ©국립민속박물관

〈장운도(掌運圖)〉는 적어도 좌천에겐 금과옥조다. 좌천이 왜 좌천인지 단박에 알려준다. '천하의 운세(運勢)를 손바닥[장(掌)]에 담은' 것 같은 〈장운도〉는 조선에서 중국이나 일본으로 가는 육로와 해로를 나타낸 1800년대 지도첩. 지도첩의 하나인 '동래부산포지도'는 그래서 각 지점마다 기재한 노정의 중심이 왜관이다. 왜관이 중심인 것도 거슬리고 왜관을 동래부와 동격으로 둔 것도 거슬린다. 마음 같아서는 접어서 밀쳐두고 싶은 지도다.

〈장운도〉는 좌천을 '좌자천(左子川)'으로 표기한다. 수군 첨절제사가 지키던 첨사진(僉使鎭)인 부산진과 왜관 사이를 가로지르는 하천을 좌자천으로 표기했다. 뜻풀이가 수월하다. 왼쪽에 있는 아들 하천이다. 규모가 작아서 아들 같은 성이 자성대이듯 아들 같은 하천이라 해서 자천이라고 했을 것이다. 좌자천이라면 모성(母城) 격인 모천(母川)의 왼쪽에 있다는 말씀인데 그 모천은 어딜까.

〈장운도〉는 그 궁금증도 백문이 불여일견으로 풀어준다. 좌자천보다 너른 하천을 그 옆에 함께 그렸다. 그 하천의 왼쪽에 있으니 좌자천이었다. 너른 하천의 이름은 대천(大

川). 험준한 준령에서 발원해 부산진성을 거쳐서 바다로 빠져나간다. 길이와 폭이 좌자천은 비교가 되지 않는다. 말 그대로 대천이다.

대천은 어딜까. 지도를 액면 그대로 받아들이면 좀 헷갈린다. 동래와 부산진 둘 다 하천 이쪽에 있다. 동래는 하천 저쪽, 부산진은 이쪽이어야 맞다. 지도 제작자의 무성의 내지는 실수라고 본다. 부산진성을 낀 하천은 범천이었다. 지금의 동천이다. 동천을 조선시대 그때는 범천이라고 했다. 그러므로 이 지도의 대천은 범천을 뜻했다.

수영강을 대천으로 표기한 지도가 있기는 있다. 1872년 제작한 군현지도가 그것이다. 수영강 본류를 대천이라 표기했다. 지류는 중천과 소천으로 표기했다.

좌자천(佐自川)과 좌자천(左子川). 무엇이 옳을까. 둘 다 옳다고 봐야 한다. 좌자천(佐自川)으로 표기한〈동래부지〉는 지금으로 치면 부산광역시에 해당하는 동래부에서 공식 발간한 백서. 그 무게는 아무리 강조해도 지나치지 않다. 타이핑도 아니고 PC 자판도 아니고 한지에 한 글자 한 글자 공들여 적어나간 붓글씨 아닌가. 한 번도 아니고 1리, 2리 두 번이나 적었다면 결코 오자일 리 없다.

좌자천(左子川) 역시 간과해선 안 된다. 무엇보다 한자를 대하는 순간 그림이 그려진다. 꼼꼼하기로 호가 난 지도 제작자가 무턱대고 그렇게 쓰진 않았을 것이다. 의도를 갖고 썼다는 증명이 좌자천 옆에 너르게 그려 넣은 대천이다. 제작자는〈동래부지〉좌자천

화가 이성린(1718~1777)이 1748년 조선통신사 여정을 그린 화첩 '사로승구도(槎路勝區圖)'에 담은 좌천. 부산진성 아래쪽 인가 많은 데가 좌천동이다. '사로'는 바닷길, '승구'는 빼어난 경치다. ⓒ국립중앙박물관

(佐自川)은 멀찍이 밀쳐둔다. 아무리 공식기록이지만 받아들일 수 없었다. 좌자천(左子川)이란 소신을 굽히지 않았고 그 근거로 든 게 너르게 그려 넣은 대천이었다.

옛날 지도를 보노라면 가끔은 난감하다. 이 지도와 저 지도의 지명 표기가 다르거나 지도와 문서의 표기가 다르거나 할 때다. 지도 제작자가 간밤 퍼마신 술이 덜 깨서 그랬나 싶기도 하고 신생아 이름을 얼토당토않게 기입한 옛날 면사무소 직원을 떠올려도 본다. 그것 또한 고집 하나로, 소신 하나로 조선팔도를 순례한 제작자의 인간적인 면모려니 받아들이면 세상에 선(善) 아닌 게 없다.

도시철도 1호선 좌천역 표지판. 도울 좌(佐), 내 천(川)을 썼다. 원래는 좌자천(佐自川 또는 左子川)이라 했다.

초량

초량의 원조는
송도 윗길 '새띠고개'

동래부사 정현덕은 같은 고을에 같은 이름이 둘 있을 수 없다 하여 신초량을 초량이라 하고 구초량을 부민동이라 하게 했다고 한다. 그때의 부민동은 지금의 부민동에서 남부민동까지를 말했고 신초량인 초량은 지금의 초량에서 남쪽으로 용두산 끝자리까지다.

도시철도 1호선 초량역은 좀 유별나다. 지하 보행로가 대단히 길다. 경부선 부산역 쪽에서 부산일보 쪽으로 이어지는 지하 보행로는 한쪽 끝에 서서 다른 쪽 끝을 보면 하루 안으로 다 갈 수 있을까 싶을 정도로 길다. 보행로만 그런 게 아니다. 보행로의 부산역 쪽에 내걸린 '초량동의 유래' 안내판 문구도 길다. 지루하진 않다. 신초량이니 구초량은 '조선의 주먹' 김두한 영화에 나오는 신마적, 구마적처럼 흥미를 끈다.

안내판 문구는 크게 둘로 나뉜다. 초량의 지명 유래와 역사다. 유래도 흥미진진이고 역사도 흥미진진이다. 관광객이 이 안내판을 본다면 부산이 얼마나 흥미로울까 싶다. 안내판이 설명하는 지명 유래는 여럿이다. 초량의 초(草)는 억새 내지 갈대를 뜻한다며 '억새가 많이 자라는 푸른 풀밭'에서 유래했다는 설과 초량동이란 법정 동명이 생기기 이전 이곳에 있던 자연마을 사량(沙梁, 모래다리)에서 유래했다는 설을 대표적으로 꼽는다.

물론 정설은 아니다. 우리 시대 작명이 아닐뿐더러 작명의 근거를 명확히 밝힌 구전이나 자료는 없다. 지역의 특성이나 지리적 요소를 감안해 '그래서 그랬지 않았을까' 유추할 뿐이다. 이나마도 발품 팔아 구전을 채록하고 자료를 찾아다닌 향토사학의 노고와 헌신이 있었기에 가능했다. 치하할 일이다. 검색만 하면 미주알고주알 다 뜨는 요즘과는 달리 연구 환경이 열악했던 앞 시대였기에 더욱 그렇다.

초량은 내가 살던 곳. 초등학교 2학년부터 5학년까지 살았다. 그래서 어릴 때부터 초량

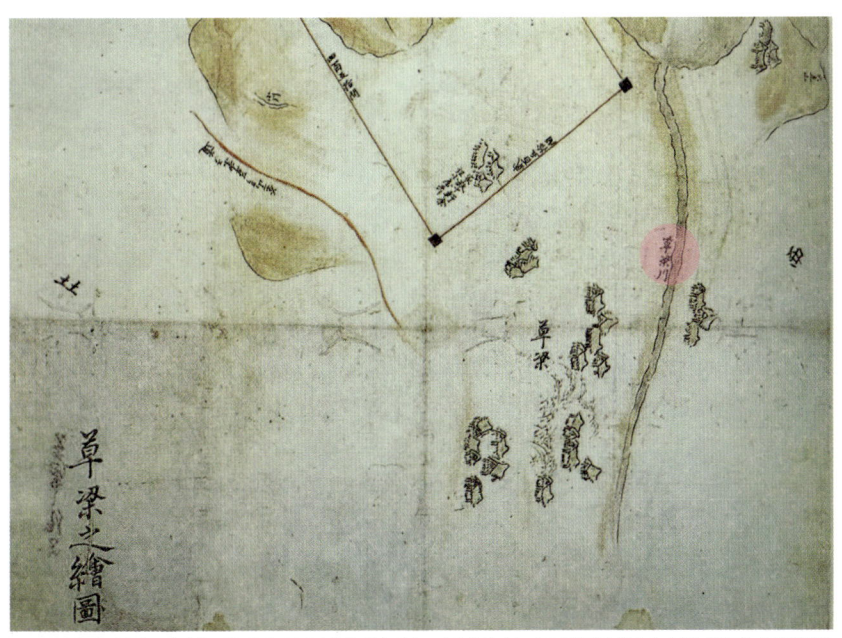

1600년대 후반 제작한 '초량지회도(草梁之繪圖)' 부분 확대. 위가 바다고 아래가 산이다. 지도 오른편에 산에서 바다로 흘러가는 '초량천(草梁川)'이 보인다. ⓒ일본 대마역사민속자료관

이란 지명이 궁금했다. 한자로 쓰면 결코 쉽지 않은 글자인데도 쓱쓱 쓸 수 있었던 것도 내 궁금이 그만큼 오래갔고 컸다는 증명이다. 궁리 끝에 '그래서 그랬지 않았을까' 내 나름의 가설을 세울 수 있었다. 어차피 정설은 없으니 가설 하나쯤 더 보탠들 책잡히랴 하는 마음이었다. 안내판 지명 유래에 전적으로 동의하면서 내 생각을 보탠다.

나는 초량의 량(梁)에 주목했다. 들보, 징검다리, 다리 등의 뜻을 가진 량은 조선시대 어로 방법 내지는 장치의 하나였다. 물고기 잡이에 쓰여서 어량(魚梁)이라고 했다. 물을 막아 한 군데로 흐르도록 해놓고선 미리 놓아둔 통발로 잡는 것이 어량이었다. 통발은 가는 댓조각이나 싸리 같은 거로 엮어서 만들었다.

초량 일대는 곳곳이 하천이었다. 이런저런 산에서 발원한 하천이 초량을 거쳐 부산 앞바다로 이어졌다. 하천과 바다가 접한 지역은 물고기 놀이마당. 당연히 초량천은 물 반, 고기 반이었을 테고 물고기 통발이 수두룩했을 것이다. 물가 갈대[草]를 이용해 물길을 한 군데로 모았고 그 끝에 둔 통발[梁]로 물고기 잡는 어촌 마을이 초량이지 않았을까 하는 게 내 생각이다.

옛 문헌에는 초량이 어떻게 나올까. 〈동래부지〉(1740)와 〈내영지〉(1850), 〈경상남도동

래군가호안〉(1904)을 보자. 셋 다 공공기관에서 발행했다. 〈동래부지〉는 부산시에 해당하는 동래부, 〈내영지〉는 부산 수영 주둔 해군 사령부에 해당하던 경상좌수영, 가호안은 기획재정부 예산담당 부서에 해당하는 탁지부 사세국이 발행처다.

〈동래부지〉는 '초량'이 네 번 간단하게 나온다. 다음과 같다.
- 신초량리 (동래부) 관문에서 31리
- 구초량리 관문에서 32리
- 초량소산(小山) 신초량 왜관 내에 있다.
- 초량항(項) 절영도 안에 있다.

초량역 안내판에는 초량항(項)이 초량항(港)으로 나온다. 오기다. 항(項)은 목덜미처럼 생긴 지형을 말한다. 〈내영지〉와 〈경상남도동래군가호안〉 언급은 이보다 더 간단하다. 하지만 유의마하다. 초량의 위치와 규모를 구체

1800년대 후반 제작한 '동래부산고지도'의 초량 부분. 오른쪽 네모난 성곽의 왜관을 가운데 두고 오른쪽 저 위에 '신초량(新草梁)'이 보이고 왼쪽 아래에 '구초량'이 보인다. 구초량 아래에 '암남(巖南)'이 있다. ⓒ국립중앙도서관

적으로 밝힌다. 〈내영지〉는 '초량항(項)은 본영 남쪽 30리, 절영도 서쪽에 있다'고 했고 〈경상남도동래군가호안〉은 '초량동에 216가구가 산다'고 했다.

216가구가 사는 초량동은 사중면(沙中面)에 있었다. 사중면의 모태는 사면(沙面)이었다. 낙동강을 낀 사면은 부산의 다른 면보다 성장세가 빨랐다. 다른 면은 상하(上下)로 나눈 반면 사면은 상중하(上中下)로 나눴다. 그래서 사상면, 사중면, 사하면이 등장했다. 일종의 분동(分洞)이었다.

사중면에 있던 마을은 일곱이었다. 초량동, 영주동, 절영도, 청학동, 상구룡동, 영선동, 하구룡동이었다. 초량동과 영주동을 빼고는 모두 영도에 있었다. 일곱 마을 가운데 216가구가 사는 초량동이 가장 컸다. 그다음이 160가구가 사는 절영도, 그리고 95가구가 사는 영주동이었다. 216, 160, 95였으니 초량이 얼마나 컸던지 짐작할 수 있다.

초량은 어디쯤일까. 동래부 관문에서 31리, 32리라고는 하지만 눈에 쏙 들어오진 않는다. 이럴 때 옛날 지도는 효자손이다. 가려운 데를 팍팍 긁어준다. 왜관이 있던 초량은 좋은 의미든 나쁜 의미든 조선에서 꽤 중요시했으므로 대부분의 지도가 초량을 표기했다. 원래 있던 초량이 옮겨가면서 원래 초량은 구초량, 옮긴 초량을 신초량이라고 했는데 이를 표기한 지도도 여럿이다. 그중의 하나가 '동래부산고지도'다. 1800년대 후반 제작한 이 지도는 부산을 대단히 세밀하게 묘사해 항공사진 같다.

신초량이 있는 곳은 설문 바로 앞. 지도로 봐도 큰 마을이다. 설문은 왜관 외곽의 출입문이었다. 왜관 거주 왜인이 바깥으로 나가려면 설문을 지나야 했다. 왜관 바깥 첫 마을 신초량은 일종의 역세권이었다. 왜관에선 매일 아침에 시장이 열렸다. 조선인이 왜인을 상대로 연 이 시장을 조시(朝市)라 했다. 조시는 돈이 됐던지 부산진과 고관, 대치 같은 먼 거리 장사치도 가세했다. 왜관 바로 앞에 있는 신초량이 역세권으로 뜬 이유다.

구초량은 천마산 자락에 있었다. 송도 암남동으로 가는 길목 마을이었다. 신초량에서 왜관을 지나 보수천을 건너면 구초량이었다. 왜관 설문 앞에 신초량이 생기기 이전에는 초량이 여기였다. 여기가 원래의 초량, 초량의 원조라면 '초량은 원래 새띠, 새터라고 불렀다'는 안내판의 설명과 맞아떨어진다. 자갈치 충무동 방면에서 송도 암남동으로 넘어가는 송도 윗길은 원래 고개였다. 초가지붕을 이을 때 쓰던 '새띠'란 풀이 무성해 새띠고개라 했다. 송도 윗길 끝자락 남부민2동 행정복지센터 뒤쪽 천마산 비탈에 보이는 샛디커뮤니티센터 어원이 새띠다. 행정복지센터, 커뮤니티센터 일대가 '원조 초량'인 셈이다.

내가 나고 자란 곳은 중구 영주동. 바로 옆이 부산역을 낀 동구 초량동이었다. 그래서 부산역 앞 거기만 초량인 줄 알았다. 왜관이 있던 중구 용두산공원 일대까지 초량인 줄은 어른이 돼서야 알았다. '원조 초량'이 서구 암남동 가는 길목인지는 한참을 또 지나서, 옛날 지도를 보고서야 알았다. 옛날 지도는 내가 나고 자랐으면서도 몰랐던 부산을 구석구석 알려준다. 손이 닿지 않아 가렵기만 한 등짝을 긁어주는 효자손이 옛날 지도다.

충무동에서 암남동으로 이어지는 송도 윗길 고갯마루. '동래부산고지도'에 보이는 구초량이 이 일대다. 송도 윗길 옛 명칭은 '새띠고개'였다. 새띠는 초가지붕을 이을 때 쓰던 풀이었다. 초량의 원래 이름도 새띠였다.

부산진

관청·바다·역을 낀
'초역세권 오일장'

부산진(釜山鎭)에는 오일장이 섰다. 부산장이라 했다. 부산진시장 모태다. 부산진은 애초 군부대였다. 조선 수군이 여기 주둔했다. 수영강 강변에 있던 좌수영의 예하 부대였다. 조선시대는 경상도를 좌도와 우도로 나눠서 좌도에는 좌수영을, 우도에는 우수영을 두었다.

부산장은 4와 9가 들어가는 날 섰다. 1770년 발간 〈동국문헌비고〉는 1일과 6일 독지장, 2일과 7일 동래장, 3일과 8일 구포장, 4일과 9일 부산장, 5일과 10일 좌수영장이 섰다고 밝힌다. 장은 매일 서도 대부분의 장꾼은 하루 쉬고 하루 나갔다. 지금도 그런 전통이 이어진다. 오늘 하단 독지장 나갔으면 2·7 동래장은 쉬고 3·8 구포장 식이다.

부산장은 왜 군부대 주변에 섰을까. 동양도 그렇고 서양도 그렇고 그 옛날 재래시장은 범죄에 취약했다. 물건을 고르는 척하다가 '인 마이 포켓' 달아나는 경우가 허다했다. 싸움이나 시비도 곧잘 벌어졌다. 그럴 때면 관청은 '해결사'였다. 문제가 생기면 득달같이 관청으로 달려갔다. 특히나 군부대가 가까이 있으면 금상첨화였다.

그때는 그랬다. 요즘이야 민관군이지만 그때는 군관민이었다. 그래서 엔간한 재래시장은 관청을 꼈다. 부산장이며 동래장, 좌수영장이 그랬다. 관청 중에서도 군부대를 낀 시

1900년대 초 제작한 '부산고지도'에 보이는 부산진. 성 안팎으로 가옥이 들어섰다. 성 바깥 오른쪽에 보이는 설치물 형태로 보아 여기가 오일장 장터가 아닐까 싶다. 가까이에 영가대가 보인다. ©부산시립박물관

'1907년경 부산진시장' 사진. 부산장이 얼마나 길고 가늘었는지 보여준다. 길고 가는 길이 초가집 사이사이로 스며들며 천하의 미로를 이룬다. 요즘의 골목시장, 미로시장은 저리 가라다. ⓒ동구청 홈페이지

1929년 '부산명소 교통그림지도'를 부분 확대한 지도. 경부선 철로가 지나는 부산진시장을 비롯해 조선방직, 부산상고, 범일동 매축지 등이 보인다. ⓒ부경근대사료연구소

장은 최고의 요지였다. 부산장이 그런 요건을 갖췄다. 문제를 일으켰다간 육모방망이가 곧장 날아들 것만 같은 부산장이었다.

물류도 시장의 전제조건이었다. 각처 물산의 집결과 사람이 드나들기 용이하도록 교통이 편해야 했다. 기차가 없던 시절엔 강가나 바닷가가 일급 요지였다. 그러다 기차가 다녔고 기차가 서는 역전시장이 시대의 대세로 떠올랐다. 부산진역과 범일역 두 기차역을 낀 부산장, 게다가 군부대까지 둔 바닷가 부산장은 초역세권이었다.

  샛바람 단지 하단장, 엉덩이 시려서 못 보고
  골목골목 부산장, 길 못 찾아 못 보고
  나루 건너 명호장, 선가(船價, 뱃삯) 없어 못 보고
  벌판 같은 김해장, 여비(旅費) 돈 없어 못 보고
  강 건너 떡돌장, 나룻배 없어 못 보고
  꾸벅꾸벅 구포장, 허리 아파 못 보고

고개 너머 동래장, 다리 아파 못 보고
미지기 짠다 밀양장, 싸게 못 먹어서 못 보고
아가리 크다 대구장, 너무 넓어서 못 보고
이 산 저 산 양산장, 산이 가려서 못 보고
울루루 갔다 울산장, 하도 바빠 못 보고
언제 볼까 언양장, 어정어정 못 보고
(…)
이리저리 못 보고, 장꾼 신세 말 아니네
이 장 저 장 못 보고, 장타령만 하는구나
품 품 각설아
이 장 저 장 다 다녀도
우리 구포장이 제일일세

현재의 부산진시장 포목점 상가. 1876년 부산이 개항하면서 중국 비단을 비롯한 피륙이 썰물처럼 밀려들었다. 이로써 부산진시장이 한국을 대표하는 혼수시장으로 등극할 수 있었다.

1900년대 동래시장. 동헌 주위로 오일장이 섰다. 일제강점기 행동파 지식인 차상찬은 1929년 동래 기행기에 동래시장 장꾼이 '전부 여자'라고 썼다.©〈동래 변천 150년사〉(동래구, 2016년)

낙동강 하류 지역의 장타령이다. 낙동강을 끼거나 인근의 오일장이 차례차례 등장한다. 구포장의 관점에서 본 타령이지만 각 오일장에 대한 한 줄 평가가 촌철살인이다. 여기선 부산장을 '길 못 찾아 못 보는' 시장으로 평가한다. 미로랄지 골목이 그만큼 많았다.

그랬다. 부산장은 골목골목 미로였다. 흑백 옛 사진이 그걸 증명한다. 동구청 홈페이지 '1907년경 부산진시장' 흑백사진은 부산장이 얼마나 길고 가늘었는지 보여준다. 길고 가는 길이 초가집 사이사이로 스며들며 천하의 미로를 이룬다. 요즘의 골목시장, 미로시장은 저리 가라다.

저리 가라이긴 한데 뭔가 이상하다. 사진을 꼼꼼히 살피면 장바닥에 쪼그려 앉아 물건을 파는 장꾼이 죄다 머리에 수건인지 짧은 치마인지를 두른 여인이다. 정말 죄다 여인일까. 부산장에서 가장 가까운 동래장 풍경이 기록으로 남아 있다. 그 기록으로 미루건대 그럴 가능성은 다분하다. 다분히 정도가 아니라 거의 100%다.

동래시장은 함흥보다 장소가 좀 좁고 장꾼이 적을 따름이지 피차에 비슷하다. 장꾼이 전부 여자인 것도 함흥과 같고 생선 많기도 함흥과 같고 에누리 잘하기도 함흥과 같고 여자의 목소리가 억센 것도 함흥과 같다. (…) 함흥 여자는 함박수건 또는 어린아이의 저고리를 쓰고 다니는 대신에 이곳 여자는 경상도의 특색인 삿갓 혹은 짧은 치마를 쓰고 다니며

일제강점기 월간지에 실린 글이다. 〈별건곤〉 1929년 8월호다. 〈별건곤〉은 일제에 맞서서 펴낸 민족계 잡지. 별천지, 신천지란 뜻이다. 일제강점기를 뜨겁게 살았던 행동파 지식인 차상찬(1887∞1946)이 펴냈다. 차상찬이 항일과 반일의 도시, 삼일운동의 반골도시 동래를 기행한 글이 이 잡지 1929년 8월호에 실렸다. 기행문은 어느 사진으로도 알 수 없었던 '장꾼이 전부 여자'인 동래시장 진풍경을 담았다.

지금의 부산진시장은 한국을 대표하는 혼수시장. 한 세대 전에는 더 그랬다. 혼례를 앞두고 양복이며 한복 원단을 여기서 끊었고 여기서 맞췄다. 별나게도 어째서 한국 대표 혼수시장이 됐을까. 전적으로 '부산항 개항' 덕분이었다. 강화도조약에 따라 1876년 부산항이 열리면서 중국 비단을 비롯한 피륙이 밀물처럼 밀려들었다. 화교들도 따라 들어와 비단, 포목, 꽃신, 거울 같은 '메이드인차이나'를 팔았다. 1905년 경부선 개통은 부산의 부산진이 아닌 한국의 부산진으로 등극시키는 기폭제가 됐다.

'부산역사문화대전'은 부산시가 운용하는 디지털 백과사전이다. 거기에 일제강점기 부산진시장 풍경이 나온다. 1924년 펴낸 〈조선의 시장〉에 따르면 개항 이전 초량에 약 100호, 고관에 150호, 부산진에 400호 살았다. 개항 이후 일본인이 몰려들었어도 부산진성 부근은 조선인 거류지였다.

부산진성을 낀 부산장은 조선인의 시장이었다. 장날이면 도로변을 따라 장이 길게 섰으며 백미, 대두, 잡곡, 생선, 소금, 채소, 과일, 피륙을 팔았다. 장바닥 풍경은 어땠을까. 앞서 차상찬의 글에 나오는 동래시장과 별반 다르지 않았을 것이다. 해당 구절을 인용하며 그때 그 시절 장바닥 풍경에 푹 빠져본다.

함흥은 가자미가 많은 대신에 이곳은 멸치가 많고 함흥은 도야지 새끼를 함지에 이고 다니며 파는 대신에 이곳은 개를 함지에 이고 다니며 (…) 가향(歌鄕)이니 만치 엿장사, 과자장사 무슨 장사 할 것 없이 물건을 사라고 외우는 소리가 모두 노래화하여 육자배기 조가 아니면 춘향가 조와 같다.

조선방직

'조방앞'으로 남은 우여곡절 반세기

조방 앞. 1980년대, 아니 1990년대 이때만 해도 조방 앞은 부산의 일상어였다. 일직선 도시라서 버스는 거의 다가 동구 범일동 '조방 앞 정류소'를 거쳐서 갔으며 '조방 앞 어디'처럼 약속 장소의 기준도 조방 앞이었다. 그때의 조방 앞은 문전성시였다. 휴일이면 결혼식이 다다닥 이어졌고 저녁이면 나이트클럽이 불야성이었다. 영화 '친구'에 나오는 국제호텔도 조방 앞에 있었다.

조방 앞은 시에도 등장한다. 부산 출신인 시인은 시에서 조방 앞을 '조방앞' 한 단어로 붙여서 쓴다. 그랬다. 부산 사람에게 조방 앞은 조방 따로 앞 따로 쓰는 일반명사가 아니라 많은 이야기가 한가득 담긴 한 단어 고유명사였다. '조방앞'에 대한 기억이나 추억을 우리 또래에게 물어보면 그 자리서 술술 꺼낸다. 누구라도 그렇다. 시인은 그걸 시로 썼다. 조방 앞을 휘젓고 다니며 '들어오는 돈보다 나가는 돈이 많았던' 기분과 아버지에 대한 술회였다.

조방앞 김 반장은 아버지의 별명
조방앞은 우리 동네 범일동의 별명
예전에 조선방직이 있던 곳
지금은 예식장 많고 술집 많고 여관이 많은 동네
삼십 년 된 유흥가 네온사인도
희미해지는 곳 조방앞,
– 김언 시 '조방앞 김 반장'에서

동구 범일동 조방타운 입구. 이 일대가 조방 앞이다. 부산은행에서 조선방직이 있던 동천 방면으로 이어지는 조방타운 곳곳에 조방호프, 조방떡볶이 등 '조방'을 내세운 상호가 보인다.

1960년대 초 조선방직과 동천 전경. 부산시민회관, 한양·삼익아파트, 자유·평화시장, 예식장 일대가 조선방직 땅이었다. 1917년 설립해 1969년 해산했다. ⓒ〈옛 사진으로 보는 서면이야기〉(부산진구, 2010년)

조선방직. 조방의 원래 말이 조선방직이었다. 그걸 줄여서 '조방, 조방' 그랬다. 목화에서 추출한 솜으로 면사(綿絲)를 만드는 방직회사였다. 현재 부산시민회관과 한양·삼익아파트, 자유·평화시장, 예식장 일대다. 1917년 설립해 1922년부터 가동했다. 미쓰이재벌 계열이었다. 부산에서 시작해 대구, 사리원, 진남포, 원주, 대전, 안동, 춘천, 김천 등 철도를 중심으로, 면화 재배지를 중심으로 공장을 확장했다. 같은 미쓰이계 남북면업과 함께 조선 최대의 조면업체였다. 해방 이후 적산기업을 거쳐 1969년 문을 닫았다. 반세기 세월이었다.

조선 최대의 업체답게 갑질이 난무했다. '월급 받는 여자'가 대단히 드물고 선망하던 시절이었기에 더욱 그랬다. 열에 아홉이 여공이다 보니 남자 직원이 갑질했고 말단 생산직이니 반장이 갑질했고 '조센징'이니 일본인 간부가 갑질했다. 갑질의 유형은 다양했다. 월급을 줄이거나 미루면서 갑질했고 몸을 더듬으면서 갑질했다. 참고 참았다. 욱 하고 덤볐다가 그 자리서 잘릴까 두려웠다. 입사 대기자는 언제나 넘쳤다.

저임금과 임금 삭감, 미지급, 부당해고, 여공 폭행, 신체 검색.

드디어 폭발했다. 인간으로서 인간 이하의 모멸을 더는 참을 수 없었고 여성으로서 여성 이하의 수모를 더는 참을 수 없었다. 저임금마저도 각종 벌금제로 쪼그라들었다. 완제품 반출 방지를 이유로 퇴근하는 여공 몸을 더듬는 수모는 특히 참을 수 없었다. 들고 일어났다. 그때가 1922년이었다. 다음 해까지 한 해 동안 여섯 차례 대규모 여공 파업이 있었다. 1930년 총파업 등 1930년대 들어서도 파업은 이어졌다.

일제가 안하무인 군림하던 시절이었다. 조선의 여공이 받는 모멸과 수모는 어디서나 비슷했다. 부산에서는 고무공장 여공이 들고 일어났고 서울에서, 전라도에서, 이북에서,

조선팔도 각지에서 들고 일어났다. 이러한 파업은 모멸과 수모에 대한 항거인 동시에 민족차별에 대한 항거였다. 그 시대 그들 나름의 인권운동이었고 독립운동이었다.

부산 조선방직 노동쟁의. 파업의 전통은 해방 이후에도 이어졌다. 낙하산 인사가 파업을 촉발했다. 역사는 이를 '부산 조선방직 노동쟁의'라고 기록한다. 이승만 정권 최초의 대규모 파업이었다. 문제의 발단은 1950년 한국전쟁이 일

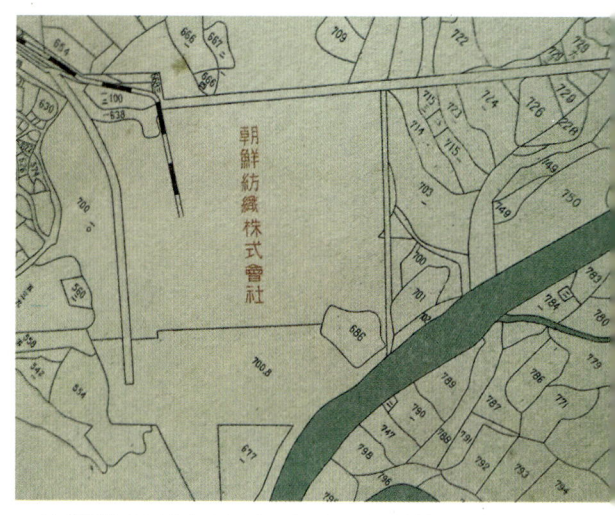

1933년 제작한 '부산부 시가도(釜山府 市街圖)'에 보이는 조선방직. 진해만요새사령부 검열을 받고 제작한 지도다. 동천을 초록색으로 강조했다.

어나자 임시수도 부산에 집결한 정치인과 정치꾼이었다. 서울 살 때는 관심 1도 두지 않던 조방에 눈독을 들인 부류가 나타났다. 사건을 조작해 조방 경영진을 내쫓았고 낙하산 인사를 앉혔다. 낙하산 인사는 전횡을 일삼았고 거기 반발해 여공이며 노동자가 들고 일어났다.

강일매(姜一邁, 1906~?). 낙하산 인사였다. 신문기자 출신이었다. 1940년대는 영화도 제작했다. 그런 양반이 줄을 타고서 대한민국 일등 기업의 관리인으로, 사장으로 군림했다. 1951년 9월 5일부터 1956년까지 그러니까 1950년대 초중반 최고의 문제적 인물이 강일매였다. 이승만 대통령의 양자라는 소문이 나돌았다. 누나와 이승만의 관계며 아버지와 이승만의 관계 등등 소문이 소문을 낳았다. 취임일에는 봉황무늬 새겨진 대통령 전용차를 타고 나타났다. 가관이었다.

강일매는 로마황제 네로였다. 폭군이었다. 낙하산으로 와서는 한 일이 숙련공 해고와 노동조합 파괴였다. 처남 등 친인척을 요직에 앉혔다. '이 년, 저 년'은 예사였다. 자기 아래 사람은 예사로 욕하고 예사로 멸시했다. 노동자들은 구호를 외쳤다. "폭군 강일매는 물러가라!" 1951년 12월 19일부터 쟁의에 들어갔다. 구호를 종이쪽지에 써서 회사 앞 수양버들 이파리에 죄다 붙였으며 못 쓰는 '베 쪼가리'에 써서 등에 붙이고 다녔다. 대한노총도 가세했다. 강일매 파면·자유노동 보장·노동자 인권옹호를 내용으로 하는 쟁의

조정안을 정부에 제출했다.

정부는 강경했다. 잠시 유화책을 쓰는가 싶더니 노조 간부를 구속하고 강일매는 유임됐다. 6천여 노동자는 총파업을 결의했고 1952년 3월 12일 파업에 돌입했다. 경찰의 탄압은 극심했다. 많은 희생이 나왔다. 3월 14일부터 누그러지더니 결국 흐지부지 됐다. 파업 재발을 우려한 감시가 횡행했고 직장 분위기는 암울했다. 화가 한상돈이 1954년 그린 '방직여공'은 그런 것들을 고발한 유화다.

한상돈 유화에 보이는 장소는 조선방직 구내식당. 점심이 싶은 식사를 마친 여공들을 그렸다. 여공 앞에 놓인 그릇은 달랑 둘. 그땐 저렇게 먹고 일했구나! 눈빛은 초점이 없다. 멍하다. 희망에서 멀어진 눈빛이다. 바로 앉기도 버거운지 한 손으로 얼굴을 받친 채 입은 앙다물었다. 유일하게 선 사람은 남자. 위압적인 모자를 눌러쓰고서 여공들을 살핀다. 조선방직 쟁의와 파업은 정권의 개입으로 짓눌렀지만 언제 어디서 어떤 불씨가 살아날지 몰랐다. 회사 안팎에선 엄하게 감시했다. 한상돈 유화는 그러한 시대상을 담았다.

강일매. 1950년대 부산을 뜨겁게 달군 스캔들의 주인공이지만 지금 시대에 이 이름을 기억하는 이는 몇이나 될까. 기억하는 이가 있기는 있을까. 무슨 짓을 해도 시간이 지나면 잊힌다는 처세술로 세상을 편하게 사는 별종들, 강한 자에게 한없이 약하고 약한 자에게 한없이 강한 별유천지비인간 그들을 일벌백계하기 위해서라도 강일매 이 이름 석 자는 두고두고 기억해야 한다. 조선방직을 기억하고 조방 앞을 기억하는 만큼이나.

흥분했나 보다. 이야기가 엇길로 샜다. 다시 조방 앞으로 돌아가자. 조방 앞. 학교 졸업 후 첫 직장이 조방 근방에 있었다. 직장 상사에게 끌려서 이따금 가던 나이트클럽이 거기 있었고 산골 살다가 보증 빚 갚느라 열 달 정도 다닌 회사가 거기 있었다. 이십 대, 삼십 대 이야기다. 시인이 아버지를 끌어들여 '조방앞'을 이야기했듯 언젠가는 내가 보낸 이십 대, 삼십 대를 끌어들여 조방 앞을 이야기하리라. 말은 그리해도 마음은 콩밭이다. 거기 가면 술집이 먼저 보인다. 지금도, 아직도.

한국전쟁 때 부산에 정착한 화가 한상돈(1908~2003)이 1954년 그린 유화 '조방여공'. 노동쟁의가 실패로 끝난 이후 암울한 직장 분위기를 담았다. 피란민 한상돈은 생계를 위해 조선방직 도안사로 근무했다. 그림이 생생한 이유다. ⓒ부산시립미술관

번우암

몇백 년 부산 사람
애절한 눈빛 스미다

번우암(翻雨岩)은 마지막까지 숙제였다. 쓰나 마나, 결정을 오래 미루었다. 여기에 실린 다른 글의 간격은 길어야 일주일 정도였는데 번우암 글은 직전 글과 무려 석 달 간격이었다. 번우암을 아예 뺄까도 생각했다. 그러기엔 미안했다. 번우암에 미안했고 번우암에 스몄을 몇백 명, 몇천 명, 몇만 명 부산 사람의 눈빛에 미안했다.

번우암 글로 갈등한 이유는 사실 시시했다. 어디 있는지 몰랐다. 옛날 지도에도 나오고 조선시대 부산의 백서에도 나오는 유명한 바위이지만 거기가 어디라고 특정하기가 난감했다. 지금은 사라졌나 보다, 그렇게 여기고 안 쓸 수도 없는 게 인터넷 검색하면 사진이 떴다. 금정산 자락 구서동 어디쯤이라고 했다. 그때가 한 3년 전쯤. 거기까지였다. 물어볼 데가 없어서 일단 덮었다. 그러면서 나중으로, 나중으로 밀려났다.

손영수 선생은 최후의 지푸라기였다. 물에 빠져서 허우적대는 내가 잡을 수 있는. 손 선생도 모른다면 번우암은 뺄 생각이었다. 손 선생은 초중고 다닐 때 동네 친구였다. 금정산 범어사 아랫동네 팔송에 살았다. 대학 다닐 때는 술도 참 많이 마셨다. 그리 마시고도 더 마시려고 손 선생 집으로 가서 어머니 깨워 술상 받은 적도 열 손가락 이상이었다. 손 선생은 대학에서 국문학을 전공했고 학산여중·고에서 국어와 한문을 가르쳤다. 퇴직 이후 자기만의 시간을 알차게 보내는 중이다. 불교 교리와 지역 향토사에 해박하다.

"집 뒤 놋정이라는 데를 말하는 모양이네."
"확실한겨?"
"확실하다. 백퍼!"

손 선생 생각은 갑자기 났다. '아, 영수가 있었지.' 늦은 아홉 시 톡을 보냈고 이내 답장

금정산 번우암 전경. 조선시대 기우제를 지내던 바위다. 약수터가 있다. 금정산성 3망루 아래다. ⓒ손영수

가까이서 본 번우암. '바위 중앙 밑에서 두 줄기 석간수가 흘러서 놋젓가치바위라고 불렀다'고 향토사학자 주영택 선생은 설명한다. 놋정바위, 이끼바위라고도 부른다. ⓒ손영수

번우암 돌구멍. 천신제를 지내는 바위엔 밤하늘 별자리를 상징하는 구멍을 새겼다. 손영수 선생은 번우암 돌구멍이 북극성과 북두칠성인가 했다.

이 왔다. 하늘이 열리는 듯했다. 다음 날 당장 가보자고 채근했지만 일정이 있어서 '가까운 뒷날'로 밀렸다. 그러다 며칠 후 톡이 왔다. '외국어대 왼편으로 올라가면 번우암 있다. 외대에서 한 시간 정도 다소 가파르고.' 사진 두 장을 같이 보냈다. 한 장은 향토사학자 주영택 선생이 쓴 〈그 터에 얽힌 금정 이야기〉, 하나는 거기 실린 번우암 설명 글이었다.

날 번(翻), 비 우(雨)로 '비를 내리게 하는 바위'란 뜻으로 바위 이름을 명명하였다고 한다. 〈동래부지〉의 기우소(비 오기를 비는 곳) 조항에 번우암이 있다. (금정산성) 제3망루에서 동쪽으로 산성을 지나 500m쯤 내려가면 잡채보다 큰 바위(높이 15m, 길이 12m)가 있다. 이 바위 중앙 밑에서 두 줄기 석간수가 놋젓가락처럼 흘러 사람들은 '놋젓가치바위'라 불렀다. 지금은 놋정바위, 이끼바위(이끼가 덮고 있음)라 부른다. 석간수로 유명하여 놋정약수터로 이름나 있다.

그랬다. 주영택 선생 설명대로 이름부터 생소한 번우암은 조선의 기우제 바위였다. 몇 달을, 몇 계절을 비가 오지 않으면 동네마다 자기 동네에서 기우제를 지냈다. 번우암은 부산의 북쪽 지역 기우제 바위였다. 기우제가 지금은 미신처럼 들리지만 조선시대 그때는 관이 주도하는 공공 행사였다. 임금이 직접 종묘사직에 기우제 제사를 지냈으며 비가 흡족히 내리면 수고한 헌관과 승려들에게 물품을 하사했다. 왕의 어명을 담은 〈조선왕조실록〉에 등장하는 '기우제'는 1,500

건에 이른다.

국가적 행사인 만큼 지역마다 기우소가 있었다. 교통이 불편한 시절이었으니 접근하기 좋게 한 지역에도 기우소 여럿을 두었다. 주 선생이 언급한 1740년 발간 〈동래부지〉에 나오는 부산의 기우소는 여섯. 순서대로 하면 태종대와 번우암, 승악산, 입암, 겸효대, 지도신사였다. 승악산(勝岳山)은 하단 동아대 뒤편 승학산의 원래 이름. 입암(立岩)은 해운대 장산 정상의 꽃바위다. 장산 정상은 한국전쟁 이후 일반인 출입을 금했다가 2022년 개방했다. 덕분에 입암은 보존 상태가 대단히 좋다. 조상들의 간절한 마음이 스민 바위인 만큼 성역화할 필요가 있다. 겸효대는 배산에 있다. 고려 사람 김겸효가 여기서 유유자적 신선처럼 지냈다고 한다.

기장에도 있었다. 원앙대와 달음산에 있었다. 〈동래부지〉 비슷한 시기인 1786년 발간한 〈기장읍지〉의 '형승(形勝)' 항목에 원앙대가 나오고 1700년대 중반 제작한 '해동지도'는 원앙대와 달음산 정상에 '기우처(祈雨處)'라고 표기한다. 〈기장읍지〉는 원앙대 소개를 꽤 길게 한다.

> 기장현 남쪽 15리에 있으며 기우소가 있다. 권적 현감이 시랑 벼슬을 지내다가 이곳으로 부임해 이곳에서 놀았기 때문에 시랑대라고 고쳐 불렀다고 한다.

부산의 기우소 중 지도신사(知島神祠)는 뭘까. 신사(神祠)부터 알자. 신사는 '신사참배'와 같이 대개는 왜정의 산물로 안다. 잘못 안 거다. 신사는 왜정 이전 1740년 이미 조선의 풍습이었다. 신령을 모셔두고 천신에 대한 제사를 지냈다. 신령스러운 신이라서 영사(靈祠)라고도 했다. 일제가 워낙에 악랄하게 신사참배를 강요하고 억지를 부려서 부정적 시각이 팽배했지만 조선의 신성한 미풍양속이 신사였다.

부산에는 신사가 네 군데 있었다. 영도에 있던 절영도신사와 '동평현 남쪽 1리'에 있던 모등변(毛等邊)신사, 그리고 지도신사와 고지도신사(古知島神祠)였다. 지도신사 3리 거리에 고지도신사가 있었다. 지도(知島)는 섬이었다. 부산진과 영도 사이에 있었다. 고지(古智), 고지도(古智島, 古之島)로도 표기했다. 돌로 단을 쌓은 신사가 있었다. 일제강점기와는 차원이 다른 신사였다. 섬은 바다를 매립하면서 깎였는지 근대화 이후 지도에서 사라졌다.

1740년 발간한 부산의 백서 〈동래부지〉에 나오는 부산의 기우소 태종대, 번우암, 승악산, 입암, 겸효대, 지도신사 이렇게 여섯 군데다.

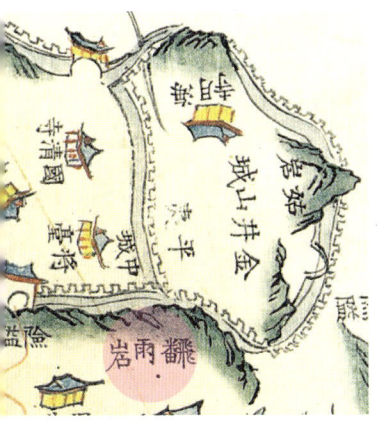

1736년에서 1776년 사이에 제작한 '여지도(輿地圖)' 금정산성 부분 확대. 산성 성벽 아래 조선의 기우제 바위 '번우암(翻雨岩)'이 보인다. ⓒ국립중앙도서관

지도신사와 고지도신사. 낯선 용어다. 좀더 알아보자. 〈동래부지〉에 설명이 나온다. 지도신사 설명은 짧고 고지도신사 설명은 제법 길다. '부의 남쪽 30리에 있었으나 지금은 폐하였다.' 지도신사 설명이다. 고지도신사 설명은 다음과 같다.

동래부의 남쪽 33리에 있다. 돌로써 단을 쌓았고
옛적에는 기우하면 징험이 있었으나 지금은 폐하였다.
在府南三十三里 以石爲壇 古祈雨有徵 今廢
재부남삼십삼리 이석위단 고기우유징 금폐

〈동래부지〉 번우암 설명은 간단명료하다. '재금정산(在金井山, 금정산에 있다)' 단 한 줄이다. 말이든 글이든 그렇다. 옹색하고 구차하면 길어진다. 당당하고 자신감이 있을수록 짧아진다. '금정산에 있다' 이 한 줄에서 번우암이 가진 위상이 어땠는지, 그리고 번우암에 대한 믿음이 어땠는지 읽힌다. 바짝 마른 산하를 적셔 달라는 간절하고 애절한 눈빛! 몇백 년 전 부산에 살았던 부산 사람의 눈빛이 스민 바위가 지금도 옛날 그대로인 금정산 자락 번우암이다.

번우암 돌구멍. 번우암이 기우제 바위란 것은 애절한 눈빛만 같은 돌구멍에서 확인할 수 있다. 돌구멍은 예닐곱. 북두칠성 같다. 옛사람은 북두칠성을 신성시했다. 절에도 모시고서 수복풍(壽福豊)을 기원했다. 북두칠성은 비도 관장했다. 하늘을 상징하는 칠성님이 비를 내린다고 믿었다.

옛날 지도도 번우암 대접이 칠성님 모시듯 각별했다. 1770년대 제작 '해동여지도'가 그렇고 비슷한 시기 제작한 '동국지도'가 그렇다. 이들 지도는 부산의 기우소를 배산 겸효대 빼고 다 보여준다. 부산의 기우소를 보여주려고 만든 지도인가라는 생각이 들 정도다. 육지와 영도 사이에 있었으나 지금은 사라진 섬 모등변과 고지도는 지켜주지 않아 괜히 미안하다. 보존 상태가 대단히 좋은 장산 입암, 당당하고 자신감 넘치는 금정산 번우암이 그나마 그 미안함을 덜어준다. 뺄까, 뺄까 무려 석 달을 갈등하다가 끝내 번우암을 빼지 못한 이유다.

지소

부산의 부채가
조선의 부채였다

지소(紙所)는 문화도시 부산이 내세울 만한 콘텐츠다. 열 명 중에 한 명이나 알까 싶은 명칭이지만 조선시대 부산을 대표하는 문화 콘텐츠로 내세워도 무방하다. 조선이 국권을 상실하면서 지역의 콘텐츠 또한 사라지는지도 모르게 사라지는 운명을 맞았지만 옛날 지도는 그것을 하나하나 상기시킨다. 1872년 부산 지도에 실린 지소 역시 그렇다.

지소는 한지(漢紙)를 만드는 곳. 한지 장인에 해당하는 지장(紙匠)이 집단으로 거주하며 나라에 바칠 종이를 만들었다. 기록의 원천인 종이의 중요성을 인식하면서 지소가 생겼으니 조선시대 이전부터 있었다. 지소의 역사는 종이의 역사며 그 옛날 종이로 유명했던 고을은 지금도 '명품 종이'로 먹고산다.

전북 전주가 대표적인 '명품 종이' 고을이다. 전북 남원, 경북 경주, 경남 의령과 함께 전주는 조선의 한지 생산지였다. 전주 소재 전라감영이 조정의 요청으로 한지를 만들면서 자연스럽게 '종이 고을'로 부상했다. 감영에는 조지소(造紙所), 전주 인근 임실 등지에는 지소를 두어 조선 최고의 한지를 제작했다. 경상감영이 있던 대구는 지소와 외지소, 내지소를 두었다. 지소는 조선시대 지역문화의 상징이었다.

지역문화의 상징 지소는 당연히 부산에도 있었다. 부산은 비린내 물씬 풍기는 변방의 갯마을이기도 했지만 기록문화의 원천인 종이를 만든 명품 문화도시였다. 일제강점기를 거치면서 부산의 역사, 부산의 전통, 부산의 문화는 인위적으로 말살되었다. 지소 역시 부산의 역사에서 멀어지고 부산의 전통에서 멀어지고 부산의 문화에서 멀어졌지만 옛날 지도는 그것을 고스란히 간직해 왔다.

1872년 제작한 '금정산성 진지도(鎭地圖)'는 부산의 지소를 고스란히 간직해 온 지도다. 명칭에서 보듯 1872년 금정산성 군 주둔지를 나타낸 이 지도의 한가운데 '지소'가 또렷하게 보인다. 종이를 만들었을 공장 건물은 셋. 금정산에서 발원한 범어천을 가운데 두

1872년 제작한 조선팔도 군현 지도의 하나인 '금정산성 진지도(鎭地圖)'(부분). 지도 아래 범어천을 사이에 두고 아문리와 지소가 보인다. 지소는 한지를 만들던 곳으로 조선 지역문화의 상징이었다. 지도 맨 위 고당령(姑堂嶺)은 지금의 고당봉이다. ©규장각

고 아문리(亞門里)와 마주본다. 아문리 가옥은 다섯. 지장을 비롯해 산성에서 공무를 보는 자들이 여기서 먹고 자고 했지 싶다.

참고 한마디! 아문리는 아문(亞門)에서 비롯한 지명이었다. 아문은 암문(暗門)과 같았다. 성 깊숙하고 후미진 곳에 문을 내어 유사시 적의 감시를 피해서 드나들었다. 금정산성 아문리 사람의 탈출 통로였던 아문을 지나면 고개가 나왔다. 문리재였다. 북구 금곡동과 화명동 쪽에서 산성으로 가려면 이 고개를 넘었다. 문리재 어원은 아문리, 아문리 어원은 아문이었다.

조선시대 합죽선(合竹扇). 백첩선이니 칠첩선이니 접었다가 펴는 쥘부채 첩선(貼扇)이 모두 합죽선이었다. 그림을 그려 넣거나 글씨를 써서 품위를 더하고 선추(扇錘, 부채의 자루 끝에 달아 늘어뜨리는 장식)에 술을 달아서 장식하기도 한다. ⓒ전주한옥마을 부채박물관

금정산성 한가운데 지소는 시사하는 바가 크다. 성에 건물을 지을 때는 그냥 짓지 않았다. 중요할수록 깊숙하거나 한가운데 두었다. 지소를 한가운데 두었다는 사실은 지소를 그만큼 중요하게 봤다는 의미다. 비록 한양에서 멀찍이 떨어진 변방에서 만든 한지이지만 그 쓰임은 변방에서 끝나지 않았다는 의미이기도 하다. 정말 그럴까.

정말 그렇다. 공물(貢物) 품목이 그것을 증명한다. 공물은 궁중과 조정의 수요를 충당하려고 조선팔도 군현이 바치던 특산물. 지역마다 특산물이 달라서 공물도 지역마다 그리고 계절마다 달랐다. 한여름 단오를 앞두고도 조선팔도에서 바쳤다. 이를 단오령(端午令)이라 했다. 부산 동래 단오령 공물은 부채 일색이었다. 단오령 부채는 단오선(端午扇)이라고 했다. 부채 재료는 한지와 댓살. 지소를 둔 금정산은 화살용 대나무 산지였으므로 부채 공물의 최적지였다.

공물로 바친 부채 수량은 어느 정도였을까. 1850년 동래·수영의 백서 〈내영지(萊營誌)〉가 그것을 조목조목 밝힌다.

백첩선 20자루, 칠첩선 10자루, 칠유별선 100자루, 백유별선 200자루
白貼扇 二十柄, 漆貼扇 十柄, 漆油別扇 一百柄, 白油別扇 二百柄

1850년 편찬 〈내영지〉에 실린 부산의 진공(進貢) 품목. 단오는 부채, 동지는 청어였다. ⓒ규장각

단오선(端午扇). 조선시대 단옷날 임금이 재상과 시종들에게 하사한 부채. 대나무를 가늘게 쪼갠 오리[실, 나무, 대 따위의 가늘고 긴 조각이나 낱낱의 것]에 한지를 붙이고서 접었다 폈다 하도록 만들었다. 단국대 석주선기념민속박물관 소장 이 부채는 단오선 중에서 백첩선이다. ⓒ한국민족문화대백과사전

부채는 급이 다 달랐다. 같은 부채라도 같은 부채가 아니었다. 부채가 일상에서 멀어진 지금은 어떤 부채가 어떤 부채인지 감은 안 잡힌다. 단지 수량만으로 어느 부채가 더 귀하고 어느 부채가 덜 귀했는지 짐작할 뿐이다. 당시 기술 수준으로 한 해 300자루 넘는 부채는 대단한 수량이었을 것이다. 그 많은 부채가 부산에서 만들어져 한양으로 갔다는 역사적 사실만큼은 확실하다.

백첩선은 뭐고 칠첩선은 뭘까. 백첩선은 흰 종이를 발라서 만든 쥘부채. 부챗살이 마흔에서 쉰에 이를 만큼 매우 큰 부채였다. 칠첩선은 옻칠한 쥘부채였다. 칠유별선과 백유별선은 각각 옻을 칠하고 참기름을 칠한 부채였다. 첩선(貼扇)이 접었다가 펴는 쥘부채라면 별선(別扇)은 모양이나 용도가 다른 부채였다. 금정산성 지소는 백첩선이니 칠첩선이니 하는 궁중과 조정 공물용 부채의 산실이었다. 부산의 부채는 조선의 부채였다.

서울로 간 부채는 어떻게 쓰였을까. 〈조선왕조실록〉을 보자. 때는 1618년 7월. 광해군 때다. 변방의 일에 관해서 대신 이경전의 보고를 받은 광해군은 흐뭇한 나머지 적지 않은 하사품을 내린다. 하사품에 부채가 들었다. 하사품으로 쓰인 부채가 단오선이었다. 단오선을 받은 신하는 흰 종이에다 금강산 일만 이천 봉우리를 그려 넣는 게 관행이었다. 이경전이 받은 하사품은 다음과 같았다. 뭐가 뭔지는 하나하나 찾아보시길.

납약 1봉지, 백첩선 2자루, 칠별선 3자루, 유별선 5자루, 우롱(雨籠) 1벌, 4장으로 된 유둔(油芚) 1개, 활 1개, 장편전(長片箭) 1개, 통 1개, 궁대통(弓帒筒) 1개, 환도 1자루, 궁전모(弓箭帽) 1부(部)

소산역

말도 쉬고 사람도 쉬던
영남대로 길목

장원길. 금정구에 있는 도로명이다. 정식 명칭은 '황산도 금정 장원길'이다. 도시철도 1호선 남산역에서 시작해 골프장 오르막을 거쳐서 선동 하정마을로 이어진다. 장원길은 무슨 뜻일까. 한글만 봐서는 막막하다. 한자를 봐야 감이 잡힌다. 장원 한자는 壯元. 그러니까 과거시험의 장원급제(壯元及第)를 줄인 말이 장원이다.

이제 뜻은 알겠는데 그것이 어째서 도로명이 됐을까. 복잡하게 생각할 것 없다. 이 길은 조선시대 과거 보러 가는 도로였다. 이름하여 영남대로. 한양에서 치러지는 국가고시인 과거를 보러 넘나들던 길이 여기였다. 그러므로 이 길은 희망의 길이었고 장원급제의 길이었다.

영남대로는 동래에서 한양으로 이어지는 가장 짧은 길이었다. 동래로 가는 길이라 하여 동래로(東萊路)라고도 했다. 동래에서 양산, 밀양, 청도, 대구, 구미, 상주, 문경, 연풍, 충주, 용인, 광주, 한강, 이태원을 거쳐 남대문인 숭례문과 경복궁 광화문에 이르는 대장정이 영남대로였다.

물론 대로가 영남에만 있은 건 아니었다. 호남에는 호남대로, 삼남은 삼남대로, 그리고 관동, 의주, 강화 등등 한양으로 이어지는 대로가 지역마다 있었다. 조선이 제도를 완비한 성종[재위 1469~1494] 때는 9대 간선도로와 140여 지선의 교통망을 이루었다.

대로라 해서 그다지 대단하진 않았다. 옛사람은 호방해서 구불구불한 길도 대로라 했고 오르막내리막도 대로라 했고 수레가 지나치기 힘들 만큼 비좁은 길도 대로라 했다. 말만 대로지 어떨 때는 목숨까지 내어놓고 걸어야 하는 '악마의 도로'였다. 단지 상감 계신 한양으로 이어지는 길이라서 대로였다.

대로는 구간 구간 나뉘었다. 워낙에 장거리다 보니까 용이한 관리를 위해서 그랬지 싶다. 구간별로 이름도 지었다. 황산도(黃山道). 동래에서 밀양 구간을 황산도라 했다. 황

1755년과 1757년 사이 제작한 '동국대전도'의 영남대로, 황산베랑 길을 사실적으로 표현했다. ⓒ국립중앙박물관

1800년대 초에 제작한 '광여도(廣輿圖)'에 보이는 '소산역(蘇山驛).' 지도 밑에 보이는 '휴산역(休山驛)'과 함께 굵고 붉은 네모를 두르고 바탕색을 입혔다. 역을 얼마나 중시했는지 알 수 있다. ⓒ규장각

산은 양산 지역의 낙동강 옛 이름이다. 굳이 양산 이름을 쓴 건 거기가 동래와 밀양 중간쯤이기 때문이었을 것이다.

낙동강을 낀 양산 황산도는 영남대로 요지였다. 그것의 증명이 황산잔로비(棧路碑)다. 잔로 또는 잔도(棧道)는 가파른 벼랑길에 나무를 쳐내고 닦은 길을 이른다. '베랑길'로도 불린다. 황산잔로비는 애초 1694년 세웠다가 큰물이 들어서 무너지자 150년 후인 1843년 다시 세웠다. 현재 양산 물금 용화사[물금읍 원동로 199-133] 경내에 있다. 잔도공(棧道工)은 가파른 벼랑이나 절벽에 길을 내는 '극한직업.' 중국에선 지금도 잔도공이 수작업으로 길을 낸다.

벼랑의 난간에다 발목을 띄워놓고/시험(恃險)의 험한 외길 한 줄 허공에 잇대가며/건너 간 가랑잎처럼 제 무게도 버려본다//몇 번을 내딛어도 낯설은 걸음으로/놓는 길 마디마디

목숨줄도 마디마디/세상은 그 발아래에 전설같이 엎드리고//산꽃은 몸을 날려 어느 땅에
닿을 건가/힘주어 찾아가는 보이지 않는 나라/그 무슨 구름 한 자락 뒤꿈치에 걸려 있다
- 백점례 시조 '잔도공'

'동국대전도(東國大全島)'는 조선의 길을 일목요연 드러낸 지도다. 그때도 간첩이 있었다면 혹할 지도다. 동래에서 양산 황산, 밀양, 청도, 대구로 이어지는 영남대로를 비롯한 조선팔도 대로와 지선을 붉은 실선으로 표시했다. 1755년과 1757년 사이에 제작했다. 낙동강 강변 험애를 끼고 이어지는 황산잔로(棧路)는 대단히 사실적이다. '동국대전도'는 황산잔로를 '작원잔로(鵲院棧路: 까치비리)'로 표기한다. 삼랑진 작원관(鵲院關)은 임진왜란 전적지. 현재 성문을 복원해 두었다. 같은 길을 두고 황산 사람은 황산잔로, 삼랑진 사람은 작원잔로라 했지 싶다.

황산도 중간중간에는 역원(驛院)이 있었다. 역 또는 역원은 황산도뿐 아니라 모든 대로에 있었다. 성종 기준으로 조선팔도에 543역이 있었다. 황산도 구간에는 16역이 있었고 황산도 중에서도 부산 구간은 시대마다 달라 둘에서 다섯 사이를 왔다 갔다 했다. 부산 구간은 어디 어디일까. 1740년 발간 <동래부지>는 휴산역, 소산역, 온정원, 언수원, 사천원 다섯 군데를 언급하는데 휴산역과 소산역을 제외하곤 '지금은 없다[금무(今無)]'라 했다. 온정원은 온정(溫井) 곁에 있던 역원. 온정은 동래온천장이다. 온정원 자리에 일제강점기 전차 종점이 들어섰지 싶다.

1850년 발간 <내영지>는 또 다르다. 휴산역, 온정원, 십휴정 세 군데만 언급한다. 명칭에서 '역'을 뺀 소산은 일반인도 이용하는 역원이 아닌 공공으로만 이용하는 발참(撥站)으로 등장한다. 하지만 1878년 세운 비석에는

1900년대 초 제작한 '부산고지도'에 보이는 '소산역(蘇山驛)'. 꽃나무로 둘러싸인 마을이 아름답게 보인다. ©부산시립박물관

다시 역원으로 나온다. 소산역을 암행, 역원 복지와 세금 탕감을 위해 개혁한 암행어사 이만직을 기려 1878년 그해 세운 공덕비가 지금도 당당하다.

발참은 뭘까. 발군이 말을 갈아타는 곳이었다. 발군(撥軍)은 관청에 급보를 전달하던 군사를 일컫는다. 두 종류가 있었다. 걸어가는 보발(步撥), 말을 타는 기발(騎撥)이었다. 발군이 교체되거나 말을 갈아타는 곳이 발참이었다.

발참에는 발장(撥將) 1인과 군정(軍丁) 5명, 말 5필을 두었다. 신분 차별이 엄했던 조선시대는 사람의 수효를 인(人). 명(名), 구(口), 원(員)으로 나타냈다. 의미는 저마다 달랐다. 원(員)은 정식 관원, 인(人)은 정액 외의 품계를 가진 사람과 중인, 명(名)은 병졸. 구(口)는 노비였다. 그러므로 '참가 인원(人員)이 몇 명이다'는 조선시대라면 있을 수 없는 표현이다.

역(驛)은 한자에 말이 들어간다. 말을 바꾸는 곳, 내지는 갈아타는 곳이었다. 대로를 내달리던 말은 역에 이르러 휴식을 취하거나 다른 말에 임무를 넘겼다. 말은 자동차가 나오기 훨씬 이전부터 국가가 관리하던 교통수단이었다. 역 역시 국가가 관리했다. '미래의 고위직'인 과거 응시자가 쉬어 가기도 했지만 역은 전적으로 공공을 위한 시설이었다.

지금도 조선시대 그때도 역은 공공기관이었다. 공적인 일로 장거리를 오가는 관리가 이용하는 곳이라서 역마다 사람과 말이 숙박하는 설비를 갖추었다. 공용으로 사육하는 말도 있어서 바꿔 타기도 했다. 암행어사가 내보이는 마패의 말도 역에서 제공했다. 1850년 무렵 휴산역에는 중간쯤 덩치를 가진 중마(中馬)가 2필, 짐을 나르는 복마(卜馬) 5필, 역리 51인, 노(奴) 24구(口)가 있었다. 휴산역에서 가장 가까운 1878년 무렵의 소산역도 비슷한 규모였을 것이다.

소산역은 북면에 있었다. 지금의 금정구 선동 하정마을이다. 동래읍성에서 소산역에 가려면 온천천을 따라 명륜동 만년대를 거쳐서 부곡동 기찰(譏察)을 지나 십휴정까지 가야 했다. 부곡동 기찰은 1980년대까지만 해도 시내버스 49번 종점이었다. 십휴정에선 온천천 물길이 갈라졌다. 본류를 따라 계속 가면 지금의 남산동이었고 지류를 따라가다가 산 사이를 지나면 소산역이었다. 소산역은 마을이 컸다. 크면서 아름다웠다. 노송이 마을을 에워싸고 노송보다 두 배는 큼직한 노거수가 이리 뒤틀리고 저리 뒤틀리며 마을에 그늘을 안겼다. 인가와 인가 사이는 꽃나무인지 소엽인지 만화방초가 점점이 빼곡했다.

소산역과 마을은 그림 같은 지도로 남아 있다. 1700년대 중엽 제작한 '조선지도'를 비롯해 여러 고지도가 소산역을 알리며 1900년대 초 제작한 10폭 병풍 '부산고지도'는 소산역 마을이 얼마나 아름다운지 그림으로 보여준다. 소산역을 기념해 하정마을엔 일종의 역사관인 '황산 금정쉼터'가 들어섰다. 금정구 도로명 장원길은 도시철도 남산역에서 하정마을 금정쉼터로 이어지는 길이라고 보면 된다.

금정쉼터는 '천년 옛길'을 소복하게 담은 곳간. 안도 볼만지만 바깥도 볼만하다. 고색창연한 공덕비를 둘이나 품은 곳이 여기 장원길과 금정쉼터다. 공덕비 안내판은 자상하다. 비석 내력이며 비문 내용을 세세하게 고한다. 1697년, 1878년. 비석을 세운 각각의 해다. 조선시대 역들이 어땠는지 미주알고주알 알려준다. 1878년 비석에 암행어사 이만직이 등장한다. 이만직은 조선 통상무역의 선각이기도 했다. 부산포 실상

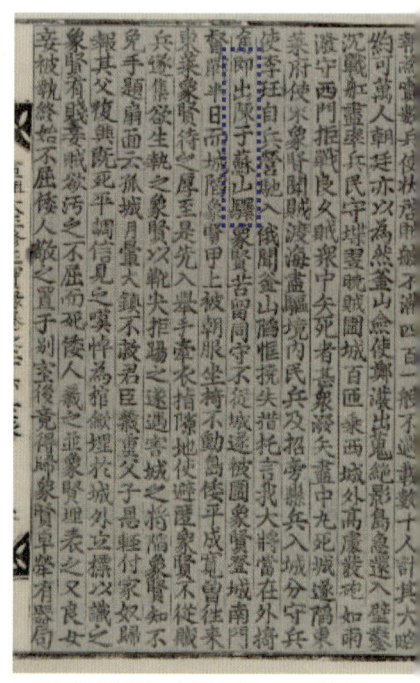

〈조선왕조실록〉에 실린 소산역(파란 점선 부분). 소산역 흑 역사의 한 페이지다.

을 파악한 뒤 관세 전담 '해관 설치'가 필요하다는 보고서를 고종 임금에게 올렸다. 고종은 '그대로 시행하라' 윤허했다.

소산은 왜 소산일까. 그걸 밝힌 자료는 아직 보지 못했다. 그 시대 사람이 아닌 나로선, 그래서 그런 게 아닐까, 추정만 할 뿐이다. 소(蘇)는 뜻이 열 넘는다. 소생하다란 뜻이 있고 땔나무란 뜻이 있고 한해살이풀인 소엽(蘇葉) 이란 뜻이 있다. 오동나무 많아서 오산(梧山)이고 연꽃 많아서 연산이듯 소엽이 많아서 소산이었을 공산이 크다. 오산이란 지명이 곳곳에 있듯 소산도 곳곳에 있다.

스토리텔링 접근도 가능하다. 한자에 풀 초가 들어가듯 소(蘇)는 풀 또는 풀을 벤다는 뜻도 있다. 소산은 범어사와 함께 부산을 대표하는 토산품(土産品)의 고장이었다. 토산품은 전죽(箭竹). 화살에 쓰이는 대나

금정구 선동 하정마을 장원길. 오른쪽 건물이 '황산 금정쉼터다. ⓒ손영수

무인 전죽을 소산과 범어사에서 댔다. 전죽을 베는 전담자인 전죽예취군(刈取軍)을 별도로 두어 1명당 하루 3되씩 대동미를 계급(計給)했다. 〈동래부지〉는 '소산죽한(竹漢) 5명'을 두었다고 밝힌다. 부산의 특산품 전죽을 왕창왕창 베는 곳이라서 소산이었을 수도 있다.

소산역에 얽힌 사초(史草) 한 구절! 1592년 4월 임진왜란이 일어나 동래읍성에 전운이 감돌았다. 여기저기서 지원군이 당도했다. 하지만 경상도 육군사령관 격인 병마절도사 이각은 지레 겁을 먹었다. 그냥 달아나려니 눈치가 보여서 들먹인 곳이 소산역이었다. 소산역은 동래읍성에서 북쪽 15리 멀찍이 떨어진 곳. 거기에 진을 치겠다며 '휘리릭' 달아났다. 소산이 중하기는 중했던 모양. 이각이 한 말은 사초로 남아 영영세세 그를 따라다니는 주홍글씨가 되었다.

> "나는 대장이니 외부에 있으면서 협공하는 것이 마땅하다. 즉시 나가서 소산역에 진을 쳐야 하겠다.[卽出陳于蘇山驛(즉출진우소산역)]"
> - 선조수정실록 26권, 선조 25년(1592) 4월 14일

지금 내가 선 곳은 금정쉼터 장원길. 이리로 가면 한양 가는 길이고 저리로 가면 선동수원지 오륜대 가는 길이다. 마음 같아서는 한양 가서 장원급제 어사화를 쓰고 싶지만 발길은 막걸리며 닭백숙을 파는 오륜대로 향한다. 마음을 편하게 먹는다. 내가 장원 안 하면 다른 누군가가 장원하겠지. 내가 양보한 덕분에 다른 누군가가 어사화 쓰겠지. 그러고 보면 내 덕분에 잘된 사람이 어디 한둘인가. 내가 직장 안 다녀서 누군가는 그 자리 앉았다! 그 세월이 자그마치 삼십 년. 내 공덕도 어지간하다. 비석을 세울 만하다.

황산 금정쉼터 전경과 옛 비석

기찰

술이 출출해지고
기억이 출출해지는

기찰동동주, 기찰 생탁주. 동래지역 '스테디셀러' 막걸리다. 어감이 고풍스러운 기찰과 맞물려 애주가 호기심을 자아낸다. 술값도 고풍스럽다. 2023년 5월 하순 동래구 평생학습관 인문학 강좌 '동래 천년, 문학 천년' 현장답사를 마치고 들른 금강공원 입구 파전집은 기찰동동주 6,000원, 생탁 3,000원이었다. 술 벌컥벌컥 들이마시는 주당에겐 이래저래 '땡기는' 술이 기찰동동주고 기찰 생탁주다. 금강공원 입구에 대단지 아파트가 들어서면서 현재 파전집은 모두 없어졌다.

내가 아는 기찰은 버스 종점이었다. 초중고와 대학 다닐 때 시내버스 36번과 49번 종점이 기찰이었다. 금정구 부곡동 윤산 자락 너른 평지에 있었다. 군대 가기 전 여친 집이 그 근방이었다. 바래다주느라 종점에서 같이 내리곤 했다. 미대를 다닌 친구였는데 삽화를 잘 그렸다. 내 담당의 고교 연합써클 회지의 삽화를 부탁하면 그 자리에서 척척 그려 주었다. 기찰은 스무 살 무렵 나의 손때, 눈때, 마음때가 스민 데이트 장소였다.

기찰이 데이트 장소? 옛사람이 들으면 볼기 터지도록 곤장 맞을 소리다. 내가 시를 쓴답시고 눈때니 마음 때니 하지만 기찰은 그런 것과는 거리가 한참 먼 공공기관이었다. 한자로 쓰면 나무랄 기(譏) 살필 찰(察), 나무라고 살피는 요즘 말로 하면 검문소가 기찰이었다. 육모방망이 든 포교 내지는 군관이 상주하면서 행동거지가 수상한 자의 옷자락 들치거나 보따리 까뒤집는 조선시대 살벌한 검문소가 기찰이었다.

기찰은 조선팔도 각지에 있었다. 각지의 외곽 길목에 두고서 나가는 사람, 들어오는 사람을 검문했다. 부산의 기찰은 북면(北面)에 두었다. 북면은 지금으로 치면 금정구 부곡동, 장전동, 선동, 남산동, 청룡동, 두구동, 산성마을 일대였다. 1740년 발간 〈동래부지〉에 그렇다고 나온다. 북면은 동래에서 서울로 가는 길목이었으니 기찰이 엄해야 했다. 물 샐 틈 없도록 기찰하지 않았다간 언제 어디서 날벼락이 떨어질지 모를 일이었다.

▲ 1700년대 중반 제작 '경주도회좌통지도(慶州都會左通地圖)' 동래부 지도에 보이는 구포 기찰. 동래에서 '기비현(其比峴, 만덕고개)'을 넘어오면 기찰(譏察, 검문소)이 나왔다. ⓒ규장각

◀ '부산고지도' 제8폭에 보이는 부곡동 기찰과 주변 풍경.
ⓒ부산시립박물관

  부산의 기찰, 북면 기찰은 동래 외곽인 부곡동에 있었다. 구포에도 기찰이 있었다. 동래에서 '기비현(其比峴, 만덕고개)'을 넘어오면 낙동강 강변에 '기찰'이 있었다. 부산 북면 기찰은 〈동래부지〉에 나온다. '동래부 북쪽 10리 십휴정 기찰'이 내 데이트 장소 부곡동 기찰이었다. 원래는 양산군 성문 밖에 있던 걸 동래부사 조세환이 1680년 부곡동으로 옮겼다. 이 역시 〈동래부지〉에 그렇다고 나온다. 십휴정(十休亭) 또는 십휴정(什休亭)은 열 명이 쉴 수 있는 큰 정자. 거기에 검문소를 두어서 십휴정 기찰이었다.
  열 명이 쉴 수 있는 정자. 실제로 어떤 규모였을까. 이럴 때 '부산고지도'는 효자손이다. 가려운 마음을 잘도 긁어준다. 지도라기보다 그림에 가까운 이 지도에 십휴정 정자와 주변 풍광이 섬세하게 담겼다. 지도 하단의 그린 이의 '싸인'과 도장은 그림에 신빙성을 더욱 높이는 첨가제다. 십휴정 기찰을 이렇게 섬세하게 묘사한 지도가 어디에 또 있을까 하는 생각에 이르면 고마운 마음까지 든다.

고마운 마음에 지도 설명을 약간 길게 가져간다. '부산고지도'는 몰운대에서 금정산까지 부산 전체를 10폭 병풍에 담아서 '동래부산도병(東萊釜山圖屏)'으로도 불린다. 개항기인 1900년 이쪽저쪽 부산과 동래 주요 지명과 건물명을 나타낸 회화식 지도다. 부산시립박물관에서 소장한다. 지도에는 그린 이의 묵서(墨書)와 방인(方印)이 보인다. 묵서는 효산(曉山)이고 방인은 특이하게도 둘이다. 효산의 주문방인(朱文方印)과 박계익(朴桂益)의 백문방인(白文方印)이다. 두 방인을 나란히 찍은 병풍도 있고 효산 방인만 찍은 병풍도 있다. 기찰을 표기한 제8폭엔 효산 방인만 찍었다.

제8폭에 보이는 지명은 다섯. 온천천을 가운데 두고 이쪽에 온정(溫井)과 구포, 양산계(梁山界)가 보이고 저쪽에 기찰, 소산역, 북면, 사배현(沙背峴), 양산계가 보인다. 온정은 지금의 온천장. 사배현은 동래 북면에서 양산 동면으로 이어지는 고개였다. 도시철도 범어사역에서 노포동역으로 직진하기 전에 왼쪽으로 이어지는 비스듬한 오르막길이 사배현이었다.

'기찰로' 도로 표지판. 금정구 부곡동 한서요양병원 맞은편 윤산쪽 일대의 도로명 유래가 된 기찰(譏察)은 조선시대 검문소였다.

194

1900년대 들어서 제작한 '부산고지도' 10폭. 다대포 몰운대에서 금정산까지 부산 전체를 10폭 병풍에 담아서 '동래부산도병(東萊釜山圖屏)'으로 불린다. ⓒ부산시립박물관

금정구 부곡동 부곡초등학교 도로명 역시 '기찰로'다. 이 일대를 대표하는 지명의 하나가 '기찰'이다.

제8폭은 기찰에서 시작한다. 기찰에서 시작해 소산역으로 이어진다. 그림지도답게 묘사 하나하나 대단히 섬세하다. 기찰이 있는 곳은 온천천 천변. 길은 천변을 따라서 이어지고 간격을 둔 필마 둘이 보인다. 앞서가는 필마를 탄 이는 검문을 수월하게 통과한 듯 등이 꼿꼿하고 이제 막 기찰을 벗어난 필마를 탄 이는 검문에서 곤욕을 치른 듯 잔뜩 움츠린 자세다. 기찰 십휴정 정자는 나무가 에워싼 마을의 한가운데 우람하다. 단층 건물이지만 여염집 이층은 돼 보이고 평수도 여염집 두 배는 돼 보인다. 저러니 열 명이 쉴 수 있겠다 싶다.

기찰동동주, 기찰 생탁주, 36번과 49번 종점, 그리고 검문소. 기찰은 술 좋아하는 주당에겐 현재이면서 내 스무 살 무렵의 기억이며 그리고 한 시대 이전 부산의 기록이다. 부산을 오가다 기찰이란 이름을 만나면, 그게 술이든 지명이든 뭐든 그저 반갑다. 그리고 아련해진다. 그대는 그런 이름 있는가. 듣는 순간, 보는 순간 술이 출출해지고 마음이 출출해지는.

사배현

조선의 영남대로 톨게이트

범어사역 부근은 내가 살던 곳이었다. 초중고와 대학을 졸업하고 첫 직장에 들어갈 무렵까지 살았다. 도시철도 1호선이 1985년 개통하기 이전에는 범어사역과 노포동역 중간쯤에 검문소가 있었다. '노포검문소'라 불린 거기는 삼거리였다. 부산과 울산, 양산이 여기서 갈라졌다. 나름 요지였기에 검문소를 두었다.

사배야고개 전경. 도시시철도 범어사역과 노포역 중간쯤에서 양산 동면으로 이어지는 고갯길이다. 사배1·2길 표지판 너머로 사송신도시가 보인다. 사송(沙松)은 사배마을과 외송마을을 합친 지명이다.

검문소는 두려웠다. 1970년대 고교 시절 동네 친구들과 버스를 타고 양산 통도사로 놀러 가노라면 전경인지 군인이 올라타서 검문했다. 다행히 그때는 검문당한 적이 없지만 1980년대 초였다. 방위 고참 시절 하루 휴가를 내고 울산에 직장을 알아보러 갔다가 검문을 당했다. 휴가증을 보여주고 넘어갔지만 다른 승객들 시선이 따가웠다.

검문소 삼거리에서 양산 쪽으로 이어지는 길은 오르막이었다. 대학 다닐 때 거기를 걸어보았다. 나지막한 오르막이 끝나고 내리막 어디쯤에서 저수지 둑이 보였고 낙동강 갈래이지 싶은 물길이 보였다. 지금은 양산 사송신도시라 불리는 양산 동면 사송마을 일대였다. 지금은 신도시를 관통하는 왕복 6차선 도로지만 그때는 시골 중에서도 시골을 지나는 굽이굽이 고갯길이었다.

안팎 오르기가 거의 2십 리나 된다는 지루한 잿길의 자락쯤에서 그(송 노인)는 아직도 허덕이고 있는 셈이었다. 옛날부터 국도(國道)였다고는 하지만 굽이굽이 골짜기가 으슥해서 대낮에도 곧잘 도둑이 붙던 곳이었다.

고갯길은 소설에도 등장한다. 김정한 단편소설 <사밧재> 모티브가 이 고갯길이다. 노포동에서 사송으로 이어지는 고개가 사밧재다. 1971년 발표한 이 소설의 시대적 배경은 일제강점기 말기. 해수병으로 고생하는 누님을 뵈려고 팔순이 내일 모레인 송 노인이 고갯길 넘으면서 겪는 일화를 담았다. 신작로가 난 덕분에 덜 무섭긴 해도 '문경 새재가 높다카더만, 머이 사밧재보다 짜다라 높지는 않을 꾸로!' 여전히 높고 고단한 고개였다.

경향신문(1971년 4월 26일)의 단편소설 '사밧재' 합평 기사. 요산 김정한이 그해 4월 <현대문학>에 발표한 '사밧재의 무대가 사배현이었다. 사밧재는 사배현의 다른 이름이다.

사배현(沙背峴)은 사밧재의 한자 표현. 사배야현(沙背也峴) 또는 사배치(沙背峙)라고도 했다. 조선의 엔간한 지도는 이 고개를 표기했다. 지리적으로 매우 중요했다는 방증이다. 실제로 그랬다. 사밧재는 평범한 고개가 아니고 부산에서 서울로 가는 기간도로였다. 한양과 영남을 잇는 영남대로의 한 출발점이었다. 소설에서 언급한 '옛날부터 국도였다'는 표현은 그냥 하는 말이 아니었다.

영남대로는 동래에서 한양으로 이어지는 가장 짧은 길이었다. 이 책 '소산역'에서도 밝혔지만 동래로 가는 길이라 하여 동래로(東萊路)라고도 했다. 동래에서 양산, 밀양, 청도, 대구, 구미, 상주, 문경, 연풍, 충주, 용인, 광주, 한강, 이태원을 거쳐 남대문인 숭례문과 경복궁 광화문에 이르는 대장정이 영남대로였다.

(동래)부의 북쪽 28리, 양산과의 경계에 있다.
在府北二十八里 梁山地境
재부북이십팔리 양산지경

사배야현은 사배야산에서 유래했다. 1740년 편찬 <동래부지>는 동래부 북면과 양산 경계에 있다고 했다. 사배야산에 난 사배야현 고개는 급이 높았다. 고급에 해당하는 길이었다. 내륙 유림이 범어사 유람할 때면 이 고개를 넘어서 범어사로 왔고 한양에서 동래부사로 임명되면 이 고개를 넘어서 동래로 왔다.

1740년 편찬 <동래부지>의 '사배야산' 설명. 동래부 북쪽과 양산 경계에 있다고 적었다. 사배현은 사배야산에서 유래했다. ⓒ규장각 범어사 길과 동래부사 길은 좀 달랐다. 사송에서 넘어오면 첫 마을이 녹동리(鹿洞里)리였고 더 가면 오른편에 대룡리(大龍里), 더 가면 역시 오른편에 작장리(鵲掌里)가 있었다. 대룡에서 길을 틀면 남산리(南山里) 쪽으로 가다가 범어사로 이어졌다. 대룡에서 틀지 않고 작장을 지나 계속 직진하면 선동 소산역, 기찰 십휴정을 지나서 동래로 이어졌다.

豆口·鵲掌·南山 幷 두구·작장·남산 병

금정구 부곡교차로 소공원엔 옛날 비석이 하나 있다. 녹동마을에서 처음 발견됐고 광복 이후 도로 확장공사로 파손돼 버려진 것을 작장마을 공터에 세웠다가 1993년 지금 자리로 옮겼다. 이 비석은 민영훈 동래부사[재임 기간 1835.9~1837.3]가 극심한 흉년으로 굶주렸던 백성을 보살핀 공덕을 기리려고 세 마을이 함께 세웠다. 비석의 측면에는 부사의 '활만인명(活萬人命)' 은혜를 입은 세 마을을 새겼다. 두구·작장·남산이었다.

특이한 것은 '두구' 지명이다. 지금은 나무 목에 선비 사를 써서 팥배나무 두(杜), 언덕 구(邱)를 쓰지만 그때는 두구(豆口)로 썼다. 1740년 편찬〈동래부지〉역시 두구(豆口)로 썼다. 금정구 '구서' 지명도 지금과 달랐다. 지금은 구서(久瑞)로 쓰지만 옛날 지도나〈동래부지〉는 구세(九世 또는 仇世)로 썼다.

사배현은 민초의 길이기도 했다. 오일장 장꾼과 봇짐장수들이 이 길로 다녔으며 양산으로 또는 동래로, 장가나 시집갈 때도 이 길로 다녔다. 그리하여 친정 나들잇길이었으며 시댁으로 가는 길이었다. 현재 고갯길 근처에 경부고속도로 톨게이트가 있듯 조선의

1800년대 후반 제작한 '동래부산고지도' 사배현 부분 확대. 사배현 아래 보이는 대룡(大龍)으로 섭어늘면 남산(南山) 쪽으로 가서 범어사로 이어졌고 작장(鵲掌)에서 직진하면 소산역, 십휴정을 거쳐서 동래 관아로 이어졌다. ⓒ국립중앙도서관

사배현 고갯마루 첫 마을인 대룡마을 표지석. 조선시대 사배현에서 범어사로 이어지던 길목 마을이었다. 표지석 뒤로 금정산이 보인다.

사배현 고갯마루 첫 마을인 대룡마을 표지석. 조선시대 사배현에서 범어사로 이어지던 길목 마을이었다. 표지석 뒤로 금정산이 보인다.

톨게이트가 여기 사배현 고개였다. 해발 200m 고갯길은 근대화 바람이 불면서 조금씩 낮춰졌고 급기야는 야산이 깎이면서 고갯길을 따라서 고속도로가 들어섰다. 굽이굽이 신작로는 직선화 공사로 6차선 도로가 되면서 고개에서 영영 멀어졌다.

지경(地境)고개. 사배야의 현재 공식 행정 지명이다. 부산과 양산의 경계에 있는 고개란 데서 얻은 지명이다. 1961년 국토지리정보원이 그렇게 작명했다. 경계는 조선팔도 어디에도 있으니 지경고개 역시 조선팔도 곳곳에 있었다. 지경고개는 지역 특성의 단면만 고려한 밋밋한 지명이 아닐 수 없다. 사배야 별칭으로 사배잇재, 당고개, 녹동고개 등이 있다.

금정구 부곡교차로 소공원에 있는 옛날 비석. '두구(豆仇)·작장(鵲掌)·남산(南山)' 세 마을의 지명을 새겼다.

사배현 고갯길 녹동마을의 육교에서 본 경부고속도로. 고갯길을 따라 고속도로가 이어진다.

'사배야'는 이두식 지명으로 '새벼려'로 읽히는데, 이는 '새+배려'로 구성되어 있는 지명이다. 여기서 '새'는 고개의 위치가 금정산 동쪽에 있으므로 '동쪽'으로 해석된다. '배려'는 '언덕, 기슭, 벼랑'을 뜻하는 고유어 '비레, 비례, 벼로, 별'을 의미하는데, 이 고개가 지형적으로 높은 곳에 가파르게 위치하기 때문에 명명된 것이다.

사배(沙背)는 왜 사배일까. 설이 분분하다. 2011년 간행 〈한국지명유래집-경상편〉은 세 가지 설을 소개한다. 앞의 인용 구절은 그중 세 번째 설이다. '배려'는 '베랑길' 또는 '벼랑길'로 이해하면 되겠다. 사배마을은 고갯길 언저리 마을. 사배마을과 외송마을을 합쳐서 사송리(沙松里)가 됐다. 강으로 이어지는 고갯길에 외솔이 장관이었을 마을이 신도시로 됐으니 상전벽해도 그런 상전벽해가 없고 천지개벽도 그런 천지개벽이 없다. 참 요지경이다.

사천

금사동 지명 유래는 '금천+사천'

사천은 실 사(絲), 내 천(川)을 쓴다. 우리말로 하면 실개울이다. 그런 개울은 방방곡곡 있으므로 사천이란 지명도 방방곡곡에 있었지 싶다. 옛날 지도에 나오는 부산의 사천은 수영강 상류에 있었다. 부산의 사천은 개울이면서 마을이었다.

개울이면서 마을. 옛날 지도에는 거기가 어딘지 콕 집는다. 수영강 상류 이쪽에 사천이 보이고 저쪽에 석대며 오륜대가 보인다. 〈동래부지(東萊府誌)〉도 사천을 언급한다. '산천(山川)' 항목에서 사천을 언급하는데 다른 하천과 달리 설명이 꽤 길다.

> 부의 동쪽 15리에 있다. 그 수원(水源)은 둘이 있으니 하나는 양산 원적산에서 나오고 하나는 양산 경계의 시배야현에서 나와 해운포로 흘러 들어간다.

해운포는 수영강 하류. 그러니까 수영강 상류를 이루는 여러 물줄기 가운데 하나가 사천이다. 물줄기는 아래로, 아래로 흘러가 삼어(三魚)와 반여 사이를 지나고 재송과 좌수영성 선창을 지나 마침내 부산 바다에 닿는다.

사천은 〈경상남도동래군가호안(家戶案)〉에도 나온다. 이 가호안은 구한말인 1904년 10월 탁지부 사세국(司稅局)에서 편찬한 인구 백서다. 세금 매기기 위한 용도였으므로 대단히 정확한 기초자료다. 당시 동래군 12면의 동별 가구 수를 적시했다. 1904년 동래군 12면은 다음과 같다. 괄호 안은 가구 수다.

> 읍내면(745) 북면(477) 서상면(212) 서하면(193) 사상면(254) 사중면(528) 사하면(730) 동평면(730) 남하면(187) 남상면(349) 동하면(208) 동상면(257).

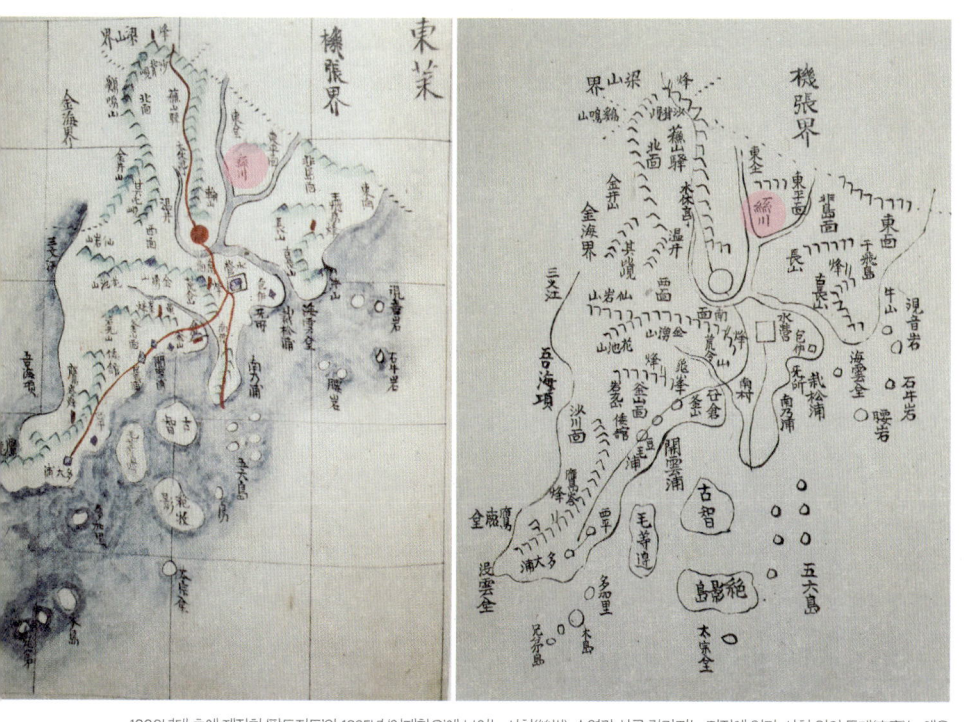

1800년대 초에 제작한 '팔도지도'와 1895년 '여재촬요'에 보이는 사천(絲川). 수영강 상류 갈라지는 지점에 있다. 사천 위의 동대(東臺)는 해운대, 겸효대, 태종대, 오륜대 등과 함께 부산 8대에 들던 명소였다. '팔도지도'는 사천 건너편에 윤산(輪山)을 그렸다. ⓒ국립중앙도서관

여기서 잠시 짚고 넘어가자. 동래부(東萊府)는 언제 동래군(東萊郡)이 됐을까. 1895년(고종 32) 갑오경장으로 지방관제가 바뀌면서 조선 8도(道)를 없앤 뒤 전국을 23개 관찰부로 나누고 관찰부 아래에 331개 군(郡)을 두었다. 경상도는 대구와 안동, 진주, 그리고 동래가 관찰부였다. 동래관찰부는 표솔십군(表率十郡)이라 해서 10개 군을 관장했다. 10개 군은 동래군·양산군·기장군·울산군·언양군·거제군·경주군·영일군·장기군·흥해군. 도호부에서 관찰부로 바뀌면서 도호부사는 관찰부사로 불리고 동래관찰부 아래 동래군을 두니 지금의 동래다.

사천은 동래군 12면 중에서 동상면에 속했다. 동상면에 속한 동(洞)은 모두 열셋. 네 동뿐인 동하면보다 세 배나 많지만 가구 수는 50채 정도만 많았다. 동하면에 비해서 지역은 넓었지만 상대적으로 오지였음을 짐작할 수 있다. 동상면 각 동은 다음과 같다. 괄호 안은 역시 가구 수다.

명장동(31) 서동(28) 금천동(11) 사천동(21) 회천동(19) 오륜동(30) 동대동(8) 석대동(28) 반송동(24) 반여동(19) 중리동(12) 삼어동(15) 무정동(11).

사천 앞에 금천이 보인다. 비단 금(錦)을 써 금천(錦川)이다. 비단처럼 곱고 잔잔한 하천이었지 싶다. 이 대목에서 눈치 빠른 이는 알아챘겠다. 맞다. 금천과 사천이 합쳐서 금사가 됐다. 회동동 역시 그랬다. 회천과 동대가 합치면서 회동이 됐다. 2018년 10월에는 금사회동동이 탄생했다.

동대(東臺)는 뭘까. 지금은 지워진 지명이지만 옛날 지도에 빠지지 않고 나올 만큼 부산의 명소였다. 대(臺)는 사방을 관망할 수 있는 약간 높고 평퍼짐한 자리. 너럭바위 같은 데도 대에 해당한다. 동대는 사천 냇가에 있었다. 향토사학자 주영택 선생은 해운대, 겸효대, 태종대, 오륜대 등과 함께 부산 8대에 든다고 치켜세웠다.

금정구 금사동 일대. 부산 최초의 공단인 금사공단을 품은 금사동은 수영강 상류 강마을. 강 주변에 있던 금천(錦川)과 합쳐서 금사동이 됐다. ⓒ금정구 홈페이지

부엉이산 정상에서 내려다본 회동수원지. 회천(回川)과 동대(東臺)가 합치면서 회동이 됐다.

魚所窟可以漁釣
어소굴가이어조

1740년 <동래부지>도 동대를 빠뜨리지 않았다. 빠뜨리기는커녕 꽤 길게 소개했다. 그대로 옮긴다.

'(동래)부의 동쪽 10리 사천 변에 있는데, 바위 높이가 4~5장(丈)으로 깎아지른 듯이 서 있고 계곡의 물이 만포(彎抱: 굽어 감쌈)하고 돌아서서 연못을 이루니 물의 깊이가 여러

금정구 부곡동 윤산 표지석. 윤산은 조선 시대 동래부 진산으로 옛날 지도에 거의 빠지지 않는다.

1800년대 초에 제작한 '광여도'에 보이는 동대(東臺)와 오륜대(五倫臺). 그 옆으로 윤산(輪山)이 보인다. ⓒ규장각

장(丈) 되고 물고기가 소굴을 이루어 낚시하기가 좋았다. 봄여름으로 (동대에) 오르면 활연(豁然: 환하게 터져 시원한 모양)한 운치가 있다.'

사천을 생각하고 금천을 생각한다. 실개천과 비단 여울이 어우러지는 곱디고운 조선의 산하, 조선의 하천. 금물결 은물결 반짝이는 물줄기 따라 단풍이 두둥실 떠내려가는 풍만(楓滿)의 강이었으리. 낚싯대 드리운 삿갓 강태공은 물고기 건지듯 단풍을 건졌으리. 지금은 공단이 들어선 그곳 사천과 금천. 비록 지명은 잃었어도 지명에 담긴 기억은 오래오래 기억해 달라고 옛날 지도는 오늘을 사는 우리에게 당부한다.

<동래부지>의 '동대(東臺)' 설명. 경치가 빼어난 만큼이나 설명이 길다. ⓒ규장각

우암·용당

장고개,
우암과 용당을 가로지르다

우룡산(牛龍山)

우룡산은 남구에 있다. 나지막하지만 깊다. 민가에 스며든 산이면서 민가를 벗어난 산이다. 산책객에겐 부담이 적고 등산객에겐 가볼 만한 산이다. 마을과 산 사이, 산과 마을 사이 울타리에는 '우룡산'이라 써놓은 경계 표지판이 곧잘 보인다.

우룡산 이름 역시 나지막하고 깊다. 소가 들어가고 용이 들어간다. 민가에 스며든 이름이면서 민가를 벗어난 이름이다. 그런데 왜 소가 들어가고 용이 들어갔을까. 산 하나가 어떤 데는 소처럼 생겼고 어떤 데는 용처럼 생겼나? 지명 유래는 어떻게 될까? 알 듯 모를 듯 감이 퍼뜩 안 온다.

지명 유래를 아는 이는 사실 별로 없다. 옛날 지도에도 나오지 않고 옛날 옛적 고문서에도 나오지 않는다. 비슷한 이름이 있기는 있다. 1740년에 발간한 부산의 백서 〈동래부지〉에 나오는 우현산(牛峴山)이다. 풀이하면 쇠고개산. 이름은 비슷하나 해운대와 기장 경계에 있다. 우룡산과는 별개다.

토박이에게 물어봐도 모호하긴 매한가지다. 대개는 즉답을 피한다. 언젠가 우암동 장고개를 취재하다가 마주친 연세 지긋한 토박이도 그랬다. 옛날부터 그렇게 썼다며 얼버무린다. 얼버무리기는 그 용한 인터넷도 마찬가지다. 검색하면 우룡산은 따로 나오지 않고 우룡산 공원만 이렇게 나온다.

> 부산 남구 대연동·우암동·문현동에 걸쳐 있는 우룡산에 있는 공원. (…) 우룡산 공원은 우룡산으로 통하는 산책로를 중심으로 조성되어 있다. (…) 우룡산 지명과 관련하여 살찌고 부지런한 소와 용의 전설에서 유래되었다는 설이 있다. (…)

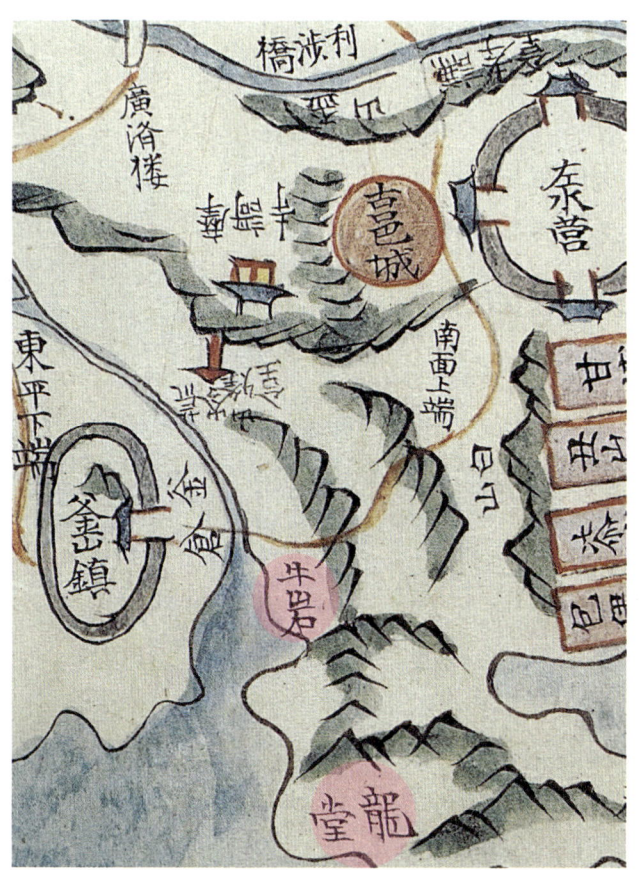

1700년대 중반 제작한 옛날 지도 '지승(地乘)'에 보이는 장고개. 사진 아래쪽 우암 바로 위에 보이는 산을 지나는 붉은 실선이 장고개다. 우암 아래에 용당이 보인다. ©규장각

 살찌고 부지런한 소와 용. 사실이 아니면 어떠랴. 어차피 설이다. 그 옛날, 말을 잘 지어내는 이야기꾼이 있어 동네 조무래기 불러놓고 '이랬다더라, 저랬다더라' 그 말이 퍼지고 이어져 우룡산 전설은 완성됐으리라. 밋밋한 산에 전설의 훈훈한 입김을 불어 넣은 이야기꾼에 박수를 보낸다.
 뭔가 어설프기는 하다. 시비를 걸면 끝없다. 살찌고 부지런한 게 소만 그런지 소와 용이 같이 그런지 그런 것부터 시작해서 그래서 어쨌다는 건지 등등. 그렇게 물어보는 동네 조무래기는 왜 없었을 텐가. 나부터가 그랬겠다. 이야기꾼은 눈알 부라리며 자리를 뜨고 우룡산은 여전히 오리무중이다.

옛날 지도는 전설의 반대편. 전설은 '아니면 말고' 그렇게 슬렁슬렁 넘어가도 되지만 지도를 그렇게 만들었다가 목이 열이라도 온전하지 못했다. 옛날 지도는 공신력을 바탕으로 정확하게 만들어야 했기에 얼렁뚱땅 넘어가지 않았다. 하나도 있는 그대로, 둘도 있는 그대로, 셋도 있는 그대로였다.

옛날 부산 지도에 우룡산은 어떻게 나올까. 앞서 말했듯 우룡산을 표기한 부산 지도는 없다. 어느 지도에도, 지도 어디에도 없다. 그러나 단서는 제공한다. 이 단서를 바탕으로 이렇게 저렇게 유추하면 답이 보인다. '아, 이래서 우룡산이구나. 아, 저래서 우룡산이구나.' 우룡산만 그런 게 아니다. 대개가 그렇다.

산이 그렇고 길이 그렇고 해안선이 그렇다. 옛날 지도는 지역의 원형을 담았다. 사진이 없던 시절, 사라지거나 변조되기 이전의 원형을 지도 아니면 어디서 보랴. 옛날 그림에서도 어느 정도 유추가 가능하지만 거기엔 화가의 상상력이 들어간다. 지도만큼 완벽하거나 구체적이진 않다.

지금 지도 하나를 본다. 언젠가 우암동 장고개를 취재하면서 봤던 그 지도다. 장고개는 오일장 시장에 가려고 넘던 옛길이었다. 오일장은 조선팔도 없는 데가 없었으므로 장고개는 조선팔도 없는 데가 없었다. 부산에도 많았다. 검색해 보면 수두룩하게 뜬다. 조선의 장삼이사는 장고개를 넘어 여기에서 저기로 나아갔고 오늘보다 나은 내일로 나아갔다.

옛날 지도 '지승(地乘)'은 조선팔도 군현(郡縣)의 지도다. 각 군과 각 현의 형세와 지세를 나타냈으며 군사 요지인 국경을 묵직하게 묘사했다. 길은 특히 중시했다. 부산의 경우 붉은 실선의 길들이 영남대로로 이어지도록 구성했다. 전체적으론 조선의 산과 강, 그리고 길을 투박하나 단호한 선으로 드러낸 조선팔도 산수화다. 1776년 이후 1787년 이전 제작으로 추정한다.

지도에 보이는 길은 여러 갈래다. 모두 붉은 실선으로 그렸다. 길의 중심은 동래읍성이다. 조선시대 부산의 중심은 동래였다. 우암 장고개로 이어지는 길은 온천천 돌다리 이섭교에서 시작했다. 이섭교를 건너 배산을 넘어 오늘날 수영인 좌수영성을 끼고 가다가 민락동 백산을 넘었다. 백산을 넘고도 산 하나를 더 넘어야 오일장인 부산장에 닿았다. 산은 지명이 없다. 지명 대신 산이 있는 지역만 표기했다. 그 지역이 우암(牛岩)이다. 우암의 산에 그려 넣은 붉은 실선이 장고개 고갯길이다. 우암 남쪽에도 지명이 보인다. 용당(龍塘 또는 龍堂)이다. 용당에도 산이 있다. 우암의 산과 용당의 산은 맞닿는다. 우암

남구 우암동 장고개 전경. 우암동과 감만동 방면에서 부산진시장으로 가려고 넘던 고개가 장고개였다. 오른편에 보이는 산이 우룡산이다. 우암과 용당을 잇는다고 우룡산이지 싶다.

은 철우(鐵牛)로 불리던 바닷가 소 형상 바위에서 유래하고 용당은 근방의 용호(龍湖), 용소(龍沼) 등의 지명에서 보듯 용의 형상과 늪, 못, 바다가 만나면서 유래한다.

이제 우룡산이 왜 우룡산인지 분명해진다. 우암과 용당 두 지역을 잇는 산이라서 우룡이 됐다고 보는 게 백 번 타당하다. 만에 하나 아닐 수도 있으리라. 하지만, 여기저기 검색하고 자료를 뒤져봐도 핵심을 벗어난 서너 줄 설명이 고작인 우룡산에 대한 미안함을 그렇게라도 풀어야 한다. 살찌고 부지런한 소와 용가 등장하는 두루뭉수리 전설에 돌 하나 더 얹은들 뭐 어떠리.

옛날 지도는 가감이 없다. 있는 그대로를 알려준다. 옛날 지도를 보는 즐거움은 있는 그대로를 보는 즐거움이며 옛날 그대로의 부산을 보는 즐거움이다. 뜨끔할 때도 있다. 우룡산을 볼 때가 그렇다. 장고개 굽이굽이 넘는 어머니의 어머니, 아버지의 아버지를 천년만년 지켜봤을 우룡산, 그 안에 천년만년 이야기를 품었을 우룡산의 이름이 갖는 내력에 이제야 한 발 얹는 이 무심이 그저 송구할 뿐이다.

분포

조선의 소금,
동이째 굽다

분포는 남구 용호동 엘지 메트로시티 일대 학교의 교명이다. 이 일대 초·중·고가 분포를 교명으로 쓴다. 분포도서관도 있다. 일일이 확인하지 않아서 그렇지 분포를 내세운 데는 훨씬 많지 싶다. 용호동 이 일대는 분포가 널리 분포된 셈이다.

"잘 모르는데요."

그렇긴 해도 분포는 여전히 생소하다. 왜 분포일까. 고개를 갸우뚱대기 일쑤다. 그나마 요즘은 나은 편이다. 일간지에 부산의 포구를 연재하면서 분포를 취재하던 2004년, 2005년 이때만 해도 열에 일고여덟은 몰랐다. 자녀가 거기 학교에 다니거나 다녔어도 그랬다.

분포 초·중·고가 있는 데는 이기대 가는 길목. 바다를 매립해 편평하다. 그런 까닭에 분포는 매립 이후 새로 생긴 지명으로 아는 사람이 적잖다. 반은 맞고 반은 아니다. 대단지 아파트가 들어서면서 이주한 외주인에겐 분포는 낯선 용어였지만 이 일대 토박이에겐 분께니, 분포고개니 오랫동안 함께한 일상용어였다.

이기대(二妓臺)는 두 기생의 무덤에서 유래한 지명. 두 기생은 의기(義妓)였다. 부산의 논개였다. 임진왜란 때 적장을 껴안고 바다로 뛰어들었다. 의기대는 이기대 별칭이다. 분포 초중고를 지나서 이기대로 접어들면 오륙도까지 이어진다. 오륙도는 국가가 지정한 명승지이다. 하늘이 직접 내린 경승(景勝)이다.

분포는 지금도 공식 행정지명은 아니다. 부산의 현대사에서 까마득히 멀어졌던 만큼 공식 복원에 시간이 걸리

남구 마을버스 2번 '분포중학교' 정류소 표지판. 이 일대는 초·중·고를 비롯해 엔간하면 '분포'다. 오랜 역사를 품고서 지역을 대표하는 지명이 분포다.

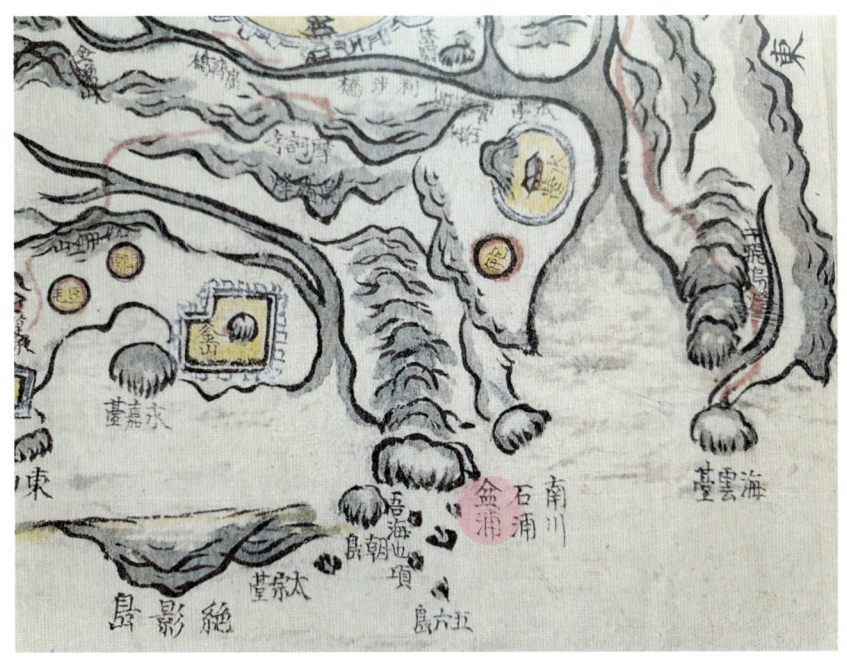

1871년 제작한 〈영남읍지〉에 수록된 지도의 '분포' 부분 확대. 남구 용호동 분포 초중고의 교명이 여기에서 비롯했다. 분포는 우리나라 전래의 소금인 자염(煮鹽)을 생산하는 포구였다. 분포 옆에 보이는 석포(石浦)는 이 일대 있던 말 목장인 석성(石城)에서 유래했다. ⓒ규장각

는가 싶다. 그러나 이미 생활권에 들어와 있기에 공식, 비공식에 연연할 필요는 없다. 지명에 담긴 속뜻이 친근하고 상상력을 자극하기에 시간이 지날수록 부산을 대표하는 지명의 하나가 되리라 믿는다.

盆浦. 분포 한자다. 분은 '동이'를 뜻한다. 물동이나 화분(花盆)을 연상하면 되겠다. 여기저기 큰 화분 같던 물동이 널렸던 포구가 분포다. 포구에 웬 물동이? 대부분은 긴가민가 고개를 갸웃댄다. 그러나 실제로 그랬다. 포구 여기저기 물동이가 놓였다. 일제가 조선에서 득세한 이후 1960년대까지 용호동 이 일대는 물동이 천지였다.

여기 물동이는 소금 굽는 질그릇이었다. 바닷물 한가득 담고서 펄펄 끓였다. 물은 증발하고 소금만 남았다. 조선 전래의 소금인 자염(煮鹽)이 이렇게 나왔다. 일제가 득세하면서 자염은 밀려나고 천일염이 대세가 되었다. 햇볕을 이용하는 천일염은 대만이 원산지였다. 일제가 대만을 차지하면서 천일염을 자기 것으로 만들었고 조선도 천일염 세상으로 만들었다.

그러면서 자염은 일상에서 지워졌다. 대동여지도 김정호가 조선 최고로 성했다던 명지

자염이 지워졌고 여기 분포 자염이 지워졌다. 복원 가능성이 영 없는 것은 아니다. 희망의 빛줄기는 아직도 시퍼렇다. 부산의 소금이 조선의 소금이던 역사와 기억을 쉽사리 지울 수는 없는 일이다.

희망의 빛줄기는 동시다발적이다. 강서구 명지동 에코델타시티 사업지구에서 자염 유적이 발굴됐으며 부산 해양자연사박물관은 자염 등을 주제로 기획전 '부산 그 어디쯤 소금밭'을 2023년 4월부터 2024년 5월까지 북구 화명동 부산어촌민속관에서 열었다. 경북 울진에선 강서구 명지 출신이 자염을 직접 생산하며 부산 여기저기 자염으로 맛을 내는 식당이 보인다. 부산 말고도 자염으로 유명했던 지역의 박물관에서 간간이 자염 관련 전시회를 알린다.

'이기대(二妓臺)' 세 글자를 새긴 각석. 분포에서 오륙도로 이어지는 이기대 해변 갯바위에 새겼다. 임진왜란 때 순절한 두 기생을 기린다.

"분포를 여기 토박이들은 분깨라고 합니다."

용호동과 맞닿은 용당동의 새마을금고 최방식 이사장은 여기 토박이. 이 일대의 어제와 오늘을 훤히 꿰찬다. 2017년에는 〈용당동의 빛과 어둠〉이라는 향토사 역저를 냈거니와 2004년, 2005년 그때 분포 포구 취재에 동행하며 자문했다. 최 이사장에게 들은 '분깨'는 여기 자염만큼이나 맛깔스럽다.

1946년 용호동 염전. 용호동 분포는 조선 전래의 소금인 구운 소금 자염을 생산하던 염전이었다. ⓒ오륙도해맞이공원 홍보판

'포구는 개다.'

이따금 부산의 포구를 강연하거나 가이드로 나선다. 포구 해설에 재미를 주려고 끄집어내는 표현이 '포구는 개다.' 포구를 개로 빗대면 대개는 눈이 동그래진다. 포구가 개라니? 그러나 100% 맞는 말이다. 옥편에 그렇게 나온다. 포구 포(浦)는 '개' 포다. 그래서 분포가 분개가 되고 경상도 억센 발음으로 분깨가 되었다.

경북 울진토염의 자염 생산 장면. 강서구 명지 출신의 조희조 선생이 울진에서 복원한 시설이다. 전통의 질그릇 대신 현대화된 방법으로 소금을 굽는다. ⓒ울진토염

'개'는 무슨 뜻일까? 옛 문헌에 나오는 고어처럼 들리는 이 말은 지금도 흔히 쓰인다. 쓰이는 정도가 아니라 생활용어다. 개펄, 갯가, 갯바위, 갯낚시, 개막이 등등이 모두 '개'에서 나왔다. 한자에 익숙하지 않던 옛사람은 포라는 어려운 한자 대신 '개'라는 쉬운 우리말을 썼다. 사상구 덕포는 덕개였으며 서면 전포동은 밭개였다.

분포 옆에도 포구가 있었다. 석포(石浦), 우리말로는 돌개였다. 이 포구 근처에 말을 키우는 목장이 있었다. 여기서 키우는 말이 경계를 넘어가지 말라고 돌담을 쌓았으니 돌담이 있는 포구가 석포, 돌개였다. 분포는 국가 염전, 석포는 국가 목장. 분포도 중요했고 석포도 중요했기에 1871년 제작 〈영남읍지〉 수록 지도는 이 두 포구를 부산을 대표하는 포구인 양 우뚝 세웠다.

분포. 옛날 지도, 옛 지명이지만 그러기에 정감은 더 간다. 부산 입장에선 오랜 세월 고락을 함께한 형제 같고 자매 같다. 소금보따리 이고서, 소금가마니 지고서 이 길을 지나던 어머니가 거기 있고 아버지가 거기 있다. 소금은 무거웠어도 생때같은 자식 생각에 거뜬히 이 길을 지났을 우리의 어머니, 우리의 아버지. 옛날 지도로 보는 분포는 짠내, 땀내, 마음내 범벅이다.

황령봉

백성을 어여삐 여긴
세종대왕의 봉수대

봉수대는 스마트폰이었다. 고려면 고려, 조선이면 조선 그 시대 최고의, 그리고 초고속의 통신시설이었다. 조선의 경우 조선팔도 봉수대 없는 데는 없었다. 한 군데서 신호를 보내면 사방팔방 퍼져서 삽시간에 서울에 당도했다. 도중에 소홀히 하는 봉수대가 어느 한 곳이라도 있으면 국가적 재앙이 될 수 있기에 조선 오백 년 내내 1급 관리시설이 봉수대였다. 전화가 들어오면서 1894년 폐지하기 직전까지 봉수대는 조선팔도를 지키던 뜨거운 불덩이였다.

국경의 봉수대는 특히 중요했다. 적의 침범을 맨 먼저 알리는 첨병이 봉수대였다. 부산은 국경도시였다. 바다를 사이에 두고 대마도가 보일 만큼 일본과 가까웠다. 왜구는 시도 때도 없이 바다 넘어와 해안가 마을에서 노략질을 일삼았다. 임진년 왜란은 부산 봉수대가 얼마나 중요한지 각인시켰다. 부산의 봉수대는 더욱 견고해졌고 조밀해졌다. 부산의 봉수대는 조선 봉수대의 맨 앞이었다.

현재 부산의 봉수대는 모두 열하나. 한국에서 봉수대가 가장 많은 봉수대의 도시가 부산이다. 조선팔도 봉홧불이 집결하는 한양조차 목멱산봉수대와 아차산봉수대, 무악봉수대, 개화산 봉수대 등 열 군데가 되지 않는다. 지금의 남산인 목멱산은 동서남북 방위에 따라 다섯 봉수대가 있고 무악산은 동봉수와 서봉수가 있었어도 이들은 모두 하나의 봉수대로 봐야 한다.

해양도시 부산은 해안선 곳곳에 봉수대를 두었다. 범어사 산자락에도 두었지만 해안 봉

1600년대 후반 제작한 '해동팔도봉화산악지도.' 조선팔도 봉수망의 분포와 연계망을 파악할 수 있는 유일한 지도로 보물 1533호다. 부산은 황령산, 계명산, 간비오산, 석성, 응봉, 기장 남산 등의 봉수대가 보인다. ©고려대 도서관

하늘에서 본 황령산봉수대. 부산 중심지가 훤히 보이는 곳에 봉수대를 세웠다. 부산 봉수대의 중심이며 부산의 중심이 여기 황령산봉수대. ⓒ정유찬 부산진구청

가까이에서 본 황령산봉수대. 불구멍이 다섯이다. 평상시에는 하나에만 불을 피우고 위기 상황이 격화될수록 불을 지피는 구멍의 숫자가 많아졌다.

원자력발전소가 있는 기장 고리의 아이포봉수대. 부산의 가장 동쪽에 있는 봉수대다.

강서구 가덕도 연대산에 있는 연대봉. 부산의 가장 동쪽에 있는 봉수대다.

수대가 압도적으로 많았다. 간비오(해운대), 남산(기장 죽성), 임랑포(기장 임랑), 아이포(기장 고리), 연대산(가덕도 연대봉), 성화례산(강서 생곡), 석성(천마산), 응봉(다대포), 구봉(구덕산), 그리고 황령봉이었다. 황령봉은 부산의 가장 동쪽 아이포와 가장 서쪽 연대산의 한가운데쯤, 부산의 중심 봉수대였다.

그랬다. 황령산봉수대는 부산 봉수대의 중심이었다. 옛날 지도도 중하게 봐서 '황령봉(荒嶺烽)' 또는 '황령봉대(荒嶺烽臺)'를 빠뜨리지 않았다. 여기서 봉수를 피우면 양옆에 있는 구봉과 간비오봉 봉수대가 이를 받아서 곧바로 봉수를 피웠다. 이렇게 해서 경상도를 비롯한 조선의 해안은 일시에 경계 태세에 들어갔다. 금정산성 인근의 계명산봉수대도 황령산 신호를 받아서 북쪽으로 전파했다. 북쪽은 상감 계신 한양. 내륙의 봉수대는 한 치 소홀함 없이 북쪽으로, 북쪽으로 봉수를 밀어 올렸다.

〈세종실록지리지(世宗實錄地理志)〉에 석성봉수대 및 간비오산봉수대와 더불어 기록되어 있는 것으로 보아, 1425년(세종 7) 이전부터 있었던 것을 알 수 있다.

디지털 부산역사문화대전의 황령산봉수대 설명이다. 설명대로 황령봉은 세종대왕과 관련이 있다. 〈조선왕조실록〉의 세종실록도 그렇다고 한다. 경상도 수군도안무처치사(水軍都按撫處置使)가 세종 4년(1422) 8월 19일 조정에 올린 장계를 보자. 수군도안무처치사는 지역의 해군사령관에 해당한다. 그가 올린 장계는 봉홧불 피우는 장소에 별도의 방어시설이 없어서 취약하니 봉수대를 만들면 어떻겠냐는 청원이었다.

봉홧불을 올리는 장소에 보루와 장벽으로 의탁할 곳이 없어서, 이로 인하여 흔히 적의 겁탈을 당하게 됩니다. 법령이 비록 엄하나, 사람들이 모두 의심스럽고 두렵게 생각하여, 마음을 다하여 정찰하려 하지 아니하니, 청컨대, 높게 연대(烟臺)를 쌓고, 활 쏘는 집과 화포와 병기를 설치하여, 밤낮으로 그 위에서 적이 변동하는 것을 관망하게 하소서.

세종대왕이 누구신가. 글 몰라 애먹는 백성을 어여삐 여겨 한글을 창제한 인자한 임금이라서 백성이 적에게 겁탈당하는 것을 내버려 두지 않았다. 장계 말미엔 대왕의 자상하면서 단호한 육음이 실렸다. 백성을 어여삐 여긴 대왕의 어여쁜 마음이 스민 육성이었다.

그대로 따르고, 모든 도에 명하여 모두 연대(烟臺)를 쌓으라고 명하였다.
從之 命諸道皆築烟臺 종지 명제도개축연대

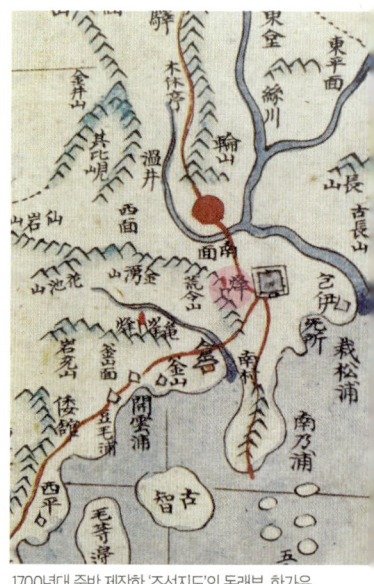

1700년대 중반 제작한 '조선지도'의 동래부. 한가운데 보이는 벌건 불덩이가 황령산봉수대다.
ⓒ규장각

주목할 대목은 모든 도에 연대, 즉 봉수대를 쌓으라고 명했다는 구절이다. 조선시대 이전에도 봉수대는 있었고 기장 남산봉수대는 2011년 울산문화재연구원 발굴조사로 남한에서 가장 오래된 고려시대 봉수대로 밝혀졌지만 세종대왕에 이르러 전국적으로 그리고 체계적으로 봉수대가 세워졌음을 알 수 있다. 그 출발점이 바다를 사이에 두고 왜와 맞댄 국경도시 부산이었고 그중의 하나가 붉디붉은 불꽃 이글대는 황령봉이었다.

대왕이 명한 즉시 황령산봉수대는 건립에 들어갔다. 비슷한 시기에 편찬한 〈경상도지리지〉와 〈세종실록지리지〉에는 세종 7년(1425) 이전 건립했다고 했으니 황령산봉수대 첫 점등은 1422년에서 1425년 사이 이뤄졌다. 경상도에서 시작해 조선 제도(諸道)로 번진 세종대왕의 봉수대! 그 맨 앞, 그 중심이 황령산봉수대였다.

조선의 봉수대는 평상시에도 불을 피웠다. 평상시에는 하

1800년대 초반 제작한 '광여도' 역시 황령산봉수대를 빠뜨리지 않았다. 황령산 꼭대기에서 봉홧불이 이글거린다. ⓒ규장각

나를 피웠고 적과 맞붙으면 다섯을 피웠다. 평상시에는 초저녁에 하나를 피우다가 긴장 상태가 조성되면 둘, 셋, 넷으로 서서히 높였다. 그러다 마지막 단계에서 다섯을 피웠다. 이것을 거화법(擧火法)이라고 했다. 불길이 보이지 않는 대낮엔 연기를 피웠다. 부산항 개항 100주년을 기념해 1976년 복원한 황령산봉수대 불구멍이 다섯인 이유다.

조선의 백성에게 봉수대는 평화의 신호였다. 초저녁 물들이는 봉황불 하나를 보며 별일 없음에 감사했고 생업에 전념했다. 왜구의 잦은 침범으로 봉황불은 둘도 되고 셋도 되고 넷도 되었으며 임진년 왜란 때는 다섯도 되었지만 그런 날보단 하나만 피운 날이 몇 십 배, 몇백 배는 많았기에 조선의 봉수대는 군사시설이면서 평화의 상징이었다.

옛날 지도가 그걸 모를 리 없었다. 그때 지도는 세상 돌아가는 이치에 누구보다 민감했다. 황령산 꼭대기 봉수대에다 벌건 '불뎅이'를 그려 넣었을망정 그 느낌은 뜨겁지 않고 따뜻했다. 조선 오백 년 내내라고는 말 못 해도 조선 오백 년 오랜 날들을 부산 사람에게 안도감을 줬던 황령산봉수대! 한국 대도시 가운데 봉수대가 가장 많은 도시가 부산이다. 현존하는 봉수대만 무려 11군데다. 11군데 부산 봉수대의 중심에 황령산봉수대가 있다.

앞에 언급했듯 부산은 봉수대의 도시다. 처음부터 그런 건 아니었다. 기장이 부산에 편입되고 강서구가 편입되고 하면서 해안선이 길어졌고 해안을 지켰던 감시초소 봉수대가 늘어나면서 국경도시 부산은 한국을 대표하는 봉수대의 도시가 되었다. 봉수대는 감시초소로서 전망이 훤한 곳에 두었다. 요즘 식으로 하면 최고의 뷰 포인트. 봉수대에서 내려다보는 탁 트인 부산 바다! 관광 자원으로도 최고다.

1830년대 초반 제작한 〈경상도읍지〉에 실린 지도. 이 지도 역시 황령산봉수대를 중하게 봤다. 동래읍성을 비롯해 수영성, 부산진성, 다대진성 사이에 황령산봉수대 불뎅이가 보인다.
ⓒ규장각

이참에 제안 하나! 부산 봉수대 축제는 어떨까. 임진왜란이 발발했을 1592년 그 무렵 활활 이글댔을 부산의 봉수대들. 임진왜란 부산포대첩 승전기념일인 10월 5일 전후 한 주간을 축제 기간으로 정해서 매일매일 봉황불을 피우면 어떨까. 황령봉에서 불을 피우면 그 불을 받아서 가까운 봉수대부터 순차적으로 차례차례 불을 피운다면, 그 광경을 부산 바다 크루즈에서 지켜볼 관광객에겐 그 얼마나 낯설고 장관이겠는가? 산불 나면 어떡하느냐고? 걱정도 풍년이다. 레이저빔을 쏘면 된다.

오륙도

안개와 해류로
일제에 대든 독립투사

오륙도는 모두 여섯 섬. 다섯 섬으로 보이기도 한다. 물이 들면 다섯이 됐다가 빠지면 여섯이 된다. 어디서 보느냐에 따라서 다섯이 되기도 하고 여섯이 되기도 한다. 노산 이은상 시 구절처럼 '오륙도 다섯 섬이 / 다시 보면 여섯 섬이 / 흐리면 한두 섬이 / 맑으신 날 오륙도라.' 뭐, 그렇다.

부산은 한국의 관문. 한국의 관문인 부산의 관문이 오륙도다. 오륙도를 거쳐야 부산으로 들어오고 한국으로 들어온다. 비행기가 다니기 이전의 이야기다. 〈조선왕조실록〉은 오륙도를 어떻게 언급할까. 불행히도 오륙도 언급은 전혀 없다. 조선의 제1 관문은 남방이 아니라 중국을 접한 북방이었다.

일제강점기는 남방의 시대였다. 일본이나 동남아 사람과 물자가 오륙도를 거쳐 부산으로 들어왔고 한국으로 들어왔다. 그런데 오륙도가 서정적인 풍광과는 달리 심술을 꽤 부렸다. 일본 배가 근처에 오면 잡아먹었다. 오륙도로선 일종의 독립운동이었다.

어떤 심술을 부렸을까. 일본 큼지막한 배를 섬과 섬 사이에 끼우고 옴짝달싹 못 하게 했다. 그런 사진이 인터넷에 나온다. 옴짝달싹 갇힌 배는 화물선. 엔진 고장으로 허둥댔는지 조류에 떠밀렸는지 그건 모르겠으나 짐을 가득 실은 배가 오륙도 끝에 있는 여섯 번째 섬과 다섯 번째 섬 사이에 끼어서 오지도 가지도 못했다. 결국 짐을 다른 배로 옮긴 후 배는 셋으로 절단했다고 인터넷에 사진을 올린 블로거는 이야기한다.

이런 일이 그 이전에도 비일비재했을 터. 당하고만 있을 일제가 아니었다. 조선의 혈에 철침을 박듯 오륙도에 등대를 세운다. 등대를 지어도 오륙도의 독립운동은 그치지 않았어도 예전 같지는 못했다. 일제는 안심하고 사람을 나르고 물자를 날랐다. 오륙도등대의 첫 첨등일은 공식적으로 1937년 11월. 이 1937년에 오륙도등대의 비밀이 있다.

일제는 철저히 계획적이었다. 그리고 타산적이었다. 무엇을 하든 조선을 위해서가 아니

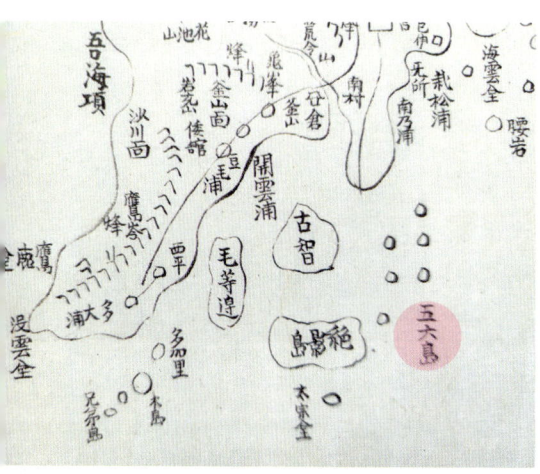

1895년 제작한 '여재촬요' 동래부 지도의 오륙도. 부산 사람이 화통하고 다정다감하니 옛날 지도마다 오륙도를 화통하고 다정다감하게 그렸다. ©국립중앙도서관

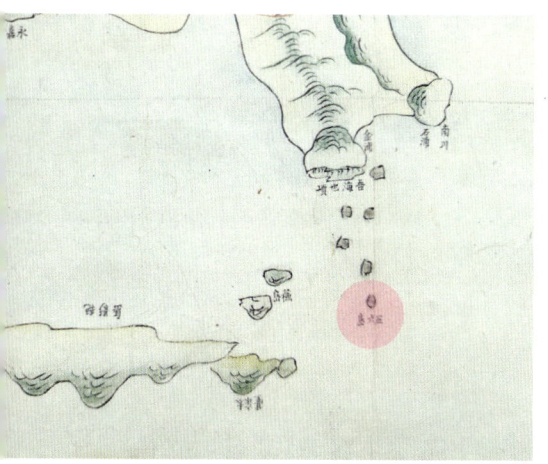

1899년 발간한 〈동래부읍지〉에 실린 오륙도 지도. 오륙도 여섯 섬이 천진난만하게 보인다. ©규장각

라 저들을 위했다. 오륙도등대가 그랬다. 등대 세울 계획을 1935년 세워놓고도 뭉그적대다가 1937년 서둘러 마무리했다. 1937년은 그들에겐 대단히 중요했다. 그해 7월 일제는 중국을 침략하면서 20세기 아시아 최대 규모의 전쟁을 일으켰다. 중일전쟁이었다. 군인과 전쟁물자는 끊임없이 부산항으로 들어왔다. 그해 11월 오륙도에 철심 같은 등대를 세워야 했던 이유다.

오륙도는 어떤 방식으로 부근 지나는 배를 옴짝달싹 못 하게 했을까. 첫째는 '심한 안개'였고 둘째는 '강력한 해류'였다. 그러므로 일제는 안개를 헤치는 등대, 이른바 무신호(霧信號) 등대를 오륙도에 세웠다. 사방 약 10해리에 달하는 무신호 장치는 당시로선 '동양 제일을 자랑하는 나진 대초도(大草島)등대와 그 규모가 동일한 것'이었다. 조선일보 1937년 1월 8일 '농무(濃霧)로 항행난의 오륙도엔 등대 신설' 제목의 기사가 그것을 시시콜콜 밝힌다.

대륙교통의 입구인 부산항구에 위치한 오륙도 부근은 남쪽으로부터 북쪽으로 흐르고 있는 강력한 해류로 말미암아 금일까지 여러 번 조난선의 사고를 내었고 관부연락선도 또한 농무가 낀 때는 왕래가 지연되는 난관이어서 오륙도 부근의 안전 항행은 해운계 오랫동안의 요망되는 바이었다.

그런데 체신국에서는 드디어 금년도에 등대 신영비(新營費)를 위주로 한 경비 15만 5천원을 계상하여 그 결정을 보았으므로 이번 의회에 통과되기를 기다려서 오는 4월 초순에는 착공하야 명년 3월까지에 완성시켜서 광명의 지침을 보여주기로 되었다.

오륙도에 신설되는 등대는 사방 약 10해리에 달하는 강력한 무신호장치를 주로 하고 무신호에는 동양 제일을 자랑하는 나진 대초도등대와 그 규모가 동일한 것이며 청진항등대에도 무신호를 개량하여 농무에 괴로워하던 청진 부근의 항행난도 일소하기로 되었다.

바다에서 본 오륙도. 가장 오른쪽이 등대섬이고 옆으로 굴섬, 송곳섬, 수리섬이다. 더 안쪽에 솔섬과 방패섬이 있다.

별건이지만, 오륙도등대 첫 점등일을 점검할 필요가 있다. 기사는 '명년 3월까지', 즉 1938년 3월 완성으로 썼다. 현재 공식적인 점등일은 1937년 11월. 4개월 차이가 난다. 중일전쟁으로 다급해진 일제가 4개월 앞당겼을 수도 있고 1937년 11월 점등이 오류일 수도 있다.

신문을 보는 김에 하나 더 보자. 위의 기사보다 1년 6개월 앞선 조선일보 기사다. 이 기사에도 일제에 대든 독립투사 오륙도의 면모가 보인다. 1935년 7월 10일, 제목은 '오륙도에 무신호등대 신설'이다.

일제강점기 오륙도 등대섬과 송곳섬 사이에 끼어서 좌초한 일본 화물선. 오륙도는 근처를 지나는 일본 배를 곧잘 잡아먹었다. 일종의 독립운동이었다. ⓒ농바우 블로그

관부연락선의 신형의 대선이 취항하게 되는 데 따라 부산항의 오륙도 등대 신설 계획은 체신국 해사관에서 설비비 약 10만 원을 명년도 예산에 계상하여 현실을 하게 되었는데 동 등대는 안개가 많이 끼는 부산항 외[바깥]에 55마력의 안개 신호기를 설치하여 종래는 농무가 낄 때마다 뒷걸음질을 쳐 돌아오던 관부연락에 큰 도움이 되게 되었다.

일본 배를 괴롭혔던 독립투사 오륙도는 부산의 상징. 부산 사람에겐 누구라 할 것 없이 마음의 고향이다. 사직구장에서 응원하느라 떼창을 부르다가도 '오륙도 돌아가는 연락선마다' 구절이 나오면 왠지 마음이 구슬퍼지며 바다에 나갔다가 멀리 오륙도가 보이면 왠지 '센탈'해진다.

오륙도 앞바다가 동해와 남해의 경계라는 동판. 동해와 남해가 만나는 부산의 기질은 탁 트인 동해처럼 화통하며 다도해 남해처럼 다정다감하다.

오륙도를 품은 바다는 동해와 남해의 경계. 공공기관마다 동해와 남해의 경계가 다르긴 하다. 해양수산부 다르고 기상청 다르다. 부산과 울산의 경계가 두 바다의 경계라는 데도 있다. 오륙도 경계는 국립해양조사원의 1992년 '수로업무편람'에 따른 것. 여기에 동해와 남해의 경계는 부산의 오륙도 앞, 서해와 남해의 경계는 토말이 있는 해남군의 남쪽 끝이라고 밝힌다.

동해와 남해가 만나는 오륙도는 부산 사람의 기질을 대변한다. 부산 사람의 기질은 화통하면서 다정다감한 것. 섬 하나 없이 탁 트인 동해에서 화통한 기질을, 점점이 섬인 다도해 남해에서 다정다감한 기질을 얻었다. 물론 내 생각이다. 옛날 지도 제작자도 생각이 비슷했던 모양. 하나같이 오륙도를 화통하고 다정다감하게 그렸다. 부산 사람이 화통하고 다정다감하니 오륙도도 그렇게 보였으리라.

제뢰등대

부산에서 가장 오랜
'할아버지의 할아버지 등대'

제뢰등대는 한자가 좀 어렵다. 스마트폰 옥편에 찾아보면 사다새 제(鵜), 여울 뢰(瀨)로 나온다. 사다새는 설명을 붙이면 길다. 오리처럼 발가락 사이에 물갈퀴 있는 새 정도로 알자. 지금은 등대가 육지에 있지만 처음 세울 때는 먼바다 암초 위에 있었다. 오리여울로 불리는 암초라서 제뢰등대란 이름이 붙었다.

제뢰등대는 부산 최초의 등대다. 지금 남아 있는 등대 가운데 그렇다. 1900년대 들어 부산 최초 등대는 1904년 8월 세운 부산도등(導燈)이다. 도등은 입항하는 배가 안전하게 들어오도록 인도하는 유도등이다. 앞과 뒤에 하나씩 세운 등대와 일직선을 맞추어 입항하면 안전하게 정박할 수 있었다.

1905년 6월. 제뢰등대가 처음 점등한 때다. 등대를 떠받친 암초가 환했고 등대를 둘러싼 바다가 환했고 첫 점등을 지켜본 이들 표정이 환했다. 물론 상상으로 하는 말이다. 점등을 지켜본 사람이야 왜 없었겠느냐 마는 그런 것에 대한 자료는 찾기 힘들다. 제뢰등대가 나오는 관광엽서를 일제강점기 제작했다고 하니 관심이 컸던 등대인 것은 분명하다.

관심은 일본이 컸다. 일본의 집요한 요구로 세운 등대였다. 일본이 요구하기 전에는 그 자리에 등대가 필요하지 않았다. 용두산 아래 방파제에 둘러싸인 7천 평의 선박 계류장과 우암천, 못골, 적기의 포구, 그리고 감만의 군영이 부산 바다의 전부였기에 굳이 먼바다에 등대를 세울 이유가 없었다.

발단은 청일전쟁이었다. 1891년과 1892년 벌어진 이 전쟁에서 승리한 일제는 조선 정부에 안하무인이었다. 눈에 보이는 것이 없었다. 수시로 무리한 요구를 했고 요구를 들어주지 않으면 괴롭혔다. 일제 요구는 이거였다. 자기네 군함이나 상선 따위의 안전 운항을 위한 한반도 모든 해안의 등대 설치였다. 엄연하고 명백한 주권 침해였다.

남구 감만동 감만시민부두에 있는 제뢰등대. 바다 한가운데 해상등대였으나 바다를 매립하면서 방파제등대가 되었다. 지금은 등대 기능을 마치고 영구 보존등대로 지정됐다. 앞에 보이는 암초가 제뢰의 어원이 된 오리여울이다.

제뢰등대와 등대 설명 동판. 현존하는 부산 최초의 등대가 제뢰등대라고 동판은 밝힌다. 1905년 6월 점등했다. 할아버지의 할아버지 등대지만 손톱 매니큐어처럼 예쁘다. 등대 위로 부산항대교가 지난다.

모멸스러운 것은 또 있었다. 돈은 조선이 내고 건설은 일본해군과 조선이 나누어서 했다. 설계와 감독은 일제 입맛에 맞춰서 하고 돈과 노동력은 조선이 제공했으니 천하에 몹쓸 짓이었다. 조선 정부가 마음 바꿀 것을 우려해 조약으로 명문화까지 했다. 그 조약이 1901년 '한일무역규칙 및 해관세목'이다.

그렇게 해서 세운 등대인 만큼 일본인 사랑은 극진했다. 앞서 말했듯 관광엽서에도 등장시키고 관광지도에도 등장시켰다. 그 관광지도가 1929년 제작한 '부산명소교통도회'다. 조선통치 20주년을 기념해 서울에서 열린 조선박람회 관광안내용 지도로 부경근대사료연구소가 소장한다. 이 지도엔 부산의 강과 바다, 부산의 찻길과 기찻길, 명소 등등 안 나오는 게 없다. 거기에 제뢰등대가 등장한다.

지도에 보이는 제뢰등대는 바다 한가운데 뱃길 바로 옆에 있다. 자동차가 찻길을 따라서 다니듯 배는 뱃길을 따라서 다닌다. 바다에 길이 어디 있겠나 싶어도 길 없는 바다는 없다. 길을 무시하고서 아무렇게나 다니면 차도 배도 사고가 나기 마련이다. 사람인들 안 그럴까.

지도는 뱃길을 선명하게 그렸다. 일본에서 시작했을 뱃길은 신선대와 오륙도를 지나고 제뢰등대를 스쳐서 부산항으로 이어진다. 뱃길엔 통통배가 보이고 군함이랄지 상선이랄지 큼지막한 배는 물살을 가르며 부산항으로 나아간다. 이때만 해도 오륙도에 등대가 없었다.

일본 근대지도 제작자 요시다 하쯔시부로가 1929년 제작한 '부산명소교통도회'에 보이는 제뢰등대. 왼쪽 아래 바다 한가운데 등대가 제뢰등대다. 지금은 매립해서 육지 등대가 되었다. ⓒ부경근대사료연구소

오륙도등대는 1937년 세웠다. 그전까진 부산의 해상등대는 제뢰등대가 유일했다. 1934년 제작 영도지도에서도 그것을 확인할 수 있다.

육안으로 보는 제뢰등대는 예쁘다. 손톱 매니큐어 같다. 첫째와 셋째, 다섯째 손톱에는 빨간색을 바르고 사이사이에 하얀색을 바른. 지도에는 그렇게 나와도 실제론 홍색과 흑색을 옆으로 칠하고 상부를 백색으로 덮었다. 등대 불빛은 백색 부동등이었고 가스등을

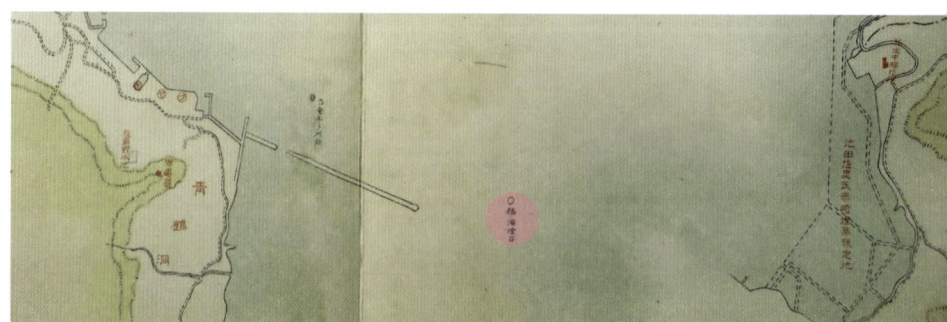

1934년 12월 당시 부산을 담은 '부산부전도(釜山府全圖)'의 제뢰등대 부분 확대. 왼쪽 영도 청학동 방파제와 오른쪽 남구 수출우검역소·적기매축예정지 사이의 바다 중간에 제뢰등대가 보인다. ⓒ부경근대사료연구소

1953년 제뢰등대. 바다에 뜬 부유물에서 전쟁의 어수선함이 느껴진다. 등대 주위에 보이는 암초가 일제에 대든 독립군 같은 오리여울 암초다. 제뢰등대란 명칭이 이 암초에서 유래했다. ⓒ부경근대사료연구소

사용했다. 부동등(不動燈)은 정해진 방향으로 광도와 색을 일정하게, 쉴 틈 없이 연속해서 신호를 보내는 등불이다. 등대의 천성은 좀 쉬었다가 깜빡깜빡 켜지는 것. 잠시 쉴 틈도 없었다는 것은 그만큼 오리여울 암초가 일제로선 위협적인 존재였다는 이야기다. 조선으로선 독립군 같은 암초가 오리여울이었다.

지금 제뢰등대가 있는 곳은 남구 감만동 바닷가. 등대 위로는 부산항대교가 내달린다. 바다가 매립되고 부두가 들어서고 하면서 먼바다 등대에서 방파제 등대가 되었다가 2001년 등대 기능을 마치고 영구보존 등대로 지정됐다. 영욕의 95년 세월을 마감하고 안식에 든 등대를 알현하고 싶다면 감만시민부두로 찾아가면 된다. 할아버지의 할아버지 등대가 거기 계신다.

어사암

암행어사와
기생을 새기다

옛날 지도는 '이바구' 곳간이다. 빗장을 풀면 이야기가 술술 나온다. 나오는 걸음걸이는 다 다르다. 의기양양해서 성큼성큼 걸어 나오는 이야기가 있고 부끄러워서 살금살금 걸어 나오는 이야기가 있다. 근엄하기론 호가 난 옛날 지도지만 짓궂기도 해서 살금살금 걸어 나오는 이야기 면전에다 마이크를 들이대는 일도 허다했다.

어사암이 그런 경우였다. 암행어사 이름 석 자를 새긴 바위라서 담긴 뜻은 크지만 뭔가 쑥스러운 구석이 있었다. 암행어사 근엄한 이름 옆에 하필이면 기생 이름을 동거인인 양 새겨 넣었다. 이왕 넣으려면 티 나지 않게 본관 정도만 밝혀도 될 것을 '기 월매(妓 月梅)'라는 신분이며 예명까지 새겨 넣었다.

그래서 어사암은 앞에 나서지 않으려고 했다. 곳간 안쪽에 멍석을 깔고 가능하면 자신을 드러내지 않으려고 했다. 바위에 이름 새긴 면을 사람이 다니지 않는 쪽으로 둔 것도 그런 이유였다. 짓궂은 지도 제작자가 그걸 용케 알았다. 바위가 큼지막해서 사람 쪽으로 돌려세우진 못하고 대신에 지도에다 만천하 까발렸다.

어사암 있는 곳은 기장 죽성리 바다. 바닷가가 아니고 바다다. 바닷가에 가깝기는 하다. 어사암에 새

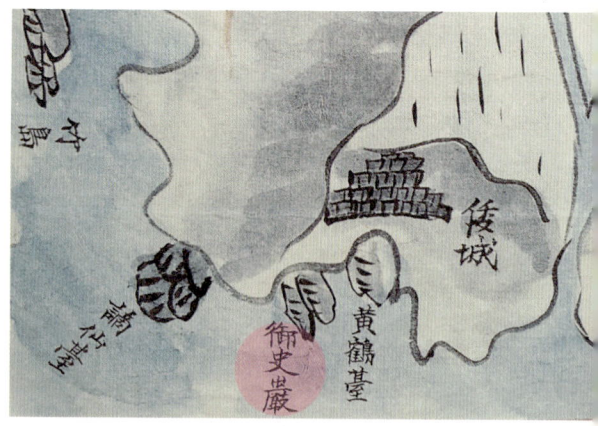

1899년 편찬한 〈기장현읍지(機張縣邑誌)〉에 실린 기장 지도. 오른쪽 아래 적선대와 황학대 사이에 어사암이 보인다. 적선대(謫仙臺)는 죄지은 신선의 적소(謫所: 귀양지). 기장읍 연화리 서암마을 동쪽에 있다. 황학대는 기장에 유배 온 조선 3대 시인 고산 윤선도가 지은 지명이다. 〈기장현읍지〉는 지도가 첨부된 필사본으로 표지에는 '경상남도 기장군읍지'로 돼 있다. ⓒ규장각

죽성 앞바다 어사암 갯바위. 암행어사 이도재와 기생 월매의 이름을 새겼다. 글자를 새긴 면이 바다 쪽을 향하고 있어서 육지에선 보이지 않는다.

기장 죽성 두모포 표지석에서 본 어사암과 등대. 등대 오른편 갯바위 중에서 바다를 바라보는 넓적한 면에 '이도재'와 '기 월매'를 새긴 어사암이 있다.

어사암 가는 길목의 죽성 두모포 표지석. 조선 수군 부대가 여기 있었으며 해마다 풍어제를 지낸다.

긴 이름을 보려면 물이 빠질 때를 기다리거나 물에 젖어도 되는 신발을 신고 텀벙텀벙 바닷물을 헤쳐가야 한다. SBS 드라마 촬영지로 쓰인 모조 성당 근처라서 찾아가기는 쉽다. 이 일대는 워낙에 명승지라서 평생에 한 번은 가봐야 한다.

어사암과 성당 사이는 천막 횟집이 즐비하다. 횟집 바로 아래는 갯바위 널린 바다. 힐링이 따로 없고 무릉도원이 따로 없다. 횟집 주인을 알아두면 여러모로 도움이 된다. 회가 더 나오는 류의 이야기가 아니다. 모르고 찾으면 평생 못 찾을 어사암 위치를 단박에 알려준다. 이왕 알아두는 것 전화번호도 함께 알아두면 유용하다. 여기 사람이라서 물 빠지는 물때를 가장 잘 안다.

이도재. 바위 정중앙에 새긴 암행어사 이름 석 자다. 큼지막한 바위에 큼지막하게 새겼다. 기생 이름은 그보다 몇 급수 작은 글씨로 바위 왼쪽 모서리에 새겼다. 두 사람 이름을 함께 새기는 바람에 러브스토리가 있었나 싶지만 그건 아니다. 바위에 이름을 새긴 주체는 죽성리 옛사람들. 두 사람에 대한 고마움이 넘쳐서 암행어사 이름을 새겼고 기생 이름을 새겼다. 이도재(李道宰, 1848~1909)가 암행어사로 기장에 온 건 1883년. 서른다섯 나이였고 고종 임금 때였다. 조선시대 유배지였을 만큼 변방인 이곳에 고종이 암행어사를 파견한 것은 민원이 극에 달했기 때문이다. 나라의 곳간으로 들어갈 미곡을 실은 배가 죽성 앞바다에서 침몰하는 일이 있었다. 굶주렸던 백성이 미곡을 건져내어 양식으로 쓴 게 화근이었다.

이들은 체포됐고 곤욕을 치렀다. 탐관오리가 으르렁대는 탓에 먹은 것보다 더 게워내야 했고 죽는 이까지 나왔다. 원성이 자자했다. 청와대 게시판이 있었다면 20만 명 아니라 200만 명이 금방 채워질 원성이었다. 암행어사가 오자 여론전이 치열했다. 관에선 관대로 당위성을 설파했고 민에선 민대로 억울함을 토로했다. 말 주변이 없던 민은 관기(官妓) 월매에게 대변을 당부했다. 월매는 성의를 다해 설명했고 월매의 진심은 어사의 마음을 움직였다. 어사암 갯바위 두 이름은 이렇게 해서 새겨졌다.

암행어사에 대한 고마움은 송덕비로 이어졌다. 갯바위에 이름 새기는 것으로 그치지 않았다. 기장읍성 이도재 송덕비 비양에 새긴 글자는 모두 일곱. 비석 앞면을 비양(碑陽)이라 하고 비양에 새긴 제목 같은 큰 글자를 제액(題額)이라 한다. 뒷면은 비음(碑陰). 여기 글자는 음기(陰記)라 한다.

'생사단(生祠壇)'은 제액 끝 세 글자. 산 사람에게 제사 드린다는 의미다. 제사는 통상 고인에게 지내는 것. 이도재에 대한 고마움이 하늘 같아서 제삿날 대신 살아 있는 이도재 생일날 제사를 지냈다. 양산향교에도 송덕비가 있을 정도로 이도재는 백성 편에 섰다. 그러면서 강단은 대단히 셌다. 훗날 두 차례 장관을 역임했지만 두 번 다 자리를 박차고 나왔다. 단발령에 반발해서 사직했고 영도에 석탄창고 기지를 짓는 러시아에 반발해서 사직했다.

종일품 이도재가 죽다
從一品 李道宰 卒
종일품 이도재 졸

이도재는 총리대신 이완용과는 상극이었다. 그로 인해 모함을 받았다. 이완용 모함으로 죄인 취급을 당하자 분을 못 참고 그 이듬해인 1909년 가을 별세했다. 묘소는 전북 옥구에 있다. 〈조선왕조실록〉 순종실록 1909년 9월 25일 기사 제목은 비장하다. '종1품 이도재가 죽

순종실록〉의 1909년 9월 25일 이도재 부고 기사.
'종일품 이도재가 죽다[從一品 李道宰 卒]로 시작한다.
ⓒ국사편찬위원회

기장읍성과 양산향교의 이도재 송덕비. 기장읍성 비석은 제목의 끝 세 글자가 '생사단(生祠壇)'이다. 산 사람에게 제사를 드린다는 의미다. 이도재에 대한 고마움이 하늘 같아서 살아 있는 이도재의 생일날 제사를 지냈다.

다'이다. 임금의 기록에 부고 기사가 실릴 정도로 이도재는 충직했고 강직했다. 기사에는 순종의 육음이 그대로 실렸다. 일부 옮긴다.

강개하고 결백하며 현저한 업적을 나타냈다. 짐이 의지했던 사람으로서 벼슬자리에 있을 때나 물러갔을 때나 차이가 없었다. 그런데 갑자기 부고를 듣게 되었으니 어찌 슬픔을 이길 수 있겠는가? 졸한 종1품 이도재의 상(喪)에 장례용품을 궁내부(宮內府)로 하여금 넉넉하게 실어 보내도록 하고…

기장읍성 생사단을 세운 때는 1883년. 암행어사로 기장에 온 그해다. 이도재가 세상을 뜨면서 생사단인들 눈물 흘리지 않을까. 150년 전 그때 기장 사람에게 생명이고 빛이었던 이도재는 지금 시로 남아 있다. 생사단 제액 양옆에 새긴 시를 인용하며 외유내강 이도재에게 경의를 표한다. 산 사람에게 제사 지내듯 죽은 사람에게 '명예시민' 그런 것은 없으려나.

우리 고을에 왜 이리도 늦게 오셨나.
그래도 하늘은 기필코 도우시네.
수많은 폐단을 모두 바로잡으시니
천추에 영원토록 기리오리다.

시랑대

시대를 아우르는
안식이자 위안

권적과 박문수. 두 사람은 숙명의 라이벌이었다. 본관이 경북 동향에다가 나이는 열여섯 살이나 차이가 나서 싸울 일이 별로 없어 보이지 싶은데도 매사 부딪쳤다. 부딪쳤다는 표현은 어폐가 있다. 부딪친 게 아니고 열여섯 살 많은 권적이 사사건건 '태클을 걸었다.'

두 사람 전성기는 영조 때. 1724년부터 1776년까지 무려 50년 넘게 최장수 집권했던 영조는 두 사람 다 애지중지 아꼈다. 그러기에 숙명이 됐는지도 모른다. 임금의 사랑을 독차지하려는 마음인들 왜 없었을까. 그럴수록 영조는 머리가 지글지글 아팠다.

두 사람의 첫 번째 대국은 권적이 참패했다. 박문수의 호남백(湖南伯, 전라도 관찰사) 등용을 한사코 반대하다가 영조의 노여움을 샀다. 멀리 변방의 현감으로 내쫓겼다. 정부 인사를 담당하는 요직인 당상관 이조참의 권적에게 변방의 현감은 치욕이었다. 유배나 다름없었다.

그때가 영조 9년(1733) 4월 22일이었다. 중신이 박문수를 호남백으로 천거하자 인사담당자 권적은 동의하지 않았다. 마땅찮게 여긴 임금은 권적을 불러선 '박문수가 성질이 본래 거칠고 경솔하기는 하나' 그렇게 반대할 이유는 없

'광여도(廣輿圖)' 시랑대 부분. 왼쪽에 보이는 우현(牛峴)이 해운대 와우산 달맞이고개다. '광여도'는 1700년대 중반(영조 13~52년경)에 제작한 전국 지도다. 작자는 미상. ⓒ규장각

228

1899년 편찬한 〈기장현읍지〉에 실린 지도에 보이는 시랑대와 원앙대. 별개로 그렸지만 실제로 하나였다. 원앙대에서 시랑대로 바뀌었다. ⓒ 규장각

지 않으냐고 하문했다.

이쯤이면 알아들을 만도 했는데 권적은 너무 나갔다. 넘지 말아야 할 선을 그만 넘고 말았다. 박문수의 여자관계를 들먹였다. 소문으로 들었다면서 '여색(女色)을 탐하여 음란한 짓을 일삼았다 하였기 때문에' 반대하노라 하였다.

영조는 폭발했다. 박문수를 성질이 거칠고 도리에 어그러졌다고 헐뜯긴 해도 결코 여색을 탐하여 음란한 짓을 할 사람이 아닌데도 무고한다며 '대정현감 출보(黜補)와 즉일 사조(辭朝)'를 명했다. 마라도가 지척인 제주도 남단 대정은 유배지였고 대정현감은 유배나 매한가지였다. 출보나 사조는 안 좋은 뜻. 인터넷 검색하면 뜻이 든다.

평지풍파였다. 잔잔하던 조정에선 난리가 났다. 노론이니 소론이니 하는 계파가 물밑에서 움직였고 중신이 발 빠르게 나섰다. 승지 김상규는 처분이 지나치다며 누누이 진달(進達, 말이나 편지를 받아서 윗사람에게 전달하는 것)했다. 박문수만큼이나 권적도 아끼는 신하였다. 시간이 지나 좀 누그러진 영조는 대정현감 대신 기장현감으로 보내도록 했다. 기장 역시 유배지였으므로 거기서 거기긴 했다.

현감은 종6품. 한 고을의 수령이긴 했어도 정3품 당상관에 비할 바가 아니었다. '기장현감' 권적은 울분이 극에 달했다. 울분을 대놓고 토로했다간 또 무슨 경을 칠지 모를 일이었다. 틈이 나면 바닷가 절경을 찾았다. 탁 트인 기장 바다는 권적의 마음을 알아주었다. 무슨 말이든 다 들어주었다. 권적은 여기서 시 쓰며 울분을 달랬다.

시랑대(侍郞臺)는 권적이 찾았던 바닷가 절경. 바닷가 까칠한 절벽인 이곳에 앉아 산산조각 부서지는 파도를 내려다보며, 망망대해 한 점 걸림이 없는 수평선을 바라다보며 터질 것 같은 가슴을 삭이고 삭였을 권적. 그 마음을 담아 쓴 시는 지금도 석벽에 남아 선명하다.

謫居猶得近蓬萊 적거유득근봉래
人自天曹貳席來 인자천조이석래
三字丹書明翠壁 삼자단서명취벽
千秋留作侍郞臺 천추유작시랑대

 귀양살이라 하지만 오히려 가까이 이르니
사람이 천조에서 버금 자리로 왔구나.
세 자를 써서 푸른 벽에 밝혔으니
천년토록 시랑대에 머무르리라.
 - 〈기장군지〉에서 인용

'시랑대(侍郞臺)' 세 글자를 새긴 기장 바 닷가 암벽. '적거유득'으로 시작하는 시를 그 옆에 잔글씨로 새겼다. 암벽에 뿌리내 린 외솔이 시랑대스럽다.

시랑대와 원앙대. 참고로 알아둘 게 있다. 시랑대와 원앙대는 별개일까, 같은 걸까. 같은 거다. 1899년 편찬한 〈기장현읍지〉에 실린 지도에는 별개로 나오고 별개로 아는 이도 적지 않지만 사실은 하나다. 원앙대에서 시랑대로 이름이 바뀌었다. 〈기장현읍지〉 훨씬 이전인 1786년 나온 〈기장읍지〉에 그렇게 나온다.

계축년(1733)에 현감 권적이 시랑(侍郞) 벼슬에 재직하다가 이곳으로 부임해 와서 항상 이곳에서 놀았기 때문에 시랑대라고 고쳐 불렀다.
歲在癸丑 縣監權𥛚 以侍郞來莅 常遊於此 故改號侍郞臺
세재계축 현감권적 이시랑내리 상유어차 고개호시랑대

시랑대는 이 시대에도 유효하다. 의도와 달리 만사가 꼬인 이에겐 필독서 같은 데다. 시를 새긴 암벽에 뿌리내린 가느다란 외솔이며 먹구름이 아무리 눌러도 흐트러지지 않는 수평선. 하루하루 막막하고 갑갑한 이에게 시랑대는 시대를 아우르는 안식이자 위안이다.

권적은 이내 복권했다. 기장현감으로 좌천된 이듬해인 1734년 11월 한양으로 복귀했다. 권적은 '손톱 밑 가시'였다. 영조 11년(1735) 8월 23일 대사간으로 중용됐다. 사간원의 장관 겸 정3품 당상관으로 화려하게 컴백했다. 국왕 면전에서 왕의 실책에 대해 직언하는 사간원은 사헌부, 홍문관과 함께 조선의 언론 3사(三司)였다.

시랑대에서 보는 기장 앞바다. 수평선은 먹구름이 아무리 눌러도 흐트러지지 않는다. 하루하루 막막하고 갑갑한 이에게 안식이자 위안을 준다.

6년 후. 두 번째 대국이 벌어졌다. 이번에는 박문수가 졌다. 이 때도 권적이 태클을 걸었다. 권적만 아니었으면 모르고 넘어갈 사안이었다. 영조실록 1741년 8월 1일 기사 제목은 '도승지 권적이 본원에서 무례하게 행동한 박문수를 종중 추고하도록 아뢰다'이다. 내용인즉 왕명을 받드는 지엄한 부서인 승정원에서 박문수가 조의(朝衣)를 벗고서 성깔까지 부렸으니 죄를 따져 달라는 거였다. 이때만큼은 영조도 어쩔 수 없었던지 그대로 하라고 윤허했다.

권적과 박문수. 권적이 기장현감으로 있을 때 박문수는 중국 사신으로 나갔다. 중국에서도 권적이 두려워 박문수는 즐겁게 놀지도 못했다. 두 사람은 서로를 의식하며 자중했으며 그러면서 조선을 한 단계 한 단계 업그레이드시켰다. 서로는 서로에게 자극이며 궁극이었다. 나이 차는 열여섯이지만 한 사람이 세상을 뜨자 다른 한 사람도 이내 세상을 떴다. 두 사람은 벽이면서 기둥이었다.

기장 시랑대는 권적의 시랑대이면서 박문수의 시랑대였다. 박문수가 아니었으면 한양에서 잘 나가던 권적이 한평생 기장 올 일이 어디 있었겠는가. 사실이야 어쨌든 조선 최고의 암행어사로서 악습 철폐와 민권 옹호에 앞장섰던 암행어사 박문수와 그런 박문수가 가장 두려워했던 기장현감 권적. 옛날 지도에는 그런 얘기들이 시시콜콜 담겼다.

황학대

조선의 3대 시인,
여기에 스며들다

대(臺)는 뜻이 여럿이다. 대개는 흙이나 돌로 쌓은 높은 지대를 이른다. 높은 지대에선 바라보는 풍광이 빼어났을 터. 그래서 풍광 빼어난 곳을 대라고도 한다. 이런저런 이유로 숫자 8을 선호하는 중국은 지역의 대표적인 풍광 여덟 가지를 내세워 무슨 팔경이라고 추켜세우는 전통이 있었다.

조선도 그랬다. 조선 곳곳에 팔경 또는 팔대가 있었고 그 전통은 지금껏 이어진다. <역사 속에 빛나는 부산 문화유산을 말한다>는 부산의 대표적인 향토사학자 주영택 선생이 2022년 펴낸 부산 향토사 역저다. 주 선생은 이 역저에 부산 팔대를 소개했다. 해운대, 태종대, 오륜대, 몰운대, 동대, 의상대, 겸효대, 그리고 영가대였다.

그런데 주영택 선생의 부산 팔대는 다소 아쉽다. '빛이 좋은 도시' 기장에도 빼어난 대가 적지 않은데 하나같이 빠졌다. 이해 안 되는 바는 아니다. 주 선생이 부산 팔대를 작성하면서 참고한 자료는 조선시대 동래부에서 편찬한 백서였다. 조선시대 그때는 동래와 기장이 별개였다. 동래는 동래부 백서를 내고 기장은 기장현 백서를 내었다. 기장의 빼어난 대가 빠진 이유다.

<경상도읍지>는 경상도 읍지의 합본이다. 경상도 71군데 읍지를 모아서 1830년대 초반 펴냈다. 여기에 기장읍이 나온다. 1832년 제작한 기장 지도도 함께 실렸다. 지도로 보는 기장은 동서가 남북보다 월등히 길다. 불광산 취봉산, 일광산, 장안봉산, 백운산, 진산, 남산, 거물봉산, 용산 등 산 지명이 많은 게 특징이다. 산은 녹색, 바다는 청색으로 나타낸 선명한 대비도 특징이다.

<경상도읍지>에 실린 기장의 대는 다섯. 시랑대, 태정대, 적선대, 삼성대, 용두대다. 일반에 생소한 대도 있겠지만 하나하나 절경이다. 보는 순간 벌린 입이 벌어진다. 지자체 자료 정리가 잘돼서 인터넷 검색하면 정보가 뜬다. 적선대(謫仙臺)는 죄지은 신선의 적소

1872년 제작한 군현지도의 기장 바닷가 부분 확대. 맨 아래 '죽도(竹島)' 오른편 돌출한 언덕이 황학대다. 시랑대, 원앙대, 두모포, 죽성리, 무지포, 무곡리 등의 친숙한 지명이 반갑다. ©규장각

(謫所: 귀양지). 기장읍 연화리 서암마을 동쪽으로 '파도가 울고 가는' 읍파정(泣波亭) 터라고 전한다.

기장의 대는 다섯이 다였을까. 물론 아니다. 지금 기준으로 한 자치구에 다섯이나 있는 것도 대단하지만 기장은 그것을 뛰어넘는다. 그것을 보여주는 지도가 1899년 제작한 〈기장현읍지(機張縣邑志)〉에 실렸다. 〈경상도읍지〉가 빠뜨린 원앙대와 황학대, 그리고 기장읍성에 인위적으로 쌓았지 싶은 읍대(邑臺)를 표시했다. 이들 지도엔 나오지 않는 소학대를 넣고 읍대를 뺀다면 팔대가 된다. 부산 팔대 부럽지 않은 기장 팔대의 완성이다.

이 글의 무대 황학대(黃鶴臺)는 명품 스토리텔러다. 풍경이 빼어나고 거기 담긴 전설이 절경이다. 전설이라고 해서 마냥 허구가 아니다. 실화에 바탕을 두고 전해져 오는 이야기, 그래서 전설이다. 전설의 주인공은 고산 윤선도(1587~1671). 조선을 대표하는 3대 시인 윤선도가 기장에서 지내며 황학대란 이름을 지었다. 황학대 작명의 주인공이 조선 3대 시인 윤선도였다.

윤선도는 어째서 기장에서 지냈을까. 윤선도 유배지가 기장이었다. 윤선도는 유배를 밥 먹듯 했다. 30대도 유배, 50대도, 유배, 70대도 유배로 보냈다. 모두 16년을 함북 경원, 기장, 경북 영덕, 함남 삼수, 전남 광양에 유배됐다. 가장 오래 보낸 곳이 기장이었다. 광해군 때인 1618년 겨울부터 4년 7개월, 30대 초·중반에 햇수로는 장장 6년을 기장 적소에서 지냈다.

丙辰年 丙辰疏 병진년 병진소

윤선도가 유배길에 처음 들어선 화근은 상소문이었다. 병진년에 올린 상소여서 병진소라 불리는 이 상소문은 섬뜩했다. 영의정 이이첨과 왕후 오빠 박승종, 유희분 등 권력층 실명을 거론했다. 과거시험 부정과 같은 전횡을 대놓고 따졌다. 이이첨 이름 석 자는 무

려 스물다섯 번이나 들먹였다. 일인지하 만인지상 최고위직과 왕실의 일원을 건드리면서 미운털이 깊숙이 박혔다. 그러면서 고난의 행군에 들어갔다. 왕실의 일원은 그때나 지금이나 역린이었다.

윤선도는 약초 지식이 상당했다. 의학 전문서 〈약화제(藥和劑)〉를 펴낼 정도였다. 〈약화제〉는 허준 〈동의보감〉과 맞먹는 역저였다. 약초 지식을 바탕으로 기장 죽성 남산을 오르내리며 약초를 캤다. 그것으로 약을 지어서 기장 포민(浦民)을 치유했다. 포민들은 그를 '한양에서 온 의원님'이라 했다. 일광 바닷가 '치유의 거리'는 '한양 의원님' 윤선도의 기장 유배 시절을 기념한다. 황학대도 윤선도 손때가 묻었다. 햇수로 6년을 기장 죽성에서 보냈으니 손때 안 묻은 데는 사실 없었다. 황학대가 특히 살가운 이유는 하나. 황학대 이름을 지은 이가 윤선도였다. 여기 포민이 친근하게 부르는 입말이 있었겠고 한자로는 송도라 했지만 조선 3대 시인의 황학대는 '땡큐'였다. 눈을 감아도 펄펄 날아다니는 누런 학이 보였다. 황학대 안내판의 다음 구절은 윤선도와 황학대, 황학대와 윤선도의 살가운 관계를 보여준다.

황학대와 안내판. 기장 죽성 앞바다 송도를 '황학대'로 작명한 이가 윤선도다. 안내판은 여기 지번과 윤선도와 기장의 인연 등을 알린다. 지번은 기장군 기장읍 죽성리 30-34번지다.

황학대 소공원. 윤선도의 영계(詠鷄, 닭을 노래하다) 시비와 윤선도 동상이 볼만하다. 황학대에서 보는 기장 바다는 윤선도가 보던 그때나 우리가 보는 지금이나 같은 물결, 같은 수평선이다.

> 유배 생활 중 고산은 백사장 건너에 있는 송도를 중국 양자강 하류에 있는 신선이 황학을 타고 하늘로 올라갔다는 '황학루'와 견주어 '황학대'라 짓고 이곳을 매일 찾았다고 전해진다.

안내판의 '백사장 건너'는 섬을 뜻한다. 그런데 지금의 황학대는 섬이 아니다. 섬이 아니라 육지와 붙었다. 그런데 왜 '백사장 건너'라 했을까. 지금 기준으론 육지에 해당하지만 윤선도가 여기 있을 때는 섬이었다. 내가 죽성 월전 살던 1991년과 1992년 그때도 섬이었다. 도로변에 있어서 바닷물이 빠져야 건너갔다. 이후 육지와 이어지면서 언제든 건너가게 되었다. 지금은 소공원이 들어섰다.

황학대 바위에 새긴 이름들. 융희원년정미추(隆熙元年丁未秋), 그러니까 1907년 가을에 새겼다. 황학대는 덕이 많아서 새긴 이름도 많다. 진사(進士) 방치주 등 모두 20명의 이름을 새겼다.

기장 일광해수욕장 '일광 문화 감성 특화거리' 안내판. 여기 특화거리는 일명 '치유의 거리'다. 윤선도의 기장 인연을 내세운다. 망건에 도포 차림의 윤선도. 목에 칼을 들이대도 할 말은 했던 조선의 기개였다.

1623년 3월 13일

윤선도 기장 유배는 마침내 풀렸다. 1617년 1월 9일 유배가 결정되고 2월 유배지 함경도 경원 도착, 1618년 겨울 경상도 기장 이배로 이어진 유배 생활은 1623년 끝났다. 1623년 3월 13일은 광해군이 폐위된 다음 날이면서 인조가 즉위한 날. 인조 즉위 그 날 단행한 대사령으로 윤선도 유배살이는 끝났다. 그해 4월 종6품 의금부도사에 제수돼 귀경한 윤선도는 7월 사직하고 해남으로 내려갔다. 이후 여러 차례 벼슬을 받았으나 해남에서 나가지 않았다.

甲日花無乙日輝 갑일화무을일휘
一花羞向兩朝暉 일화수향량조휘
葵傾日日如馮道 규경일일여풍도
誰辨千秋似是非 수변천추사시비

윤선도가 유배지 기장에서 쓴 시다. 제목은 영일일화(詠一日花). 하루 만에 피고 지는 일일화는 무궁화의 다른 말이다. 두 해를 보지 않는, 그러니까 두 임금을 섬기지 않는 무궁화를 읊었다. 지존 향한 일편단심과 지조를 드러낸 시다. 번역은 인터넷 검색하면 나온다. 윤선도 유배문학이 절정을 이룬 기장은 무궁화를 군화(郡花)로 내세울 만하다. 현재 기장 군화는 진달래다.

영일일화를 비롯해 윤선도가 기장에서 쓴 시는 꽤 된다. 요즘도 인기 시인은 어딜 가나 스타지만 조선시대 그때 시인의 인기는 가히 일인지하 만인지상이었다. 홍보대사 제도가 있었다면 조선팔도 너도나도 시인을 홍보대사로 모셨지 싶다. 저 동네는 방랑시인 김삿갓, 이 동네는 영일일화 윤선도! 아침이 좋은 도시 기장. 아침이 좋으니 무궁화꽃 빛깔도 좋을 기장이 슬슬 나설 때다.

기장 9포

옛사람 선견지명
'기장은 포구의 도시'

기장은 포구의 도시다. 강서구와 함께 넘버 원투다. 어촌계 기준으론 부산에서 가장 많다. 열여덟이다. 열여덟 포구가 해운대 쪽에서 울산 쪽으로 이어진다. 공수, 동암, 서암, 신암, 대변, 월전, 두호, 학리, 이천, 이동, 동백, 신평, 칠암, 문중, 문동, 임랑, 월내, 길천 순이다.

기장 9포

기장 9포는 선언적 문구다. 오래전부터 포구의 도시 기장을 상징해 왔다. 숫자 9는 다의적이다. 옥편을 검색하면 뜻이 열쯤 된다. 아주 많을 때도 숫자 9를 쓴다. 기장 18포보다 착착 감기는 꿀팁이 기장 9포다.
기장 9포는 그러나 선언적 문구만은 아니다. 실제로 9포 시절이 있었다. 1832년 편찬 〈기장현읍지(機張縣邑誌)〉에 그렇게 나온다. 거기 나오는 기장의 포구가 아홉이다. 가을포, 공수포, 무지포, 이을포, 기포, 동백포, 독이포, 월내포, 화사을포다. 그래서 기장 9포다.
읍지에 나오는 포구는 지명이 고풍스럽다. 착착 감긴다. 지금도 그대로 쓰는 지명이 있고 완전히 바뀐 지명이 있다. 괄호 안은 지금 그 일대다. 무지포(대변), 이을포(일광/이천), 가을포(송정), 동백포(동백), 공수포(공수), 기포(이동), 독이포(문오동/칠암/신평), 월내포(월내/임랑), 화사을포(고리).

在縣東十里 有魚梁 재현동십리 유어량

〈기장읍지(機張邑誌)〉는 1786년 기장 백서. 거기에도 아홉 포구가 나온

기장군청 게시판의 갈맷길 1구간 지도. 긴 해안선을 따라서 포구가 이어진다. 옛날부터 기장 9포라 불릴 정도로 기장은 포구가 많았다. 부산을 대표하고 한국을 대표하는 포구의 도시가 기장이다.

해운대구 송정 포구. 지금은 해운대지만 조선시대는 기장에 속했다. 갈대가 많아서 가을포(加乙浦)라 했다. 순우리말은 갈개다. 기장 9포의 서쪽 끝, 서단(西端) 포구다.

기장의 동단(東端) 포구인 길천 포구. 고리원자력발전소 담벼락과 나란히 있다. 조선시대 화사을포 또는 화포(火浦)로 불리던 고리 포구가 발전소 건설로 사라지면서 인근 길천에 새로 생긴 포구다.

대변항 멸치털이 장면. 기장 9포의 중심이던 무지포가 여기다. 1800년대 초반 제작한 '동국지도'에 나오는 무지포도(無只浦島)는 전복죽으로 유명한 연화리 앞바다 죽도가 아닐까 싶다.

다. 이을포(伊乙浦)는 일광해수욕장 부근. 현의 동쪽 10리에 있으며 어량(魚梁)이 있다고 덧붙인다. 어량은 어업 전문 용어. 통발 둔 데로만 물이 흐르도록 물살을 막아서 고기를 잡는 곳 또는 시설을 이른다. 대나무나 갈대를 엮어서 얕은 해변에 들보나 징검다리처럼 꽂는다.

어량은 어떻게 생겼을까. 남해 멸치 죽방렴을 연상하면 된다. 양(梁)은 들보, 징검다리, 다리를 뜻한다. 초량(草梁)이 거기서 유래한 지명이지 싶다. 초량 앞바다 어딘가에 엮은 갈대를 들보처럼 꽂아두고 물고기를 잡지 않았을까. 어량(漁梁), 어전(魚箭, 漁箭)이라고도 한다.

또 하나. 이을포 지명에는 속설이 전한다. 원래는 이을포였는데 여차여차해서 이천으로 바뀌었다고 한다. 그 여차여차는 이렇다. '구한말 외부대신을 지낸 이하영(1858~1929) 고향이 이을포인데 갯가 지명이라서 서울 양반가에서 냉대당했다. 궁여지책으로 이하영이 손을 써서 양반 투가 나는 이천으로 개명했다.' 그럴듯하긴 한데 그건 절대 아니다. 이하영 태어나기 훨씬 이전부터 이을포는 이을포대로 있었고 이천은 이천대로 있었다. 근거리 있었긴 했지만 엄연히 달랐다. 1786년 〈기장읍지〉 기록이다.

伊川里 在縣東十四里 이천리 재현동십사리
伊乙浦 재在縣東十里 이을포 재현동십리

14리와 10리. 이천리와 이을포 거리는 4리 차이였다. 대략 1.6km다. 지금도 가까운 거리가 아니지만 길이 험했던 옛적엔 꽤 먼 거리였다. 엄연히 다른 지역이었다. 그런데도 이을포를 이천으로 바꾸었다는 속설을 마냥 부정할 순 없다. 권력자 이하영이 손을 써서 이을포를 이천에 합쳤을 수도 있고 이을포 태생인데도 이천 태생으로 세탁했을 수도 있다. 어쨌거나 속설을 방치하면 정설이 된다. 지금 '이을포에서 이천'은 거의 정설화됐다. 이하영을 편들어서가 아니라 아닌 건 아니다.

구한말 외부대신 이하영. 이하영은 문제적 인물이다. 외부대신을 거쳐 강제병합 당시엔

법부대신이던 그는 을사오적은 아니더라도 을사육적 내지 을사칠적엔 충분히 든다. 이재극, 민영기와 함께 을사삼흉으로 불린다. 을사오적이 아니더라도 밉기는 더 밉다. 일국의 대신으로서 책임과 권한을 방기했다. 그 대가이겠지만 은사금을 종잣돈 삼아서 한국 최초의 고무신공장 대륙고무를 창업했으며 한평생 떵떵대며 살았다. 이승만 시절 참군인으로 추앙받던 이종찬 육참총장이 손자였다. 요즘 말로 금수저 중의 금수저였다. 이 이야기는 이 정도에서 각설하자.

어량(魚梁). 얕은 해변에 대나무나 갈대를 연이어 꽂아서 물고기를 통발 있는 데로 유인한다. 남해 멸치 죽방렴을 연상하면 된다. 기장 9포 유일하게 이을포에 어량이 있었다. 이을포는 일광 이천 일대다. 부산의 지명 초량(草梁)이 어량에서 유래했을 가능성이 높다. ⓒ한국학중앙연구원

東國輿圖 동국여도

'동국여도'는 〈기장현읍지〉를 발간할 무렵 제작한 지도. 1800년과 1822년 사이 제작했다. 고맙게도 지도 오른쪽 아래 여백에 기장의 포구를 죄다 표기했다. 더 고맙게도 기장 중심지라고 볼 수 있는 읍성에서 방향과 거리를 함께 적었다. 자주 드는 의문 하나! 여도(輿圖)는 뭘까. 동여도니 광여도니 대동여지도니 옛날 지도 단골 메뉴인데 뜻이 어렵다. 사전적 설명은 여도=지도다. 그건 그거고 여(輿)는 수레. 수레가 갈 수 있는 땅을 모두 표기한 게 여도였고 지도였다. 그 반대는 해도다.

'동국지도' 포구와 〈기장현읍지〉 포구는 여러모로 겹친다. 비록 지도는 아홉 포구가 아닌 여덟 포구를 표기했고 "이게 섬일까, 포구 기능을 갖춘 섬일까?" 헷갈리는 표기도 보이지만 전체적으론 지도와 읍지는 일치한다. 제작 시기가 겹치는 만큼 당연한 일이다. 지도 하단 여백에 표기한 포구의 면면이다.

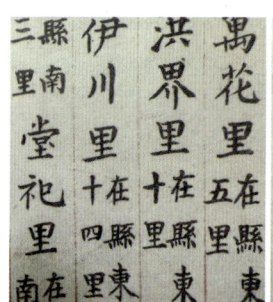

1786년 편찬한 〈기장읍지〉의 '이천리' 설명과 '이을포' 설명. 이천리는 기장현 동쪽 14리에 있었고 이을포는 동쪽 10리에 있었다. 엄연히 달랐다. 이을포 출신 권력자가 신분 세탁을 위해 이을포를 이천으로 개명했다는 항간의 이야기는 글쎄다. ⓒ기장향토문화연구소

이을포(伊乙浦) 동(東) 6리

동백포(冬柏浦) 동 9리

무지포도(無只浦島) 남 4리

공수포(公須浦) 남 10리

가을포(加乙浦) 남 10리

일광 이천리 바닷가 이팝나무 군락지와 제당. 이팝나무는 멸종위기종. 여기저기 천연기념물로 지정될 만큼 귀하고 수명이 오랜 나무다. 기장 이천이 그만큼 귀하고 오래된 고을이라는 방증이다. 제당까지 갖췄으니 더 그렇다.

죽도(竹島) 남 8리
기포(碁浦) 남 7리

지도의 이을포 거리와 읍지의 이을포 거리가 다르다. 4리나 차이가 난다. 제작 시기가 비슷한 만큼 그새 이전했을 리는 만무다. 그러려니 넘어가자. 무지포는 뭘까. 인터넷 검색하면 무는 물, 지는 성(城)이니 물가에 있는 성이라고 풀이한다. 공수포는 공적(公的)으로 쓰던 토지 공수전(公須田)이 있었고 가을포는 가을[갈대]이 많았다. '갈개'는 가을포의 순우리말이다. 기포는 지도에 설명을 보탰다. '산흑기자고명(産黒碁子故名).' 검은 바둑돌로 유명했다.

'동국여도' 포구는 모두 여덟. 여백에 일곱을 표기했고 나머지 하나는 기장과 울산 경계에 표기했다. 고리 원자력발전소 자리가 거기다. 발전소가 들어서면서 마을은 이전하고 포구는 없어졌다.

화포(火浦)

없어진 그 포구가 화포다. 화사을포(火士乙浦)를 줄여서 화포라 했다. 포구 가이드를 나가면 넉 자나 되는 발음이 번거로워서 "화살포, 화살포" 그런다. 화는 불 화. 불같이 이글대는 해를 떠올리면 된다. 기장은 부산에서 해가 가장 먼저 뜨는 곳. 고리는 기장에서도 가장 먼저 뜨는 곳. 불이 아닐 수 없다. 그런 뜨거운 기운이 원자력발전소로 이어졌을까.

기장은 동부산 관광의 중심이면서 미래. 기장을 중심으로 견인하고 미래로 견인하는 절대강자가 여기 포구다. '선견지명' 옛사람도 그걸 알아서 지도에 포구를 꽉꽉 채웠다. '동국지도' 포구는 무려 여덟이나 채웠다. 옛날 지도에 8포를 표기한 지역이 또 있으면 나와 보라고 그래! 그렇다. 1800년대 초반 제작한 '동국지도'는 기장이 포구의 도시란 걸 진작에 알아차린 옛사람 선견지명이다.

'동국지도'에 보이는 기장의 포구. 지도 오른편 상단 화포(火浦)와 아래쪽 여백의 이을포(伊乙浦) 등 모두 8포를 표기했다. 옛날 지도에 8포를 표기한 지역이 여기 말고 또 있을까 싶다. 기장이 예부터 포구의 도시라는 증명이 1800년대 초반 제작한 '동국지도'다. ©고려대 박물관

청강천

탄산·무곡·쌍교동에서 발원한
기장 중심부 젖줄

청강천(淸江川)은 기장 중심부의 젖줄이었다. 지금은 중심부 대부분을 복개했어도 유사 이래 유구한 세월을 기장의 식수(食水)였고 용수(用水)였다. 도시를 개발하고 직선화하면서 여기저기 강, 여기저기 하천이 어디랄 데 없이 옛 자취를 잃었어도 청강천은 못내 아쉽다. 중심부 청강천을 살렸다면 기장은 더더욱 생태적이고 더더욱 친환경적이었을 텐데 하는 아쉬움이다.

청강천은 이름마저 잃어버렸다. 유사 이래 유구한 본래 이름 대신 다른 이름을 쓴다. 네이버에 '청강천'을 검색하면 뜨기는 뜬다. 검색 초기화면에 '지금의 청강리를 북서쪽에서 남동쪽으로 관류하는 하천으로 예전부터 기장의 명당수로 잘 알려져 있다'로 나온다. 더 자세한 설명을 접하려고 초기화면에 커서를 대고 누르면 '청강천' 대신 '죽성천'이 뜬다. 죽성천이 청강천의 지금 이름이다.

고문헌은 당연히 청강천이다. 죽성천은 감히 명함을 내밀지 못한다. 1786년 편찬 〈기장읍지〉에 등장하는 기장의 하천은 넷. 청강천을 비롯해 장전천(長田川), 고촌천(古村川), 취정천(鷲井川)이었다. 장전천은 선동 회동수원지에 합류했다. '장전구곡가(長田九曲歌)'가 전한다. 고촌천은 도시철도 4호선 고촌역을 연상할 것. 취정천은 일광면 이천 앞바다로 이어졌다.

淸江川 有二源 一出縣西五里龍淵洞
청강천 유이원 일출현서오리용연동
一出縣南德發洞 合流入于豆毛浦口 達于海
일출현남덕발동 합류입우두모포구 달우해

기장군청 정문 왼쪽의 죽성교와 죽성천. 조선시대 청강천이 여기다. 그래서 인터넷에 '청강천'을 검색하면 '죽성천'이 뜬다.

청강소공원. 기장군청 맞은편 아파트 단지 입구에 있다. 그 옆으로 죽성천이 흐른다. 죽성천의 원래 이름이 청강천이라서 소공원 명칭이 청강이다.

읍지의 청강천 설명이다. 용연동과 덕발동 두 곳에서 발원해 두모포를 거쳐 바다로 이어졌다는 이야기다. 두모포는 지금의 죽성 일대. 두모포에 있던 수군 부대가 부산 초량 쪽으로 옮기면서 지명이 함께 넘어갔다. 1629년 옮긴 이후 두호(豆湖)로 불렸다지만 지역민이 항용 쓰던 입말은 여전히 두모포였음을 짐작할 수 있다.

옛날 지도엔 청강천이 어떻게 나올까. 지금 보는 지도는 1800년대 초 제작한 '각읍지도'의 기장현 지도. 국립중앙도서관 소장이다. 여기 보이는 청강천은 읍지 설명과 달리 발원지가 셋이다. 그래서 청강천을 삼천(三川)이라고도 한다. 발원지 중에서 하나는 기장읍성 안으로 흐르고 둘은 읍성 바깥으로 흐른다. 읍성 안으로 흐르는 하천은 탄산(炭山) 북쪽에서 발원하고 바깥쪽 하천은 각각 무곡리(武谷里)와 쌍교동(雙橋洞)에서 발원한다.

탄산은 기장현 서쪽 산. 양산 원적산으로 가서 진산(鎭山)이 되었다는 산이다. 지금은 흔적이 없다. '기장 탄산'을 검색하면 '탄산음료'만 뜬다. 무곡리는 청강리공영차고지 근처. 기장군 청강리 무곡마을이 거기다. 쌍교동은 쌍다리 있던 곳. 철마면 안평저수지 삼거리에 있던 쌍교에서 길이 갈렸다. 이리 가면 동래고 저리 가면 양산이었다.

무곡은 고분을 품은 오래된 마을이다. 무실(武室)이라고도 한다. 군부대가 있었을 것으로 추정한다. 남쪽 산지에서 흘러내린 소하천이 북쪽 평지를 지나서 청강천으로 이어진다. 무곡 서쪽은 철마면 안평리. 말고부고개가 있다. 말을 타고 가다가 가팔라서 굴러떨어진다는 고개다. 덕발마을 서남쪽 가까운 자리에 무곡이 있으니 〈기장읍지〉 덕발동과 옛날 지도 무곡리는 거기서 거기다. 덕발마을은 기장읍 청강리 335번지 일대, 무곡마을은 청강리 580번지 일대다.

清江橋碑文 청강교비문

1786년 편찬 〈기장읍지〉에 보이는 기장의 하천. 청강천, 장전천, 고촌천, 취정천이 있었다.
장전천은 선동 회동수원지에 합류했고 고촌천은 도시철도 4호선 고촌 주변, 취정천은 일광면 이천 앞바다로 이어졌다.
ⓒ기장향토문화연구소

다리 이야기가 나왔으니 하는 말. 청강천 하면 기억해야 할 비석이 있다. 하천에 돌다리를 놓고 그것을 기념해 세운 비석 청강교비다. 제액(題額, 비석 제목)이 '청강교비문'이어서 "청강교비문, 청강교비문" 그렇게들 부른다. 비석을 세운 때는 1758년 3월. 원래는 청강천 천변에 세웠겠지만 여차여차해서 지금은 기장읍성으로 옮겼다.

비문은 당시 기장현감 김수한이 썼다. 꽤 길다. 비석 앞면을 가득 채웠다. 돌다리 놓은 기쁨이 그만큼 벅찼으리라. 하천에 돌다리 놓은 연유와 유공자 두 사람을 치하하는 내용이다. 유공자 두 사람은 대시주(大施主) 송세흥과 화주(化主) 박창휘. 송세흥은 돈을 댔고 박창휘는 판을 벌였다.

비문은 구구절절 절절하다. 시작은 개탄이다. '대개 사물이란 때가 되어야 이루어지는 법이고, 때도 또한 마땅한 사람을 만나야 마련되는 법'인데 오래도록 적당한 때와 적당한 사람을 만나지 못했음을 개탄한다. 그러다 위의 두 사람을 만나 비로소 석교(石橋)를 놓았으니 이 얼마나 자랑스럽냐며 기쁨으로 마무리한다. 다리는 대단히 아름다웠던 모양. 마지막 구절에 구구절절 드러난다. 번역은 〈부산금석문〉에서 옮긴다.

壯不壯 美不美 不記不錄 而播在衆覽焉
장불장 미불미 불기불록 이파재중람언
(다리가) 자랑스러운지 아름다운지는 다 기록하지 않으나,
  대중의 이목에 전파되어 있다.

가끔 그런 생각을 한다. 우리 2세들, 3세들은 불행하겠다고. 세상이 격하게 변하면서 우리 세대는 본 아름다운 풍광을 그들은 보지 못할 수 있으므로. 그러나 우리 세대라고 앞 세대가 본 풍광을 다 봤으랴. 우리 세대 역시 불행하긴 마찬가지다. 앞 세대, 그 앞 세대, 그 앞의 앞 세대라고 다를까. 그때도 10년이면 강산이

선동 회동수원지. 기장에서 발원한 장전천이 이리로 흘렀다. 오륜대하취곤령(五倫坮下翠坤靈, 오륜대 솟아난 누리 정기 모인 곳)으로 시작하는 '장전구곡가'가 전한다.

기장 죽성리 두호마을 포구. 청강천이 여기서 바다와 합류했다. 두호 원래 지명은 두모포. 조선 수군이 주둔한 군사 요충지였다. 수군 부대가 부산으로 옮기면서 두모포 대신 두호로 불렀다. 신라 토성이 있었고 그 자리에 지금 임진왜란 왜성이 있다. 왼편 철조망 친 데가 신암촌이고 신암촌 너머가 학리다.

기장 무곡 버스정류소 무곡은 고분을 품은 오래된 마을이다. 무실(武室)이라고도 한다. 군부대가 있었을 것으로 추정한다. 남쪽 산지에서 흘러내린 소하천이 북쪽 평지를 지나서 청강천으로 이어진다.

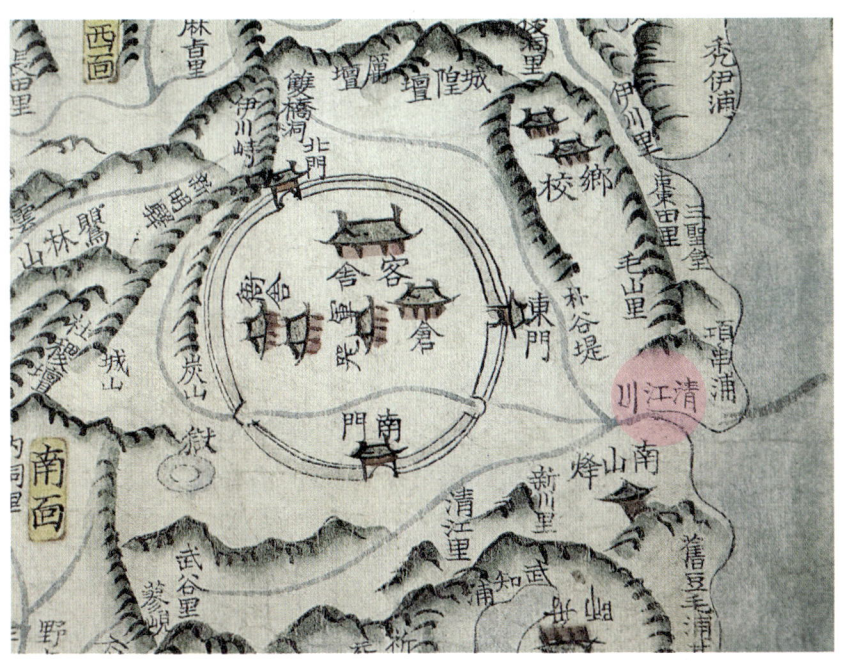

1800년대 초 제작한 '각읍지도'의 기장 청강천 부분 확대. 세 군데서 발원하는 청강천이 선명하다. 탄산 북쪽 발원지 하천은 기장읍성을 관통했고 무곡리와 쌍교동 발원지 하천은 읍성 바깥으로 흘렀다. ⓒ국립중앙도서관

바뀐다고 했으니. 어쩔 수 없는 일이긴 했겠지만 궁금은 하다. 그때는 어땠을까? 여기저기서 흘러들던 청강천이며 천변에 휘날리던 깃발 같던 '장불장 미불미' 그 비석은 얼마나 장엄했을까. 오늘은 기장 중심부를 헤집고 다녀봐야겠다.

기장읍성에 있는 청강교비(淸江橋碑). 청강천에 돌다리 놓은 것을 기념해 1758년 3월 세웠다. '장불장 미불미 불기불록(壯不壯 美不美 不記不錄)'이라고 새겼다. 다 기록하지 못할 정도로 다리가 자랑스럽고 아름답다고 했다.

초량객사

조선의 위엄,
조선 유일의 성소

중구 영주동 봉래초등학교는 내 모교다. 아련한 추억이 담긴 곳이다. 근처를 지날 때면 눈에 담거나 일부러 들른다. 코로나가 기승을 부릴 때도 교문까지는 꼭 갔다. 출입이 허용되고서부터 교정을 둘러보곤 했다. 그때 그 교사(校舍)는 죄다 헐렸어도 추억마저 헐진 못한다. 언제나 아련하다.

봉래초등은 역사가 100년이 넘는다. 부산에선 맨 앞자리에 든다. 서면에 있던 부산상고와 뿌리가 같다. 1895년 세운 사립 개성학교가 덩치가 커지면서 하나는 봉래초등이 되고 하나는

중구 영주동 봉래초등학교 전경. 100년 넘는 역사를 가진 학교로 '초량객사 터' 표석이 있다.

개성중이 되고 하나는 부산상고가 되었다. 그래서 세 학교는 개교기념일이 같다.

초량객사 터

'옛 개성학교 터.' 봉래초등 교정에 보이는 표석 제목이다. 이 학교 100년 넘는 역사가 담긴 표석이다. 그런데 이보다 훨씬 더 오랜 역사가 담긴 표석이 또 보인다. '초량객사 터' 표석이다. 부산시가 세운 표석은 초량객사의 건립을 1676년으로 밝힌다. 400년 넘는 역사다. 표석 마지막 한 문장은 어깨에 힘이 잔뜩 들어갔다. '전국에서 유일한 건물이다.'

미리 밝히지만 '전국에서 유일하다'던 건물은 현재 없다. 흔적조차 없다. 100년 전쯤까

'초량객사 터' 표석. 일본 사절이 조선 국왕에게 숙배례를 올리던 유일한 장소였다고 밝힌다.

지 이 근처 있었던 초량객사가 지닌 의의가 그렇다는 이야기다. 객사를 한자로 쓰면 客舍. '손님이 묵는 집'이다. 손님은 대개 공적인 일로 방문하거나 경유하는 관리나 사신이었다. 그래서 객사는 조선의 큰 고을마다 있었다. 부산 같은 경우는 동래에도 있었고 기장, 수영, 부산진, 다대포에도 있었다. 그런데 뭐가 유일하단 것일까.

마지막 문장 앞에 있는 한 문장을 더 보자. '일본 사절이 조선 국왕에게 숙배례를 올리던 유일한 장소였다.' 숙배(肅拜)는 국왕에게 또는 국왕 있는 곳을 향해서 머리가 땅에 닿도록 네 번 절하는 예(禮)다. 충성과 복종의 서약의식이었다. 초량객사는 단순한 숙소가 아니라 조선을 방문한 일본사절단이 숙배례를 행하던 엄숙하고 경건한 관청이었다. 일본사절단이 숙배례를 행하던 관청은 조선에서 여기가 유일했다.

일본사절단은 누구에게 절했을까. 한양에 상주하는 국왕이 일본에서 사절단 왔다고 부산까지 올 리는 만무였다. 그러면 부산 최고위직인 동래부사나 한양에서 파견한 고위층에 절했을까. 그건 아니다. 전패(殿牌)에다 절했다. 전패는 조선의 임금을 상징하는 '전(殿)'이 새겨진 위패. 조선의 모든 객사에 두었다. 매달 초하루와 보름이면 지위 고하를 막론하고 관리들은 예를 갖춰 전패에다 절했다. 적에 맞서서 비장한 각오로 순절하려는 수령은 전패 앞에서 자결할 요량으로 객사를 향해 엎드렸다.

임진왜란 이후 조선은 왜를 극도로 경계했다. 후기에 이르면 모든 일본인의 상경(上京)을 금했다. 어느 나라라도 그랬을 것이다. 대일 외교는 모두 부산에서 이루어졌다. 일본에서 사절단이 도착하면 조선 국왕에 대해 예의를 표할 곳이 필요했다. 왜관이 두모포에 있을 때는 부산진성에 있던 부산진객사, 초량에 있을 때는 초량객사가 거기였다. 두모포왜관은 나중에 초량왜관이 새로 생기면서 고관으로 불렸다. 지금의 동구 수정동 일대다.

대부분의 객사는 읍성이나 진성에 두었다. 조선의 성은 행정의 요지고 국방의 요지였다. 그런 곳에 일본사절단을 들인다는 건 군사기밀을 적에게 노출하는 꼴이었다. '대동

1700년대 중반 제작 지도 '지승(地乘)'에 보이는 초량객사. 일본사절단이 숙배례를 행하던 곳으로 일본인 거류지 왜관으로 이어지는 설문 안쪽에 있었다. 지금의 봉래초등학교 근처다. ⓒ규장각

관(大東館)'이란 불린 초량객사는 읍성이나 진성에서 가능하면 멀리 떨어진 곳에 두었다. 거기가 왜관에서 부산진성 사이, 지금의 봉래초등 근처였다. 일본사절단이 오면 동래부사와 부산진첨사, 한양과 경상도에서 파견된 경(京)과 향(鄕)의 관계자가 초량객

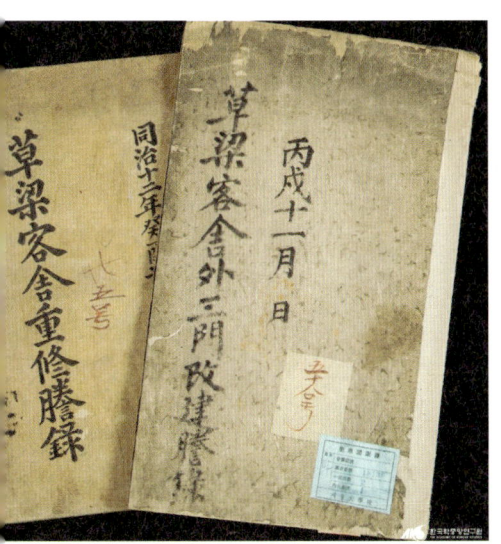

〈초량객사중수등록〉 표지. 1873년 7월부터 8월까지 건물의 수리를 위해 전패를 옮겨 공사에 착수하고 수리를 마친 후 다시 정비된 객사에 전패를 모셔오는 일련의 과정을 상세히 기록했다. ⓒ한국향토문화전자대전

사로 와 사절단을 맞이했고 숙배례 의전을 거행했다. 객사와 좌·우익랑이 있었다. 초량객사를 중심으로 초량촌(草梁村)이 발전하였다.

草梁客舍重修謄錄 초량객사중수등록

초량객사를 수리한 기록이다. 1873년(고종 10) 대대적으로 객사 공사를 벌였다. 정청(正廳)·동헌(東軒)·서헌(西軒)·내삼문(內三門)·외삼문·객사 담장·좌우 섬돌과 계단을 수리하였다고 기록했다. 1873년 그때는 왜관의 기능을 잃어 가던 시기. 그런데도 비싼 돈 들여서 국왕을 상징하는 객사를 수리했다. 왜 그랬을까. 당시 동래부사는 대원군의 심복 정현덕. 조선의 기강을 세우려던 대원군이 의지가 초량객사 중수였다.

초량객사는 그림으로도 남았다. 고종 시절 수리하기 훨씬 이전의 정청(正廳)·동헌(東軒)·서헌(西軒)·내삼문(內三門)·외삼문을 그린 그림이 그것이다. 1783년 동래 화가 변박(卞璞)의 '왜관도'다. '왜관도'는 그림이면서 사진이고 사진이면서 지도다. 네모반듯한 객사 담장과 외삼문, 외삼문, 그리고 정청과 동헌, 서헌을 사진 찍듯 사실적으로 그렸다.

歲癸卯夏寫 세계묘하사

'왜관도' 제목 아래 보이는 관(款)이다. 관은 글씨나 그림에 이름, 그린 장소, 그린 연월일 등을 정성껏 기록한 문구다. 관서(款署), 관기(款記), 관지(款識), 낙관(落款)이라고도 한다. 고대 청동기에 새긴 글자를 가리키는 관지(款識)에서 유래했다. 종이나 기물에 관지를 적고 도장 찍는 것을 낙성관지(落成款識), 줄여서 낙관(落款)이라 했다. 서명과 제작일시만 기록하면 단관(單款), 누구를 위하여 그렸다는 등을 기록하면 쌍관(雙款)이다.

'왜관도' 관기 아래는 네모반듯한 낙관이 둘이다. 하나는 변박의 호 '술재(述齋)'가 음각으로 찍혔고 다른 하나는 성명 '변박'이 양각으로 찍혔다. '왜관도' 관기 끝 글자는 이채롭다. '화(畵)'가 아니고 '사(寫)'다. 상상력으로 그린 게 아니라 사실적으로 베꼈단 토로다. 그런 만큼 '왜관도'는 실제에 가까웠다. 왜관의 건물을 일일이 그리고 건물 명칭을 표시했다. 무려 56곳이나.

관기 바로 아래 보이는 초량객사(草梁客舍)는 처음부터 끝까지 의전용이었다. 객사 의전은 기록으로 남아 있다. 조선의 고위직은 객사 건물 안에서, 일본사절단은 건물 바깥인 객사 아래 마당에서 각자의 의례를 준수했다. 객사 안과 바깥. 위와 아래. 그것은 곧 조선과 일본의 위상이었다. 초량객사 그때만 해도 조선은 안이고 위였으며 일본은 바깥이고 아래였다. 궁핍한 섬나라 왜는 아쉬울 때면 조선에 손을 내밀었다. 조선에 사절단을 보내고선

1783년 여름 동래 화가 변박(卞璞)이 그린 '왜관도(倭館圖)'의 초량객사 부분 확대. 제목 아래는 계묘하(癸卯夏)라고 그린 시기를 밝혔다. 그런데 그다음 글자가 '화(畵)'가 아니고 '사(寫)'다. 사진 찍듯 사실적으로 그렸다는 이야기다. 네모반듯한 객사 담장과 외삼문, 외삼문, 그리고 정청과 동헌, 서헌을 사실적으로 그렸다. ⓒ국립중앙박물관

이것 달라, 저것 달라 애걸하며 복걸하며 조아렸다. 무엇을 달라고 했을까.

녹두가루 300근, 붉은개가죽 100령, 마른대구 1,000속 등

1675년 11월 달라고 한 것들이다. 동래부사 어진익이 조정에 올린 장계에 나온다. 일본은 문화 향유는커녕 하루하루 먹고사는 일에 급급했다. 이들 물품이 그 증명이다. 로또 걸린 것처럼 하루아침에 신세 편 나라가 섬나라 왜였다. 왜가 달란다고 다 줄 수는 없는 일. 조선은 그 반을 뚝 잘라서 내준다. 녹두 200근, 붉은개가죽 50령, 마른대구 500속 등이었다. 밑 빠진 독에 물 붓기였다. 왜는 수시로 손을 내밀었다. 1676년 8월 동래부사 이복 장계에도 손 내미는 장면이 나온다.

호두 100섬, 잣 30섬, 마른대구 300속, 대추 10섬

통역관 등이 나섰다. 왜 자꾸 이러느냐고 타일렀고 구슬렸다. 대구는 100속을 줄여 200속으로 담판 지었고 나머지는 모두 절반으로 줄였다. 그래도 이건 아니다 싶어 호두는 30섬으로, 잣은 10섬으로 줄여서 내줬다. 마지못해서 내주는 것이기에 무역보단 구휼에 가까웠다.

객사는 왕의 위엄을 상징했다. 그런 만큼 거의 모든 옛날 지도가 객사를 빠뜨리지 않았다. 객사를 빠뜨린다는 건 불경 중에서도 불경이었다. 1700년대 중반 제작한 '지승(地乘)' 동래부 지도는 초량객사를 컬러풀하게 그린다. 초량객사 주변엔 다른 관청 건물도 보이지만 가장 깊숙한 자리에 모신 건물이 객사다. 온천천 너머 동래읍성에 보이는 객사 역시 가장 안쪽에 가장 크게 그렸다.

설문(設門)과 수문(守門). 초량객사 주위에 보이는 두 군데 대문의 명칭이다. 반듯한 성의 성문 같은 설문은 부산진에서 객사나 왜관으로 갈 때 드나들던 문이었다. 설문보다 규모가 작은 수문은 왜관 담장에 설치해 왜관 출입을 단속하던 문이었다. 다르게 말하면, 왜관에 거류하는 일본인이 왜관 바깥으로 나가려면 이중문을 거쳐야만 했다. '임란의 주범' 왜를 철저하게 경계했단 이야기다. 왜를 경계하는 한편으론 조선의 위엄을 보여줄 필요가 있었다. 조선의 왕, 조선의 위엄을 보여주던 성소가 조선 유일의 초량객사였다.

왜관

부산포에서 두모포로, 다시 초량으로

영선산과 영선고개. 초량에서 용두산으로 가는 길목에 있던 산이고 고개다. 산은 허물어졌어도 고개는 지금껏 남아 있다. 한자는 어떻게 쓸까. 보통은 좋은 뜻을 가진 한자를 쓰게 마련이다. 길 영, 착할 선을 쓸 것도 같고 아니면 꽃부리 영, 먼저 선도 그럴듯하다.

만들 영(營), 고칠 선(繕)

예상은 빗나간다. 사전 지식이 없으면 열에 열 어긋난 답이 나온다. 정답은 영선(營繕)이다. '건축물 따위를 새로 짓거나 수리한다'는 뜻이다. 산 이름, 고개 이름이 이게 뭐람. 도저히 어울리지 않는 이름이지만 지명 유래랄지 내력을 알면 누구라도 "아하! 그렇구나!" 수긍한다.

유래는 왜관(倭館)이다. 조선에 왜관은 1407년 처음 생겼다. 태종 7년 되던 해였다. 동래 부산포(지금의 동구 범일동·좌천동 일대)와 웅천 제포(지금의 창원시 진해)에 설치했다. 이어서 1409년 서울에도 설치했다. 1426년에는 울산 염포에 설치했다. 포구에 설치한 왜관을 포소(浦所)왜관이라고 했다. 포소왜관은 1547년 이후 부산포왜관만 남았다.

부산포왜관은 줄여서 부산관이라 했다. 부산관은 1592년 임진왜란 이후 변동이 생겼다. 영도로 옮겼다가 1607년 두모포로 다시 옮겼다. 이른바 두모포왜관이다. 두모포는 동구 수정동 동

1783년 동래 화가 변박(卞璞)이 그린 '왜관도' 부분 확대. 나무 무성한 산이 영선산이고 산 사이로 난 길이 영선고개였다. 영선고개는 초량왜관에서 끝났다. 지도 상단 중앙에 보이는 초량공해(公廨)는 성신당(誠信堂)이다. 왜관 업무를 전담하던 훈도(訓導)가 거처했다. 사진 오른편 시탄고(柴炭庫)는 별칭이 '급왜시탄막(給倭柴炭幕)'이었다. 3칸으로 왜관 땔감 저장 창고였다. ⓒ국립중앙박물관

1474년 신숙주가 편찬한 《해동제국기》에 실린 '동래부산포지도'에 보이는 왜관. 좌천동에 있던 부산포왜관이다. 그 옆에 보이는 견강사(見江寺)는 왜관 거류 왜인 교화를 위해서 부산진구 당감동에서 옮겨온 절이다. ⓒ국사편찬위

1872년 제작한 군사지도 '두모진지도' 부분 확대. 두모포왜관과 용두산왜관이 함께 실렸다. 지도 위 오른쪽 해안에 보이는 '구왜선창(舊倭船艙)'이 두모포왜관의 흔적이고 지도 아래 네모 울타리 왜관은 용두산왜관이다. 지도 위 중앙에 왜총비(倭塚碑)가 보인다. ⓒ규장각

구청 일대에 해당한다. 원래는 기장 죽성에 있었는데 거기 주둔 군부대를 이리로 옮기면서 지명도 함께 옮겨 왔다. 두모포 있던 왜관은 1678년 초량으로 이관했다. 이를 초량왜관이라 했다. 지금의 용두산 일대다.

초량(草梁)은 설명이 좀 필요하다. 지금은 초량이 동구에 있지만 훨씬 옛날에는 서구에 있었다. 천마산 산자락 암남동 어디쯤이었다. 그러다 다시 옮겼다. 다시 옮긴 초량은 지역이 넓었다. 부산이 있는 지금의 동구 초량에서 중구 용두산 왜관 입구 설문까지 아울렀다. 설문 입구에 신초량 마을이 있었다.

구초량과 신초량. 한동안은 신·구 구분 없이 둘 다 초량이라고 했다. 구초량과 신초량을 나눈 이는 1867년 6월부터 1874년 1월까지 동래부사를 지낸 정현덕이었다. '같은 고을에 같은 이름이 둘 있을 수 없다'는 이유였다. 천마산 자락 초량의 원조는 구초량이 됐고 중·동구에 걸친 초량은 신초량이 됐다. 두모포왜관이 옮겨간 초량은 신초량이었다. 지금의 중구 용두산 일대였다. 동구 초량이 익숙한 부산 토박이는 '초량이 용두산?' 초

량왜관보다는 용두산왜관을 선호한다. 〈조선왕조실록〉엔 오로지 초량왜관이다.

두모포에서 초량으로. 왜관 이관은 하루나 이틀로 끝날 일이 아니었다. 시작부터 마무리까지 장장 5년이 걸렸다. 이관 결정은 1673년 났고 초량왜관 신축 공사는 1675년, 준공은 1678년 4월 이뤄졌다. 신축에 소요되는 물자와 자재는 조일 양국이 댔다. 양식이니 식수니 하는 물자는 조선이 댔고 동관·서관 등등 일본식 관아의 건자재는 대마도에서 댔다. 초량왜관 건축물은 한일 합작품이었다.

〈조선왕조실록〉은 이관 결정이 난 1673년 상황을 구체적으로 기록했다. 두모포왜관의 영도 이관을 차왜(差倭, 일본에서 조선에 파견하던 임시 사절)는 받아들이지 않았다. 여전히 부산관에 머물면서 왜관을 다른 데로 옮겨달라고 강력하게 청했다. 조정은 허락하지 않았다.

조선 조정은 요지부동이었다. 차왜는 '화을 내고 펄쩍 뛰면서 서울에 올라가겠다고 큰소리를 쳤'지만 하는 대로 내버려 두었다. 그러자 꼬리를 내리며 간청했다. "다대(多大)·초량(草梁) 등의 포(浦)에라도 옮기도록 허락해 주었으면 합니다." 그 말 다음을 기록한 〈조선왕조실록〉 현종 14년(1673) 10월 19일 대목이다.

접위관 조사석(趙師錫)이 이 말을 조정에 아뢰었다. 조정의 의논이 웅천은 결코 허락할 수 없으며 초량은 허락해도 무방하다고 하였다. 임금이 비로소 허락해 주라고 명하고 차왜로 하여금 스스로 다대·목장·초량 중 한 곳을 택하도록 하여 뒷말이 없도록 하였다. 차왜가 초량항(草梁項)으로 옮기기를 원하자 허락하였다.

1740년 발간 〈동래부지〉는 초량항이 영도에 있다고 적었다. 그 훨씬 이전인 1673 〈조선왕조실록〉의 초량항은 그러나 거기가 아니었다. 여러 군데서 '초량'을 썼기에 지금 기준으로 이렇다 저렇

기장 죽성 바닷가의 '두모포' 표지석. 두모포 왜관은 1678년 초량으로 이관돼 초량왜관이 됐다.

부산 첫 왜관인 부산포왜관 표지석. 도시철도 1호선 좌천역 2번 출구에 있다.

용두산공원에 있는 초량왜관 표지석. 1678년 두모포에서 이리로 이관한 초량왜관의 역사를 새겼다. 지금은 초량이 부산역 일대지만 그때는 부산역에서 이 일대까지 초량이었다.

현재의 영선고개. 메리놀병원과 중구청 사이로 났다. 이쪽 끝은 부산역으로 이어지고 저쪽 끝은 국제시장으로 이어진다. 조선시대 영선고개는 다른 데 있었다. 영선산을 허물면서 이리로 옮겨왔다.

다 단정하기가 어렵다. 아무튼 1673년 이후 왜관은 지금의 용두산 일대였다.

그 당시 일본은 궁핍했다. 최대한 아껴야 했다. 왜관 신축에 들어가는 자재도 그랬다. 대마도에서 조달하긴 했지만 기존 자재를 최대한 활용했다. 두모포왜관 건축물을 헐어서 나온 부속품을 한데 모아뒀다가 이삿짐과 함께 날랐다. 기와는 기와대로, 목재는 목재대로 잇고 조립해 건자재 부담을 덜었다. 수정동 고관에서 용두산왜관으로 가는 길은 고난의 길이었다. 좁았으며 울퉁불퉁했다. 그 길을 따라서 왜관 해체 건자재와 세간을 실어 날랐다. 이삿짐은 이리 받치고 저리 떨어지면서 파손이 상당했다.

수리는 그때그때 했다. 간단한 수리도 있었고 자재가 필요한 수리도 있었다. 자재는 인근 산에서 조달했다. 인근 산에서 조달한 자재로 고치거나 새로 만들었다. '건축물 따위를 새로 짓거나 수리한다'는 영선은 거기서 유래했다. 그래서 영선산이었고 영선고개였다. 영선산은 1910년 전후 착평공사를 벌이면서 평평해졌다. 산을 허물고 나온 토사는 부산 앞바다 매립에 쓰였다. 지금 부산역 일대가 그때 메운 바다. 영선고개는 원래 자리에서 좀 옮긴 뒤 명맥을 유지한다.

불가근불가원 일본, 불가근불가원 왜관

왜관은 뭘까. 인터넷 검색하면 수도 없이 뜬다. 수도 없이 뜨는 정보를 재탕 삼탕 우려먹을 생각은 없다. 여기선 그 의미만 짚고 글을 마무리하자. 왜관의 의미는 시대 따라 변했어도 시작은 적선(積善)이었다. 궁핍한 일본에 베푼 적선이었고 긍휼이었다. 그러다 국제무역과 친선의 아이콘이 되었다. 급기야는 굴러온 돌이 박힌 돌을 빼내는 꼴이 되었다. 그때나 지금이나 불가근불가원 일본이었다. 그 증명이 조선의 왜관, 부산의 왜관이었다.

1740년 발간 <동래부지> '초량공해(草梁公廨)'에 실린 복병막 설명. ©규장각

남일

일본 감시하던
조선의 '호랑이 눈매'

광일. 중구청에서 국제시장 사거리 사이에 있는 초등학교 교명이다. 동광초등학교와 남일초등학교가 합치면서 한 글자씩 땄다. 동광초등학교 자리는 현재 용두산공원 공영주차장으로 쓰이고 남일초등학교 자리에 광일초등학교가 들어섰다.

남일은 무슨 뜻일까. 동광은 동쪽의 빛. 그러려니 이해되고 두 교명이 합친 광일도 그러려니 이해되는데 남일은 통 감이 안 잡힌다. 인터넷에 검색해 봐도 이십 년도 더 전인 1998년 다른 학교와 통합해서 정보 얻기가 쉽지 않다.

인터넷 검색으로 얻는 정보는 주로 역사다. 한일 강제병합 다다음 해인 1912년 부산제1공립심상소학교로 개교했다. 해방 다음 해 남일국민학교로 개명했고 1998년 2월 마지막 졸업생을 내었다. 남일 개명 이후 졸업생은 모두 28,336명. 왜 남일인지 아는 졸업생이 적지 않겠지만 모르는 졸업생도 꽤 되리라 본다.

왜 남일일까. 답은 고지도에 나온다. 고지도라기보단 그림이다. 그림이라도 지도가 갖출 건 다 갖추었다. 고지도 제목은 '왜관도(倭館圖).' 지도 맨 위 오른쪽에 그렇게 적혀 있다. 제목 옆에는 언제 그렸는지도 나온다. '계묘하(癸卯夏)'다. 1783년 여름이다.

그린 이는 변박(卞璞). 지금의 부산시에 해당하는 동래부 소속 화가였다. 나라로 치면 궁정화가였다. 당대 최고급 화가라서 부산박물관, 국립중앙박물관, 육군박물관 등 여러 곳이 작품을 소장한다. 육군박물관 '동래부순절도'는 국보 다음으로 귀중한 유산인 보물이다. 원래는 동래 충렬사에 걸렸던 그림인데 박정희 당시 대통령 지시로 육군사관학교 육사박물관으로 옮겼다. 돌려받아야 한다.

변박 '왜관도'는 말 그대로 왜관을 그린 그림이다. 왜관은 조선시대 왜인과 통상하려고 동래 등에 두었던 관사를 말한다. 일본인이 상주하면서 무역도 하고 외교도 하였다. 조선은 여러 곳에 왜관을 두었다. 부산의 왜관은 동구 좌천동에 처음 있다가 동구 수정동

동래 화가 변박이 그린 '왜관도.' 1783년 작품으로 용두산 왜관에 집단 거주하던 왜인 감시초소인 복병(伏兵)을 사실적으로 그렸다. 그림 아래 왼쪽에 '남일복병'이 남일초등학교 유래이지 싶다. ⓒ국립중앙박물관

으로, 그리고 1678년 중구 용두산 일대로 옮겼다.

'왜관도'는 용두산왜관을 그렸다. 그림은 아래위로 길다. 세로가 133cm, 가로가 58cm다. 그림 맨 위에 중구청이 있는 복병산을 그렸다. 산세가 뾰족한 게 대단히 매섭다. 복병산 아래로 산봉우리가 이어지다가 중간부터 하단까지 왜관을 배치했다. 왜관은 동서남북 네모반듯한 돌담으로 둘러싸여 출입이 자유롭지 않은 곳임을 짐작할 수 있다.

'일본은 한국의 형님뻘 나라.' 일본 극우 정치인 망발이지만 어림 반 푼어치도 없는 소리다. 조선은 일본 몇 배의 부자 나라였다. 일본으로선 가져갈 게 많았고 배워갈 게 많았다. 그러기에 용두산 왜관 상주 일본인은 해가 다르게 늘어났다. 자꾸자꾸 늘었다. 1700년대 중반에는 무려 1,500명 넘는 일본인이 상주했다. 이때 부산 전체 인구는 기껏 2만 1천 명 남짓. 십 분의 일 가까이가 일본인이었다.

일본인은 근성이 있었다. 임진왜란 7년 동안 조선을 정복했다는 우월감이 있었고 칼 쓰는 데는 여전히 사무라이였다. 가져갈 게 많고 배워갈 게 많으니 고분고분하다가도 수틀리면 들고일어났다. 관청이나 관원에게 집단행동을 대놓고 했다. 수틀리면 대들던 그

때나 형님뻘이라고 우기는 지금이나 달라진 게 하나도 없다.

조선으로선 불가근불가원이었다. 가까이 둬도 안 되고 멀리 둬도 안 됐다. 부산시장이던 동래부사에게도 왜관은 골칫덩어리였다. 왜관 대응을 잘하면 영전이었고 못하면 파직이었다. 그래서 왜관 출입을 통제하면서 당근을 내놓았다. 바다와 맞닿은 수문(守門) 바깥에서 매일 아침 조시(朝市)를 열었으며 매월 3일과 8일 도합 여섯 차례의 개시(開市)를 추가했다.

급기야 조시에 탈이 생겼다. 지근지근 머리가 아팠다. 어리고 예쁜 조선 여자가 내놓은 상품만 잘 팔리면서 장꾼으로 나서는 남자가 한 명도 없었다. 동래부사 권이진이 '어채(魚菜)를 파는 것이 아니라 여자를 파는 것'이라고 한탄할 지경이었다. 1920년대 동래 오일장 장꾼이 모두 여자였던 관습이 이때 비롯했을지도 모른다.

당근을 내놓아도 왜관 일본인은 만족하지 않았다. 호시탐탐 돌담을 넘었다. 돌담을 넘어 조선 조정이 엄격하게 금한 밀수를 서슴지 않았다. 부녀자 교간(交奸)을 저지르기도 했다. 국가보안 기밀까지 시시때때로 빼내 본국에 '전송'했다.

광일초등학교 교정. 동광초등학교와 남일초등학교가 통합하면서 광일이 되었다. 남일은 1912년 부산제1공립심상소학교로 개교해 1998년 통합했다.

이에는 이였다. 눈을 매섭게 떠야 했다. 동서남북 돌담 바깥에 초소를 두어 왜인 일거수일투족을 감시했다. 감시초소를 복병(伏兵)이라 했다. 복병은 남쪽 바닷가에서 북쪽 중구청 복병산에 이르렀다. 현재 복병산은 복병이 있던 산이라서 지어진 이름이다.

'왜관도'에는 복병의 위치가 상세하게 나온다. 그림에 보이는 복병 명칭이다. 동일(東一)복병, 동이(東二)복병, 서일(西一)복병, 남일(南一)복병, 북(北)복병. 서일이 있고 남일이 있으면 서이도 있고 남이도 있었겠지만 비스듬하게 그리는 바람에 그림에는 나오지 않는다. 더 자세한 내용은 1740년 〈동래부지〉에 나온다.

동복병막 3칸, 서복병막 3칸, 남복병막 3칸, 동이복병막 3칸, 서이복병막 3칸, 남이복병막 3칸. 동·서·남의 복병막은 1740년 창설했다. 북쪽 복병막이 없는 것으로 보아 〈동래부지〉를 발간한 1740년 이후에서 '왜관도'를 그린 1783년 사이에 설치하지 않았나 추정한다.

남일복병. 남일초등학교 교명은 여기서 유래했을 가능성이 높다. 왜관 출입자를 감시하던 초소가 교명이 됐다고 본다. 일제강점기 때는 이 이름을 쓰지 못했다. 일본인을 감시하던 곳의 명칭이었으니 그럴 만했다. 제1공립 심상소학교로 개교해 광복 이듬해인 1946년 남일로 개명했다. 부산에 집단 거주하던 섬나라 '천덕꾸러기' 왜인의 부정과 비리를 '지배(紙背)를 철(徹)할 정도의 안광(眼光)'으로 감시하던 조선의 눈매가 남일이지 않았을까.

기비현

천하제일경 낙동강
노을을 품다

기비현(其比峴)은 만덕고개다. 만덕현(萬德峴)이라고도 했다. 만덕고개는 동래와 구포를 잇는다. 조선시대 5일마다 서던 동래장과 구포장의 장꾼이 오갔다. 동래장은 2일과 7일, 구포장은 3일과 8일 섰으니 동래에서 구포로 가는 장꾼이 절대적으로 많았다. 동래장에서 팔고 남은 짐을 꾸려서 해 질 무렵 구포장으로 넘어가는 장꾼에게 만덕고개는 내일로 나아가는 희망의 고개였다.

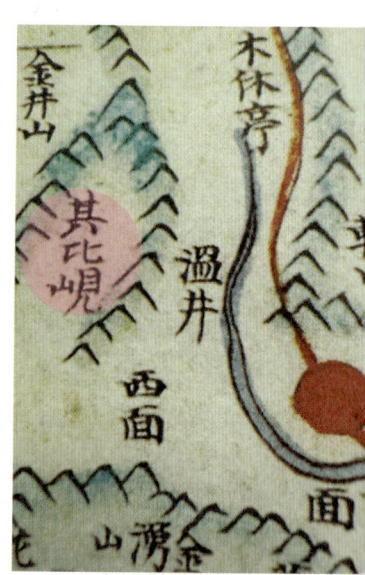

1700년대 중반 제작한 '조선지도' 부분 확대. 왼쪽 중간에 보이는 '기비현(其比峴)'이 만덕고개다.
ⓒ규장각

만덕고개는 길고 깊었다. 차가 달리는 지금도 길고 깊으니 호랑이 담배 피우던 시절엔 더 그랬을 것이다. 깊고 긴 산길엔 도적이 들끓었다. 동래장에서 물건 하나 더 팔려고 어둡도록 지체하다간 낭패 보기 십상이었다. 오늘 못 팔면 내일 판다! 그래서 동래장 장꾼은 누구랄 것 없이 심성이 느긋했을 것이다. 느긋한 심성은 지금도 이어져 동래시장 상인은 대체로 후하며 자잘한 일로 따지지 않는다.

동래장 장꾼은 모두 여자였다. 일제강점기 지식인 차상찬(1887~1946) 기행문에 그렇게 나온다. 동래를 두루 다니고서 쓴 이 기행문은 민족계 잡지 〈별건곤〉 1929년 8월호에 실렸다. 자세한 내용은 이 책 '동구-부산진' 편에 소개했다. 사진으로 보는 동래장은 더러 있어도 글로 보는 동래장은 귀하다. 차상찬이 묘사한 '장꾼이 전부 여자'라는 동래장은 귀한 진술이다. 이에 대한 후속 연구랄지 보충 연구가 따랐으면 한다.

차상찬 진술이 맞는다면 동래장 장꾼은 모두 여자. 동래장에서 구포장으로 이어지는 만덕고개를 넘을 땐 남편이나 아들이 무거운 짐을 감당했을 것이다. 팔다 남은 짐을 넘겨

1872년 제작한 군현지도의 부분 확대. 오른쪽 아래 온천천 돌다리 '만년교(萬年橋)'에서 시작한 붉은 실선이 가장 높게 치솟은 자리에 보이는 '만덕현(萬德峴)'이 기비현이다. ⓒ규장각

받은 남편이나 아들은 무리를 지어서 고개를 넘었다. 산적으로부터 안전을 도모하려면 그래야 했다. 만덕고개 산적은 설화가 전해질 만큼 유명짜했다.

1960년대 중반 만덕고개. 사진 상단 왼쪽 산능선 볼록 꺼진 데가 만덕고개 고갯마루다. ⓒ이상길

萬年臺 萬年橋 만년대 만년교

만덕고개 넘으려는 장꾼이 모이는 집결지의 하나가 만년교였다. 이후 서천교(西川橋)로 개명했다. 도시철도 1호선 동래역 2번 출구에 표지석이 있다. 표지석을 본래 이름인 만년교로 바꾸면 어떨까 싶다. 만년교 근처에는 군인들이 훈련하던 만년대가 있었다. 말타기, 활쏘기 훈련을 하던 데라서 터가 꽤 넓었다. 동래중학교, 중앙여고 일대다. 자강을 통해 천년만년 평화를 바란 조선의 염원이 만년대였고 만년교였다.

현재의 만덕고개. 동래와 구포를 잇는다.

만덕고개 개통 기념비. 1965년 2얼 당시 부산시장 김현옥 명의로 세웠다.

만덕고개 석불사의 마애불상과 대웅전 꽃무늬 단청

만년대는 일제로선 눈엣가시였다. 일제강점기 한동안은 병자를 격리하는 숙소로 사용하다가 개인에게 불하했다. 이후 죄다 헐렸다. 만년대 돌은 이런저런 건축자재로 팔렸다. 동래 학소대와 동래시장 법륜사에 쓰인 돌이 만년대에서 나왔다. 일제만 아니었으면 만년대는 지금도 남아 천년만년 평화의 상징이 되었지 싶다.

기비현, 만덕현은 옛 절 만덕사에서 유래한다. 고려 왕의 아들이 출가할 정도로 만덕사는 유명한 절이었다. 만덕사에 기대어 사는 사하촌을 사기(寺基)라 했다. 사기의 기와 기비현의 기가 같은 한자다. 절터는 부산시 기념물 제3호, 당간지주는 부산시 유형문화재 제14호다.

만덕고개 현장답사는 어디서 출발하는 게 좋을까. 방법은 둘이다. 동래구 명륜동에서 가는 길과 북구 만덕동에서 가는 길이다. 어디에서 가도 무방하다면 명륜동에서 가기를 권한다. 도시철도 1호선 명륜역 5번 출구로 나와서 맞은편 롯데백화점 옆길로 방향을 잡으면 된다. 길은 가파르고 명륜동 길은 느긋하다. 만덕동 방면으로 내려오면 북구 명소인 석불사와 병풍암, 만덕사지 등이 객을 반긴다. 만덕오리마을에선 눈이 번쩍 뜨인다. 참, 고갯마루 비석에선 기념사진 한 장! 김현옥 부산시장 때인 1965년 도로를 개통하면서 세운 기념비다. 고갯마루에서 보는 낙동강 노을은 천하제일경이다.

만덕고개에서 바라본 낙동강 노을. 천하제일경이다.

구포

양산 구포에서 동래 구포로,
다시 양산 구포로

동래와 양산. 조선시대 동래와 양산은 엄연히 달랐다. 급은 동래가 높았지만 별개의 고을이다. 고을의 요모조모를 담은 백서도 별도로 편찬했다. 동래는 동래의 백서를 내었고 양산은 양산의 백서를 내었다. 지도도 각각 제작했다.

구포는 좀 모호했다. 소속은 양산이었지만 동래 지도에 엔간하면 등장했다. 낙동강 때문에 그럴 수밖에 없었다. 낙동강 하류 물줄기를 그리면서 하단, 사상에서 그칠 수 없으니 구포까지 쭈욱 그렸다. 양산 구포였지만 낙동강 구포였기도 했다.

낙동강과 구포. 낙동강이 조선의 젖줄이라면 구포는 동래와 양산의 돈줄이었다. 물자가 죄다 모였고 돈이 죄다 모였고 사람이 죄다 모였다. 낙동문화원 사무국장을 지낸 이은호 선생이 "구포는 땅으로 치면 양산의 백분의 일이고 인구로 치면 십분의 일이지만 세수는 양산군 다른 지역 모두를 합친 것보다 100배나 많았다."라고 할 정도였다.

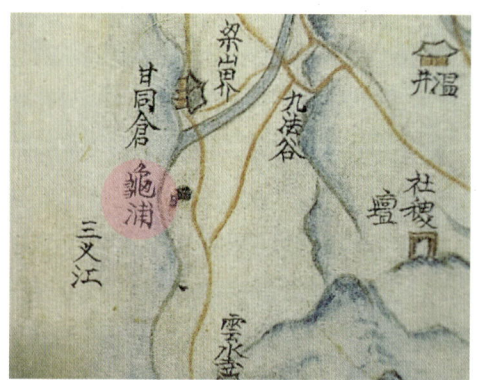

1894년 편찬한 <영남읍지>에 실린 지도에 보이는 '구포(龜浦).' 동래와 양산 경계에 걸친 구포는 낙동강 물목이며 경제도시였다. 그런 연유로 양산 구포에서 동래 구포로, 다시 양산 구포로 되는 역사의 소용돌이에 휘말렸다. ⓒ규장각

구포시장. '구포는 땅으로 치면 양산의 백분의 일이고 인구로 치면 십분의 일이지만 세수는 양산군 다른 지역 모두를 합친 것보다 100배나 많았다'고 할 만큼 물류 중심 경제도시였다.

그때나 이때나 돈이 늘 문제였다. 마침내 사달이 났다. 양산보다 급이 높았던 동래는 호시탐탐 구포를 노렸다. 1867년 6월부터 1874년 1월까지 최장수 동래부사를 지낸 정현덕은 실세 중의 실세였다. 고종 임금의 아버지 흥선대원군이 뒷배를 봐줬다. 그런 정 부사가 덜컥, 구포를 양산 구포에서 동래 구포로 바꿨다. 1869년의 일이었다.

차라리 남창의 물을 마실지언정 동래부의 물고기를 먹지 않으며 차라리 양산 땅에 돌아가 죽을망정 동래부에 머물지 않겠다.

양산은 분기탱천했다. '남창의 물' 속담은 그래서 나왔다. 그러다 천재일우의 기회가 왔다. 대원군이 몰락하면서 정 부사도 몰락했다. 1874년 정월부터 8월까지 열두 장의 상소문과 동래부사, 경상도 감찰사에게 龜浦還屬上書文(구포환속상서문)를 올렸다. 그러나 '돈이 얼만데' 순순히 내줄 동래가 아니었다. 한양에 가서 직접 읍소(泣訴)하면 승산이 있을 것 같았다.

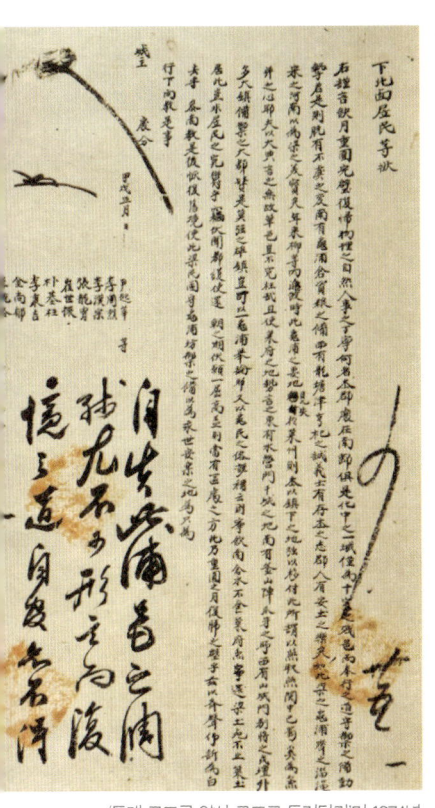

'동래 구포를 양산 구포로 돌려달라'며 1874년 작성한 첫째 구포환속상서문. 지역경제를 지키려는 양산 군민들의 절박한 상황과 노력을 엿볼 수 있다. 구포는 이듬해 양산군 좌의면으로 복군됐다. ⓒ양산시립박물관

우석규·서상로·이기수. 한양으로 보낼 장두(狀頭)를 뽑았다. 말 잘하고 글 잘 쓰고 술 잘 먹고 배포 두둑한 이들 3인을 대표로 선발했다. 노자도 좀 모았다. 오며 가며 여비에 한양 실력자들 줄 댈 돈이었다. 서울로 갔다. 반응은 좋았다. 밥 사고 술 사며 하소연할 때는 고개를 끄덕끄덕 다들 수긍했다. 그러나 그때뿐이었다. 통 진척이 없었다.

날은 속절없이 지났다. 돈은 야금야금 축났다. 금의환향을 다짐했건만 빈손으로 돌아갈 판이었다. 극약처방을 썼다. 한양 남산 봉수대 다섯 불구멍 모두에 불을 확 질렀다. 봉수대 5거화(擧火)는 적과 전쟁 상황을 뜻했다. 한양에, 조정에 일대 생난리가 났다. 뜬금없이 거화하면 목이 열이라도 뎅강뎅강, 그런 시절이었으니 더욱 그랬다.

양산 3인은 오랏줄 친친 묶였다. 의금부에 끌려가 추국을 받았다. 배포 당당한 이들이었

다. 자초지종을 아뢰었다. 당시 영의정은 이유원. 중죄는 중죄지만 이해는 됐다. 3인을 방면하고 선물까지 안겼다. "동래 구포를 다시 양산 구포로 하라." 그때가 1875년이었다. 어차피 대원군은 몰락했고 정현덕은 이빨 빠진 호랑이였다.

龜浦復設碑 구포복설비

양산은 대대적인 홍보에 나섰다. 감사의 마음을 담은 송덕비 세 기를 양산 내원사 입구 길가에 세웠다. 하나는 영의정 이유원을 새겼고 하나는 양산 구포 복설 당시 양산군수 어윤중, 하나는 비석 건립 당시 군수 이능화를 새겼다. 복설은 1875년, 비석 건립은 셋 다 1879년 기묘년 12월이다. 영의정 비석 뒷면 맨 아래는 장두 3인의 이름을 새겼다. 비석 셋은 1985년 양산향교로 옮겼다.

양산향교에 있는 구포복설비. 정식 명칭은 '영상대감이각유원영세불망비'이다. 당시 영상대감(영의정) 이유원에 대한 각골난망의 고마움을 새겼다.

고을이 유지되고 주민이 보존된 일, 어느 분의 힘이겠습니까?
邑支民存 伊誰之力 읍지민존 이수지력

영상대감이각유원영세불망비. 영의정 송덕비의 제목이다. 비석 앞면에 새긴 제목을 제액(題額)이라고 한다. 제액 양옆으론 시를 새겼다. 시는 사언율시. 그중 두 구절이 '읍지민존 이수지력'이다. 크나큰 고마움을 각골난망, 뼈에 새겨 잊지 않듯 각석난망(刻石難忘), 돌에 새겨 잊지 않으려고 했다.

구포는 왜 구포일까. 설이 분분하다. 소설가·향토사학자 최해군(1926~2015) 선생은 역서 〈부산항〉에서 신(神)과 연관된 지명이란 설에 무게를 뒀다. 구포가 '굿개'에서 유래했다는 설이다. 굿은 신을 모셔서 제사 지내는 행위. 신을 모시는 갯가, 신의 포구가 구포란 이야기다. 해운대 온천의 옛 이름 구남(龜南)온천 역시 신이 점지해 준 온천으로 해석했다. 양산 구포는 1906년 최종적으로 부산 구포가 됐다.

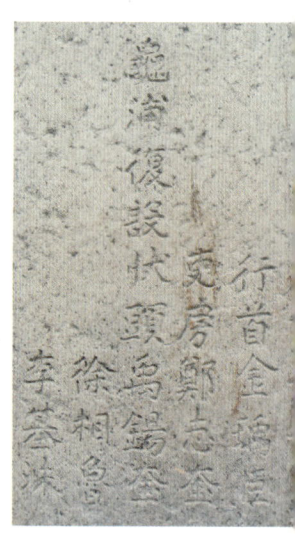

구포복설비 뒷면 하단. 양산 장두(狀頭)로 뽑혀 한양으로 갔던 우석규·서상로·이기수의 이름을 새겼다.

양산향교. 양산 각지에 흩어져 있던 공덕비를 여기 모았다. 부산 도시철도 2호선 종점 양산역에서 가깝다.

우리은행 구포지점 입구에 내걸린 동판. 1912년 개점한 '100년 은행'임을 내세운다.

구포은행이 있던 자리. 구포역 오른쪽에 보이는 건물이 거기다. 한국 최초의 민족계 지방 은행이다.

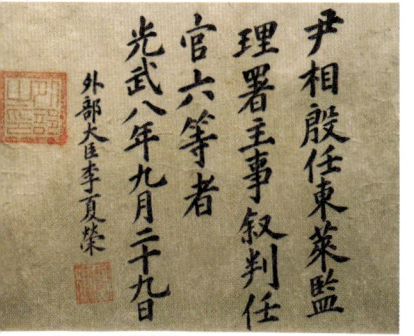

우리은행 구포지점은 1912년 9월 21일 개점한 부산에서 가장 오래된 은행입니다.

구포동 우리은행 구포지점은 특이하다. 입구에 100년 더 된 역사를 알리는 동판을 내걸었다. 동판을 보노라면 부산에 이런 은행이 있었나 싶다. 우리은행만 그런 게 아니다. 부산 최초로 은행이 생긴 경제도시가 구포다. 윤상은, 장우석 등이 주축이 돼 1909년 2월 11일 구포저축주식회사를 창립했다. 구포저축은 일제의 '회사령'에 따라 우리은행 구포지점과 같은 해, 같은 날 구포은행으로 개편했다. 이후 1915년 상호를 경남은행으로 개명했다. 1970년 마산상의를 주축으로 한 경남은행과는 별개다. 구포는 낙동강 물목이기에 일찍부터 물류 중심 도시로 성장했고 이는 금융도시로 성장하는 기반이 되었다.

구포저축과 구포은행은 기념비적이었다. 한국 최초의 민족계 지방 은행이었다. 부산에 일본인 은행의 지점들이 점차 늘어나면서 조선 자본, 조선 상인은 금융 경색이 심화했다. 조선 상인들의 자구책이 구포저축이었고 구포은행이었다. 구포저축은 객주와 상인, 지주를 상대로 대부업을 했고 구포은행은 부산 무역 상인을 상대로 어음 할인 위주로 했다. 덕분에 조선 자본이 숨통을 틔었다. 이는 조선 자본의 성장 기반이 되었다. 설립을 주도했던 윤상은은 한국 철도왕 박기종의 막냇사위이자 부산대 박인구 초대 총장의 부친이었다. 독립운동가 안희제가 세운 백산상회에도 참여했다.

광무 8년(1904) 윤상은을 동래 감리서 주사로 임명한다는 임명장. 임명장을 받는 윤상은도 임명장을 주는 외부대신 이하영도 부산 사람이었다. 부산대 윤인구 초대 총장 부친이 윤상은이고 한국 최초의 고무신 공장 대륙고무 설립자가 기장 출신 이하영이다. ⓒ부산근현대역사관

구포 3·1운동

가장 크고 붉고 진한 점

구포는 동래와 함께 반골의 도시였다. 일본 식민자본에 대항해 우리나라 최초의 민족계 지방은행 구포은행을 세운 곳이 구포였으며 서슬 퍼렇던 대원군 시절에 양산 소속에서 동래 소속으로 바꾸자 "아니 되옵니다" 들고 일어난 곳이 구포였다. 1919년 3·1 만세운동 때도 그랬다.

구포는 어째서 반골의 도시가 됐을까. 시간을 겹쳐서 들여다보고 공간을 겹쳐서 들여다봐야 해답이 나오겠지만 나는 생각이 단순해서 그 이유를 단순하게 본다. 구포가 낙동강 하류 물류의 중심이라서 반골의 도시가 됐다는 게 내 생각이다. 기차가 다니기 이전 낙동강 일대의 물자 집산지가 구포였다.

당연한 이야기지만 물자가 모이면 물자만 모이는 게 아니라 사람도 모였다. 각지 사람이 모여서 각지 민심을 듣는 곳, 거기가 물류 중심지였고 거기가 구포였다. 나라의 실정에 내남없이 한숨 푹푹 쉬었으며 탐관오리의 탐욕에 내남없이 삿대질했다. 때로는 제삼자로서, 때로는 당사자로서 객관적이며 비판적인 시각과 안목을 갖춰 나갔다.

그것은 요즘의 '설 민심'이나 '추석 민심'과 비슷했다. 비슷하면서 달랐다. 명절 민심이 일시적이라면 구포의 민심은 반영구적이었다. 명절은 연휴 며칠뿐이지만 한 해 내내 물자가 모이고 사람이 모이는 구포는 반영구적이었다. 객관적이며 비판적인 시각과 안목을 갖춘 반영구적 민심은 기질로 이어졌고 구포를 반골의 도시로 이끌었다.

1919년 3·1운동 역시 대부분 물류의 중심지에서 일어났다. 부산의 3·1운동도 부산장 인근에 있던 부산진일신여학교에서 3월 11일, 동래장터에서 3월 13일, 구포장터에서 3월 29일, 기장은 곳곳의 장터에서 동시다발로 일어났다. 1919년 3월 1일 서울 탑골공원에서 시작한 이후 조선팔도로 활활 번진 3·1운동은 그야말로 요원의 불길이었다.

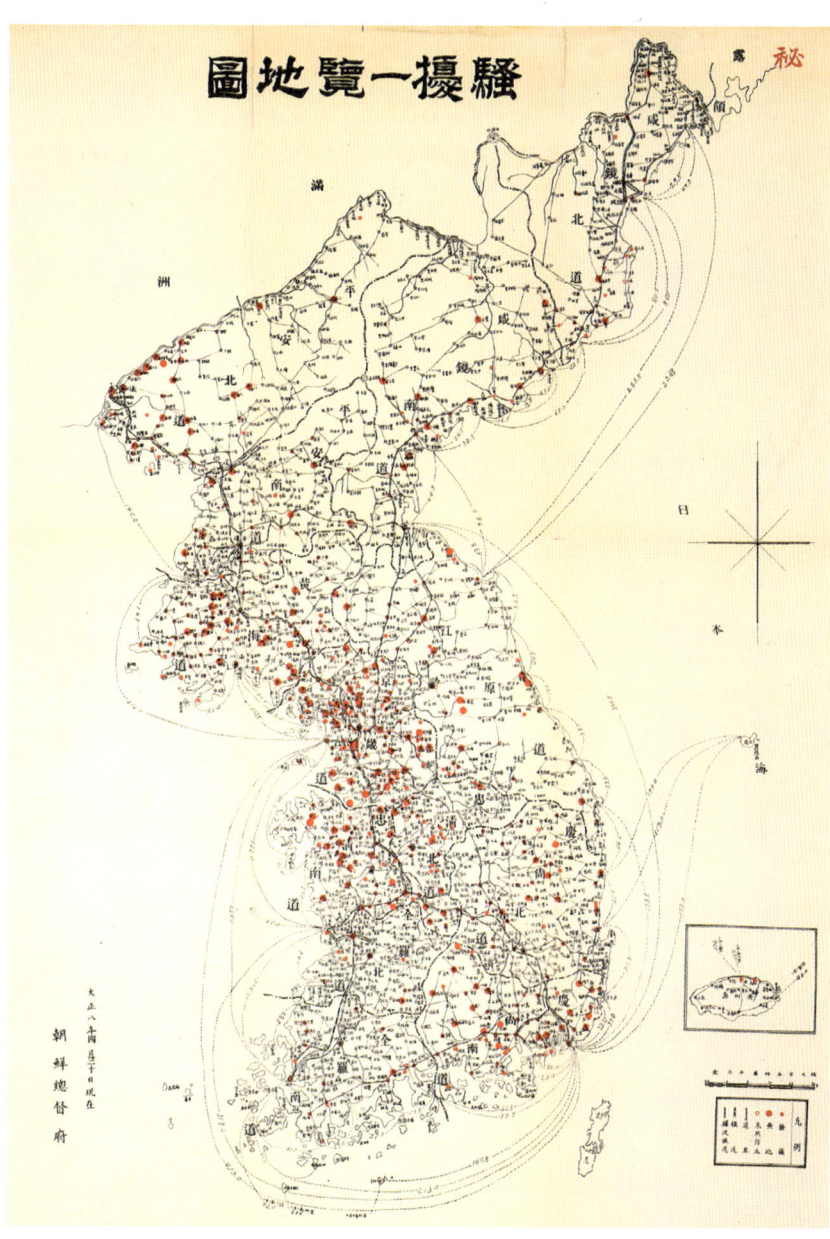

일제강점기 제작한 '소요일람지도(騷擾一覽地圖).' 조선총독부가 3·1운동이 일어난 1919년 4월 30일 제작한 대외비 지도다. 조선팔도 방방곡곡 들불처럼 번진 독립운동을 붉은 점으로 표시했다. 총을 쏴서 진압한 지역은 붉은 점이 진하고 크다. 구포가 거기 해당한다. ⓒ《부산고지도》(부산시·부산대, 2008년, 지도는 개인 소장)

소요일람지도(騷擾一覽地圖)

말 그대로 요원의 불길이었다. 조선팔도 방방곡곡 번진 요원의 불길은 조선총독부가 작성한 지도에 고스란히 드러난다. 그 지도가 소요일람지도다. 3·1운동이 일어난 지역을 빨간 점으로 표기한 이 지도엔 빨간 점이 얼마나 많은지 조선팔도가 불길에 휩싸인 것으로 보인다. 지도의 유출을 우려해 지도 오른쪽 상단에 찍은 대외비 '秘(비)' 도장도 붉고 붉다.

대정 8년 4월 30일 현재 조선총독부. 소요일람지도를 작성한 날짜와 기관이다. 대정 8년은 1919년. 3·1운동이 일어난 그해 4월, 더군다나 조선의 온갖 정보를 틀어쥐었던 조선총독부가 작성한 지도니 3·1운동에 관한 한 이보다 정확한 통계는 없지 싶다. 지도 오른쪽 하단 범례에는 3·1운동 참가자에게 저지른 만행이 드러난다. 대외비로 꽁꽁 덮어두려던 이유이기도 하다.

• 소요, ● 발포, ○ 미연방지

소요일람지도 범례의 붉은 점 설명이다. 조선팔도 방방곡곡 3·1운동을 총으로 진압한 곳과 그러지 않은 곳을 일일이 나눠서 표기했다. 총으로 진압한 곳이 많을까, 그러지 않은 곳이 많을까. 아무리 그래도 그렇지 사람이 사람한테 그럴 수 있겠나 싶어도 실상은 우리의 예상을 뛰어넘는다. 총으로 진압한 곳이 많으면 많았지 적지는 않다. 그걸 고스란히 보여주는 자료가 일제강점기 조선총독부가 직접 작성한 '秘' 도장 소요일람지도다.

'대정 8년 월 일.' 지도는 인쇄물이다. 지도 왼쪽 하단에 월일은 공란으로 비워둔 지도를 여러 장 인쇄하고선 상황이 발생하면 해당 날짜 스탬프를 찍는 형식이다. 4월 30일 소요일람지도는 날짜 스탬프를 공란에 정확하게 찍지 않는 바람에 기존 인쇄글자와 물렸다. 이를 보건대 조선총독부는 한 주일이나 열흘 단위 또는 상황이 발생할 때마다 소용일람지도를 생산했다는 추론이 가능하다. 그만큼 조선을 철

구포 만세길. 구포역과 구포시장을 잇는 길이다. 그날의 만세 함성, 태극기의 물결을 느낄 수 있다.

구포장터 3·1운동 기념비. 1919년 3월 29일 일어난 구포장터 3·1운동의 내력과 애국지사 마흔두 분의 이름을 새겼다. 낙동강이 내려다뵈는 구포 강둑에 1995년 8월 15일 세웠다.

저하게 통제했다는 이야기다.

릉도(陵島). 이 지도에 보이는 동해 울릉도 표기다. 바로 옆의 조그만 섬은 십중팔구 독도다. 그런데 독도를 다케시마[죽도(竹島)]로 표기하지 않았다. 아울러 울릉도 부속섬으로 뒀다. 이는 눈여겨볼 대목이다. 다른 데도 아니고 조선총독부 지도이지 않은가. 조선총독부마저 독도를 일본 땅으로 보지 않았다는 증거다.

발포(發砲)를 뜻하는 크고 붉고 진한 점은 구포장터 3·1운동도 예외가 아니다. 부산에선 가장 크고 가장 붉은 진한 점에 든다. 구포장터 3·1운동이 얼마나 처절했는지 짐작할 수 있다. 3월 29일(음력 2월 28일) 장날인 그날 정오 무렵 천 명 넘는 조선인이 동참하면서 시작한 운동은 일제 경찰의 무자비한 총격으로 인해 막을 내렸다. 후유증은 컸다. 그 후유증은 돌비에 이름을 새긴 마흔두 분에게 이어졌다.

구포장터 3·1운동 기념비. 마흔두 분의 이름을 새긴 돌비 명칭이다. 광복 50주년이던 1995년 8월 15일 낙동강 구포 강둑에 세웠다. 기념비 뒷면, 그러니까 비음(碑陰)에 만세운동을 이끈 김옥겸을 비롯한 구포장터 3·1운동 주역을 영영세세 새겼다. 영영세세 마흔두 분은 다음과 같다. 이름 배열은 어떤 순서일까. 구포역사문화연구소 이은호 소장은 기소된 순서라고 밝힌다.

김옥겸 유기호 박덕홍 정치호 허희중 손진태 이몽석 양태용 권용학 김장학 윤경 김영길 안화중 김달수 윤정은 백인봉 윤경봉 강석이 허치옥 변봉엽 박용수 노원필 윤장수 박영초 도우황 임봉래 박도백 김덕원 조해규 김윤길 최한봉 유진영 신성집 박석오 김용이 노원길 윤대근 강두조 진유관 최종호 정태호 허정

토현

대를 이어 밟고 다녀서
딴딴해진 부산의 길

토현유치원, 토현초등학교, 토현성당···. 연산9동 일대에서 토현은 낯선 용어가 아니다. 한 집 건너 한 집까지는 아니다 하더라도 지역민 상당수가 토현과 관계를 맺는다. 재학생 또는 졸업생 자녀를 두거나 이래저래 토현에 한 다리 걸치며 지낸다.

"그게 뭐지?"

아무리 그래도 실상은 다르다. 부산 사람 대부분에게 토현은 생소하다. 연산동에서 멀리 떨어져 살거나 향토사에 관심이 별로인 이에게 물어보면 열에 아홉 그게 뭐냐고 되묻는다. 그만큼 토현은 실생활에 와 닿지 않는 용어다.

토현은 그렇다. 알면 좋겠지만 몰라도 그만인 그렇고 그런 용어 가운데 하나다. 그래도 알면 힐링이 된다. 모르더라도 사는 덴 별문제는 없지만 알아두면 괜히 똑똑해진 기분이 든다. 데이트할 때 심심풀이 삼아서 유래를 들려주고 싶은 말이 토현이다. 토현은 뭘까? 뭐길래 학교에도 쓰고 성당이며 교회에도 쓸까? 일언이폐지하면 한 세기 전 부산의 어떤 고개 지명이다. 흔적은 지금도 남아 있다. 나무 그늘과 같아서 없는 것 같아도 있다. 그늘이 나무를 맴돌며 두고두고 나무와 함께하듯 토현은 지역을 맴돌며 두고두고 지역과 함께한다.

토현은 토끼 토(兎), 고개 현(峴)을 쓴다. 토끼 득시글대던 골짝을 낀 고개였다. 감나무 우거지면 감고개, 밤나무면 밤고개이듯 조선팔도는 곳곳이 토끼고개였다. 인터넷에 검색하면 전국 각지에서 토현이 뜬다.

부산은 어딜까? 지금도 남아 있는 흔적을 찾으면 된다. 토곡이 그 흔적이다. 택시 타고서 "토곡!" 하면 부산에선 모르는 기사가 없다. "망미 주공아파트!" 그렇게 말해도 금방

1800년대 후반 제작한 '부산고지도'의 토현 부분 확대. 지도 중간에 보이는 배산과 정과정 사이 붉은 실선으로 표시한 부분이 토현 고갯길이다. ⓒ동아대박물관

알아듣는다. 토곡과 망미 주공아파트는 한 묶음이라고 보면 된다.

토곡과 토현. 우리말로 하면 토끼골짝과 토끼고개다. 골짝과 고개는 차이가 하늘과 땅이지만 지명으로서 토곡과 토현은 오십보백보다. 거의 같은 말이다. 검색하면 유래며 설명이 구구절절이다. 둘은 어떤 관계일까. 시공간을 놓고 보면 토현이란 지명이 지워지면서 그 자리에 토곡이 들어섰다고 보는 게 타당하다. 그것의 증명이 옛날 지도다. 한낱 고개라서 빠뜨린 지도도 적지 않지만 많은 지도에 토현이 등장한다.

그러나 그 어느 지도에도 토곡은 보이지 않는다. 토현 한참 뒤에 토곡이 생겼다는 방증이다. 옛날 지도 토현과 지금 토곡이 거기서 거기인 것도 둘이 그리 다르지 않다는 걸 증명한다.

토현은 온천천 가까이 있었다. 동래에서 수영으로 가려면 반드시 온천천을 건너야 했듯 반드시 넘어야 하는 고개가 토현이었다. 이 글을 읽는 당신은 200년 전 동래 사람이고 지금 동래에서 수영으로 간다고 치자.

1872년 제작한 군현지도의 '토현(兎峴)' 부분 확대. 그때는 동래 온천천 돌다리 이섭교를 건너서 토현을 넘어서 수영으로 갔다. ⓒ규장각

연천중학교 부근의 '톳고개로' 시작을 알리는 표지판. 톳고개는 토현의 우리말이다.

톳고개로 고갯마루에서 본 해운대 장산. 부산에서 두 번째로 높은 장산과 눈높이가 얼추 같다.

당신은 동래읍성 성벽의 돌담길을 따라서 걷다가 온천천 돌다리 이섭교를 건널 것이다. 다리를 건너면 험한 산이 길을 가로막는다. 연산동 배산(杯山)이다. 척산(尺山)으로도 불리는 배산은 감당이 불감당이다. 깊고 으슥하다.

관건은 어쨌든 넘어야 한다는 것. 그래서 택한 게 최대한 덜 깊고 최대한 덜 으슥한 산길이었다. 높은 데는 피하고 낮은 데를 찾아서 강변길을 한참 내려간다. 그러다 어느 순간 산의 끝자락이 저만치 보이면서 나지막한 고갯길이 보인다. 바로 토현이다.

토현을 넘으면 길은 큰길, 좁은 길로 나뉜다. 토현에서 곧장 이어지는 큰길은 조선 수군이 주둔하던 좌수영성의 남문에서 끝나고 좁은 길은 조선 500년 내내 충절의 상징으로 받들어졌던 정과정 정자로 이어진다. 동래부사로 부임하거나 온천 겸해서 유람 겸해서 부산에 온 내륙지방 유림은 으레 정과정에 들러 시를 남기거나 충절의 상징인 정과정에 눈도장을 찍었다.

어떤 시를 남겼을까. 한 곡조 음미해 보자. 이숭인은 고려가 망할 무렵 정몽주, 이색과 함께 삼은(三隱)의 한 사람. 호가 도은(陶隱)이다. 정과정곡 처량한 비파소리와 빗소리에 마음이 일렁여서 시 '과정(瓜亭)'을 썼다. 시 끝에 나오는 소경은 중국 굴원 작품. 내용이 처연하다. 내 이야기가 아니고 '과정'이 실린 〈동래향교지〉 설명이 그렇다.

비파 한가락, 정과정곡

물려준 소리 처량해 차마 듣지 못하겠네.

고금을 헤아려 보니 한도 많아라.

펼친 주렴, 외진 빗소리 들으며 소경 읽네.

- 이숭인(1347~1392) 시 '과정'

톳고개로(路). 토현은 지금 새도로명으로 옷을 갈아입었다. 톳고개와 토끼고개는 같은 말이다. 그늘이 나무를 맴돌 듯 토현은 지명으로 남아 오늘을 사는 우리 주위를 맴돈다. 톳고개로 시작은 연산동 연천중학교. 중학교에서 도로표지판을 따라가면 등짝에 땀이 줄줄 흐를 정도로 가파른 길이 이어진다.

우리보다 앞서서 부산에 살았던 이들. 새삼 그들이 대단하단 생각이 든다. 포장된 지금도 땀이 줄줄 흐르는데 100년, 200년 전 그때 기껏해야 짚신 신고서, 봇짐 등짐까지 이고 지면서 이 가파른 고갯길을 어찌 넘었을까 싶다. 그들의 그런 노고 덕분에 길은 딴딴해졌다. 우리보다 앞서서 부산에 산 아버지의 아버지, 어머니의 어머니가 대를 이어서 밟고 다녀 딴딴해진 길이 여기 배산 토현이다.

톳고개마을공동체에서 세운 안내판. 망미동 로얄베스토피아 101동과 길한빌라 사이에 있다. 동래 기준 토현 내리막길에 해당한다.

덕포

알수록 깊어지고
즐거워지는 강마을

사상구 덕포(德浦)는 포구였다. 언덕이 있었다. 언덕이 있는 포구, 덕포의 순우리말은 덕개였다. 옛날엔 포구를 '개'라 했다. 옥편에도 '개 포(浦)'로 나온다. 부산진구 전포(田浦)는 밭개였고 거제도 외포(外浦)는 밖개였다.

덕포는 언덕이 장엄했다. 통바위 언덕이었다. 지금도 대로변에 통바위가 일부 남아 있다. 비록 일부지만 언제 봐도 장관이다. 잘만 보존했으면 대구 청라언덕을 능가하는 '바우언덕'이 되지 않았을까 싶다.

덕포는 '낙강 하구(洛江 下口)' 강마을이었다. 바위언덕 아래 옹기종기 모여 살았다. 방문을 열면 바로 앞이 낙동강이었다. 덕포와 강 사이에는 강선대(降仙臺)가 있었다. 뾰족한 바위가 우뚝우뚝 치솟은 강선대는 선녀가 내려올 만큼 비경이었다. 한쪽이 강물에 닿았다. 선녀는 하늘하늘 내려와서는 강선대 바위틈에 옷을 숨겨두고 멱을 감았다.

도시철도 2호선 덕포역

현재 강선대와 바위언덕이 있는 곳이다. 덕포역 1번 출구와 3번 출구 사이에 강선대가 있고 강선대에서 조금 더 내려가면 도로 건너편이 바위언덕이다. 옛날 지도와는 달리 두 군데 다 강에서 꽤 멀다. 여기서 강에 가려면 마을을 지나야 하고 사상대로를 건너야 한다.

강에서 멀어진 것을 어떻게 봐야 할까. 천하 비경을 놓친 안타까움이야 왜 없겠냐마는 다른 한편으론 인간승리의 현장이 여기였다. 사상구 일대는 1980년대, 1990년대 이때도 강물이 넘쳤다. 큰비가 오면 온 동네가 범람했다. 국제상사 직원은 고무대야를 띄워서 그걸 타고 출근해야 할 정도였다. 치수에 성공해 마침내 상습 범람에서 벗어난 곳이

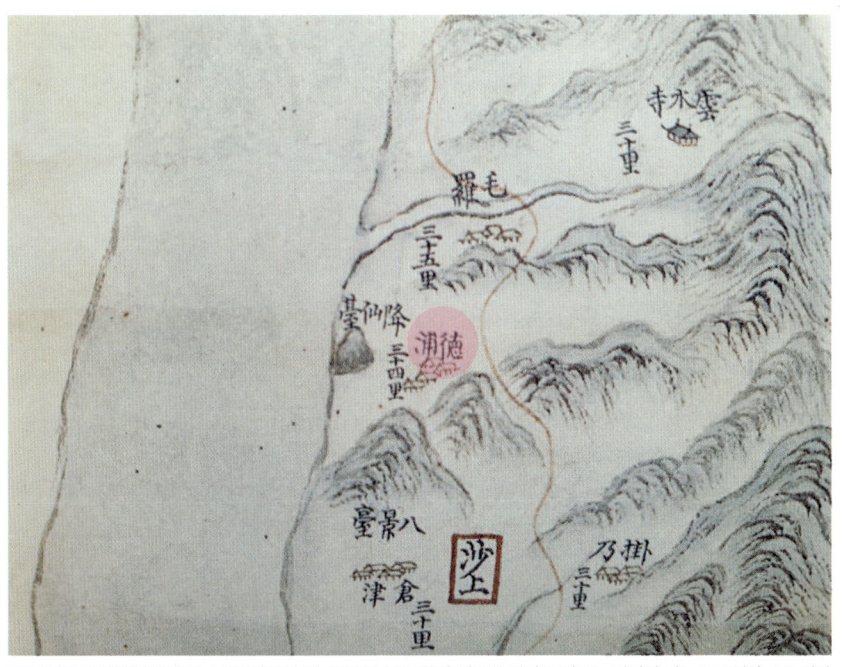

1800년대 후반 제작한 '동래부산고지도'의 '덕포(德浦)' 부분 확대. 낙동강 강마을 덕포는 언덕이 있는 포구였다. 순우리말로 덕개라고 했다. ⓒ국립중앙도서관

여기였다.

조선시대 그때도 낙동강은 범람했다. 변변한 제방 하나 없던 때였으니 지금보다 열 배 백 배 심했을 것이다. 잊을 만하면 물난리가 났고 피해가 막심했다. '홍수 피해가 심해 씨를 뿌려도 여의찮고 인가가 물에 잠겨 지탱하기 어려웠다.' 그래서 내놓은 대책이 강가에 둑을 쌓는 것이었다. 대책은 곧장 시행에 들어갔다. 그만큼 절박했고 절실했다.

둑은 1788년 처음 쌓았다. 온 동네 장정이 죄다 나와 마음을 모으고 힘을 모아서 모라촌과 덕포리 일대 기다랗게 쌓은 석축이 '낙강 하구' 첫 제방이었다. 이 대목은 짚고 넘어가야 한다. 낙동강 하구 제방은 일제강점기 처음 쌓은 거로 아는데 천만의 말씀이다. 조선의 기운, 조선의 정신이 시퍼렇던 1700년대 이미 우리의 기술로 제방을 쌓았다.

첫 제방은 튼실했다. 강산이 세 번 바뀔 세월 동안 낙동강 하구 마을을 지켰고 논밭을 지켰다. 갈대밭은 논이 되었다. 그러다 1814년 큰물에 속절없이 당했다. 둑은 튼실했지만 비가 너무 왔다. 인재가 아니라 천재였다. 피해는 컸다. 10리 안쪽 땅과 마을이 물에 잠겼다. 어찌할꼬, 어찌할꼬. 한숨만 푹푹 나왔다. 그렇게 10년 넘게 보냈다.

산 사람은 살아야 했다. 그대로 둘 수는 없었다. 드디어 재건의 깃발을 높이 들었다. 큰물에 속수무책 당하지 않으려면 더 높고 더 튼실한 둑이어야 했다. 여기 말고 다른 고을 장정도 불러 모았다. 기장에서 500명이 왔고 양산에서 700명, 김해에서 800명이 왔다. 당사자인 동래 사람은 무려 6천 800명이 공사에 나섰다. 동래가 부산이던 시절이었다. 일용할 양식으로 부창(釜倉)에서 미곡 70포를 빌렸다.

10리 둑이 바다를 막은 성처럼 우뚝 서니 물의 피해는 사라지고 땅은 다시 열렸다.

공사는 1832년 2월 12일 시작했다. 따뜻한 봄날이었다. 그때의 봄은 음력 1월과 2월, 3월이었다. 모라 뒤쪽 방축부터 공사에 들어갔

1800년대 후반 제작한 '부산고지도'의 '덕포' 부분 확대. 바로 위에 '강선대(降仙臺)'가 보인다.

덕포 강선대 바위. 도시철도 2호선 덕포역 1번 출구와 3번 출구 사이에 있다. 덕포는 바위 언덕이 있는 포구. 강선대 바위에서 보듯 바위가 정일품이었다.

덕포 공덕비. 낙동강에 강둑을 쌓아서 수해를 막은 동래부사의 공덕을 기린다. 도시철도 덕포역과 강선대 사이에 있다.

도시철도 구포역에서 본 낙동강과 낙동대교. 낙동대교 이쪽의 강둑은 조선시대 인간승리의 현장이었다.

다. 무너진 곳은 메우고 헐린 곳은 돋우었다. 공사는 한 달쯤 지난 3월 16일 주례에서 끝났다. '10리 둑이 바다를 막은 성' 같다고 했다.

아뿔싸! 10리 긴 둑은 또 다시 무너졌다. 1839년 큰물이 화근이었다. 덕포 지역만 침수된 게 아니고 면(面) 전체가 참담한 피해를 봤다. 마른 밭, 진 논 모조리 물고기 거처가 되었다. 이번에는 독하게 마음을 먹었다. 10년 넘게 한숨만 쉬들 나아질 상황도 아니었다. 이듬해 봄부터 바로 공사에 들어갔다. 이웃 읍에서 2천 600명, 동래 읍에서 5천 명 장정이 3월 초하루 공사를 시작해 그달 26일 끝냈다.

이 모두는 조선시대 있었던 일. 날짜며 사람 숫자며 어찌 이리 속속들이 알까. 기록이 전하니 가능했다. 기록은 자동차 씽씽 다니는 대로변에 있다. 강선대 입구 옛날 비석에 새긴 글자가 그 기록이다.

비석은 넷. 그중 셋에 제방을 쌓은 내력을 새겼다. 하나는 1788년 처음 둑 쌓은 기쁨을 새겼고 하나는 1832년 둑 쌓은 내력, 하나는 1839년 내력을 새겼다. 부산시 홈페이지를 이리저리 찾아보면 비문 해석이 나온다. 비문을 곰곰 들여다보면 부산이 깊어지고 즐거워진다.

대치

아무리 바뀌어도 바뀌지 않는
초지일관의 큰 고개

대치(大峙)는 큰 고개. 큰재라고도 한다. 가파르고 험하기로 따지면 한 지역을 대표하는 고개가 대치다. 내가 한 달에 열흘 정도 머무는 고성 산골에도 큰재가 있다. 집에서 면사무소 가려면 큰재를 넘어야 한다. 걸어서 1시간 10분 거리. 지금은 포장돼서 산책 삼아 걸어가지만 포장되기 이전에는 얼마나 험한지 엄두가 나지 않아 먼 거리를 빙 둘러서 갔다.

대치는 지금도 조선팔도 방방곡곡에 있다. 서울 강남구 대치동이 이 대치를 쓴다. 충남 칠갑산 한티고개

1800년대 후반 제작된 '동래부산고지도' 부분 확대. 부산 쪽에서 대치로 이어지는 길은 두 갈래였다. 하나는 용두산 왜관 연대청 뒷길이고 하나는 왜관 동쪽의 신초량에서 구봉산 아랫자락 부다현(釜多峴) 고개를 넘어가는 길이었다. ⓒ국립중앙도서관

도 한자명이 대치고 전남 광양과 구례를 잇는 한재도 다른 이름이 대치다. 한재는 해발 860m가 넘는 고개. 얼마나 높고 큰지 겨울에는 춥디춥다고 한재[한치(汗峙)]라 했다. 부산의 대치는 서구와 사하구 경계에 걸쳐 있다. 서구 대치도 되고 사하구 대치도 된다. 터널이 생기기 이전엔 동래나 부산진 사람이 사하구 방향으로 가려면 이 고개를 넘어야 했다. 말과 군인이 주로 오르내렸다. 고개 아래 저만치에 나라에서 말을 키우는 국마장(國馬場)이 있었고 길의 끝자락엔 수군이 주둔하던 다대진(多大鎭)이 있었다. 부산장과 하단 독지장을 오가는 오일장 장꾼도 이 고개를 넘었다.

대치는 지금 대티고개로 불린다. 대치가 대티로 되고 뭔가 허전했는지 '고개'까지 붙여

서구 대신동과 사하구 괴정을 잇는 대티고개의 고갯마루. 대티고개의 옛말인 대치(大峙)는 조선팔도 방방곡곡에 있었다. 가파르고 험하기로 따지면 한 지역을 대표하는 고개가 대치였다.

대티터널. 이 터널 위가 대티고개다. 대티터널은 부산터널 다음으로 1971년 준공했다. 터널이 생기기 이전에는 대티고개를 다녔다.

도시철도 1호선 대티역과 대티고개 입구. 대티역 표지판에 한글은 '대티'로 쓰고 한자는 대치(大峙)로 썼다. 사하구와 서구를 잇는 대티고개는 부산에서 가장 큰 고개, 대인 같은 고개였다.

서 대티고개가 되었다. 여기 마을 대치리(大峙里)는 행정구역이 사면(沙面)이었다. 낙동강 백사장을 끼고 있다고 모래 사(沙), 사면이었다. 기차가 다니지 않던 시절, 운하가 발달했던 낙동강 일대 사면은 부자 마을이었다.

사면은 크기도 컸다. 구한말 마을이 너무 커지는 바람에 쪼개야 했다. 다른 면은 상하(上下) 둘로 쪼갰지만 사면은 상중하(上中下) 셋으로 쪼갰다. 사상면·사중면·사하면이다. 셋으로 쪼개지면서 대치는 사하면에 속했다. 사하면 마을 열넷은 다음과 같았다. 괄호 안은 1904년 기준 가구 수다.

다대동(108) 장림동(20) 서평동(13) 신평동(29)

평림동(65) 하단동(65) 부평동(138) 부촌동(64)

부민동(81) 석남동(34) 감천리(42) 대치리(42)

괴정동(35) 당리동(18)

가구 수로만 보면 대치도 꽤 컸다. 장림이나 신평, 괴정, 당리보다 많은 가구가 그걸 증명한다. 지도로 봐도 마찬가지다. 대치에 그려 넣은 민가가 괴정에 그려 넣은 민가보다 많다. 부산 쪽에서 대치로 이어지는 길은 두 갈래. 하나는 용두산 왜관 연대청 뒷길이고 하나는 왜관 동쪽의 신초량에서 구봉산 아랫자락 부다현(釜多峴) 고개를 넘어가는 길이었다.

대치리 민가는 고개 아래 옹기종기 모여 있었다. 길은 민가를 지나쳐서 이어졌다. 괴정에 이르러 길은 두 갈래로 갈라졌다. 하나는 평림, 지금의 하단으로 가는 길이고 하나는 구서평, 지금의 구평으로 가는 길이다. 괴정에서 구평으로 이어지는 길은 동매산에서 둘로 갈라졌다.

일제강점기 때는 대치를 기준으로 부산을 안과 밖으로 나누었다. 일본인은 고개 이쪽 부산은 친자식처럼 대했고 고개 저쪽 부산은 주운 자식 취급했다. 괴정이며 당리며 고개 저쪽은 조선인 거주지였다. 고개 이쪽 송도해수욕장은 일본인에게 금지옥엽이었다. 그런 탓에 대치리 저쪽 사하 지역이 불의의 봉변을 당했다.

마른하늘 날벼락이었다. 1937에서 1939년 사이에 일어난 일이었다. 대치리 마을에서 하단 수변까지 기피 시설, 혐오시설이 들어섰다. 순전히 일제의 농간이었다. 송도해수욕장 가까운 남부민동에 있던 분뇨처리장을 이리로 옮겼다. 해수욕이라면 자다가도 일어나는 일본인에게 분뇨처리장은 '아니 될 말씀'이었다.

'부민정(町)에서 하단정으로…부산 오물장 이전'

1937년 4월 13일 조선일보 사회면 기사 제목이다. '38만 원 예산으로 금년도에'란 부제가 달렸다. 기사는 꽤 길다. 요약하자면, 부산부 오랜 현안이던 남부민정 오물 처분장을 부외(府外) 사하면 하단리에 2년 계획으로 이전한다는 것. 이로써 대티고개와 하단에 제1, 제2 분뇨 저류조 설비가 들어섰다. 1938년 설치했으며 1939년부터 운영에 들어갔다. 기사 후반부는 오물의 구체적 처리 방법이 나온다. 쉽게 볼 수 없는 자료 같아서 그 대목을 옮긴다.

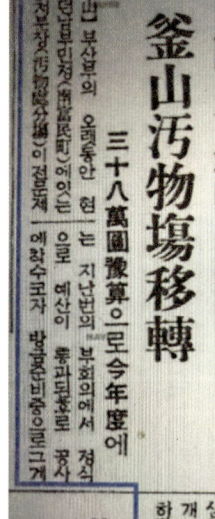

사하면 하단리에 약 8만 석(石)을 저장할 수 있는 대(大) 탱크를 설치하고 대치리에는 수백 석 저장할 적은 탱크를 설치하여서 부산부 내에서 쳐낸 인분을 마차로 운반하여다가 대치리 탱크에 넣고 그 탱크에서 하단리 탱크까지는 철관을 부설하여 흘러내려 보내게 한다고 한다.

대티고개 수난은 한동안 이어졌다. 부산에서 가장 큰 고개 대치로선 이만저만 수모가 아니었고 이만저만 수난이 아니었다. 시내에서 수거한 분뇨를 가득 실은 똥차가 매일매일 고개를 지나 괴정 분뇨처분장으로 들락댔

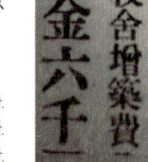

1937년 4월 13일 조선일보 기사.
송도해수욕장 가까이 있던 분뇨처리장을 대티고개 너머 하단으로 이전한다는 내용이다.
이때부터 대티고개의 수난이 시작됐다.

다. 똥물은 시멘트 하수관을 타고 하단 오거리 똥다리까지 갔다.

돌아보면 몇십 년 전의 이야기다. 환경 인식이 높아지면서 분뇨는 환경공단이 환경을 고려하고 위생을 고려해서 처리한다. 대티고개와 하단 역시 수모와 수난에서 벗어난 지 오래다. 그 수모, 그 수난을 감내한 대티고개는 여전히 깊고 여전히 크다. 대치는 대치다.

지금도 대치는 여전히 대치다. 여전히 크고 높다. 고개 아래로 터널이 뚫렸어도 한 치 흐트러짐 없이 본연의 고고한 고자세를 견지한다. 고등학교 다니던 시절, 학교는 서구에 있었지만 사하구에 사는 친구가 적지 않았다. 친구 집에 놀러 가느라 곧잘 넘던 그때 틈이라곤 안 보이던 그 고고한 자세 그대로다. 사람이든 뭐든 고고하면 그렇다. 세상 물정이 아무리 변하고 세태가 아무리 변해도 초지일관이다. 세상이 아무리 바뀌어도 바뀌지 않는 초지일관의 큰 고개가 대티고개, 대치다.

2020년 6월 22일 부산일보 대티고개 기사.
사람도 말도 똥차도 덤덤히 품어준 고개라고 했다.

주갑 洲岬

영도와 부산 시내를 잇던
대평동 뱃머리

주갑(洲岬)은 영도 뱃머리였다. 여기서 배를 타고 용미산(龍尾山) 아래 어시장으로 갔다. 지금 남포동 롯데백화점 근방이다. 주기(洲崎)라고도 했다. 주갑이니 주기니 뱃머리치곤 대단히 어려운 말이다. 가식 싫어하고 격식 싫어했을 조선의 장삼이사가 이렇게 어려운 한자를 썼을 리 없다. 그냥 딱 봐도 일제강점기 왜색풍이 물씬 묻은 지명이다.

주갑의 이전 이름은 대풍포였다. 육지 안쪽 깊숙한 데 있어서 기다릴 대(待) 바람 풍(風), 태풍 대피하기에 좋았다. 영도는 1900년대 이전부터 외국 배가 몰려들었다. 미국 영국 독일 프랑스 러시아 일본 등 해외 각국 조계지(租界地, 외국인 거주지역)였다. 영도에 석탄 저장고를 짓겠다고 러시아가 우리 정부에 청원하는 일도 벌어졌다. 그때 큰 배들은 석탄을 동력으로 하는 증기선이 대부분이었다.

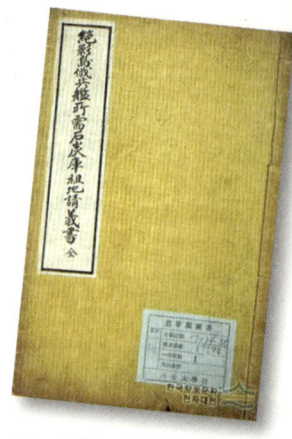

〈절영도아병감소수석탄고조차지청의서〉 표지. 1897년 러시아 공사가 영도에 석탄 저장고 조차(租借, 영토 일부를 빌리는 것)를 요구하자 1898년 2월 외부대신 이도재가 작성한 문서다. 조선 정부는 영도가 갖는 국방의 중요성을 고려해 1898년 3월 불허했다. ⓒ규장각

이 지역은 1926년까지는 포구였으나 일본인이 매축권을 얻어 현 조선공사와 영도대교 사이의 입구를 포함한 대평동, 남항동 일대의 포구를 에워 시가지를 만든 곳이다.

'영도 대풍포 매축지' 기념비 문구다. 자갈치에서 영도대교를 지나자마자 오른편 돌계단으로 내려가 바닷가

'영도 대풍포 매축지' 기념비. 1916년부터 1926년까지 매축했다.

1900년대 초 제작된 10폭 지도 '부산고지도'의 제2폭에 보이는 영도. 대풍포 일대에는 연기를 내뿜는 외국 각국의 증기선이 보인다. ⓒ부산시립박물관

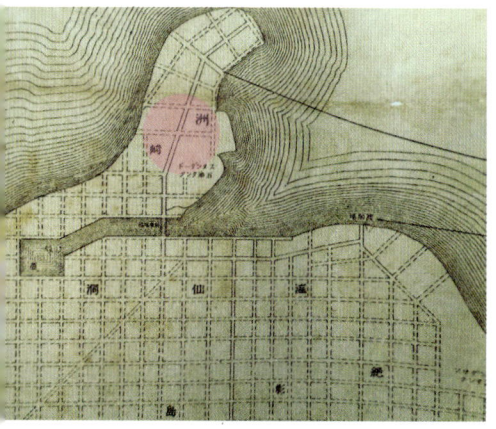

1918년 박문당에서 발행한 '부산시가전도(釜山市街全圖)'에 보이는 영도 뱃머리 '주기(洲崎)'와 '영선동(瀛仙洞)' 일대. 주기가 '주갑(洲甲)'이다. 주갑과 영선동 사이 다리 놓은 자리를 매축한 게 영도 대풍포 매축지다. ⓒ부경근대사료연구소

를 기웃거리다 보면 보인다. 기념비에서 말하는 매축은 1916년부터 1926년까지 이뤄졌다. 매축해서 새로 생긴 땅을 갑정(岬町)이라 했다. 일본말로는 미사키쵸(ミサキチョウ)였다. 미사키쵸는 일본 지명이었다. 오사카 천남군(泉南郡)에 있다. 일본 지명을 조선 지명으로 썼으니 오만불손도 그런 오만불손이 없다.

왜 매축했을까. 1918년 박문당에서 발행한 지도 '부산시가전도(釜山市街全圖)'가 해답이다. 부산의 해안을 전면에 내세운 이 지도에 영도 쪽에 영선동과 주갑이 보인다. 주갑 자리가 곧 갑정이며 지금 대평동이다. 영선동에서 주갑은 넘어지면 코 닿을 자리였지만 영선동 중심부에서 주갑 사이는 바다였다. 그래서 빙 둘러 가야 했다. 빙 둘러 가는 안쪽에 대풍포 포구가 잇었다. 대풍포 매축의 시작은 영선동 중심부와 주갑 사이 바다를 매립하는 거였다. 거기서 시작해 1926년까지 순차적으로 대평동과 남항동 일대 132,660㎡ 매축지를 조성했다.

영도엔 주갑 말고 뱃머리가 한 군데 더 있었다. 목도(牧島)였다. 봉래동에 있었다. 일제강점기 그때는 이 일대가 모두 영선동이었다. 지금의 대평동, 봉래동, 남항동, 그리고 그 당시의 영선동까지 모두 아우르는 넓은 지역이었다. 영도 사람은 자기 배를 탄지 아니면 주갑이나 목도 선착장에서 도선(渡船)을 타고 부산 시내로 갔다. 영도 서쪽 사람은 주갑 뱃머리를 이용했고 동쪽 사람은 목도 뱃머리

를 이용했다.

1918년 당시 부산 시내 도선장은 용미산 바로 아래 있었다. 도선장 뒤편은 어시장이었다. 어시장은 나중에 공설 동광동시장으로 바뀌었다. 부산이 직할시로 승격되면서 동광동시장은 현대화 과정을 밟았다. 시장 현대화 사업의 하나로 상가아파트를 짓기로 하면서 1968년 지금의 부산데파트가 들어섰다.

영도는 섬이라서 가파르다. 지금도 그렇지만 한 세기 전에는 더 가팔랐다. 뱃머리 가는 길은 고역 중의 고역이었다. 고역은 영도 동쪽 청학동과 동삼동 사람이 심했다. 가파른 고개를 넘고서야 배를 탔다. '고생고생' 한 맺힌 영도의 아리랑고개가 이 고개였다.

1950년대 공설 동광동시장. 영도 도선(渡船)이 들어오는 도선장 뒤편 어시장 자리에 있었다. 지금은 부산데파트가 들어섰다. ⓒ김종수

고생하고 고생해서 아리랑고개를 넘은 이유는 하나였다. 먹고살기 위해서였다. 나도 나지만 내 새끼들 먹여 살려야 했고 내 새끼들만큼은 오늘보다 나은 내일을 살아야 했다. 꾹꾹 다져서 채운 영도 특산물 한 가득 이거나 지고서 고개를 넘었고 배를 탔다. 영도에선 영선동 뱃머리와 아리랑고개가 한 몸이었고 한 운명이었다.

영도 특산물 보따리는 육지 장터에선 귀하신 몸이었다. 조선의 주린 배를 채웠던 조내기고구마며 세찬 해풍이 키운 마늘이며 섬에서 갓 잡은 해물이며 영도 보따리가 매듭을 풀면 그 속에 담긴 게 다 팔려야 그제야 타지의 보따리가 팔렸다. 말하자면 그랬다. 영도 조내기고구마는 지금도 명품이다. 조내기고구마(주)는 전국 10대 우수마을기업으로 선정된 지역 특산이다.

'동광 상가아파트 기공식' 안내장. 1968년 공설 동광동시장을 상가아파트로 신축했다. 지금의 부산데파트가 거기다. ⓒ김종수

근대 영도의 도시 풍경

〈근대 영도의 도시 풍경〉은 영도문화원이 2018년 발간한 향토 자료집이다. 여기 실린 1916년 '영도 길' 지도와 부경근대사료연구소가 소장하는 1924년 부산 남부 지도엔 반

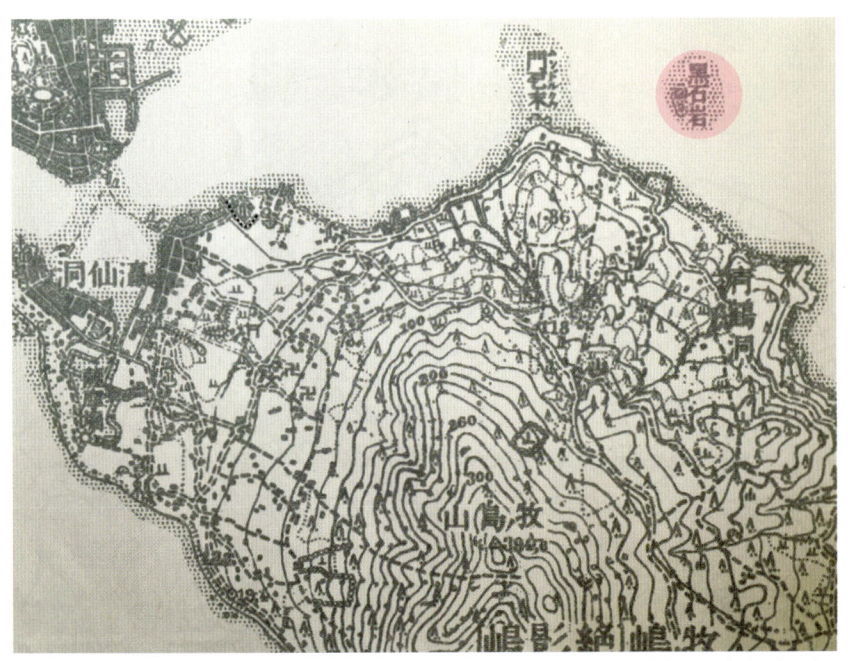

1916년 영도의 길. 오른쪽 상단에 '흑석암(黑石岩)'이 보인다. 여기 토박이는 '검정방우'라고 불렀다. ⓒ《근대 영도의 도시 풍경》(영도문화원, 2018년)

가운 지명이 보인다. 토박이가 아니라면 무심코 지나칠 지명이다. 흑석암(黑石岩)! 동삼동 중리 앞바다에 암초를 그려 넣고 그렇게 표기했다.

영도 동삼동(東三洞)은 동쪽 세 마을이란 뜻이다. 세 마을은 상리와 중리, 하리다. 상리를 웃서발(上西跋)이라 했고 하리는 아랫서발(下西跋)이었다. 중리는 뭐라고 했을까. 검정방우라 했다. 한자 이름이 있었으니 여기 토박이는 흑암(黑岩), 흑석암, 검정방우를 즐겨 썼다. 〈근대 영도의 도시 풍경〉에 보이는 그 흑석암이다.

김춘수 시인이 그랬다. 이름을 불러주니 나에게로 와서 꽃이 되었다고. 옛날 지도에는 자기를 불러주길 바라는 이름이 한둘 아니다. 이제는 당신이 호명할 차례다.

부산의 고개

굽이굽이 부산의 옛길
굽이굽이 부산의 원형

고개는 옛길이다. 평지가 드물던 그 옛날엔 다들 오르막 고개를 넘어 다녔다. 그것이 불편해 고개를 깎아서 평지를 내거나 고개 아래로 터널을 내었다. 그러므로 고개는, 개발되기 이전 지역의 원형이다. 고개를 되돌아보고 되새기는 일은 지역의 원형을 상상으로나마 복원하는 일이며 그 길로 다녔을 아버지의 아버지, 어머니의 어머니를 되돌아보고 되새기는 일이다.

지금 부산에 남은 고개는 몇이나 될까. 부산이 광역 대도시고 개발될 대로 개발된 상태라 몇 되지 않으리라. 2020년 지역 일간지에 '부산의 고개'를 연재하기 전만 해도 그렇게 생각했다. 많아야 서른 정도. 그러나 오산이었다. 부산의 옛길이며 원형인 고개는 여전히 많았다. 열여섯 자치구 다 합치면 100이 넘으면 넘었지 100보다 적지는 않을 고개가 부산을 역사의 도시로 치켜세우는 걸 확인했다. 고마운 일이다.

옛날 지도도 고개를 표기했다. 고개는 길이었고 생활이었기에 가능하면 빠뜨리지 않았다. 그러나 그 많은 고개를 일일이 표기할 수 없었다. 지도 크기가 한정됐으니 그럴 여력이 없었다. 큰 길이 있고 작은 길이 있듯 고개도 큰 고개가 있고 작은 고개가 있기 마련이라서 큰 고개 위주로, 대표적인 고개 위주로 표기했다. 지도의 제작 목적에 따라 빠진 고개가 있었고 힘이 실리는 고개가 있었다.

기비현(其比峴). 동래 옛날 지도에 가장 많이, 그리고 가장 대표적으로 등장하는 고개다. 동래와 구포를 잇는 만덕고개를 기비현이라 했다. 기비현의 유래나 뜻풀이는 인터넷 검색하면 수두룩하게 뜨므로 생략한다. 현(峴) 대신에 치(峙)나 영(嶺)을 쓴 지도도 적지 않다. 모두 고개를 뜻한다.

기장 옛날 지도엔 노현(蘆峴)이 등장 빈도가 높다. 갈대가 우거졌던지 갈대 노(蘆)를 써서 갈대고개, 노현이다. 갈대고개는 변음 과정을 몇 차례 거쳤다. 갈대고개에서 한글 갈과 한자 치(峙)를 결합해 갈치로 부르다가 다시 변음해 지금은 갈치고개로 불린다. 기장에서 철마로 넘어가는 그 고개다. 기장에 생선 갈치가 많이 잡혀서 혼동하기 쉽지만 바다에서 나는 갈치가 아니라 억새 빼닮은 갈대가 정답이다.

좀 억울해할 고개도 있다. 해운대와 기장 경계에 있던 고개 우현(牛峴)이다. 해운대 미포의 이름 유래가 된 와우산(臥牛山)이 연상되는 고개지만 1700년대 중반 제작 '경주도회좌통지도'와 1800년대 후반 제작 '동래부산고지도'처럼 우현(右峴) 또는 우치(右峙)로 표기한 지도도 보인다. 우(牛)를 우(右)로 쓴 실수일 수도 있지만 실수로만 볼 수도 없는 게 장산에서 발원한 하천인 춘천을 따라서 우치(右峙)와 우동(右洞)이 나란히 놓였다.

> 대치(大峙), 안현(鞍峴), 비음현(飛音峴) 또는 용음현(龍音峴), 이천현(伊川峴), 진현(進峴). 마도현(馬刀峴), 사배현(沙背峴), 토현(兎峴), 호현(狐峴), 문현(門峴), 마비현(馬飛峴).

부산 옛날 지도에서 접하는 고개들이다. 안현은 동래 마안산 고개로 말의 안장처럼 생겼다고 안현이다. 비음현과 용음현은 같은 고개 다른 이름. 이천현, 진현, 마도현 등과 기장에 있었다. 사배현은 노포동에서 양산 사송 아파트단지로 이어지는 고개, 토현은 동래에서 온천천을 건너 수영으로 가는 배산 고개다. 호현은 여우고개. 부산에 여우 없는 데가 없어서 곳곳이 호현이었지만 지도에 나오는 호현은 수영강 강변에 있다. 안락동 자연마을 호현이 거기다.

마비현은 연구 대상이다. 부산진구 양정 모너머고개가 마비현이었다. 지금은 송상현광장이 들어섰다. 전래의 지도엔 통 보이지 않다가 1872년 제작한 군현지도에 비로소 보이더니 1894년 제작한 '영남읍지'엔 부산 지도 한가운데 보인다. 1872년 지도는 마비현의 군사적 가치를 중하게 봤고 1894년 지도는 초량 왜관과의 연관성을 중하게 봤다.

1872년 군현지도는 군사용 지도였다. 군사가 들고 나가는 길을 중시했다. 고개는 큰길과 함께 성과 성, 이 지역과 저 지역을 잇는 연결 통로였다. 그러므로 주요 길목에 있는 고개를 일일이 표기했다. 동래의 경우 동래읍성과 좌수영성 사이에 토현, 동래읍성과 부산진성 사이에 마비현, 부산진성과 다대진성 사이에 대치를 표기했다. 동래와 구포 사이엔 만덕현, 동래와 기장 사이엔 호현, 동래와 양산 사이엔 사배현을 표기했다.

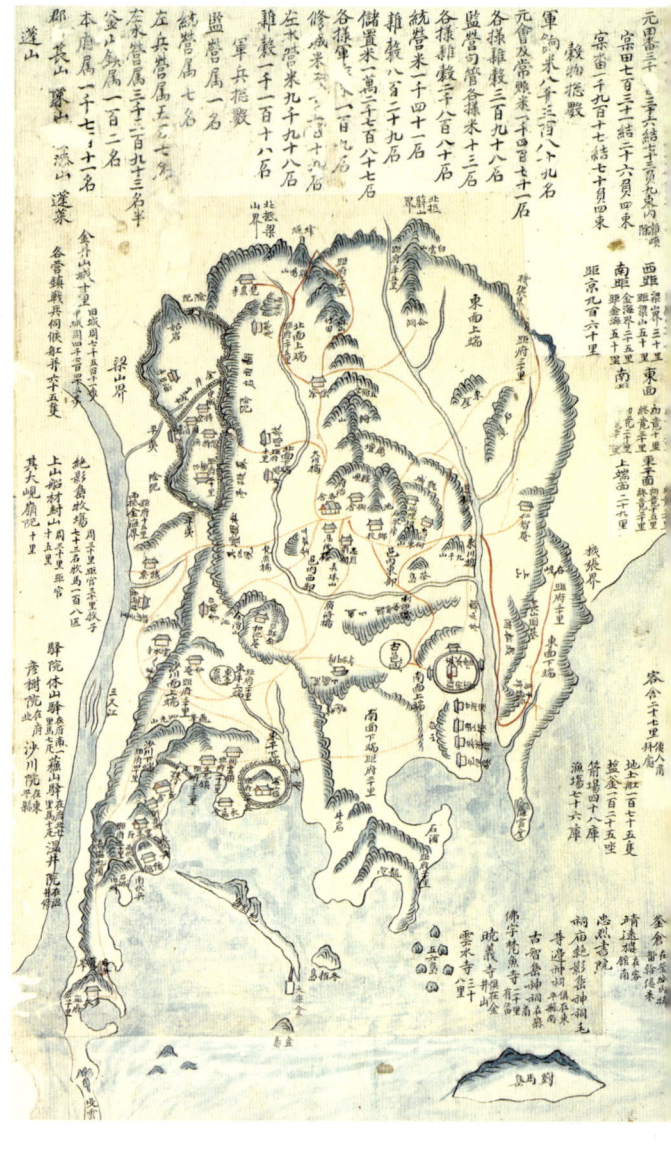

지도는 시대상을 반영한다. 1894년 편찬한 〈영남읍지〉에 실린 지도도 그랬다. 이전까지 왜관(倭館)으로 표기하던 왜인 거류지를 일본관(日本館)으로 표기했다. 일본의 위상이 바야흐로 드세졌음을 짐작할 수 있다. 왜관과 동래를 잇는 길인 마비현의 위상 역시 덩달아 높아져 지도 한가운데 그려 넣었다. 1894년에서 15년쯤 지난 1909년 마비현 고개는 헐려서 증기기관차 다니는 평지가 되니 반짝 영화를 누렸던 셈이다. 증기기관차는 부산진과 동래 남문을 거쳐 온천장을 오갔다.

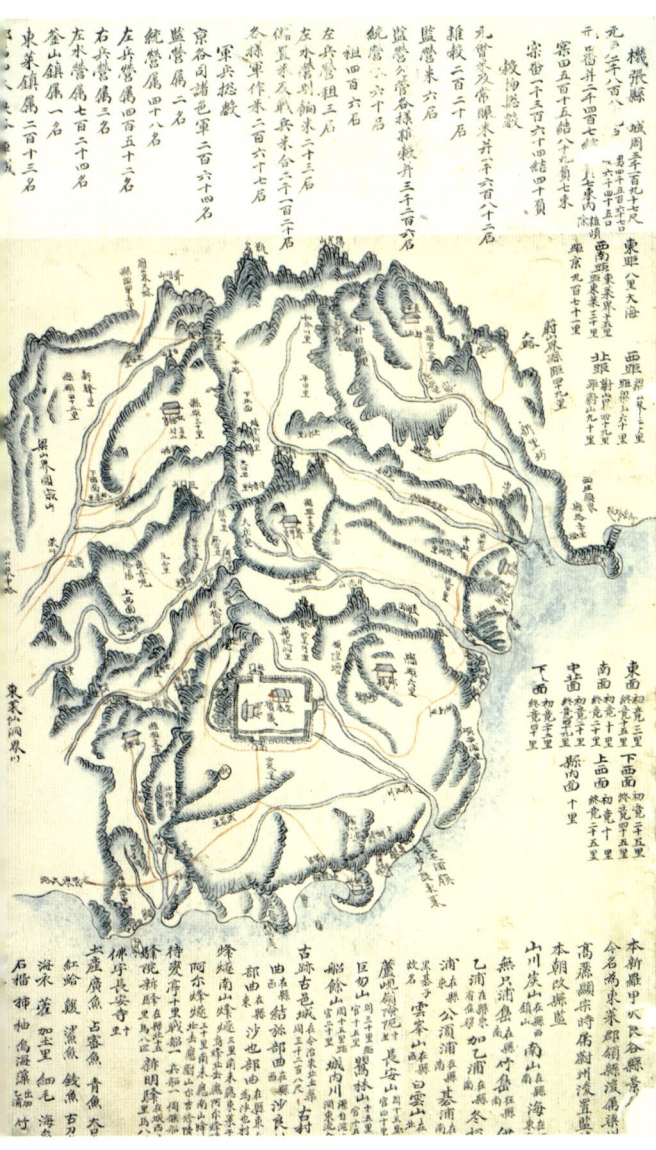

1750년대 초 제작한 '해동지도' 동래부와 기장현. 부산의 백서 같고 장부책 같은 이 지도는 굽이굽이 부산의 옛길을 붉은 실선으로 표시했다. ⓒ규장각

장고개, 초읍고개, 한실고개, 뭇웃고개, 말등고개, 어부랑고개, 야시고개, 까막고개…. 딸을 시집보내는 어버이의 슬픈 마음이 담긴 섧은고개도 있다. 지도에 보이는 한자 고개 말고도 부산은 순박하면서 다정다감한 고개 천지였다. 아버지의 아버지, 어머니의 어머니가 입말로 이름 지었던 고개들은 그 이름을 듣는 순간 누구라도 순박해지고 다정다감해진다. 많이도 헐리고 지워졌지만 당신이 생각하는 것보다 많은 고개가 부산에 남아 있다. 부산의 옛길이며 원형인 그 고개가 굽이굽이 당신을 기다린다.

부산의 목장

산을 아래, 바다를 위에
'조선의 호방한 기개'

말은 다용도였다. 자가용이었으며 통신용, 군사용이었다. 기차가 머물다 가는 역(驛)이란 한자도 말에서 나왔다. 역은 공적인 용무로 한참을 달린 말이 쉬어가는 공공기관이었다. 조선팔도 모두에 말이 있었으므로 조선팔도 모두에 역이 있었다.

목장(牧場)도 그랬다. 조선팔도 모두에 말을 키우는 목장이 있었고 역처럼 공공기관이었다. 부산도 곳곳이 목장이었다. 군부대 주변이나 말을 사육하기 좋은 초지에 목장이 들어섰다. 돌담으로 울타리를 둘러서 말이 달아나는 것을 방지했다.

목장 명칭도 거창했다. 국마장이었다. 나라에서 관리하는 목장이었다. 1500년대 후반엔 무려 160군데 가까운 국마장이 있었다. 국마장마다 최고 책임자인 감목관을 두었다. 감목관은 그 지역 최고위층이 맡았다. 말 담당 공무원도 두었다. 관리하는 말의 마릿수에 따라서 공무원 숫자가 다 달랐다.

부작용이 차고 넘쳤다. 말이 부작용을 일으켰고 관리가 부작용을 일으켰다. 말은 울타리를 뛰어넘어 민간 밭작물을 망쳤다. 밉다고 혹여 말 엉덩이라도 쥐어박았다간 국가 기물 파손죄에 걸려 곤장을 맞았고 옥에 갇혔다. 적지 않은 관리가 탐관이고 오리였다. 목장 경계를 표시하는 울타리를 치면서 임자가 있는 사유지까지 집어넣어 가로챘다. 부산 어디에선 감목관을 성토하다가 죽는 불상사까지 벌어졌다.

목장이 수시로 옮겨간 것은 그나마 다행이었다. 풀을 있는 대로 뜯어 먹어서 더는 자라지 않을 지경이 되면 목장을 옮겼다. 새로운 초지를 찾아가거나 이전 목장으로 되돌아갔다. 목장이 옮겨가면 벙어리 냉가슴 앓던 백성은 쾌지나칭칭 꽹과리를 두드렸다. 천지개벽에 버금가는 기쁜 일이었다. 말을 내쫓아서 너무 기쁘다며 '축마비(逐馬碑)'까지 세웠다. 검색하면 관련 기록이 꽤 뜬다.

'목장지도(牧場地圖)'는 1663년 제작했다. 당대 조선팔도 목장의 위치와 상황을 그림과 글로 표기했다. 부산과 부산 근교의 목장은 동래부와 김해부, 가덕도로 나누었다. 동래부엔 절영도목장, 오해야항목장, 석포목장을 두었고 김해부엔 금단곶목장과 명지도목장을 두었다. 금단곶과 명지는 현재 부산 강서구다. 가덕도 목장은 둘. 칠원현 구산곶목장과 웅천현 가덕도목장이었다. 목장을 둔 지역은 지명을 사각형으로 둘러싸서 쉽게 식별하도록 했다. 지도 상단에는 해당 목장의 위치와 면적, 담당자와 말이 몇 필인지 표기했다.

동래부 목장은 오해야항(吾海也項)이 가장 컸다. '둘레가 60리고 동래부 남쪽 40리 거리에 있다'고 지도 상단에 적었다. 절영도는 40리, 석포는 25리였다. 항(項)은 가덕도 대항(大項)처럼 목 형상이라서 붙은 지명이다. 사람 목을 항이라 했다. 절영도목장이 말 관리 목자(牧子) 73명에 말 111필이었으니 절영도보다 1.5배 큰 오해야항목장 목자와 말은 1.5를 곱하면 되겠다.

오해야항목장은 컸던 만큼 울타리 성을 세 군데나 쌓았다. '목장지도'에 그렇게 나온다. 바깥에는 외성(外城)을, 안쪽에는 중성(中城)을 쌓았다. 더 안쪽에 보이는 짧은 성벽은 내성(內城)이지 싶다. 부산시립박물관은 현장 답사를 통해 동구 수정동 동여중 뒤쪽 능선에서 부산진구 가야동과 개금동으로 이어지는 성벽 일부를 확인했다. 이러한 과정은 박물관에서 펴낸 〈부산 성곽〉에 실렸다.

오해야 외성과 중성은 간격이 대단히 넓었다. 외성 아래 해안가에는 일본인 거류지 왜관이 있었다. '목장지도'를 그리던 무렵의 왜관은 수정동에 있었고 중성은 수정동에서 산 하나를 넘어 괴정동에 있었다. 괴정동을 목장리라고도 했다. 외성과 중성의 간격이 그만큼 넓었다는 이야기다. 대연동 일대는 국마장 돌담이 있는 포구라서 석포란 이름을 얻었다.

목장 기록은 1740년 편찬한 〈동래부지〉에도 나온다. 이때도 목장은 세 군데지만 절영도목장은 보이지 않고 엄광산에서 범천산까지 15리 목장, 다대 강변에서 석성산[천마산]까지 10리 목장, 그리고 황령산에서 남천까지 15리 목장을 언급한다. 이 기록으로 봐서 부산에서 가장 컸던 오해야항목장은 엄광산 15리 목장과 석성산 10리 목장으로 나뉜 것을 짐작할 수 있다. 그러나 이때 이미 이들 목장은 폐한 상태였다.

그렇다고 목장을 완전히 폐할 수는 없었다. 세월이 흐르고 세상이 바뀌어도 말의 용도는 여전했다. 〈동래부지〉를 발간하던 1740년 그때 폐한 이유가 자못 궁금하지만 일단 숙제로 남겨두자. 일제강점기 이전 부산의 국마장은 최종적으론 영도를 거쳐 송도가 마

1663년 제작한 동래부와 김해부 '목장지도'. 동래부엔 절영도목장, 오해야항목장, 석포 목장을 두었고 김해부엔 금단곶목장과 명지도목장을 두었다. ⓒ부산대 도서관

지막이었다. 그래서 영도 음식점 상호가 '목장원'이고 송도에 동물검역소 '혈청소'가 있었다.

1663년 부산의 목장을 그린 지도를 본다. 400년 저쪽의 부산이 이 지도 한 장에 다 들었다. 그런데 지도가 좀 낯설다. 좀 낯선 게 아니라 매우 낯설다. 대부분의 옛날 지도는

1663년 제작한 가덕도 '목장지도.' 칠원현 구산곶목장과 웅천현 가덕도목장이 있었다. 동래부와 김해부 '목장지도'처럼 지도 상단에는 해당 목장의 위치와 면적, 담당자와 말이 몇 필인지 표기했다. ⓒ부산대 도서관

산을 위쪽에 두고 바다를 아래쪽에 뒀건만 '목장지도'는 정반대다. 산을 아래 두고 바다를 위에 둔다. 해양으로 상승하려는 조선의 호방한 기개를 400년 전 지도에 이미 표방했다. 해양으로 상승하려는 조선의 호방한 기개, 그 접점이 부산의 바다였고 부산이었다. 1663년 '목장지도'는 그래서 볼 때마다 울렁인다.

부산의 성

삼국시대부터 조선시대까지
모두 38곳

부산박물관이 2016년 펴낸 〈부산 성곽〉 표지. 삼국시대부터 고려시대, 조선시대를 통틀어 모두 38곳의 성이 부산에 있었다고 밝힌다.

해양도시 부산은 국경도시였다. 부산을 둘러싼 바다는 일종의 DMZ였다. 비무장 지대였지만 언제든지 화약고가 될 소지가 컸다. 섬나라 왜가 말썽이었다. 호시탐탐 조선의 해안을 노렸다. 그래서 관계가 늘 팽팽했다. 시대를 달리해 가며 부산 곳곳에 성을 세워야 했다.

〈부산 성곽〉. 부산박물관이 2016년 펴낸 단행본이다. 부산박물관 학술연구총서 51집으로 발간했다. 부제 '보루를 쌓아 근심을 없애다'에서 보듯 부산의 성은 한반도 해안방어의 최일선이었다. 성은 부산의 근심을 없애고 조선의 근심을 없애는 듬직한 보루였다.

성은 애초 자연과의 싸움이었다. 역사 이전의 역사인 선사시대 그때 흙을 파서 물도랑을 만들고 뾰족한 나무를 둘러 울타리를 쳤다. 맹수의 침입을 그렇게 막으면서 자신과 가족을 지켰다. 그러다 흙을 다져서 올리거나[토축(土築)] 돌이나 벽돌[석축(石築), 전축(塼築)]을 층층이 쌓았다. 성의 역사는 그렇게 시작했다.

38곳. 〈부산 성곽〉이 밝히는 부산 성곽의 수효다. 물론 이들 성이 동시대 존재했다는 이야기는 아니다. 삼국시대부터 고려시대, 조선시대를 통틀어 그렇다는 이야기다. 7년 '용사지난(龍蛇之亂)'에 축조한 왜성도 포함된다. 1592년 임진왜란은 첫해 임진년 용띠 해와 이듬해 계사년 뱀띠 해 전투가 가장 격렬해서 '용사의 난'으로 불린다.

〈부산 성곽〉은 부산의 성을 시대별로 분류한다. 삼국~통일신라, 고려, 조선, 왜성이다. 수효로 따지면 조선의 성이 가장 많다. 왜성 아홉을 빼고도 무려 21군데에 이른다. 조선의 성과 왜성은 여러모로 다르다. 가장 다른 점은 성벽의 경사. 성벽이 비스듬하면 왜성

수영사적공원에 있는 경상좌수영성 성벽과 남문. 조선시대 부산과 경상도 바다를 지키던 수군이 이 성에 주둔했다.

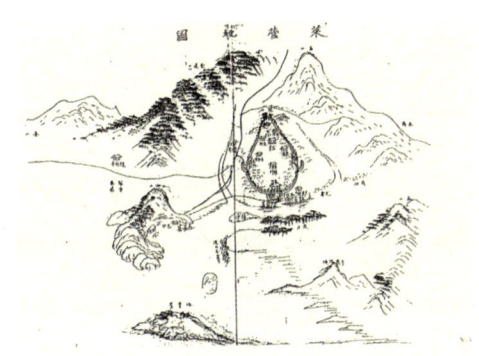
1850년 발간한 경상좌수영 백서에 실린 '내영지도(萊營地圖).' 좌수영성은 사대문을 갖춘 성으로 성 뒤로는 배산이, 성 양옆으로 백산과 장산을 둔 금란포계형이었다. ⓒ국립중앙도서관

1872년 제작한 군현 지도의 하나인 '금정산성 진지도.' 부산진처럼 군대가 주둔하던 금정진이 있어서 진지도(鎭地圖)라고 했다. 봉우리 하나하나 군영의 위엄이 느껴지도록 그렸다. ⓒ규장각

이다. 왜인의 비슴듬한 성정은 성벽에도 드러난다.

배산성, 기장산성, 반월성, 동래고읍성, 동평현성, 기장고읍성, 갈마봉성, 구랑동성지. 조선시대 이전 부산의 성이다. 배산성과 기장산성은 〈부산 성곽〉 맨 앞에 등장하다. 남은 성 가운데 부산 역사의 맨 앞에 있다는 뜻이기도 하다. 연제구 연산동과 수영구 망미동 경계인 배산은 내려다보는 전망이 빼어나다. 사방팔방 탁 트인 그 옛날, 부산의 바다를 넘보고 수영강을 넘보는 왜구가 손바닥 손금처럼 보였으리라.

조선시대 부산의 성은 둘로 나뉜다. 임진왜란 이전과 이후다. 여기서 질문 하나! 임란 이전이 많을까, 이후가 많을까? 〈부산 성곽〉을 보기 전에는 나는 이후가 많다고 생각했다. 7년 전쟁을 치렀으니 국가의 소중함을 절감했고 그래서 국토 수호의 보루인 성을 곳곳에 세웠다고 보는 게 합리적이다.

답은 반대다. 왜성을 제외한 21군데 가운데 임란

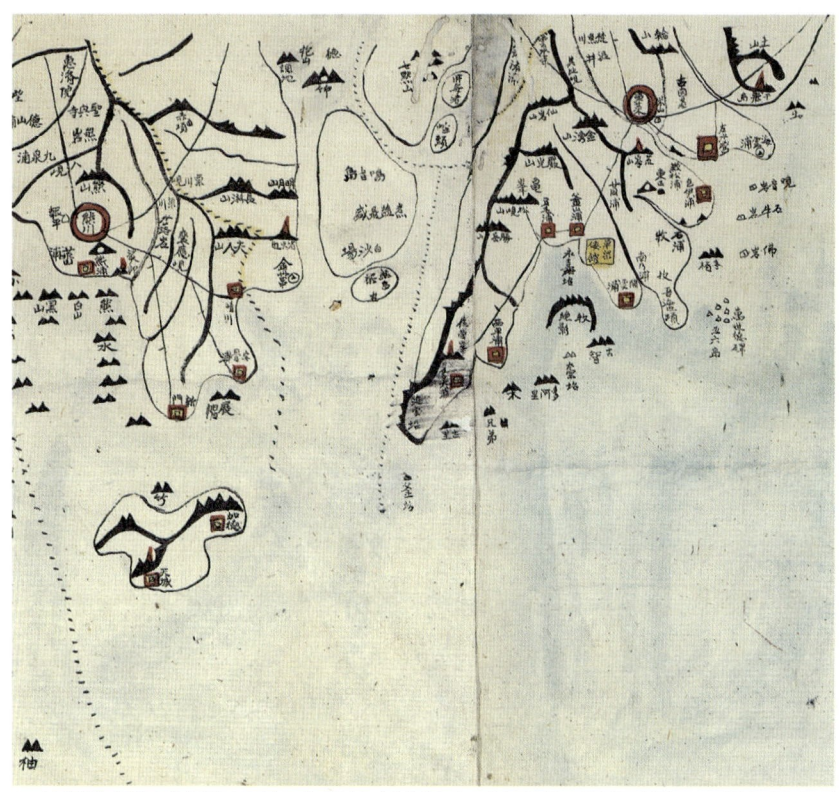

1800년대 후반 제작한 모사본 '대동여지도'에 보이는 부산과 경남 해안의 성. 군대가 주둔하는 성은 붉은 사각형으로 표시했다. 이를 기호식 지도라고 한다. ⓒ국립중앙박물관

이전의 것은 12군데에 이르고 임란 이후 순수하게 국토수호의 보루로 지은 성은 여섯 군데에 불과하다. 나머지 셋은 말을 방목해 키우던 목장성이다. 조선은 임란 이전부터 자강(自强)의 길을 부단하게 갔다. 그 증명이 강서구 녹산동 금단곶보성, 수영구 경상좌수영성처럼 지금도 흔적이 남은 성들이다. 경상좌수영성은 완성은 임란 이후지만 축조는 임란 직전에 시작했다. 좌수영을 지금 자리로 이전해서 성을 짓는 도중에 임란을 맞았다는 게 정설이다.

왜성은 어디 어딜까. 굳이 찾아갈 이유는 없지만 알고는 있자. 지피지기 아니겠는가. 증산과 동래의 왜성은 1592년, 나머지는 모두 1593년 축조했다. 조선의 민초를 총동원한 강제노역의 현장이었다. 증산왜성, 자성대왜성, 동래왜성, 구포왜성, 동삼동왜성, 죽성리왜성, 임랑포왜성, 강서구 죽도왜성, 가덕도왜성이 있다. 왜성은 성과 성 간격을 두고 지었다. 그 간격은 왜군이 해 뜰 때 출발해서 해 질 무렵 도착할 수 있는 거리였다.

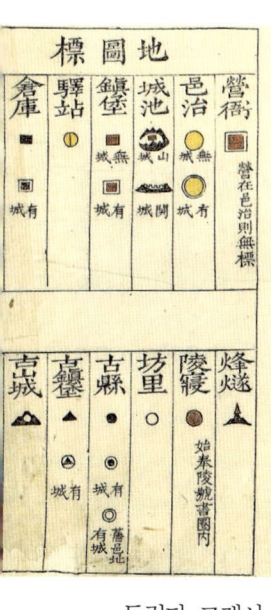

1861년 제작 '대동여지도'의 '지도표(地圖表).' 지도 각각의 지점을 글자로 표기하는 대신 기호로 표기하고 이를 일람표 형식으로 실었다. 노란 원에 노란 실선, 붉은 네모에 붉은 실선 등 기호화는 당대 지도의 혁신이었고 혁명이었다. ©부산대 도서관·규장각

옛날 지도에서도 성은 일급지였다. 성이 없으면 모르되 성을 빼고선 지도가 되지 않았다. 회화식 지도에서 한 단계 나아간 기호식 지도는 군부대 주둔지를 붉은 네모로 표시했고 성을 갖춘 군부대는 거기에 붉은 실선을 또 둘렀다. 그만큼 소중하게 여겼다. 고산자 김정호가 그린 1861년 '대동여지도'가 조선의 성을 그렇게 표기했다.

'대동여지도'에 보이는 이 무렵 부산의 성은 아홉. 동래읍성, 기장읍성과 해군이 주둔한 성을 포함해서다. 동래읍성과 기장읍성은 고을의 수령이 사무를 보던 관아가 있는 읍치(邑治). 기호식 지도는 읍치를 노란 원으로 표기한다. 성을 갖춘 읍치는 거기에 붉은 실선을 또 둘렀다. 그래서 '대동여지도'는 두 읍치를 노란 원에 노란 실선, 나머지 군부대 주둔 성을 붉은 네모에 붉은 실선으로 표기했다.

좌수영, 수영 포이진, 감만 개운포, 부산포, 두모포, 서생포, 다대포. 부산 해안에 주둔하던 성의 면면이다. 모두 성 표기를 했다. 의문이 생긴다. '대동여지도'보다 10년 후에 작성한 군사용 지도 '1872 군현지도'는 포이진, 개운진, 두모진, 서평진을 무성(無城)의 군 주둔지로 표기했다. 10년 차이에 성이 그렇게 없어질 리 없다. 어떤 연유일까.

'1872 군현지도'는 국가에서 군사용으로 제작한 지도. 한 치 가감도 허용하지 않았다. 그러기에 이 지도가 '대동여지도'보다 사실에 부합한다고 나는 생각한다. 고산자 김정호 역시 그 사실을 알고 있었을 것이다. 당국의 눈치가 보여서 대놓고 말하지 않았을 공산이 높다. 조선팔도를 세 차례, 백두산을 여덟 차례 다니며 지도를 완성했다는 김정호 아니던가. 실제로 그랬을까, 의문은 들지만.

부산박물관이 펴낸 〈부산 성곽〉은 복원의 기록이다. 성마다 발굴 장면 내지는 제대로 복원되기를 바라는 마음을 담았다. 현재로선 성의 복원은 요원하다. 성터에 건물이 들어서고 도로가 들어서고 하면서 복원에는 천문학적 비용이 들어간다. 이해관계자의 동의를 얻기도 난망하다. 그러나 영 불가능하진 않다. 멀리 보고 넓게 보며 중지를 모으는 건 어떨까. 누대에 걸쳐 부산을 지키느라 이리 허물어지고 저리 허물어진 옛 성에 대한 의리를 지키기 위해서라도 그래야 하지 않겠는가.

부산의 절

부산, 골짝골짝
절이 들어선 절골

부산은 예부터 절이 많았다. 조선의 절골이었다. 부산이 절골이 된 데는 여러 요인이 있었다. 우선 경주가 가까웠다. 신라는 불교국가였고 신라의 서울 경주는 불교의 기운으로 똘똘 뭉쳤다. 경주의 기운은 가까운 부산 구석구석 스며들었다.

정말 그럴까. 정말 그렇다. 부산에선 엔간한 고찰은 신라 인연을 내세우고 원효며 의상을 내세운다. 전설로만 치부할 수 없는 게 경주 감포에서 배를 타면 부산은 한달음 거리였다. 방랑벽 두 스님이 부산에 자주 왔을 개연성은 높다.

견강사(見江寺). 부산의 가장 오랜 지도에 등장하는 절이다. 1474년 '동래부산포지도(東萊富山浦之圖)'에 나온다. 이 지도는 신숙주(1417~1475)가 저술해서 펴낸 〈해동제국기(海東諸國記)〉에 실렸다. 신숙주가 일본 다녀와서 편찬한 일본 백과라서 실린 지도 역시 일본과의 관계를 중시했다. 왜관이며 왜관에서 시작하는 길 등을 상세하게 묘사했다. 〈해동제국기〉에 나오는 일본인 묘사 한 대목이다.

젓가락만 있고 숟가락은 없다. 남자는 머리털을 짤막하게 자르고 묶으며 사람마다 단검을 차고 다닌다. 부인은 눈썹을 뽑고 이마에 눈썹을 그렸으며 등에 머리털을 드리우고 다리로 이어져 그 길이가 땅까지 닿았다. 남녀가 얼굴을 꾸미는 자는 모두 그 이빨을 검게 물들였다.

지도에 나오는 견강사는 애초 강을 바라봤다. 그래서 견강사였다. 그런데 지도엔 강이 아닌 바다를 바라본다. 왜일까. 견강사는 원래 당감동 선암사 근처에 있었다. 그땐 거기서 저 멀리 낙동강 강줄기가 훤히 보였던 모양. 그러다 1407년(태종 7) 설치한 포소 왜관의 왜인 교화를 위해 부산포로 옮겼다. 부산포는 동구 좌천동 일대다.

'동래부산포지도(東萊富山浦之圖).' 1474년 신숙주가 펴낸 《해동제국기(海東諸國記)》에 실린 지도다. 부산을 그린 가장 오래된 이 지도에 보이는 '견강사(見江寺)'는 원래 당감동에 있다가 1407년 생긴 포소 왜관의 왜인 교화를 위해 부산포로 옮겼다. 부산포는 동구 좌천동 일대다. ⓒ규장각

조선 전기 이 무렵은 서울과 삼포에 왜관이 있었다. 1407년 동래 부산포와 진해 웅천 제포, 1409년 서울 동평관, 1426년 울산 염포에 왜관을 설치했다. 부산포와 제포, 염포를 합쳐 삼포 왜관(三浦倭館)이라 했고 포구에 있다고 포소 왜관(浦所倭館)이라 했다. 포소는 조선이 왜에게 개방한 항구. 포소 왜관은 설치와 폐지를 거듭하다가 1547년부터 부산포 왜관만 남았다. 포소 왜관은 조선 전기에는 공공기관에 해당하는 왜관과 왜인 마을인 왜리(倭里)가 분리된 이원적 공간, 조선 후기는 왜관과 왜리가 합쳐진 일원적 공간이었다.

왜(倭) 이야기가 나왔으니 한마디 더! 부산은 원통했다. 원통의 도시였고 비통의 도시였다. 그것도 부산을 절골로 이끈 요인이었다. 대마도가 보일 정도로 왜와 가까운 부산은 피해가 막심했다. '왜(倭)' 다음에 자동으로 도둑 '구(寇)'가 붙을 만큼 노략질을 일삼던 불한당 무리에게 수시로 막심한 피해를 보았다. 비통하고 절통한 사연이 오죽 많았겠는가.

절 역시 왜구를 의식했다. 그래서 가능하면 해안이나 강가에서 멀찍이 떨어졌다. 동래부 마하사(摩訶寺)가 그나마 가까웠지만 황령산 깊숙한 곳에 터를 잡았다. 1700년대 중반 '여지도(輿地圖)'는 그러한 정황을 담은 고지도다. 도심에 있는 절은 부산시교육청 인근 정묘(鄭墓) 곁에 있는 화지암 하나뿐이고 모두 내륙의 산사였다.

'여지도'에 보이는 부산의 절은 모두 열둘. 여덟은 동래부에 있었고 넷은 기장현에 있었다. 이 당시 동래부와 기장현은 별도의 행정구역이었다. 기장현에서 바다와 가장 가까운 절은 그나마 안적사였다. 지금도 도로에서 안적사로 가려면 얼이 다 빠지는데 노략질로 호가 났던 왜구 역시 거기까진 엄두가 나지 않았을 것이다.

동래부 최상단 절은 범어사. 바로 아래가 원효암이고 원효암 옆에는 의상대(義相臺)가 있었다. 지금도 있는 원효암과 의상대는 부산과 신라 두 스님의 곡진한 인연을 보여준다. 의상대는 의상대사가 득도하려고 수도했다던 금정산 석대(石臺). 원효암 왼쪽 샛길로 한 50m 오르면 의상대 세 글자가 새겨진 바위가 보인다. 여기서 바라보는 절경이 금정팔경의 하나인 의상망해(義相望海)다.

1700년대 중반 제작한 '여지도(輿地圖)' 동래부에 보이는 부산의 절. 범어사, 원효암, 운수사, 인지암, 마하사, 선암, 화지암 등이 보인다. 골짝골짝 절이 들어선 절골이 부산이었다. ©규장각

'여지도' 기장현에 보이는 절은 넷. 장안사, 선여사, 취정사, 안적사다. 기장 4대 사찰로 불렸다. 기장 4대 사찰은 모두 원효대사 창건으로 전한다. 기장의 빼어난 풍광이 원효의 마음에 꽉 들어찼다. ©규장각

해월사와 국청사. 금정산은 범어사와 원효암 말고도 절이 둘 더 있다. 해월사와 국청사다. 해월사는 금정산성에 있고 국청사는 금정산성에 딸린 중성(中城)에 있다. 이는 이 두 절이 단순한 도량이 아니었음을 시사한다. 두 절 스님은 평상시 성벽을 보수하고 유지했으며 유사시는 승병으로 전환했다.

운수사(雲水寺)는 절 이름부터 방랑벽이 넘친다. 흘러가는 구름, 흘러가는 물. 내가 출가했다면 이런 이름을 가진 절에 의탁했지 싶다. 구포의 고개를 취재하면서 구포 사람이 많이 가는 절이 운수사라고 들었다. 왜 그런지 몰랐다가 옛날 지도를 보면서 확연히 알 수 있었다. 구포와 운수사는 산과 강과 하천에 둘러싸인 공동 생활권이었다.

선암과 화지암, 마하사는 요즘으로 치면 도심 사찰이었다. 선암은 지금 선암사로, 화지암은 화지사로 절 이름이 한 글자 늘어나거나 한 글자 바뀌었다. 마하사는 마하사 그대로다. 다른 지도엔 인지암이 보인다. 빈대가 많아서 불태워 없앴다는 절이다. '빈대 잡으려다 초가삼간 태운다'는 말은 정정돼야 한다. '잡으려다'가 아니고 '잡으려고'로. 그 옛날엔 빈대가 지금처럼 극성을 부리면 집이든 절이든 아예 불 질러 태웠다. 빈대 확산을 막으려는 공공의료의 하나였다.

'이곳은 신라시대(700년경) 인지암(仁智庵)으로 창건, 법맥을 유지하다가 19세기에 쇠락, 폐사하였다.' 인지사 입구 안내판 문구 일부다. 인지암이 있던 반여동엔 현재 인지사가 명맥을 잇는다. 옛날 지도에 보이는 절과 지금 절이 같은 절인지 의문은 갖지 말자. 절 이름 거의 그대로고 절 자리도 거의 그대로니 부처님 너른 마음으로 받아들이면 된다.

기장의 절은 넷. 장안사, 선여사(船餘寺), 취정사(鷲井寺), 안적사다. 기장 4대 사찰로 불렸다. 장안사는 현재도 기장은 물론 부산은 물론 영남을 대표하는 전통 사찰이다. 부산에서 가장 오래된 목조건물이 여기 있다고도 했다. 한동안은 그랬다. 부산 최고(最古) 자리를 놓고서 세 절이 엎치락뒤치락했다. 처음엔 1번이 범어사, 2번과 3번이 장안사, 운수사였다. 그러다 1번 장안사, 2번과 3번이 범어사, 운수사였다가 2014년 운수사 상량문이 발견되면서 1번이 운수사가 되고 장안사와 범어사는 2번, 3번으로 밀려났다.

선여사는 지금 터만 남았다. 1981년 부산시립박물관이 터를 찾았다. 철마면 송정리와 정관읍 매학리 사이 소산벌 인근이다. 구름에 가린 배처럼 보여서 선여사(船如寺)라고도 했다. 〈기장읍지〉에는 기장을 대표하는 사찰이었지만 읍지(邑誌)를 발간한 1786년 그때 이미 폐사한 것으로 나온다.

취정사도 일광면 용천리에 터만 남았다. 잘나갈 때는 장안사보다 급이 높았다고 한다. 취정산을 품은 산은 취봉산(鷲峯山). 달음산 옛 이름이 취봉이었다. 산꼭대기 독수리가 물 먹던 우물에 세운 절이 취정사(鷲井寺)인가 싶다. 취(鷲)가 독수리 취다. 1800년대 기장의 산천경개를 노래한 차성가(車城歌)에 앵림산 안적사와 내동(內洞)이 나온다. 풍광이 빼어났다. 지금도. 특이한 것은 기장 4대 사찰 모두 원효대사 창건으로 전한다. 그만큼 기장 풍광은 원효의 마음에 꽉 들어찼다.

부산은 다 그랬다. 기장 풍광도 마음에 꽉 들어찼고 동래 풍광도 꽉 들어찼다. 기장 풍광, 동래 풍광을 두루두루 보려고 원효며 의상은 부처님 가피를 입어 축지법 달인이 되었다. 그래서 부산의 고찰에는 원효의 발길 안 닿은 데가 없고 의상의 발길 안 닿은 데가 없다. 원효의 기운이 스며들고 의상의 기운이 스며들면서 부산은 조선 최고의 절골이 되었다. 시류에 민감했던 옛날 지도가 그걸 빠뜨릴 리 없었다. 삼사 순례하듯 한 절 한 절 채워 놓은 게 부산의 옛날 지도였다.

1740년 편찬 <동래부지>와 1786년 편찬 <기장읍지>에 실린 부산의 절. 기장 4대 사찰은 모두 원효대사 창건으로 전한다. ©규장각

부산의 비석

당대 부산 정신,
부산 기개의 방점

300. 부산에 있는 옛날 비석은 몇쯤 될까. 자그마치 300기가 넘는다. 조선시대 부산은 변방이고 갯가. 별다른 비석이 있겠나 싶어도 천만의 말씀이다. 비석은 역사의 중첩이며 문화의 누적. 300 넘는 비석만 봐도 부산은 분명 역사의 도시고 문화의 도시다. 낮고 가늘어 한 번 더 보게 되는 비석부터 높고 두꺼워 다시 보게 되는 비석까지 부산은 가히 비석의 도시며 역사와 문화의 도시다.
부산의 비석은 옛날 지도에도 나온다. 좁은 지면에 그 많은 비석을 담는 건 역부족이었지만 당대가 주목하거나 표상이 될 만한 비석을 담았다. 대부분의 옛날 지도는 관(官)이 주도해 제작한 관제 지도였다. 지도에 담긴 비석 역시 관의 의도가 들어갔다. 넓게는 당대 한국이, 좁게는 당대 부산이 찍었거나 찍고자 했던 방점이 곧 비석이었다.
동래향교 하마비와 흥학비, 생사단비, 가덕도 척화비, 내주축성비, 송공단비. 아쉽기는 하다. 부산

'부산고지도' 제7폭에 보이는 동래향교. 정문에 해당하는 2층 누각 주위로 하마비와 흥학비를 그렸다. ©부산시립박물관

의 그 많은 비석 가운데 지도에 실린 비석은 고작 이 정도다. 아, 왜총비도 있다. 어쨌거나 숫자는 중요하지 않다. 다른 고을 지도도 마찬가지였다. 중요한 건 비석의 숫자가 아니라 비석에 담긴 정신, 지도에 담은 의도였다. 하나를 보여도 백을 펼치려고 했던 일당백이 옛날 지도, 옛날 비석이었다.

동래향교는 부산 교육의 총본산이었다. 여기서 공자를 가르치고 여기서 공자를 배워 과거시험을 쳤다. 공자는 조선 500년을 관통하는 교육 이념. 조선 교육 이념을 깊게 하고 넓게 하려고 세운 비석이 동래향교 하마비와 흥학비였다. 1900년대 들어 제작한 '부산고지도'에 보이는 비석이 그것들이다. 하마비는 향교 정문에 해당하는 외삼문 반화루(攀化樓) 누각 바로 앞의 반듯한 단상에, 흥학비는 반화루 누각 주변에 세웠다.

大小人員下馬碑 대소인원하마비

동래향교 하마비. '대소인원하마비(大小人員下馬碑)'라고 새겼다. 높든 낮든 모든 사람은 향교 앞을 지나갈 때 말에서 내리란 엄명이었다.

동래향교 하마비 문구다. 많거나 적거나, 높거나 낮거나 모든 인원은 말에서 내려 걸어가란 엄명이다. 유교 세상에선 공자보다 높은 사람은 없었다. 그 누구든 향교를 지나거나 드나들 땐 말에서 내려야 했다. 인원(人員)은 뭘까. 조선시대는 사람을 세는 단위도 계급에 따라 달랐다. 상류층에 들어가는 정식 관원은 원(員), 정액 외의 품계를 가진 사람과 중인은 인(人), 병졸은 명(名), 노비는 구(口)였다. 1원 2인 3명 4구 식이었다. 흥학비는 동래부사를 기린다. 동래향교를 물심양면 지원해 학문을 부흥한 부사들이다. 지도엔 셋뿐이지만 실제론 더 많았다. 현재 모두 열하나가 있다. 흥학비 주

동래향교 흥학비. 동래향교를 물심양면 지원해 학문을 부흥한 동래부사를 기린다. 현재 모두 열한 기가 있다.

인공 면면이다. 괄호 안은 비석을 세운 해다. 황일하 비석은 흥학비가 아니고 영세불망비다. 황일하는 1705년 1월부터 이듬해 8월까지 동래부사를 역임했다. 아전과 백성이 불망비를 1707년 세웠으나 '세월이 오래되어 글자가 벗겨지고 떨어져서[연구박락(年久剝落)]' 1811년 4월 다시 세웠다.

정언섭(1735) 황일하(1811) 홍수만(1816) 이규현(1825) 김선(1834) 이탁원(1840)
서당보(1861) 조규년(1864) 정현덕(1874) 황정연(1878) 현명운(1901).

동래시장 동래유치원에 있는 생사단 비석. 동래부사를 지낸 이항, 한배하, 강필리, 윤필병, 민영훈을 기린다. 동래유치원 자리에 동래기영회가 1876년 지은 정자 상춘정이 있었다.

'부산고지도' 제6폭에 보이는 생사단. 생사단은 산 사람에게 제사를 지내는 제단. 선정을 베푼 동래부사가 고맙고 고마워서 제삿날 대신 생일날 제사를 지내면서 세웠다. ⓒ부산시립박물관

'부산고지도'엔 다른 비석도 보인다. 생사단(生祠壇) 비석이다. 생사단은 산 사람에게 제사를 지내는 제단이다. 선정이 고맙고 고마워서 제삿날 대신 생일날 제사를 지냈다. 지도엔 生思壇(생사단)으로, 1740년 발간 〈동래부지〉는 생사당(生祠堂)으로 나온다. 다 같은 말이다. 〈동래부지〉에 나오는 생사단 비석은 둘. 이항과 한배하다. 이항은 1686년 4월부터 1688년 1월까지, 한배하는 1706년 8월부터 1708년 11월까지 동래부사를 지냈다.

생사단 비석은 지금도 이어져 온다. 모두 5기. 이항, 한배하를 비롯해 강필리, 윤필병, 민영훈 비석이 동래시장 근처 동래유치원에 있다. 동래유치원은 동래기영회가 1876년 지은 정자 상춘정 자리에 들어섰다.

척화비는 1871년 세운 비석. 고종 임금의 아버지 흥선대원군 지시로 조선팔도 방방곡곡에 세웠다. 서양과 대립각을 천명한 비석이었다. 부산에는 부산진과 기장, 가덕도 척화비가 남아 있다. 부산 척화비 셋은 운명이 기구했다. 원래 있던 자리에서 벗어나 전전했다. 척화비가 불편했던 일제가 심술을 부렸다. 부산진 척화비는 현재 남구 대연동 부산시립박물관에, 기장 척화비는 교명을 대변에서 용암으로 바꾼 초등학교 교문에, 가덕도 척화비는 천가초등학교 교정에 옮겨졌다.

척화비를 담은 지도는 군현지도. 대원군의 지시로 조선팔도 각군(各郡)과 각현(各縣)은 1872년 일사불란하게 지도를 제작했다. 군사용 목적이 컸다. 경기도 40군데 지도를 제작했고, 충청도 52군데, 전라도 84군데, 강원도 28군데, 황해도 42군데, 평안도 85군데,

1872년 제작한 군현 지도인 '가덕진도'에 보이는 척화비. 바닷가 어구정 앞에 척화비를 세웠다. 어구정(禦寇亭)은 왜구(倭寇)를 방어(防禦)하려고 무예를 연마하던 활터였다. '5분 대기조' 조선 수군의 정신 무장이 얼마나 엄했는지 상징적으로 보여준다. ⓒ규장각

가덕도 척화비. 원래는 바닷가에 있다가 일제강점기 해코지를 당했다. 이후 가덕도 공사 현장에서 출토돼 현재 가덕도 천가초등학교에 있다.

함경도 24군데, 그리고 경상도였다. 경상도는 무려 106군데 지도를 만들었다. 일본 접경이었기에 지도 제작이 몇 곱절 촘촘했다. 척화비 건립 이듬해에 제작한 이 지도는 대원군이 일본을 대하는 서늘한 눈빛이었다.

'가덕진도(加德鎭圖)'는 경상도 106군데 군현지도의 하나. 강서구 가덕도에 주둔하는 조선 수군의 성과 선착장, 판옥선과 전선이 등장한다. 판옥선은 두 척. 날렵하게 생긴 전선 여섯 척이 호위선인 듯 판옥선을 에워쌌다. 척화비는 바닷가 어구정 바로 앞에 그렸다. 당당하다. 어구정(禦寇亭)은 왜구(倭寇)를 방어(防禦)하려고 무예를 연마하던 활터였다. 비슷하겐 어변정(禦變亭)이 있다. 어구정과 어변정은 한자도 다르고 기능도 완전히 다른 별개의 관해(官廨)다.

가덕도는 일본 방어 제일선. 무예가 출중한 첨사가 맡던 첨사진을 두었다. 일본은 호시탐탐 침범했으므로 24시간 초긴장 상태였다. 가덕도 척화비는 '5분 대기조' 조선 수군의 정신 무장이 얼마나 엄했는지 상징적으로 보여준다. 일제강점기엔 눈엣가시였다. 그냥 두지 않았다. 가덕도 공사 현장에서 출토됐다고 밝히는 천가초등 척화비 안내판을 읽노라면 속이 부글부글 끓는다.

내주축성비(萊州築城碑)는 웅장하다. 웅장으론 모자라겠다. 웅혼하다. 웅장과 웅혼이 무엇이 다른지는 모르겠으나 아무튼 대단하다. 내용에서, 규모에서 부산 '넘버 원'이라고 봐도 무방하다. 높이가 270cm나 된다. 키가 크니 몸통도 크다. 어떤 글에도 썼지만 멀리서 보면 만주벌판 광개토대왕비 같다. 현재 동래구 복천동 동래읍성 북문 초입에 있다. 복천박물관 근처다. '내주'는 동래를 이른다. 임란 때 무너진 동래읍성을 1731년 축성하고 그것을 기념해 1735년 10월 세운 비석이 내주축성비다.

내주축성비는 극일의 상징. 〈동래부읍지(東萊府邑誌)〉 수록 지도에 등장한다. 극일의 상징인 축성비를 지도에 내보임으로써 조선의 기개를 천명하고자 했다. 그랬기에 임진왜란 동래읍성 전투에서 순절한 충렬공 송상현 동래부사를 기리는 송공단과 충렬사, 함께 순절한 부민(府民)을 기리는 제단이 있던 농주산(弄珠山)을 다 넣었다.

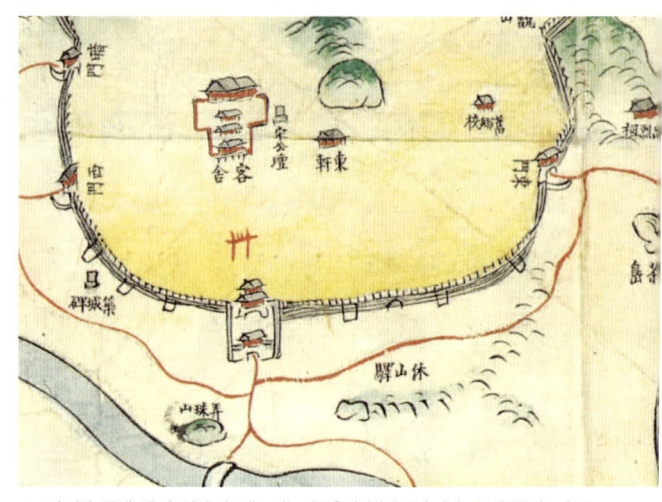

1899년 편찬 〈동래부읍지〉 삽입 지도에 보이는 내주축성비와 송공단 단비. 〈동래부읍지〉 지도는 귀하고 귀하다. 부산의 기개 같다. 일제를 물리치겠다는 결기를 담았다. ©규장각

〈동래부읍지〉 지도는 귀하다. 귀하고 귀하다. 부산의 기개 같은 지도다. 일제에 대드는 마음을 담았다. 제작한 때는 1899년. 일제가 집요하게 파고들던 풍전등화의 시기였다. 추풍낙엽일망정 뿌리는 굵고 깊었다. 일제로선 눈엣가시 같은 항일의 고장 동래 성소를 지도에 죄다 담았다. 동래의 성소는 곧 부산의 정신이었고 부산의 기개였다. 그러므로 〈동래부읍지〉 지도는 지도이기 이전에 조선의 기개였고 부산의 기개였다. 넓게는 당대 조선이, 좁게는 당대 부산이 찍었던 기개의 방점이 〈동래부읍지〉 지도에 나오는 부산의 비석이었다.

송공단 단비(壇碑). 송공단은 동래부사 송상현 공을 비롯해 임진왜란 때 순절한 동래 사람을 기리는 제단이다.

일제강점기 지도에도 비석이 보인다. 임진왜란이 끝나던 해인 1599년 처음 세웠다가 1709년 보수해서 다시 세운 비석이다. 비석 제목은 자성비(子城碑). 동구 자성대에 세웠다. 왜군을 완전히 물리친 정유재란 명나라 장군 만세덕과 명나라 황제를 칭송했다. 자성비를 표기한 지도는 1929년 제작 부산명소 교통지도.

동래읍성 북문 초입에 있는 내주축성비. '내주'는 동래를 이른다. 임진왜란 때 무너진 동래읍성을 1731년 축성하고 그것을 기념해 1735년 10월 세웠다.

1929년 제작한 부산교통명소지도의 '자성대 성지(子城臺 城址)'에 보이는 비석. 임란 왜군을 1599년 완전히 물리친 명나라 만세덕 장군과 황제를 칭송했다. ⓒ부경근대사료연구소

1872년 제작한 군현지도 '부산진지도'의 만공단 부분 확대. 부산진성 자성대에 만세덕을 기리는 '만공단(萬公壇)'이 보인다. ⓒ규장각

부산박물관에 있는 만세덕 공덕비. 1980년 반파된 채로 자성대에서 발굴됐다. 뒷면에 '숭정기원후사신(崇禎紀元後四辛)'이라고 새겼다.

1872년 제작한 군현지도의 하나인 '두모진지도'에 보이는 왜총비(倭塚碑). 두모포왜관에 살았던 일본인 공동묘지에 세운 묘비다. ⓒ규장각

당대 일본을 대표하던 지도 제작자 요시다 하쯔시부로 작품이다. 왜군을 쫓아낸 자의 비석을 지도에 표기했으니 뒷말이 무성했을 터. 해코지는 안 당했을까 싶다. 1872년 제작한 군현지도의 부산진지도에도 나온다. 자성대 안의 만공단(萬公壇)이 거기다.

왜총비(倭塚碑). 1872년 제작한 또 다른 군현지도 '두모진지도'에 보이는 비석이다. 부산 왜관에 거주하던 일본인 공동무덤에 세운 묘비. 경계석(境界石) 역할도 했다. 뒷산에 있었다. 부산에 왜관이 있던 곳은 셋이었다. 한꺼번에 세 군데는 아니고 순차적으로 옮겨갔다. 1407년 동구 범일동·좌천동 일대에 부산포왜관, 1607년 동구 수정동 일대 두모포왜관, 1678년 중구 용두산 일대 초량왜관이었다. 1872년 왜총비는 1607년과 1678년 사이 70년 두모포왜관에 살았던 일인 무덤 묘비였다. 나중엔 일본인 구역을 알리는 표석으로 작용했다. '두모진지도'의 해안에 보이는 구왜선창(舊倭船艙)은 두모포왜관 흔적이다.

옛날 지도로 보는 부산

펴낸 날	2025년 8월 31일 초판 1쇄
지은이	동길산
사진	박정화 외

| 펴낸 곳 | 비온후 www.beonwhobook.com |
| 펴낸이 | 김철진 |

| 제작 | 삼원디엔피 |

ISBN 979-11-993459-1-1 03090

책값 18,000원

2025년 부산광역시, 부산정보산업진흥원 출판 제작 지원으로 제작되었습니다.